U0008824

貓頭鷹書房

有些書套著嚴肅的學術外衣，但內容平易近人，非常好讀；有些書討論近乎冷僻的主題，其實意蘊深遠，充滿閱讀的樂趣；還有些書大家時時掛在嘴邊，但我們卻從未看過……

如果沒有人推薦、提醒、出版，這些散發著智慧光芒的傑作，就會在我們的生命中錯失——因此我們有了**貓頭鷹書房**，作為這些書安身立命的家，也作為我們智性活動的主題樂園。

貓頭鷹書房——智者在此垂釣

貓頭鷹書房 63

帝國主義的末日

去殖民的風潮吹過亞洲與非洲，改變了二十世紀的世界版圖

Dekolonisation

Das Ende der Imperien

歐斯特哈默（Jürgen Osterhammel）
揚森（Jan C. Jansen）◎著

傅熙理◎譯

貓頭鷹

貓頭鷹書房 63

帝國主義的末日：
去殖民的風潮吹過亞洲與非洲，改變了二十世紀的世界版圖

作　　者　歐斯特哈默（Jürgen Osterhammel）、揚森（Jan C. Jansen）
譯　　者　傅熙理
選書責編　張瑞芳
校　　對　魏秋綢
版面構成　張靜怡
封面設計　陳文德

行銷業務　鄭詠文、陳昱甄
總 編 輯　謝宜英
出 版 者　貓頭鷹出版

發 行 人　凃玉雲
發　　行　英屬蓋曼群島商家庭傳媒股份有限公司城邦分公司
　　　　　104 台北市中山區民生東路二段 141 號 11 樓
　　　　　畫撥帳號：19863813；戶名：書虫股份有限公司
城邦讀書花園：www.cite.com.tw　購書服務信箱：service@readingclub.com.tw
購書服務專線：02-2500-7718~9（週一至週五 09:30-12:30；13:30-18:00）
24 小時傳真專線：02-25001990~1
香港發行所　城邦（香港）出版集團／電話：852-2877-8606 ／傳真：852-2578-9337
馬新發行所　城邦（馬新）出版集團／電話：603-9056-3833 ／傳真：603-9057-6622
印 製 廠　中原造像股份有限公司
初　　版　2019 年 6 月／二刷 2023 年 6 月
定　　價　新台幣 450 元／港幣 150 元
I S B N　978-986-262-382-4

讀者意見信箱　owl@cph.com.tw
投稿信箱　owl.book@gmail.com
貓頭鷹知識網　www.owls.tw
貓頭鷹臉書　facebook.com/owlpublishing

【大量採購，請洽專線】(02) 2500-1919

城邦讀書花園
www.cite.com.tw

國家圖書館出版品預行編目資料

帝國主義的末日：去殖民的風潮吹過亞洲與非洲，改變了二十世紀的世界版圖／歐斯特哈默（Jürgen Osterhammel）、揚森（Jan C. Jansen）著，傅熙理譯；-- 初版 . -- 臺北市：貓頭鷹出版：家庭傳媒城邦分公司發行 , 2019.06
面；　公分 . --（貓頭鷹書房；63）
譯自：Dekolonisation: Das Ende der Imperien
ISBN 978-986-262-382-4（平裝）

1. 帝國主義　2. 殖民主義

571.27　　108006284

本書採用品質穩定的紙張與無毒環保油墨印刷，以利讀者閱讀與典藏。

目次

帝國主義的末日：去殖民的風潮吹過亞洲與非洲，改變了二十世紀的世界版圖

第一章 去殖民的年代與過程

「去殖民」這個相對平淡的專門術語，卻是用以描述近代史中一段最戲劇化的過程。其發生年代可以清楚界定在二十世紀。我們可以用下列雙重定義來概括它，去殖民乃指：

首先，多個跨洲帝國在短短三十年間內（一九四五年至一九七五年）同時解體；

加上，各臣屬於外者的統治政權被去正當化的過程，這過程在歷史上僅有一次，推測也會是不可逆的。[1]

其他有過的定義則有不同的關注之處。印度歷史學家杜贊奇（Prasenjit Duara）較不著重於帝國的解體，而關注特定殖民地本土的權力更迭。正如他定義去殖民為「殖民強權將領土與屬地在機構與法律上的統治權，移交給正式主權民族國家的過程，這個民族國家政府是由土生土長的當地人所組成」。但即使是他，也為去殖民加上一條規則：政治秩序的更迭，埋藏在全球價值轉變裡，這句話點出了一張依「社會正義與政治團結」[2]之名，勾勒出的帝國主義對立草圖。

然而更具體務實的問題是，某區域內的去殖民要到什麼時候才算完成？粗略回答如下：當本地政府接管公家事務，國際法與象徵形式的主權交換已執行，且聯合國接納這個新興國家後（大多數月後即接納），即去殖民完成之時。

與其他近代史慣用的一些術語，如「冷戰」或「全球化」相較，「去殖民

（Dekolonisation）」（「去殖民化（Dekolonisierung）」和「脫殖民（Entkolonialisierung）」未必是更好的選項[3]）是一個源自行政實務、缺乏生氣的術語。也因此，這個用語並不屬於歷史學家、社會學家在事後才創造出的那類詞彙。早在一九五〇年代之前，這個用語就有跡可循；不過直到一九五〇年代中期後，出現頻率才明顯增加，回過頭來看，也就是此用語所描述的那些發展最為蓬勃之時。[4]

這個字最早出現在實踐家和時代見證者的用語裡，如今顯得冷僻生硬的詞彙，反映的是當時盛行的政治觀念。英、法這兩個殘存到最後的殖民強權，其國內政治菁英相信，在二戰剛結束的幾年內，他們可以在殖民統治至今的地區，操控、形塑、必要時甚至阻止，將政權移交給「值得信賴」的當地政治家。他們希望這段過渡期是很耗時的，也就是寧可花幾十年時間來和平落實；同時滿心期待新興獨立的國家能與前殖民強權維持和諧關係，甚至對長年殖民的「夥伴關係」心懷感激。就這層面看來，去殖民可視為歐洲人的政治謀算，以為運用靈活手腕與決心就可以達成目的。

實際上，去殖民的運作過程，只有少數依照可控制的預定程序進行。歷史現實、無數自發動力、加速度、無意造成的副作用，甚至是歷史巧合，都挑戰著過程的可操控性。一九四五年後，不少殖民專家明明眼見亞洲殖民統治的末日，卻仍一致相信殖民在非洲的前途依舊遠大。然而這是不久後就被證實的誤會。也因此，去殖民是帝國不滅幻想的不斷幻滅。去殖民標誌著一段激烈的歷史時刻，結局從一開始就甚不明確。諸多替代方案曾被再三琢磨，有些可能成為現實，有些則船過水無痕。這為現今的歷史學家帶來極大挑戰，當回顧這段歷史時，可不能將那個時代的人眼中無限未來的可能性，扁平化為膚淺的印象，必須照實追溯所有的來龍去脈。[5]

儘管有零星的去殖民過程如殖民者所願和平進行，但整體看來，去殖民仍充滿暴力。一九四七年的印巴分治❶，可說是二十世紀裡，時間最壓縮、數量最多的強制移民，造成約一千五百萬難民與遭驅離者；一九五四年至一九六二年間的阿爾及利亞戰爭❷，與一九四六年至一九五四年間的印度支那戰爭❸，均屬二十世紀下半葉最醒目的暴力事件；一九四五年至一九四九年間，印度尼西亞島群血腥亂象瀰漫。[6]以上事件的確切受害人數幾乎無法估算。若將一九五〇年至一九五三年的韓戰、一九六四年至一九七三年美國對越共的戰爭，視為去殖民的「效應戰」，再將去殖民期間與之後開打的諸多內戰，如剛果、奈及利亞、安哥拉、莫三比克等算入，景象則更慘不忍睹。起義者與殖民強權的交鋒，有時極為血腥。某些事件如肯亞事件，其規模到了近年來才為人知曉。[7]另有幾次事件，如一九四七至一九四九年，法屬馬達加斯加對起義者恐怖且成功的鎮壓，幾乎未在大眾意識中留下任何痕跡。[8]

去殖民的過程現已落幕。一九三八年，在宣稱為殖民地、保護地或「附屬地」的地方（這還未算入英國的自治領❹），估計還有六億四千四百萬人。而今聯合國登記在案的，只剩十六個住人的「無自治政府領土」尚有兩百萬「待去殖民」[9]居民，但最後的殖民地子民並非都迫切需要自治政府（self-government），例如直布羅陀❺的兩萬九千位居民。

去殖民這個術語在這段大轉變的過程中，從昔日歐洲各主角的幻想中掙脫，獲取了更寬廣的意義。德國歷史學家迪特馬爾．羅特蒙德形容這「也許是二十世紀最重要的歷史過程」[10]，應可作為去殖民最簡潔的標籤。

主權與價值轉變

從其他觀點來看，殖民主義的沒落帶來了歐洲殖民帝國的末日。因此，在英語文獻中「帝國末日」成為「去殖民」約定俗成的同義詞。這表示去殖民不僅在殖民地的歷史裡代表一道深刻的傷口，在歐洲歷史上也不會只是個注腳而已。去殖民導致「歐洲的歐洲化」、「把歐洲拋回自己的中心」[11]，改變這個大洲在國際權力結構上的位置，開啟了歐洲各國間跨國整合的互動，並以一九五七年成立的歐洲經濟共同體，達成第一座巔峰。

一般來說，大約從西元一五〇〇年起，由白皮膚與基督教信仰的歐洲人統治非白人與非基督徒的殖民帝國逐漸成形。這大多透過模糊的願景和時機趁勢而起，幾乎毫無系統規劃可言。[12]眾帝國宛如補丁地毯般，無一是有一致徹底的規劃。歐洲以外的領土則以「殖民地」的身分，納入歐洲各大殖民母國❻五花八門的法律結構下。以獨立民族國家為目標的民族主義政治思想，在十九世紀很難動搖殖民事實半分。只有西班牙語系的中南美洲國家，以大量的獨立小國取代了一統的大帝國。

第一次世界大戰前夕，大英帝國是唯一一個名符其實的世界帝國，領土包含澳洲與紐西蘭，遍及全球各大洲。加上另外三個特徵，使大英帝國一枝獨秀：

首先，他們在歐洲地理範圍內統治歐洲人：馬爾他（一八一四年起）和塞普勒斯（一八七八年起）都是英國的殖民地；克基拉島和愛奧尼亞群島自一八一五年至一八六四年也曾是英國殖民地；愛爾蘭在英國雖具附屬國的特別地位，但在愛爾蘭民族主義者眼中，亦與殖民相去不遠。

其次，許多隸屬大英國協的國家是自治殖民地（self-governing），也就是在大英國王寬鬆的監督下，得以自行透過民主機構與程序來制定政治事務，一九〇七年起，這些領土約定俗成統稱為「自治領」[13]。一九一〇年代，自多塊零星領地聯合成為南非聯邦後，共有四個典型民族國家：加拿大、澳大利亞、紐西蘭與南非。不過，南非卻以政治程序排除了占多數人口的黑人，此態勢到了二十世紀中葉愈趨嚴重。

第三，所有歐洲殖民強權中，唯有英國獨霸軍事資源（特別在海上）與經濟力量（尤其身為全球金融中心），因此儘管置身殖民地或較少直接管理的「保護國」❼之外，仍可施加強大的國際影響力。類似充斥著競爭與爭議的「非正式帝國」，可以說有伊朗、鄂圖曼帝國、部分南美地區，特別是一戰前夕的中國。建議以「正式帝國」加上「非正式帝國」，來代表「大英帝國體系」這個稱呼。[14]❽

不論面積或人口數，其他帝國都遠不及大英帝國。法蘭西帝國至少還在東南亞、北非、西非、加勒比地區與玻里尼西亞等地出現；葡萄牙主要控制南非地區（尤其是安哥拉和莫三比克）；比利時擁有一部分的剛果，控制非洲大陸的心臟地帶；德國的旗幟則零零散散飄揚在非洲、中國以及南太平洋的各個殖民地；義大利自一九一一年起控制利比亞；荷蘭則占領「東印度」（今日的印尼）這個世界上人口與資源最豐盛的殖民地；只有近代早期就開始擴張的強權西班牙帝國，自一八九八年的美西戰爭戰敗後，失去古巴和菲律賓，殖民地所剩無幾。而除了德意志帝國之外，所有帝國都熬過了第一次世界大戰；且不論戰況多激烈，也還是撐過了第二次世界大戰。[15]直到一九七五年帝國才徹底消失，當時歐洲最古老、也是最後一個海外殖民帝國葡萄牙，終於在一九七四年母國革命之際瓦解。

在「短暫的」二十世紀，由帝國板塊與從屬關係組成的世界，分裂成馬賽克貼圖般多個政治自治國家，各國勾心鬥角，但也只能以象徵性行為來捍衛自己的「主權」。因而用來代表排除外來統治、邏輯上反向理解的「去」殖民，也可以正向詮釋，也就是把去殖民當成製造「主權」序號產品的機器，猶如是一台主權製造機。這台機器依國際法❾標準規格，生產出各個政治單位：國家擁有劃好國界的國土、專屬憲法、法律秩序、政府、警察、國旗與國歌。如此一來，去殖民在統計圖表上的趨勢便清楚可見：一方面，殖民地數字從一九一三年的一百六十三個，一九六五年減少為六十八個，一九九五年更下降到三十三個[16]；另一方面，適用國際法對象的數量劇增，曲線不斷攀高，換句話說，有愈來愈多既存的國家受到認同，擁有平等權力且無更高主權凌駕其上。

一九一九年，國際聯盟❿由三十二個主權國家組成，其中九個來自拉丁美洲；全亞洲只有日本、中國和暹羅（一九三九年後稱泰國）參與；來自非洲的僅有南非和賴比瑞亞，後者實際上仍為美國的保護地。創辦成員中，加拿大、紐西蘭、澳洲和南非，嚴格來說仍算是殖民地而非主權國家，直到一九三一年西敏法⓫頒布後，才正式成為主權國家。[17]而典型殖民地印度，之所以列名國際聯盟組織，一方面可以理解為英國對印度參戰象徵性的獎勵，另一方面則可說，這個新世界體系中的最大強權，對低調反對大英帝國的聲音妥協。

一九四五年，聯合國由五十一個國家成立，基本上並未大幅高於一九一九年國際聯盟的原始成員數字。[18]由此可見，期間世界政治版圖的變化不甚劇烈。非洲和大部分的亞洲地區，特別是幾乎完全殖民化的東南亞，始終無法站上世界舞台上為自己發聲。一九五七年，加入了亞洲國家和那些一九四五年尚未加盟的歐洲國家，成員數字增加到八十二個；接著在一九六〇年就多了十八個新成員；一九七五年更上升到一百四十四個成員。如今聯合國有一百九十三個成員，其中包含了諸小國，如居民一萬人的太平洋諾魯共和島國。承辦奧林匹克世界運動的國際奧林匹克委員會（今日除聯合國外第二重要的全球組織），甚至承認了高達二〇四個擁有「國家」奧委會的國家。

很少新興國家是無中生有的，這些國家的形成，絕大多數是拜大型政治單位，也就是帝國或聯邦的解體所賜。而通常殖民母國會在損失外圍羽翼後存續下來，並縮回各自的核心：法蘭西世界帝國剩下一個「六角形」、鄂圖曼帝國剩土耳其共和國、蘇聯剩俄羅斯。少數案例則瓦解為無數政體，無任何繼承國留下，如一九一八年哈布斯堡王朝、一九九一年後的南斯拉夫。以眾多小分子拼湊而成的新民族國家在十八、十九世紀已屬少數，美國、義大利、德國是最具代表性的例子，某些觀點下還包含了加拿大、澳大利亞。二十世紀後更是少見。二十世紀是地緣政治碎裂的時代，一百九十三個聯合國成員幾乎全是後殖民或後帝國國家，對歷史學家而言，這表示這些國家都擁有一段屬於殖民地或帝國的過去，其影響還烙印在今日的自我意識中。

古今中外不乏各式等級制度與從屬關係。許多情況下，國家熱切渴望的主權之所以不得完備，是因為在衝突狀況下，絕大多數無法以自有軍備捍衛領土，或僅能仰賴外來金援生存。然而，今日世界各地再也沒有「殖民母國」與「殖民地」之稱，這說法是公然地暴露出存於兩個不同文化社會間的主從關係。[19]一九一三年左右，亞洲、非洲、加勒比地區與太平洋地區遭遠方強權侵占還屬稀鬆平常之事；到了一九七五年，除了香港、羅德西亞（一九八〇年更名為辛巴威）、西南非（一九九〇年獨立為納米比亞）與一些人口稀少的領地外，殖民地不只實質上消失了，在道德與國際法上也備受唾棄。

殖民主義結束的理由不勝枚舉。最重要的原因是，不論在殖民地或殖民母國，有愈來愈多人認為，殖民地逐漸失去了存在的道理。一九六〇年代的全球輿論中，這樣的轉變清楚可見。在法律的約束上，聯合國大會於國際法劃時代的一五一四號決議中曾宣布：「所有人民都有自決權；依據此權力，他們自由決定自己的政治地位、自由發展自己的經濟、社會與文化。」[20]同時，「許多民族卻臣服於外來的奴役、統治與剝削」，因此也宣布殖民主義違反國際法；不過有個大哉問卻遺留至今遲遲未解，那就是「外來的」意義為何？

我們可以用結構與價值兩個方面來總結去殖民：去殖民代表國際秩序的極端改組，其譴責夾帶種族主義意識形態的殖民主義；同時，翻轉了直到二十世紀中葉這麼長的時間以來，形塑人民與國家關係的價值。

時間與空間

去殖民最狹義的理解，可簡化為一塊土地上只有統治者換人。換人的方式五花八門，最和平的情況是，眾人有共識地從殖民強權手中，將統治權移交給當地政治家。我們可從大英帝國經由倫敦國會制定的法律，見到這種「權力轉移」（transfer of power）的方式。隨時間推移而化作慣例的交接典禮上，政府代表獻上一封恩澤滿溢的信函，信中國王或女王（自一九五二年後）祝福獨立的新國家未來一切順利。殖民強權的國旗降下，新國家的國旗升起，軍隊在軍樂伴奏下告別（雖然大部分的士兵都是當地人），任職至今的總督行使他最後一次官方任務。當處境較為混亂時，奪權一方揚著勝利的旗幟單方面宣布獨立，殖民官員與外國人士落荒而逃，這樣的權力轉換則不能稱作「交接」。

凡與立憲重大時刻相關的節日與象徵，幾乎都很類似。每個曾舉行過一場情緒高亢交接儀式的國家，至今仍歡慶他們的獨立日。以美國為例，每年大眾都在緬懷一七七六年七月四日。就這層面來看，去殖民算是歷史洪流中一個可精確掌握的時刻。不必是緊盯著政治史上每日事件的歷史迷，也可從後續發展去質疑批判那個時代的人希望洋溢的修辭，並得以精準看見這些獨立時刻中獨具意義之處。這些獨立時刻為歷史研究帶來有力的支點，可藉此討論體制轉變如何開始，接著追問，又會帶來什麼樣的結果。

在重建事件與已轉化成「史蹟」的事件時，政治史的著手點（往往不可或缺但又難以完備）通常集中在獨立的數年、數月、甚至數天之前。通常經由檔案、媒體報導、回憶錄與訪問當事人，便可獲得相當精確的畫面。然而，採用這些資料建構的豐富去殖民歷史尚未出現。當去殖民歷史被定義在狹隘的時間與空間中時，就只能局限在討論殖民強權與本土權力菁英的交流關係。

隨著歷史視野的調整，可以將去殖民整合進「宏觀的脈絡」中。放眼歷史，每個帝國總有滅亡的一天，有的因戰敗或革命而亡，或在苟延殘喘的過程中消耗敗落。歐洲歷史中類似的範例，一直以來都以羅馬帝國為代表。只有幾個特別少見的情況，帝國僅經歷體制的變形，而未曾徹底消失，最好的代表就是中國。關注帝國史的歷史研究或歷史社會學[12]，有時試圖找出帝國「生命」的演化模式甚至規律的循環週期。例如，他們假定出一道每個帝國遲早都將跨越的「門檻」，區分出階段，來作為帝國的必經之路。此類觀點擴展了時間與空間的視野，卻掩蓋了細節，難以辨識出時代的特性。

以空間觀點回顧上個世紀大幅崛起的帝國歷史，則可見到葡萄牙、西班牙人的海上帝國與近代荷蘭人、英國人不平凡的歷史特例。歐洲人原本談不上擁有軍事力量及經濟統治地位，直到近世[13]，才在古老、甚至跨歐亞的大帝國歷史中留名。21 從義大利海上強權威尼斯與擴張的鄂圖曼，這兩個不同類型帝國在地中海遭遇的衝突算起[14]；一八三九至一八四二年，鴉片戰爭「敲開」中國深鎖的大門，是各色結構相異之帝國的碰撞；十九世紀，俄羅斯帝國統領幅員廣大的東北歐亞大陸，呈現出多民族帝國階級制度的所有特徵。挨過了一九一七年十月革命後危機重重的過渡期，俄羅斯帝國最後以聯邦制的蘇維埃社會主義共和國聯盟形式重生。

蘇維埃社會主義共和國聯盟內含的帝國特性，長期為各家爭辯，始終未達成共識。它與各個西歐殖民帝國異中有同、同中有異。數十年來，在全球去殖民浪潮的衝擊下，各帝國紛紛瓦解，唯有蘇聯領土完整保留。後來一九八九年至一九九〇年，帝國的箝制破裂後，波羅的海三小國與蘇聯加盟共和國[15]中的中亞穆斯林國家，紛紛以令人吃驚的溫和過程（車臣除外）獨立為自治國家，這些新興國家深感自己猶如從俄羅斯的「奴役」中解放出來。此點與先行的西歐去殖民的共通之處是不容漠視的。

然而，從這些非俄羅斯人的蘇聯加盟共和國之獨立，更容易看出他們的特殊之處。他們算不上是全球運動的一部分，也不曾從持久的國際支持中獲利；一九七〇年代的「緩和（détente）過程」，目標在於解放東歐與中歐的衛星國，而非摧毀蘇聯本身。其中幾乎不見種族主義的動機，反倒是宗教占了更大的因素，特別是在中亞。西歐殖民帝國尚存之際，蘇聯希望藉由共產黨這樣一個遍及全聯盟的組織，加強整合菁英階層。這些加盟共和國的統治機構，「本土化」發展有深有淺，但不論如何都勝過任何一個西歐殖民帝國的情況，這也是他們獨立較為平順的一個重要條件。總之，有充分理由顯示，蘇聯偕其外圍衛星國的解體，與歷史上去殖民模式並不相同。「全球冷戰」的概念提供了更適合的解釋框架。

一八九五年起至一九四五年止，正好存在半世紀的日本帝國是另一個要角。[22] 從地理上看來，它同樣是由海洋維繫的殖民帝國。由於日本模仿西歐殖民模式，所以早期有許多雷同之處。約一九三二年起，日本帝國晚期發展與法西斯義大利、德意志帝國較為相似。類似蘇聯的解體，日本帝國滅亡前，不曾經歷反對與政治動員的冗長過程。一九四五年戰爭結束前，殖民地與後來征服占領的地區，未發生過任何一次對抗日本的本土解放運動。這個帝國是因美國的軍事力量，最終由天外飛來的原子彈一擊而毀滅。然而，日本帝國主義與全歐強權在亞洲的立場緊密絞合，他們全都是帝國競賽體系裡的一分子，這個體系在一九四五年崩壞後，就再也無法於亞洲重現。因此，即使採較狹義的去殖民定義，也不能不提及日本帝國。

總之，二十世紀的情況與歷史上早期的帝國毀滅不同，因為任何外來政權都不值得信任。在過去，帝國消失後由另一個新帝國接手其地位，對每一方而言都是理所當然之事；二十世紀的發展強調的是一勞永逸的終結，而以往就只有北美十三殖民地[16]，懷抱著烏托邦的希望開創新時代，脫離大英帝國。

若將眼光放遠，二十世紀的去殖民好似歐洲殖民帝國一連串解放的最後階段。可將脫離帝國的過程區分出兩波早期的原始浪潮：首先是一七七〇年至一八二〇年的新大陸革命，每場戰爭都不免動員武力追求獨立，隨後誕生了南北美洲諸多的獨立共和國與當時的法屬聖多明哥殖民區（一八〇四年獨立為海地）；接著是大英帝國的拓殖型殖民地，如：加拿大、澳洲、紐西蘭，他們溫和擴張政治緩衝空間並逐漸取得上風，於二十世紀初水到渠成，獲得自治領地位。

因此，二十世紀並不只是重複上演早期的去殖民模式。回顧早期歷史並非毫無意義，然而回顧方式因地而異。在二十世紀前期，殖民列強對他們的統治地位深信不疑，尤其大英帝國毫不畏懼十八世紀晚期北美拓殖者起義再度上演。即將應用在準自治領的立憲機制，也緩和了潛在衝突。一九六五年南羅德西亞⑰的脫離，是帝國裡唯一一次白人拓殖者單方面宣布獨立，但這其實發生得很晚。若站在殖民地人民的立場上，美國的脫離是一項價值連城的遺產。傑佛遜和華盛頓成為世界各地獨立戰士的指標人物。一九四五年九月二日，胡志明宣告越南民主共和國成立時，還引用了一七七六年的美國獨立宣言。直到一九五〇年左右開始的全球冷戰，革命運動遍布世界，並把美國算入敵對陣營為止。畢竟除了有些與帝國相似的踰矩行為外，這個前造反國仍維持著反殖民強權的殘餘形象。至於大英帝國也多少從美國獨立革命中學到了一課，以自治領狀態作為重要中繼站，建立一套按部就班、以憲法保障來逐漸實現內部自治與外部主權⑱的另類模式。

分析觀點與解釋模式

本文中有不同的分析觀點，分別著重於去殖民的不同面向：

一、帝國觀點。在今日指的不是為帝國辯護，學術文獻中幾乎再也找不到這般保守的立場；而是以特定帝國整體組織為出發點，探討當時帝國於歷史長河中的最終階段。在談論英國、法國或葡萄牙等去殖民的書籍中，重心往往集中在各個殖民母國、帝國整體策略、帝國各部分的重心轉移、帝國中央與周邊決策者的共同作用、決策者遭遇解放運動的反應、甚至海外變化萬千的環境等。儘管未抱著懷舊情結來看待帝國末日，諸文獻還是傾向將帝國末日與殖民母國的沒落相連結（《英國的沒落》等書）。

二、本土觀點。以單一殖民地或地區的角度考究（如法屬西非，法語：Afrique Occidentale Française，簡稱ＡＯＦ）去殖民的發生過程，聚焦於當地發展。這個觀點最早以解放運動、解放戰爭故事以及領導人物傳記為特徵。成功的反殖民起義同時也被描寫成新國家的誕生。此外，最近幾年還出現了另一種研究方式，開拓了今日視為純文學與回憶錄的領域：無比精細地重新建構，然而來源大多是動盪不安年代中小人物難以捉摸的日常生活經驗。這種敘事方式，使得一九四七年南亞印巴分治與隨後巴基斯坦土地又分裂成兩塊不相連領土的事件，不僅看似為少數核心人物政治運作的結果，更像是人類最大規模的悲劇。[23]只要想想《帝國家庭》一書裡描述的遣返，就算是輕易就遭人妖魔化的殖民「主人」，也有一張人的面孔。[24]類似「從底層看起」的去殖民故事，越過獨立年代的個人命運，有時不免與成功反殖民或有條理的權力轉移等英勇事蹟陷入矛盾。此類故事往往描述的是過渡時期的混亂與失序，並且無法將政治智慧與道德責任在英雄與惡人身上切割得一乾二淨。

三、國際觀點。談的是超越單一殖民地與單一帝國的框架。最經典的討論議題為外交軍事危機，危機不只介於殖民者與被殖民者間，還包含了「第三方」的政府與國際機構，例如一九五四年的日內瓦印度支那會議、一九五六年的蘇伊士運河危機、一九六〇至一九六三年的剛果危機，以及一九九九至二〇〇二年的東帝汶危機。世界輿論的關注日漸升高，尤其是作為批判論壇的聯合國。不同殖民地間解放運動的互相承認與支持，通常也會跨越帝國界線。這個觀點的研究，在今日較算是「新國際史」，而非殖民歷史。

要理解特定的去殖民歷程，得借重三重觀點勾勒出眾多不可或缺的元素。下列針對個別情況設置問題綱，可防止問題遭到簡化。[25]

一、晚期殖民的特徵

- 殖民地類型（統治型殖民地、拓殖型殖民地、基地型殖民地）。

- 殖民地人民的人口比例與團體分配：管理者、軍人、拓殖者、商人、傳教士等，以及他們在不同領域的殖民地經濟的影響力。
- 經濟對世界市場依賴的方式與程度，境外飛地⑲的規模與控制（包含透過「第三方」，例如在東南亞的中國人）。
- 當地人口的階級與性別結構；種族與宗教的組成與地理分布；城鄉人口關係。
- 殖民統治、政治組織、警察管理的強度（從「直接」到「間接」）。
- 被殖民者的法律地位（特別法、宗教與種族上明顯的歧視等）。
- （國家或傳教的）殖民文化政策與教育政策的方式與影響：基本教育的規模（例如可依識字率判斷）、當地人口中是否有受西方教育的團體的存在。
- 反殖民運動、領導人與其目標；殖民政府的對策（容忍、不同嚴重程度的鎮壓）。

二、外部條件

- 去殖民時間點，有可能受到遠國或近鄰先行之去殖民過程的影響。
- 第三方施壓（美國、蘇聯、聯合國、不結盟運動、世界輿論等）。
- 是否存在由殖民母國的政治家與殖民專家所計畫的去殖民策略。
- 殖民議題對於殖民母國內大眾與政黨鬥爭所代表的意義。
- 殖民利益集團（拓殖者遊說集團、貿易與礦業利益集團、傳教士）對殖民母國政治體系的影響力。
- 殖民關係對母國商業的實際與感受上的意義。

三、去殖民進行過程

- 解放運動、殖民國家與拓殖者民兵等，是否動員武力？
- 其他衝突的爆發（例如種族或宗教衝突）。

- 與委任的「前執政官」之間的協商彈性空間。
- 解放運動的目標、計畫、政治語言。
- 獨立的立憲形式（含：由誰制定、由誰決定的？）
- 取得國籍（citizenship）的規則。
- 獨立後選舉的實施（是貨真價實的競爭嗎？）
- 新國家邊界與內部省界的劃分。
- 對待殖民人口與財產的方式（徵收、驅逐、容忍）。

四、短期與中期影響

- 新國家和前殖民母國的政治（含軍事安全政策）合作方式（例如聯邦成員、軍事基地）。
- 經濟合作方式（例如貨幣關係、關稅優惠、獨立前後的貿易與投資比例）。

- 獨立過程中創建的政治機構的觀察期與永續性。
- 獨立前後軍事扮演的角色。
- 殖民時期文化持續延燒的作用（保留歐洲語言或促進本國語言、國家歷史形象等）。
- 去殖民為殖民母國政治（體制危機？）與社會（拓殖者回流、新國國民移入境內等）帶來的後果。

歷史研究希望能解釋過去，許多去殖民歷史學家也定下相同目標。只是究竟該釐清哪些問題，時常令人摸不著頭緒。殖民帝國究竟為何走向滅亡，這個問題彷彿天真得有些荒謬。只有提出特定的問題才有意義，而這些問題通常以比較的形式出現：去殖民動能為何在特定的時間點發動？為什麼有些去殖民動力擺脫了殖民強權，有些強權則（剛好相反）能夠（共同）創造動力？為什麼有些進程較為暴力、有些則較為和平？為什麼有些過程會帶來特定形式（種族、宗教、社會等）的衝突？

從文獻中可以找出五種通用的解釋模式，這些模式早期偶爾會以單一形態出現，如今大多數案例都是不同模式的混合[26]：

一、權力轉移模式：這種模式的去殖民目標堅定，由歐洲當權者與「溫和」的當地政治家協力合作，理性推動實現殖民時期就已埋下的改革種子，亦即放任拜殖民教育所賜而成熟的非歐洲民族，自行決定自己的「現代精神」。

二、自我解放模式：指當地解放運動，使武力建立的非法外來政權垮台，目標為統一國家。這些運動採取的方式廣泛，從和平協商、抗議、抵制到武裝抗爭都有。

三、新殖民主義模式：指殖民強權自願放棄已演變為不必要的強迫性殖民結構，其首要目標在於隨時間日益壯大的、且受當地內應支持的跨國企業，亦即商業剝削。未動用國家的直接統治，也一樣物美價廉。

四、減壓模式：這種模式的去殖民是有計畫的現代化，放棄戰略上日漸無用、國庫開銷大、政治風險大、有損國際名聲以及日益失去本土大眾支持的海外地位，通常和世界政策優先權的位移相關，例如從帝國轉向歐洲。

五、世界政策模式：這種模式的去殖民，是一九四五年戰後兩極化核武超級霸權崛起後勢不可擋的最終結果，造成舊歐洲透過殖民盡可能控制廣大的領土來穩固權力的策略不再有任何空間，讓傳統殖民帝國以占領作為確保世界政治優勢的方法貶值。

歷史學家將以上模式轉譯為論點，並以這些論點來處理一個又一個的個案。利用這些模式，可以分辨出誰（「機構〔agency〕」）採取了最後的決定性行動：在權力轉移與減壓模式中，採取行動的是殖民強權的政治菁英（議員與行政首腦）；自我解放模式中，則是被殖民者的國家運動；（馬克思主義的）新殖民主義模式中，關鍵為大型商業利益，推測這是殖民母國政治背後的幕後黑手；世界政治模式的重點是配合既有的限制與規範，這麼一來，「機構（agency）」便轉移到外界；其他的模式也會以較不明顯的形式，接受殖民強權的決定權逐漸減少這件事。[27]

五個模式與去殖民實際發展的過程是平行的，約一九八〇年之前的文獻中便有跡可循。某些觀點看來，這些模式正好反映了昔日曾熱烈討論的「帝國主義理論」[28]：例如，倘若有人相信，帝國是出自經濟原因而併吞殖民地的，那麼他們大概也會傾向用經濟來解釋帝國的末日。此後，去殖民過程的解釋，幾乎再也沒有增加任何新的思考模式；新文化史⑳對此也少有貢獻。歷史研究關注的焦點從原因轉移到影響，這反映出時間跨度的延長。事件發生後數年即寫下的去殖民歷史，和相隔半個世紀後的著作差異甚巨[29]。因此，只有拉開距離，後殖民研究（postcolonial studies）才可行：因為就算殖民主義不再具有政治機構的意義，「殖民」的思維方式也不會憑空消失。

比起二、三十年前，近年來有三件事變得更為明顯：

第一，伴隨著帝國與殖民地的消失，人民「自決權」正式施行，卻不代表各民族國家間，能達到無階級差異的和平共存狀態。[30]比起往昔，「帝國」雖更難具備合法性，但強國弱國之間的「帝國」行為模式仍然延續，有些甚至將之重新正當化為「人道」干預的權利，甚至是義務，以聯合國術語來說，就是「責任」。

第二，歐洲殖民強權與日本，並未因帝國消失而毀滅。儘管有些國家遭遇了大型內政危機，如法國、葡萄牙；有些則無，如英國、荷蘭，都還是各自克服經濟與政治方面的去殖民。今日的移民融合問題，不見得是直接承襲殖民歷史而來：在德國的土耳其人或在荷蘭的摩洛哥人，均非來自昔日殖民帝國的領土。

第三，殖民形勢、去殖民過程與當今各國情況，三者間均無直接的相互關係。昔日的殖民地可能很窮困，但也可能是富裕的，例如：南韓、台灣、新加坡、汶萊、塞普勒斯；十九、二十世紀亞洲和非洲未曾被殖民的地區，亦分屬世上最窮（賴比瑞亞、尼泊爾、海地）和最富有（沙烏地阿拉伯）的國家。不論高度鎮壓的殖民統治，如日本在韓國，或暴力顯著的去殖民過程，都不一定會為獨立時期帶來出乎意料的負擔。以肯亞為例，與去殖民過程（確切來說是失去國際聯盟、聯合國議席的過程）特別溫和的鄰國坦尚尼亞相比，儘管當初英國人撤退之際動用了諸多武力，今日肯亞的經濟卻未必比較差。[31]當然，溫和的獨立過渡期絕不是壞事。以越南為例，這個被帝國干預阻撓獨立過程最久、最嚴重的國家，其發展可能性遭受深遠的傷害。南北韓則像置於實驗室中的研究對象，他們從相同的殖民結局走出，卻各自步上南轅北轍的道路。

注釋

❶ 印巴分治。是一九四七年八月十四日和十五日發生在印度次大陸的歷史事件。大英帝國統治下的英屬印度，其中人數較多的印度教徒，和人數較少的伊斯蘭教徒間，產生日益激化的宗教對立，導致英屬印度解體，誕生印度聯邦和巴基斯坦自治領兩個新國家。

❷ 阿爾及利亞戰爭。一九五四年至一九六二年間，阿爾及利亞爭取獨立的武裝力量與法國的戰爭，最終法國同意阿爾及利亞獨立。法國在一八三〇年占領了阿爾及利亞，於一八三四年宣布阿爾及利亞為法國屬地。法國統治期間，大批歐洲人至阿爾及利亞定居。一九五四年時，約有一百萬歐洲裔人口，當中包括大量世代居於當地的法裔居民。對許多法國人而言，放棄阿爾及利亞是難以接受的。

❸ 印度支那戰爭，或稱法越戰爭。一九四五年九月至一九五四年七月間，為爭取獨立，越南獨立同盟會與法國開戰，最後越南獨立同盟會勝利、法國被迫簽訂日內瓦協定。

❹ 自治領，英語：dominion。是大英帝國殖民地制度中一個特殊的國家體制，可說是殖民地步向獨立的最後一步。十九世紀，所有實行自治或半自治的英國殖民地，尤其那些已具有自身憲政體制的，如加拿大、澳洲等，都稱為自治領。它們都是由直轄殖民地（crown colony）或自治殖民地（self-governing colony）進化為自治領。

❺ 直布羅陀，英語：Gibraltar。是十四個英國海外領土之一，也是最小的一個，位於伊比利亞半島末端。西班牙一直聲稱「擁有」直布羅陀主權，主權問題成為當地重要的政治議題。但因西班牙經濟不佳，當地所有黨派都反對英國將直布羅陀主權移交西班牙，主張應

由直布羅陀居民決定。一九九七年後，工黨執政的英國政府為博取歐盟好感，祕密談判試圖將直布羅陀主權交還西班牙。二〇〇二年，直布羅陀針對是否由英國與西班牙共管該地舉行公民投票，但最終卻以百分之九十八點九七的反對票遭否決。直布羅陀維持由英國統治。

❻ 殖民母國，德文：Metropole，中文一般習慣翻成大都會。大都會一詞源自希臘語中 meter（母親）和 polis（都市）兩個詞，合在一起就是 metropolis。metropolis 在當時是指古希臘殖民地中最早建設的都市，其大多是殖民地的政治和文化中心。本書主題為去殖民，因此一律翻為殖民母國。

❼ 保護國或保護地，德文：Protektorate，是受較強之國家（宗主國）支配和保護的國家或地區，是殖民地形式的一種。保護國是非獨立國的一種，也是殖民統治的一種特殊形式。為掠奪原材料產地和國際市場，帝國主義國家以強力手段迫使弱小、落後的國家簽訂不平等條約，以「保護」為名，實則控制和吞併。後者就稱為保護國。宗主國與保護國為國家間的不平等關係之一，弱勢國家因不平等條約而接受強勢國家的軍事保護，以致無法自理內政、外交事務，甚至喪失主權。若受保護的對象為民族實體、共同體，或通過征服從別國

瓜分土地，通常稱為保護地、領地、境外領土。

❽「正式帝國」指有法律依據的殖民地或自治領等。「非正式帝國」指英國能間接影響當地政治、經濟的國家。

❾國際法，德文：Völkerrecht，是主權國家國與國之間的法律。國際法不同於國家的法律制度，因為它主要的適用對象為國家而非公民，規範政府組織之間關係的規則，有時也包括民族意識的法人和自然人等。

❿國際聯盟，德文：Völkerbund，成立於一九二〇年一月十日，是第一次世界大戰結束、巴黎和會召開後組成的跨政府組織，也是世界上第一個以維護世界和平為其主要任務的國際組織。歷時二十六年，後被一九四六年四月二十日成立的聯合國取代。此外，聯合國繼承了一些國際聯盟成立的機構及組織。

⓫此法令規定英國從此不能再干涉自治領內部事務，自治領實際上幾乎等同獨立。

⓬歷史社會學，德文：historische Soziologie，是一門新興的社會學分支，強調社會現象的研究必須考量歷史的面向及因素，社會現象本質上就是歷史過程中社會互動的結果。

⓭近世，又稱近代早期，德文：Frühe Neuzeit，在歷史學上，近世一般指十六世紀文藝復興

後，到十八世紀法國大革命與工業革命開始前。但在不同歷史傳統中，這個概念又有不同的見解。

⓮威尼斯土耳其戰爭，十五至十八世紀威尼斯共和國與鄂圖曼土耳其帝國間的一系列戰爭，影響歐洲的傳統香料貿易路線，激發歐洲人尋找通往東方的新航線。戰爭對交戰兩國都造成深遠影響：威尼斯共和國在戰爭中陸續失去地中海上的重要基地，因而失去了地中海強權的地位。另一方面，鄂圖曼帝國雖獲得勝利，卻也長期消耗人力物力，而最後占有的地中海航路也失去傳統的商業價值，為其日後衰落的因素之一。

⓯蘇聯加盟共和國，德文：Unionsrepubliken，是蘇維埃社會主義共和國聯盟的構成國，亦可視為蘇聯的一級行政區劃。一九九一年蘇聯解體後，當時的十五個加盟共和國已全部獨立成為聯合國會員國。

⓰十三殖民地，德語：dreizehn nordamerikanischen Kolonien，是指英國於一六〇七年至一七三三年在北美洲大西洋沿岸建立的一系列殖民地。每個殖民地都建立並發展自治體制，居民大多數是擁有自己土地的獨立農民。在十八世紀六〇年代至七〇年代，經過一系列抗爭，殖民地聯合武裝反對英國和英王喬治三世的統治，最終於一七七五年爆發美國獨立戰

爭。一七七六年北美十三州宣布獨立，建立美利堅合眾國。

⑰ 南羅德西亞，德語：Südrhodesien，一九二三年當地白人舉行公民投票成立南羅德西亞自治政府。一九五三年與北羅德西亞、尼亞薩蘭兩地共組羅德西亞與尼亞薩蘭聯邦，後因內部紛爭而於一九六三年取消。一九六五年自治政府總理伊恩·史密斯自行宣布獨立建國，定國號為「羅德西亞」，但未獲得國際承認，一九七〇年又成立共和國，不再尊崇英國女王伊利莎白二世，一九七九年易名為辛巴威羅德西亞共和國，同年十二月解散，次年四月二度宣告獨立，建立辛巴威共和國，始獲得法理獨立地位。

⑱ 內部自治和外部主權：例如一九三一年西敏法，英國宣布不干涉自治領內部事務，但外部仍宣告主權屬於英國女王。

⑲ 飛地是一種人文地理概念，指在某個地理區劃境內有一塊隸屬於他地的區域。根據地區與國家之間的相對關係，飛地又可以分為「外飛地」（exclave）與「內飛地」（enclave）兩種概念，其關係如下：內飛地指某個國家境內有塊土地，其主權屬於另外一個國家，則該地區稱為此國家的內飛地。外飛地則是指某國家擁有一塊與本國分離開來的領土，該領土受其他國家包圍，則該領土稱為某國的外飛地。

⑳ 新文化史，德文：neue Kulturgeschichte，自一九七〇至八〇年代開始，西方的文化史開始有新的發展，被稱為新文化史。其主要特色，更重視探討隱藏於各種文化事物表面之下的深層意義。

第二章 民族主義、晚期殖民主義、世界大戰

第一次世界大戰結束了「帝國主義年代」，這個觀念曾經流行過很長一段時間。但類似看法漠視了帝國跨越一九一八年後延續的意義。就算殖民衝突頂多只能算是第一次世界大戰爆發的次要條件，但這場世界大戰畢竟是帝國大戰。雖然除了東非、德國－鄂圖曼聯盟間接在英、法殖民地穆斯林間的政治宣傳外，殖民帝國幾乎無任何一地淪為戰場，但戰爭期間，殖民列強卻不得不以空前絕後的規模，動用帝國全境的軍事與經濟資源，尤其是大英帝國和法國。[32] 光從英國自治領與印度就動員了超過兩百五十萬名士兵參戰，超過了自母國本地徵召總人數六百七十萬的三分之一。法國則從

殖民地動員超過六十萬名士兵與十八萬名工人，尤其北非與西非。有一大部分的法國殖民軍隊，甚至遠渡歐洲參與對抗白人之戰，也因此激怒其他殖民強權，甚至包含與法國結盟的英國人。[33]

一九一九年至二〇年的巴黎和約也未能為後帝國時代指路。雖然哈布斯堡君主國、鄂圖曼帝國與德意志帝國這幾個老帝國消失了，但大英帝國、法國、荷蘭、比利時、葡萄牙等殖民帝國卻未在戰爭中耗損半分，甚至還更加擴張。原德國殖民地與鄂圖曼帝國的阿拉伯省份，則以國際聯盟「託管地」之名，持續為外人統治。尤以英、法兩國從中得利最多，因大部分地區都由其託管，猶如準殖民地。一九一八年，原則上殖民統治仍未失去國際正當性，國際聯盟規章中還以故作清高的字眼表示，這是西方的「文明化任務」。[34]就連「修正主義」對戰後秩序的異議，也以義大利、日本，當然還有德國的新帝國擴張主義形式重新現身，直到一九四五年為止，帝國主義是全球政治機構的主要形式。

那麼為什麼我們依舊從第一次世界大戰開始起算去殖民的歷史呢？

第一，一九一七至一八年起，殖民強權明顯陷入反殖民示威運動的壓力。最常提到的論述為，戰爭與其殘忍面摧毀了歐洲文明優勢的風采，使得關鍵的殖民正當性神話從此粉碎，此點雖說得通，卻難以一一證明。[35]戰爭期間在法屬西非以及阿爾及利亞的幾個地方與地區的反動員起義則較為具體。放眼全球，殖民統治在世界大戰後幾乎毫髮無損，與這幾個地區中運用戰爭法❶來加強鎮壓有關。戰爭末期和緊接在後的戰後時期則情勢逆轉，來到反殖民運動的激烈階段。來自殖民世界各地的反對派和民族主義團體，都試圖透過聯署與代表團來影響巴黎和約，像是越南、突尼西亞、阿爾及利亞與埃及等。[36]同時，一九一九年至一九二〇年，一股反殖民的不安浪潮震盪伊朗、埃及、印度、中國、韓國、敘利亞與伊拉克等地的殖民秩序。[37]

二，就世界政治層面而言，殖民列強發現不得不與國際化的殖民問題交鋒，其中最有名的就是美國總統威爾遜於一九一八年一月八日提出的十四點和平原則❷。其中宣告的「民族自決原則」，尤其吸引了世界各地的反殖民主義者。由中國算起，經過韓國、印度直至北非，各抗議運動引用十四點和平原則並各自表述，還試圖聯繫美國。只是這些同時利用威爾遜原則的運動卻很少連成一氣，因此很難稱得上是全球統一的「視野」。[38]各式運動沉寂下來後成為各地為期數十幾年的抗議歷史，內含各地方勢力、人物與形式。他們雖將威爾遜的說法融入自己的原則，但這些原則卻無法往前回溯至這位美國總統。反而更像是首度出現的反殖民抗議的國際化策略，為去殖民開拓了更寬廣的道路。

美國對殖民的批判，在國際聯盟託管地❸體系中收效最大：若考慮到託管設有時限的想法，便可理解託管地原本的確是為了引導民族獨立所設置的。[39]然而託管人雖有向國際聯盟正式匯報的義務，他們卻把這些地區當作自己的保護地，甚至禁止國際干涉。國際聯盟無法成為反殖民批判的場域，為此，一九四五年後，國際聯盟轉型成為聯合國。

三，為了回應當地與國際壓力，殖民列強覺得有必要在戰爭期間承諾改革。他們的動機大多來自於一九一七年起加強的帝國資源動員。有鑑於來自澳洲、加拿大、紐西蘭、南非廣泛且大多出自自願的參戰，英國政府於一九一七年初，召開了帝國戰爭大會，大會在結論中設下未來自治領自治的願景；就連對印度，也在一九一七年八月提出聲明，聲明中包含以責任政府❹為方針進行政治改革的模糊承諾。一九一六年，法蘭西殖民帝國的西非代表布萊茲．迪亞涅成功爭取到將公民權頒發給部分的塞內加爾人民，當作對他們服役的回報；帝國政府甚至對阿爾及利亞也承諾改革。因戰爭而掀起的改革狂熱，隨著戰爭結束也跟著熄滅。一九一九年於印度與阿爾及利亞採取的改革措施，遠遠不及兩國人民的普遍期待。然而戰爭時期所做的改革承諾，擴大了人民的期待，成為接下來數十年抗爭運動的重要關鍵。隨著軍隊與退伍軍人的增加，殖民帝國內部形成愈來愈多舉足輕重但消耗國庫的利益團體。[40]一九一九年至二〇年，近東地區的戰後秩序參雜另一股牽連不小的失望之情。阿拉伯人在麥加謝里夫胡賽因❺的帶領下參與協約國作戰，建國期望卻落空了。

第一次世界大戰還未顯現去殖民的普遍徵兆，卻可看出殖民統治正當化基礎危機的第一個要素，並將在接下來數十年內爆發。第一次世界大戰為去殖民運動與「晚期殖民」政治充滿衝突的糾葛準備好了舞台，於兩次大戰的戰間期便有跡可循。

反殖民主義與民族主義

第一次世界大戰後，殖民世界本土問題倍增。尤以戰間期的亞洲與北非地區，反殖民抗議浪潮以前所未有的規模，於歐洲海外地區節節上升。部分的起義中還出現了政治運動。英國最重要的殖民地印度，戰間期在律師「聖雄」甘地領導下，形成帝國境內最強而有力的民族運動。甘地的非暴力哲學、組織運動、抵制運動以及公民不服從運動等，使得自一八八五年存在至今的印度國民大會黨，由鬆散的地方結社，轉變成領導嚴密的群眾組織。法國統治下的越南，原本就有長年抵抗的傳統，一九二〇年末起，在民族主義分子與共產黨員領導下，反殖民活動愈演愈烈，更鼓吹了一九三〇年初的農民起義。同時在荷屬東印度（印尼）遼闊的殖民地上，多元的民族運動輩出，其中蘇卡諾領導的青年運動最引人注目。上述兩事件中，殖民強權雙雙以高壓手段來壓制政治運動。

近東與北非的反殖民抗議也展現全新面貌。埃及雖自一九二二年就正式獨立，溫和的民族主義分子卻依舊得對抗來自英國的持續控制；自一九三〇年起，激進的民族主義分子與穆斯林兄弟會崛起成為後來的要角。鄂圖曼帝國時期還屬非主流的阿拉伯民族主義群眾運動，在近東地區新設的託管地上成形。列強都得投入強力軍事鎮壓才得以平息各地的起義，如伊拉克（一九二〇年）、敘利亞（一九二五年至一九二七年）與巴勒斯坦（一九三六年至一九三九年）。托管地巴勒斯坦遭遇一種特殊的衝突。由正式教義誕生的猶太復國計畫，預定在英國巴勒斯坦託管地上建立「猶太家園」，同時遭遇本土阿拉伯人捍衛其權利。阿拉伯與持續增加的猶太人之間暴力的惡性循環，使巴勒斯坦地區於一九二〇年起的戰間期，成了帝國境內除印度外最大的危機。

法蘭西殖民帝國在馬格里布❻的形勢格外震盪。直至一九二〇年代末期，法國與西班牙才在摩洛哥起義的軍事行動中占了上風，在一九二一至一九二六年的里夫戰爭中，阿卜杜·克里姆·哈塔比，成為其象徵人物。宗教圈與民族團體同時在各城市組織推動改革，一九三六年起還發動群眾抗議。拓殖型殖民地阿爾及利亞，同樣也有多元的抗議成形。此地長期以來由改革導向的活躍分子主導，隨著一九三〇年代中期流亡人士回歸，民族主義力量更為顯著。在突尼西亞，民族主義分子隨著戰爭結束推動國家獨立，自一九三四年起，政治家哈比卜·布爾吉巴將民族主義拓展為群眾運動。

撒哈拉以南非洲的反殖民與民族主義運動，一直要到二次世界大戰後才啟動。南非雖然以往就有工會社團，一九一二年後，非洲民族議會黨的黑人教育菁英還曾代表參政。然而直到一九五〇年代，群眾運動才發展起來。相對之下，撒哈拉以南較為平靜的狀態，使得歐洲政治家到了五〇年代左右，還誤以為非洲即將綻放殖民的未來。不過到了二次大戰前夕，後來的非洲民族主義核心要件已擬定完成。取得與美國、加勒比地區的黑人活躍分子與泛非主義運動的聯繫，則是另一個重要關鍵。[41]諸運動以不同的活動方式與激進程度，夾帶著對非洲的懷舊情懷戰鬥，對抗遍及世界的種族主義與帝國主義。巴黎成為圍繞著塞澤爾、桑戈爾、里昂・達馬斯等人的黑人運動（非洲與加勒比知識分子的文學藝術運動）的發源地。他們對殖民主義、種族主義與歐洲中心主義的抨擊不遺餘力，此外還在法國與非洲持續的交往中，宣傳強調非洲的價值。

反殖民抗議在實際的殖民環境中不斷成長，並延展出廣闊的形式：知識性批判討論、政治抗議分析、勞資鬥爭、抵制、自發鬧事、破壞活動、恐怖攻擊到武裝起義等。主事者身分也變化多端，絕大多數情況下，主要參與者為新興教育階層，如律師、醫生、教師、記者、管理階級等。他們熟悉殖民國家，卻見到自己的發展受阻。不同的環境下，其他社會團體如退伍軍人、商業人才、宗教改革家、女權組織以及有組織的工人與小農等，也具有重要意義。傳統菁英、政商顯要與總督，雖常因「內奸」身分而陷入與民族主義分子的衝突，但這兩方角色的界線其實不那麼分明：一些通敵的菁英成功轉型為反殖民主義分子，甚至站到國家運動的最前線，如摩洛哥的蘇丹❼、布干達（烏干達）的卡巴卡❽或史瓦濟蘭的國王；而有些民族主義分子則表現出準備好與殖民國家在某種程度上合作。

每個反殖民運動與民族主義運動，都不可能表現得完全一致。雖然也不如阿爾及利亞與印尼的運動，表現得如此多元。[42]不過，幾乎隨處都可見到不同派系脆弱的結盟與競爭的痕跡，尤其是在起始階段。就算如安哥拉、南羅德西亞般的武裝「內戰」，許多游擊爭奪戰亦三不五時出現。此番多樣的發展，正好印證了內部諸多矛盾與鬥爭：

一、光是目標與手段就爭議不斷且變化萬千。反殖民主義與民族主義雖互不妨礙，卻不代表他們結盟乃理所當然。[43]希望成為完全自治國家的要求，甚至是在較晚期的發展中才出現；早期的反殖民運動中，只有少數發起這項要求，例如越南約一九〇七年後發起。[44]較常見的是，先出現知識批判與政治或武力動員的冗長階段，目標是排除現況下的弊端、統治與歧視結構。殖民國家本身的機構（如司法、代表機構、媒體、社團等）與意識型態的辯證，都有助殖民統治的「重新協商」。政治之外，還有社會經濟、文化問題等平等訴求。罷工起始於工業生產、礦冶中心以及基礎建設等範圍（尤其是鐵路與港口工人），形成反殖民運動的重要領域。[45]在印度、突尼西亞、加勒比、西非、南非等地，工會擔任醞釀中的民族運動主角。儘管平權抗爭的結果被證實徒勞無功，而獨立的呼聲則節節升高。不過，若說完整的「主權」民族國家就是未來典範，也並非毫無爭議。與之相對的範本為主權分級，例如輕微籠罩在大英國協式屋簷下的部分自治，或是聯邦制。尤其在近東、馬格里布和撒哈拉以南非洲，地區或跨地區（泛阿拉伯、泛馬格里布、泛非洲）的國家統一草圖彼此間關係緊張。幾乎各處待解放的國家，都以殖民帝國最後存在的邊界來作為國界。只有少數幾個民族主義運動得以回溯至殖民前的國家版圖，如越南、緬甸、摩洛哥、突尼西亞、埃及與馬達加斯加。大部分的民族運動往往涉及到多宗教、多民族與多元化等新形象。

除目標之外，為達目的而使用的手段也有待商榷。幾乎沒有任何民族主義運動能迴避以下問題：是否該試圖與殖民強權合作或對立，還是應該以政治運動或武裝戰鬥來戰勝殖民主義？最後，爭議不斷的還有，社會革命是否有必要隨著獨立出現在國內？

二、放眼全球，隨處可見解放運動菁英傾向分化為現代主義分子與傳統主義分子，但他們通常不會完全分裂。現代主義分子更受社會主義吸引，晚期還受到史達林計畫經濟影響，有時甚至還仰慕新潮的法西斯主義（直至一九三五年至三六年法西斯主義在衣索比亞露出真面目前為止）。傳統主義分子很少是單純的歐洲保守類型，他們不想將時間倒轉回到殖民時代以前，也不忌諱活用現代媒體與群眾運動。然而，他們感到自己所認知的西方社會現況，不能作為國家未來的榜樣。最能體現如此複雜立場的當屬甘地，他主張的不工業化的農業印度理念，當然無法與印度自由運動的現代主義分子，如印度獨立後的第一位總理賈瓦哈拉爾・尼赫魯達成共識。46

宗教往往出現在新傳統主義分子自我認同的核心主旨中，然而民族運動主要是政治運動，而非宗教運動。宗教牽扯的範圍既廣泛又矛盾：伊斯蘭改革家在北非舉足輕重；伊斯蘭運動與社會主義運動在印尼連成一氣；一九四五年後，帶著部分千禧年主義性質的歸正宗教會❾在許多非洲國家意義重大，另有一些非洲國家則以神職學校畢業生自行詮釋的天主教會或新教教會作為信仰。與宗教的連結可能起伏不定甚或消失：在一九三〇年代，突尼西亞獨裁者布爾吉巴還以伊斯蘭擁護者身分自居，二十年後則成了世俗的現代主義者。況且宗教結社並不總具備整合性，在多宗教的背景下，甚至還可能啟動巨大的解體動能，印度就是最佳範例。

三、非洲南部民族運動的特徵，乃圍繞著宗教或「民族」歸屬主題的衝突。然而其他地區則可能會表現出明顯的區域特徵，例如突尼西亞民族主義菁英，主要是由東部海岸地區（薩赫爾）網羅人才，印尼的民族主義菁英則偏好從爪哇島找人。幾乎到處都可見到城鄉差距問題：民族主義菁英大多出身都市地區，然而他們不免要與鄉間多數人口產生交集。在動亂情況下，如印尼、馬來亞、肯亞、阿爾及利亞的鄉間居民既是核心要角也是主要的受害者。「民族」分類不僅只在撒哈拉以南的非洲造成問題，馬來民族主義分子為了保障其優越地位，而與中國和印度少數人口對抗；在摩洛哥與阿爾及利亞，儘管少數民族柏柏人⑩在解放戰爭中鼎力相助，依舊得順從阿拉伯定義下的民族主義。

四、解放戰爭期間，往往可見民族主義菁英與他們帶領的群眾運動關係緊張，大多與社會及世代衝突有關。例如一九四五年的印尼，與蘇卡諾結盟的青年運動為他帶來愈來愈大的挑戰；近東地區，原先阿拉伯的政商顯要得以將鄂圖曼帝國的地位延續到託管地時期，如今卻在溫和合作的民族主義方針下，受激進團體施壓；[47]類似情況也出現在一九四五年後的西非，民族主義政治家認為，工人、學生、青年運動等極端訴求，威脅到他們才確立不久的談判代表地位。

事後被津津樂道、那幅對外抗戰統一國家的畫面，通常是虛擬的歷史。殖民世界的各個角落，民族主義都不免與多樣的認同形式競爭：地方、族群、宗教、地區認同等，甚至對帝國團結效忠，也不會隨民族主義運動的出現而輕易消失。甚至在民族主義分子間，多半還會有地位競爭。投入對抗殖民政權與爭取民族與國家的解釋權，其間關係密不可分，都是角逐政治主導權之爭。政權鬥爭不只針對傳統菁英與現代菁英，也使民族主義分子相互對抗，有時交鋒之激烈不亞於對抗殖民強權。許多案例中，民族運動的霸主或中心集團在獨立戰爭期間（還經常是在殖民強權的主動協助下）就已成形；還有在獨立後愈演愈烈的鬥爭案例，其中以印度、比屬剛果、奈及利亞與安哥拉的情況特別高潮迭起。

反殖民示威運動最後透過無數國際連結與觀念的傳播而成形。民族主義領袖往往長期待在國外，尤其是當時的殖民母國，晚期也可能待在美國或蘇聯。他們從當地帶來新的理念、組織形式與人脈。像這樣流動的人物通常是教育菁英，其中很多都是學生，但流動的人物不僅限於此。如阿爾及利亞最早的民族主義黨，是在法國的北非工人移民圈中成形，他們擁護梅薩利・哈吉的北非之星；阮愛國，也就是後來的胡志明，在他的漫漫旅程中，早期曾當過園丁、廚師、水手、修版工等。反殖民運動的視野並不局限於各帝國中心。就算未成立國際反殖民組織，他們也能互相觀察學習、交換經驗，並於後勤與物質上支援對方。一九四八年，在甘地遭暗殺的許久以前，他早已躋身成為解放運動的國際偶像。最後，示威運動往往與殖民地境外形成的國際反殖民主義代表人物有所交流。例如，泛非主義者、流亡人士的跨國網絡；殖民母國內部的反殖民主義者，他們以殖民主義人道批評者與公眾運動的傳統立場，對抗十九與二十世紀早期殖民弊端，尤其是剛果自由幫的利奧波德二世；[48]甚至還與國際共產主義有來往。在一九一九年至一九三〇年中期，第三國際，也就是共產國際，在亞洲主張反殖民。然而這項主張卻因殖民國家加強鎮壓、共產黨自身日益傾向反法西斯主義統一聯盟、蘇聯轉向建設本土等原因，自一九二七至二八年起走向衰弱。

晚期殖民主義與「發展」

若將英國自治領也納入計算，隨著巴黎和約後領土重新分配，一九二〇年代殖民世界達到史上最大的擴張狀態。大英帝國與法國根據戰爭經驗，堅信就算當地起義反抗，他們還是能夠宣稱殖民地的所有權。獨占殖民地的資源剝削、貨物銷售與人口外移，看似得以補償世界經濟整合密度的退化，亦即所謂的去全球化。在戰間期，對殖民母國而言，連同解放中的自治領，殖民帝國甚至較以往更為重要。

經濟最能清楚呈現殖民帝國日益增加的重要性。[49]繼一九二〇年代，多數帝國境內貿易量緩慢增加後，自一九二九年起，世界經濟危機亦增強了帝國經濟政策中閉關自守的傾向，紛紛建立起貿易區塊。大英帝國與法國此時也首度將目標放在帝國內部的經濟整合，為此採取了關稅優惠、共同貨幣、提高（主要是公共的）投資等措施。[50]許多這個時期創造的經濟政策措施，二戰後仍持續存在。

然而殖民帝國在其他領域上的表現也日漸突出：隨著各個次要研究學科，如民族學、殖民地理、殖民經濟等紛紛納入學術體制後，帝國科學研究經歷了一場跨國、跨學科的躍進。在戰間期，大英帝國甚至還出現由官方推動愈來愈多移民移入自治領。透過媒體與流行文化傳播，一九三〇年代，殖民帝國在母國展現出前所未有的存在感。同年甚至還展出了史上最大的殖民展。[51]

同時歐洲人、北美人與日本人，對於本身的殖民帝國採取的措施也有所改變。帝國紛紛依不同方法與速度進入「晚期殖民」階段：此時重點已不再是持續擴張，而是殖民統治與資源利用的整合、提升效率、專業化，甚至是「科學化」。[52]這種拋棄純剝削的殖民主義方式，一九〇〇年就曾出現過，荷屬東印度在基礎與經濟建設上的表現最為突出。但直到一九一八年後，才延伸出更廣泛的運動，後更因世界經濟危機而再度加速。殖民母國的政治家、殖民地領導官員與科學家，紛紛參與當時殖民改革與「人道」殖民主義、統一帝國憲法、整合經濟與殖民地發展等辯論。現任與前任的殖民官員，如德．卡．安潔利諾、法國激進社會黨政治家阿爾貝特．薩羅、緬甸英國殖民政府官員兼學者傅尼凡等人，曾提出殖民政策結算報告並啟發新的方向。[53]調查委員會考察英、法殖民帝國各地，診斷出諸多問題，並附上無數報告與解決方案。一九三六年至三七年，法國左派人民陣線政府著手殖民改革，但許多改革方案在起始階段便已動彈不得。[54]

晚期的殖民計畫在各個帝國全面延伸出兩個領域，兩個領域互不干涉，也無法整合成共同計畫：一，政治改革與修憲；二，社會經濟發展程序。[55]自戰間期起，加強政治改革，謹慎擴大殖民地人口參與當地政治改革的機會。有時伴隨集會法、社團法與媒體權的放寬，以及按部就班向當地教育菁英開放管理職的措施。儘管偏向形式的改革，無法動搖殖民國家的基本權力結構，但至少標記出一個新切入點：改革代表了拋棄禁止殖民地人民參與政治的管理理念。56大英帝國境內，印度成為此類政策最重要的實驗場。自一九一九年起，民選的印度政治家也可於有限範圍內參與省級政府。這套體制稱作「雙頭政治」，「主權」執掌範圍仍操控在英國殖民官員手中，中央立法掌控在英國國會與印度總督⓫之手。一九三五年，為推動國會制的印度政府，取消了這套省級層次的雙頭統治，英國總督仍保有宣布緊急狀態法的權力；一九一九年起，開放立憲的同時，殖民政府機關的「印度化」也跟著實施。帝國其他區域的地方與地區代表機構也隨之壯大，不過，沒有任何一處可與印度相提並論，他們成功走向民選國會負責的政府（責任政治，responsible government）。多數的地方改革大多止於協商立法會議。許多直轄殖民地，自十九世紀就已存在協商立法會議，如錫蘭和牙買加；也有一些地方是新成立的，例如南非。改革的重點在於逐步開放類似會議讓當地民選代表參與，他們擁有新的權力與增加的當地總選票。錫蘭的改革進展最多，自一九三一年起，已形成普遍平權與男女平權。

其他殖民列強也紛紛積極重建和擴張地區和地方的代表機構。依區域與殖民帝國的差異，其影響與組合也隨之變化：在菲律賓逐步接受以美國為榜樣的政府體制之際，一九一八年成立的印尼人民會議（Volksraad），主要還是為定居東方的歐洲人服務的論壇。法蘭西殖民帝國是個特例，他們將「同化」的領土，如加勒比地區的舊占領地、四個塞內加爾社群、越南南部交趾支那、阿爾及利亞等地的議員，納入法國國會席位。也因此，塞內加爾與阿爾及利亞的初始改革目標為加強擴張公民權，並要求在國會中，代表穆斯林「臣民」行使權力。[57]塞內加爾的改革雖起了部分作用，但同樣的要求在阿爾及利亞卻因拓殖者反對而被打回票。在拓殖者管理下，阿爾及利亞總選民人數雖然增加，卻仍舊止於地方、地區與中央層級的代議機構。此外，直至第二次世界大戰為止，日本、比利時、葡萄牙，幾乎都對強化殖民地區的政治參與興趣缺缺。

類似傾向延續至戰爭結束後：一九四五年出現了兩種不同的改革手法，依其主要代表者可簡稱為「英國」道路與「法國」道路。大英帝國主要實施地方分權政治，也就是所謂的權力下放：把每一塊領土都當作特定的實體，依情況不同，大多以龜速協商開始憲法改革，並創建政治參與和自我管理的機構；法國則走上相反的道路，特別具有雄心壯志，奉行著加強殖民母國與殖民帝國的族群融合政策。一九四五至四六年，協商法蘭西第四共和國立憲的同時，出現了希望以新成立的法蘭西聯盟，消弭殖民母國與殖民地間鴻溝的措施。[58]原只適用於「原住民」的法規遭到廢除，並禁止強迫勞役，「舊」殖民地如馬丁尼克、瓜德羅普、蓋亞那與留尼旺，則宣告為法國海外行政區。此後，儘管還未能真正符合人口比例，但多數殖民地已可參與國會與「聯盟」新成立的協商機構。當時甚至還視殖民帝國所有人為平等的「公民」，雖然這個身分具備哪些具體權利，仍留待釐清。直到一九五〇年代中期，法國才脫離帝國融合政策，轉向加強各個小區塊的自治。葡萄牙和西班牙的晚期殖民主義，雖不像法國如此雄心壯志，且有部分仍脫離不了場面話的本質，但也可見到媲美法國族群融合政策的元素。

地方分權和族群融合政策基本上雖有差異，但兩種方法都具備自治的潛力。對日漸壯大的人民團體參與政治都有貢獻。英國情況中，造成的後果是「立憲上無限讓步」[59]；法國則是使殖民地「公民」提出的要求條目愈來愈廣泛且多樣。[60]

除政治改革外，戰間期的社會經濟發展與「現代化」問題，也逐漸成為殖民政策的辯論重點。[61]此時，殖民列強首次考慮的是國家在海外更大規模的投資，尤其基礎建設的興築與改造，如街道、鐵路與港口等。直到一九三九年，大部分建設項目都仍在紙上談兵階段。透過進口替代，有幾個地區雖開始工業化，但第二次世界大戰爆發後，投資與發展措施仍遠遠趕不上這些高遠的計畫目標。

就此看來，二次世界大戰標誌出一個轉捩點。在戰爭前提下，傾向干預的經濟政策得以實施。英國在戰爭時期引進不少國家經濟控制元素，如市場盤價（marketing boards），以公定價來發售非洲農產品。一九四〇年七月，為了各個開發與社會福利計畫，帝國內創立了一筆新的投資基金。歐洲的開發計畫顯然比不上日本在其占領區中跟進的大量現代化政策：一八九五年，中國離島台灣落入日本之手，他們系統化地建設以出口為目的的糖廠；一九〇五年起，為了原料短缺的日本群島經濟，於南滿洲開闢重工業補強空間；一九三一年起，當韓國當地企業還保有少許發揮空間之際，全滿洲則成為了殖民國家經濟政策的實驗場。日本是一九四五年以前唯一的殖民強權，將周邊殖民地的計劃性工業化，被視為強化殖民母國的機會。日本撤退後，許多由他們創造的基礎建設與工廠，都遺留了下來。[62]

戰時的措施、手段與計畫，在一九四五年後許久仍然存在。一九四〇年代，貨真價實的「發展紀元」[63]拉開序幕，尤其是撒哈拉以南非洲，成為晚期殖民現代化的聚集地，以往利用與維持（假定的）「傳統」結構為導向的政治在此處占有優勢。[64]殖民發展計畫包含愈來愈多的社會福利政策元素。[65]透過福利國家的健康照護與大眾社會福利的輸出、更高的薪資所得與工作權提升、更好的教育機會和現代生活等，殖民統治應該有助於全世界生活水準的進步。美國為類似的政治發展先驅，其在菲律賓投資大量以就職為導向的基礎教育，第二次大戰前夕，菲律賓識字率已高於同區域中其他殖民地。

晚期殖民改革的時間點、方式和強度有著很大差異。正如成形中的反殖民運動與民族主義運動，晚期殖民政策的代表人與策畫人，不論在殖民母國或當地，對於進行方針、可用的手段、目標與策略的意見也都不同。不論是社會經濟發展計畫或政治行政改革，均無一套可遵循的去殖民計畫。這些計畫經常是實驗性質的，或是某事件所引發的反應，毫無縝密的策略可言。而這些計畫理應有助於疏導與控制醞釀中的抗議，繼而為殖民統治提供全新的正當性基礎。

與策畫人的意圖相悖，晚期殖民政策反倒為殖民政權的結束創造了重要契機，受統治者把握統治者允諾現代化的契機，充分利用興起的政治機會與自由。守護妥協的晚期殖民政策，提供新人菁英崛起的力量，但這些傳統殖民統治夥伴的地位卻愈來愈弱。晚期殖民主義更促進了政府行動的擴張與中央化。[66]「晚期殖民發展中國家」逐漸成形。非洲南部的殖民國家，至此才開始引人注目。因為歐洲人以執政官員、科技專家、政治專家、拓殖者等身分在非洲大量出現，特別在安哥拉、莫三比克、羅德西亞等地，一九四五年後的非洲可說是受到「二度殖民占領」。[67]晚期殖民鋪天蓋地的國家干預行為與調節，往往導致許多新的起義。但這不盡然是殖民沒落的源頭，畢竟殖民國家很早以前就已深入統治各個社會領域。

雖然強調「現代化」的新面貌，晚期殖民國家最終仍演變為高壓統治國家。以發展為導向的晚期殖民主義，追尋目標（甚至還有環保目標）手段之獨裁，不亞於其殖民先驅。[68]一九四五年後，在許多殖民地中強迫勞役仍習以為常。晚期殖民主義看待擴張與改善國家鎮壓機制如下：空中監控與擴大情報安全機構，可以保證武力的使用更有效率。[69]

新帝國主義與第二次世界大戰

與老殖民列強的整頓方針相反，戰間期堅定擴張的全新帝國主義成形：法西斯的義大利、國家社會主義的德國，與大日本帝國用盡一切手段，以侵略性的方式擠進帝國世界的新秩序中。新修正主義下的超級民族主義帝國、舊殖民帝國與（雖然反殖民但行為卻不亞於帝國的）霸權美國與蘇聯之間的碰撞，使得第二次世界大戰成為貨真價實的全球帝國戰爭。

一九二二年，墨索里尼上任不久後，義大利就試圖銜接上與他國相較成果較不豐碩的戰前殖民擴張。當各國在意識形態上，對法國地中海殖民霸主地位（有部分為英國海上艦隊）存疑之際，法西斯義大利首先將目標集中在北非與東非，計畫重奪在一戰中接連失去的利比亞省份，如：的黎波里塔尼亞、昔蘭尼與費贊。一九三〇年代，義屬利比亞已成為拓殖者殖民主義的實驗場與法西斯形象代表。直到一九三九年，已有超過十萬義大利人移居此地。[70]一九三五年十月，義大利侵略國際聯盟成員阿比西尼亞（衣索比亞）。一九三六年五月甚至使用毒氣殘暴征服此地。

繼一八八四年至一九一四年的德意志海外殖民帝國後，第三帝國的生存空間論成為最重要的理論，就連威瑪共和的「修正主義者」，起初也對新政權寄以厚望。在「大德意志」的領土主張逐步實現後，向東方擴張的需求更形重要，也就是要在征服蘇聯後形成大陸霸權，與英國海上霸權相抗衡。納粹的侵占與中歐、東歐於一九三九年至四四年間領土的重新分配，可清楚辨識出其帝國面貌。[71]法西斯義大利在北非的拓殖實驗，啟發大範圍的遷徙與定居。[72]然而系統化剝削、奴役、大型族群殲滅政策、放棄任何改革形式的父權主義，以及透過種族滅絕主義的思想驅動等，在在都使短命的德意志戰爭帝國明顯有別於其他帝國的先例與反例。

不論義大利或德國，都遠遠不如大日本帝國入侵歐洲與北美殖民帝國地盤的野心與行動。[73]大日本帝國自一八九五年合併台灣，至一九三七年標誌出二戰在亞洲提早揭幕、侵略中國核心省份的軍事行動，都是藉著其東亞鄰國中國、韓國和俄國的損失來擴張己身，同時未動搖西方繼續保有在中國的「半殖民地」的利益。直到一九三七年，日本在中國採典型的「非正式經濟滲透」手法，並在占領地（台灣、韓國、滿洲）建立與西方列強不相上下的殖民架構。一九四〇年到四五年間，日本在東南亞採取的行動，是基於此時日本政治裡占主導地位的軍事力量，依循的邏輯則稍有不同。當國際與世界經濟都顯得極度競爭與危機重重時，日本也試圖以其直接管理下大區域的封閉經濟來當作解方。他們深信，如此才能事先確保自己不落入次於美國甚至蘇聯的弱勢地位；此外，他們還對坐擁原物料的歐洲殖民地特別感興趣，例如：印尼的石油、馬來亞的鋅礦、越南的煤礦；再加上老派的「泛亞」思想回春成為思想主流，日本「當仁不讓」地扛起領導全亞的龍頭角色，瞄準從歐美殖民統治下解放亞洲，以「大東亞共榮圈」為新帝國願景。

早在一九四〇年夏天，日本就在法國維琪政府⑫當局同意下，於法屬印度支那⑬

持續獲得軍事與經濟優惠；一九四一年十二月七日，日本攻擊美國夏威夷艦隊，開啟對美、英、荷蘭在全東南亞據點的閃電戰；英國自一九二一年起以巨額建造的要塞新加坡，在一九四二年二月淪陷，一時間連印度也岌岌可危。日本人以解放者的身分，幾乎到處都至少受到小型人民團體的歡迎，尤其是緬甸和印尼。日本占領期間，他們不免發現對日共鳴是種誤判，因為只有在情況最好時比較感受不到，但基本上在占領期間都是相當殘暴的。祕密警察的恐怖控制、強迫勞役、慰安婦與掠奪生活用品倉儲等，都是前所未有。

殖民世界的其他部分，也遭受戰爭強力衝擊。一九四〇年起，義大利攻擊索馬利亞和埃及；一九四一年三月起，在陸軍元帥隆美爾的帶領下，德國國防軍進攻北非，使得北非成為主要戰場，直至一九四二年十月為止。殖民列強動用了無盡的帝國資源。大英帝國獲得四個「舊自治領」在軍事與經濟上的支持；儘管面對強勁的政治反對勢力，支持英國的力量在南非仍是占居上風；[74]未與當地政治家磋商，印度即大規模動員保衛殖民母國。戰時印度軍隊成長至一千八百萬人，由於英籍士兵不足，上千名印度人甚至獲頒軍官證書。跟其他非、亞洲殖民地相同，印度也傾力投入戰爭。其他歐洲殖民列強的殖民地上，甚至出現更多的強迫勞役。由於作戰吃力，一九四五年已有高額負債，大英帝國對自己的殖民地，尤其是印度，更是負債累累。

當資源豐富的比屬剛果選擇同盟國陣營之際，一九四〇年六月，法國殖民帝國則在投降後四分五裂。[75]多數殖民地起初支持維琪政權，如北非與西非、馬達加斯加、印度支那；少數則依附戴高樂的自由法國⓮，如法屬赤道非洲。法國抵抗運動⓯始於爭奪對雙方都極具意義的殖民帝國開始。收復敘利亞、馬達加斯加與北非，基本上是英美人馬的功勞。雖說比不上日本在東南亞占領期間的強大影響力，但英美的占領顯然削弱了法國的地位。一九四三年，自由法國在英國的壓力下，被迫先同意黎凡特地區⓰成立國家政府，隨後甚至承認其獨立。此事尤其和美國總統小羅斯福所發表的反殖民宣言有關。就算英國方面努力緩和，一九四一年八月二十一日發表的大西洋憲章，仍然支持民族自決。

第二次世界大戰催化了戰間期的各項發展。反殖民運動與晚期殖民政策在各殖民地區以極大程度的落差崛起。在日本占領的領土上，武裝民族抵抗運動成形；在印度，總督和國會的衝突愈演愈烈，但殖民國家依舊足夠強大，一九四二年囚禁了所有的國會領導人物，直到戰爭結束政府都不再運作；在突尼西亞、埃及、伊拉克和非殖民地的伊朗，同盟國的殖民列強必須干預那些向軸心國小心靠攏的政治軍事領導菁英；因國家社會主義迫害而節節上升的猶太移民，使巴勒斯坦託管地失控；一九四四年至四五年，敘利亞和黎巴嫩出現不少暴力示威；突尼西亞的民族主義也開始在國際間運動，同時阿爾及利亞和摩洛哥的反對派，則坐穩了民族主義的位子。

與美國相反，英國和法國試圖找出一條新的「現代」和「夥伴關係」的公式，來作為殖民統治的條件。這也在政治改革計畫，亦即「殖民發展」的第二個面向中可見。特別是戴高樂帶領的自由法國，自認身負重任，一九四四年初，自由法國在剛果布拉薩市召開殖民戰後秩序會議，為阿爾及利亞進行第一場改革。

第二次世界大戰隨著義大利、德國、日本三個戰爭帝國的瓦解而落幕，然而我們不能把戰爭的倒數幾個月，當作去殖民的信號。大英帝國、法國與荷蘭的多數政治階層，都排除了放棄殖民帝國的選項。比起改革計畫，絕大多數殖民地趁著戰爭緊急狀態法與強迫勞役，更順勢加強極權措施。殖民列強在南亞、北非、近東與非洲南部雖然遭遇諸多困難，但仍保有其主人地位。日本投降後，戰略地位重要的東南亞地帶由英軍光復，但卻短視近利不準備獨立，反倒準備要讓殖民強權回歸。一九四五年五月，法國在東阿爾及利亞血腥鎮壓大型起義，並在敘利亞轟炸民族主義分子的暴動。除了韓國、台灣、中國東三省（滿洲）以及特例衣索比亞以外，戰爭結束後，沒有任何殖民地獨立。在義大利短期軍事統治後，一九四一年衣索比亞解放，一九四四年其獨立國家地位得到承認。

注釋

❶戰爭法，德文：Kriegsrecht，是關於戰爭中可接受行為的法律。在除內戰以外的情況下，戰爭法也可視為國際公法的一部分。戰爭法可分為兩大類：戰時法，關於戰爭中可接受行為的法律。訴諸戰爭權：關於使用武力的可接受理由的法律。

❷十四點和平原則，英：Fourteen Points，內容包括：廢止祕密外交、海洋自由航行、廢除關稅壁壘、裁減軍備、設立國際和平機構、民族自決原則、公正解決殖民地問題、允許奧匈帝國與鄂圖曼土耳其帝國的各民族獨立、建立一個有出海口的獨立波蘭、共同保證大小國家政治獨立與領土完整等。

❸國際聯盟託管地，德文：Mandate，皆是第一次世界大戰戰敗國的殖民地，主要是德意志第二帝國和鄂圖曼土耳其帝國。由戰勝國管理，設有託管年限。

❹責任政府，英語：responsible government，即政府對議會負責任。對殖民地來說，指的是政府對當地議會，而不是宗主國政府負責。原英國殖民地也大多從總督獨斷或帝國直轄，

演變成責任政府體制。這些國家和地區多將獲得責任政府視為其政治進化的重要里程碑。一般成功實施責任政府的殖民地才能獲得自治領資格，進而成為獨立國家。

❺ 麥加謝里夫，德文：Scherifen von Mekka，是管理麥加和麥地那這兩個聖城領袖的敬稱。謝里夫在阿拉伯語中的意思是「貴族」。胡賽因・伊本・阿里，Hussein ibn Ali，是一九〇八年至一九一七年麥加的埃米爾與麥加的謝里夫。一九一四年第一次世界大戰爆發，在他的次子阿卜杜拉的建議下，一方面表示效忠鄂圖曼帝國，另一方面派人和英國祕密談判，希望在發動反抗鄂圖曼帝國的起義成功後，能建立一個大阿拉伯國家。

❻ 馬格里布，德文：Maghreb，非洲西北部一地區，阿拉伯語意為「日落之地」。該詞在古代原指阿特拉斯山脈至地中海海岸之間的地區，後逐漸成為摩洛哥、阿爾及利亞和突尼西亞三國的代稱。

❼ 蘇丹，英文：Sultan，指一個在伊斯蘭教歷史上一個類似總督的官職，是阿拉伯語中的一個尊稱，歷史上有好幾種含義。這詞最初是阿拉伯語中的抽象名詞「力量」、「治權」、「裁決權」，後來變為權力、統治。最後變為統治者的稱號，等同國君的意思。蘇丹統治的地方，無論王朝還是國家都可以稱為「蘇丹國」。

❽ 布干達為非洲大湖區的古老王國，位於現今烏干達境內。卡巴卡是當地語言國王的意思。

❾ 千禧年主義是某些基督教教派正式或民間的信仰，這種信仰相信將來會有一個黃金時代：全球和平來臨，地球將變為天堂。人類將繁榮，大一統的時代來臨以及「基督統治世界」

歸正宗教會，德文：reformierte Kirchen，也稱喀爾文宗、改革宗，是基督教的宗派之一。

❿ 柏柏人，德文：Berber，是西北非洲的一個說閃含語系柏柏語族的民族。實際上柏柏人並不是一個單一的民族，它是眾多在文化、政治和經濟生活相似的部落族人的統稱。柏柏人這個稱呼本來不是柏柏人自稱的稱呼，而是來自拉丁語中的野蠻人（barbari）。在北非有約一千四百至兩千五百萬說柏柏語的人，主要集中在摩洛哥和阿爾及利亞。

⓫ 印度總督，德文：Provinzgouverneure，英國在印度的管理首腦，是王室的代表，不歸英國政府管轄，直接控制和監督其他不列顛東印度公司官員。直到一九五〇年印度制定共和憲法後，總督一職才取消。

⓬ 維琪政府，Régime de Vichy，正式國名為法蘭西國，l'État français，是第二次世界大戰期間納粹德國控制下的法國政府；一九四〇年六月德國戰勝巴黎後，以貝當為首的法國政府向德國投降，一九四〇年七月政府所在地遷至法國中部的維琪，故名。

⓭ 法屬印度支那，法語：Indochine française，法蘭西殖民帝國在東南亞的領土，由寮國、柬埔寨和三個居民以越南人為主的地區：東京、安南與交趾支那，以及位於中國廣東雷州半島的湛江租借地組成。

⓮ 自由法國，是在一九四〇年六月，原法蘭西第三共和國國防部次長戴高樂在英國所建立的政體。在法國向納粹德國投降時，戴高樂逃亡英國，於六月十八日透過英國廣播公司發表《告法國人民書》演說，號召法國人不要放棄希望，「法國抵抗的火焰都不能熄滅，也絕不會熄滅」，這標誌了「自由法國」運動的開始。

⓯ 法國抵抗運動（la Résistance），指第二次世界大戰期間為抵抗納粹德國對法國的占領和維琪政權的統治而組織起來的抵抗運動。

⓰ 黎凡特是指地中海東部地區，包括今黎巴嫩、敘利亞、約旦、以色列、土耳其和塞浦路斯全境或部分地區。第一次世界大戰前夕，法國、義大利和奧地利各自聲稱為黎凡特地區基督徒少數族群的歐洲保護者。

第三章　主權之路

一九四五年後，貨真價實的去殖民的劇烈階段拉開序幕。短短三十年間，亞洲、非洲與加勒比地區內，多數殖民地都消失絕跡。綜觀之下，可看見去殖民於這段時間內的分布情形，當然也無須質疑這些歷史時刻基本上有著相互關聯。去殖民分布全球，雖然分別在不同區域爆發，卻無法徹底切割：南亞與東南亞的戰末環境，為去殖民的後續發展設定了某種路線。此處發展比較特別，是因為一九四五年日本於各區域的帝國權力同時崩潰，故一九四六年（菲律賓）至一九四九年（印尼）間，多數殖民地紛紛獨立。越南和馬來亞❶，兩個眾家爭奪特別激烈的國家，隨後也在一九五四年和一九五七年獨立。

要幫北非和近東的去殖民編年特別困難，原因是有些國家的獨立過程早在一九二二年就開始，但受限於「非正式」之統治形式。一九五六年的「蘇伊士運河危機」和一九六二年法屬阿爾及利亞殖民的落幕，標示出此區域較劇烈的晚期去殖民階段；南非（於一九四五年後，首先成為晚期殖民現代化的中心）如同加勒比地區，也可劃分出兩波去殖民浪潮：第一波浪潮介於一九四五年（迦納）至一九六五年（甘比亞），由新興民族國家取代英國、法國、義大利與比利時大部分的占領區；一九七四年至七五年葡萄牙殖民地的瓦解，代表第二波浪潮的開始，並延伸至一九九四年南非種族隔離政策的結束。一九七〇年代至九〇年代，還可在世界上其他角落見到可謂「最後」的極小規模之去殖民，特別是在加勒比、太平洋以及印度洋海域一帶。

這一系列最後的自由抗爭與新國家的建立，於一九四五年後開始有自己的編年史，可依時間先後來談這些事件，即使事件上演地點的距離相隔遙遠。早先發生的事件為後來的事件創造契機，即使沒有出現橫越各大洲之不可抗拒的連鎖反應，仍不可否認有些骨牌效應。[76]鄰國的影響大於遠距離外的影響，各帝國間也紛紛產生交互作用：帝國某部分發生的事，難免會影響其他部分。而絕大多數導向獨立的政治運動，發生的地點是在既有的殖民地邊界之內，成形中的新興國家版圖，也通常會疊合殖民時期的區域範圍。

亞洲

二十世紀大英帝國歷史中，有四個特別重大的轉折：南非聯邦於一九一〇年獨立建國，幾乎不再受倫敦操控；愛爾蘭於一八〇四年併入大英帝國，後於一九二一年成立愛爾蘭自由邦；一九四七年英國結束了對印度的統治；大約在一九六〇年至一九六三年間，非洲諸多重要的殖民地獨立。連印度在內，帝國大半部分業已陷落；一夜之間，大英王冠下減少了三億八千八百萬子民。隨後錫蘭與緬甸也於一九四八年獨立，從亞丁灣至新加坡遼闊的空間中，大英帝國不再是戰略上的重要存在。擁有龐大軍隊的印度不再是將英國的力量投射至中亞、東非與遠東的基地。帝國喪失了地緣政治上的連貫性。儘管英國依舊是最重要的殖民主人，但已不再是那個空前絕後的歐亞二元帝國❷，自十九世紀起就於亞洲一枝獨秀，得意愛惜著自身輝煌的霸權。

印度影響力龐大，和其他去殖民案例相較，大英帝國為爭取其於印度地位的奮鬥，少得令人詫異。[77]一九四七年至四八年，這塊次大陸上爆發印巴分治等大型武裝衝突，這不能歸咎於英國的軍事行動，反之各方甚至歸罪於英國的被動與無為：他們從危機重重的形勢中撤退太快，疏忽了身為殖民強權妥善安排過渡期與平衡各方利益的責任。[78]說得更貼切一點，最晚於一九四六年，英國人由驅離者變為被驅離者，最終失去影響大局的力量。印度不曾有過一段優雅的「權力轉移」。

一九四二乃命運造化之年。因印度的高度參戰以及日本逼近孟加拉東部邊界，英國政府找來印度國民大會黨❸參政，此黨成員於開戰之時曾全體卸任。三月底，大英帝國甚至允諾成立民選國民議會，戰爭結束後即可自由決定印度的未來（克里普斯方案，Cripps Offer）。然而國民大會黨卻要求立即將權力轉交給印度內閣；協商過程中，清楚暴露出印度教徒和穆斯林間的政治問題。到了八月，這塊為服務戰爭而軍事化的次大陸上，英國人得以輕鬆控制整個黨的領導階層，來回應請他們及早離開印度的要求。一九四三年孟加拉大饑荒，為殖民強權持續造成負擔，並削弱了強權的威望。同年，國大黨異議人士在日本戰俘營裡成立印度國民軍（Indian National Army，簡稱ＩＮＡ），在印度內部亦獲得共鳴，卻未於實質上威脅到英國人。值得注意的是，多數印度政治菁英未將「解放」希望寄託於日本人身上，且最終也是因為印度軍人，才避免了日本的侵略。[79]

戰爭末期，印度雖非戰場，仍極為動盪不安。獨立問題自一九四二年起就有待解決。有別於亞洲其他多數殖民地，印度具備諸多過渡期的重要條件：首先有著豐富領導經驗、二十年來成效卓著之自由運動，還包含小康農家等廣大群眾基礎；政治參與階層的改變與政府職務轉交印度人之手，高等官員印度化的過程在一九三〇年代末期已大有進展；戰爭初期已有獨立發展的傾向，國大黨領導階層從監獄獲釋後，更是如虎添翼；印度對英國領導的戰爭，不論軍事或經濟上均貢獻良多，雖說並非出於自願，仍迫使英國做出更多讓步。印度軍隊的成長是一筆龐大的開銷，也令大英帝國對印度債台高築。

最後，英國殖民統治的性格簡化了殖民的終結過程，因印度當時為高度「中央集權」的殖民地，政治權力集中在總督與該機關。印度沒有可進行政治協商的拓殖者人口，且大型商業利益影響也少於以原料獲利為主的其他殖民地；倫敦自一九四五年起由工黨掌權，與保守黨相比，他們較少擁抱帝國情懷。首相克萊曼·艾德禮內閣依循三個目標：一、以和氣友好的強權姿態告別印度；二、以協調者身分勸說印度水火不容的各個政治團體做出讓步；三、將統一的印度留在大英國協裡，一來可避免地緣政治上的「權力真空」，二來能使這塊土地免於蘇維埃的影響。[80]

一九四七年二月，英國首相艾德禮宣布，英國人絕對會於一九四八年六月離開。新任印度總督蒙巴頓伯爵親自探勘當地後，於一九四七年六月三日宣布，日期提早到一九四七年八月。隨著期限的公布以及對即將到來的獨立之期待，諸多於去殖民中再三重複的政治程序全面啟動，各黨各派、路線、人物等，都盡可能在新國家成立的過程中爭取一席之地。政治事件在領導階層與地方暴動的相互影響下加速。在艾德禮政府企圖避免冗長的撤離時，政治衝突升級，到最後，雖說英國不想插手，但即便想干預也已無能為力了。

衝突的本質來自於日漸「本土化」、但各「社群」卻不相融的印度政治。此外還關乎老早就開始的、殖民強權致力將人口清楚分類：亦即以宗教團體認同領導政治傾向認同。緩慢的國會發展過程與主要利益組織的發展息息相關。也使保護少數族群更加困難，使衝突加深。就連煥發聖人風範的甘地所支持的非宗教統一印度之民族主義思想，也受到更多質疑。愈來愈多的穆斯林認為，他們無法深入參與主掌大權的國大黨。一九四〇年代，穆斯林聯盟在毫不「伊斯蘭」的律師穆罕默德·阿里·真納領導下，贏得了國家政治的影響力。他們要求為廣大穆斯林族群，成立一個屬於自己的國家（巴基斯坦），而這正是印度政治的引爆彈；同樣地，國大黨領導者也追求以單一族群共同領土為建國的綱領。在協商不出統一國家的解決辦法後，他們原則上決定分裂國土，委員會設下印度和東、西巴基斯坦的分割線，但實際操作上卻產生了問題。誠如此時，歐洲因兩次世界大戰與巴勒斯坦問題，正經歷領土的重新安排：數百萬人往往不住在他們「理論上」應該住的地方。「人口交換」進行得既隨機又草率，全印度的穆斯林蜂擁前往巴基斯坦邊界，印度教徒則往相反方向逃竄。除難民潮外，各宗教社群彼此還陷入衝突。一九四六年八月，加爾各答的地方衝突至少造成四千人喪生。一九四七年，暴動蔓延至次大陸的絕大多數地區，只要流言一起，就足以引發大屠殺。地方權望和匪首，紛紛利用國家秩序崩壞帶來的機會。預估受害人數在二十萬至兩百萬上下震盪，多數歷史學家接受一百萬這個數字。[81]直到一九四八年年中，情勢才稍微收斂。

南亞的去殖民是場空前的大災難。印度共和國與巴基斯坦長久的衝突，貽禍至今。值得注意的是，印度共和國內的政治菁英，雖有殖民與去殖民時期的不好經驗，卻未摒棄英國的政治文化與法制民主，這和絕大多數亞洲前殖民地不同。

錫蘭（一九七二年後改名斯里蘭卡）是另一個特例。一直以來，錫蘭都以直轄殖民地形式與印度分開管理，不論社會與文化上，這塊土地都是截然不同的類型。[82]錫蘭政治家不想脫離大英帝國獨立，因為獨立可能會令他們反受印度控制。跟印度相較，這個國度深受佛教多數人口僧伽羅人的影響，在一九四〇年代較少有宗教團體反抗。少數民族坦米爾人在政治計畫中融合，佛教僧人中也未形成批判殖民的知識階層；極端民族運動分散且弱小，因而無法動員群眾。經濟走強大外銷路線，表現良好。此外，錫蘭在戰爭中對抗日本的同盟國大本營而獲得好處。這個殖民地的內政，數十年來都是由「英國化」的大地主以及農場企業主主導，造就了理想的「內應人才」。一九四八年，尤因這些人保障英國擴展基地的權利，使得倫敦不假思索地將主權交接給他們。此後，錫蘭可視為順利達成「權力轉移」的典範。

第二次世界大戰也在東南亞提供了去殖民的重要先決條件。除了泰國，戰爭前夕的東南亞滿是殖民地。對各殖民母國而言，這些殖民地單純代表可觀的經濟價值。除了新加坡，這裡沒有因純戰略或威望因素而建立的殖民地。殖民期間產生離心效應，各殖民帝國間的關係並非特別緊密，直至一九四二年日本入侵，地區整合才開始加強，然而最終卻圖利了日本。在戰爭結束之際，除了菲律賓外，幾乎隨處可見民族運動的蹤跡，儘管各運動常有分歧，但眾家一致同意，必須避免老殖民主人回歸。因此一九四五年夏末可謂是山雨欲來風滿樓。

只有菲律賓是特例：它是伊拉克以東第一個獨立（一九四六年七月四日）的殖民地。[83]由於這個案例具備多重特殊形勢，基本上不能供其他東南亞鄰國借鏡。戰爭的後半期，美軍犧牲慘烈才奪回菲律賓群島北部。歷經日本多年殘暴軍事統治後，前殖民強權美國，確實是以解放者姿態回歸；荷蘭、法國和英國則不同，他們趁日本垮台，坐享漁人之利。東南亞最早的民族運動雖在菲律賓出現，但與越南或印尼不同，菲律賓沒有反抗殖民強權的暴力運動。而共產黨起義，也就是虎克黨叛亂，直到一九五〇年才坐大，但兩年後在美國幫助下遭到鎮壓。政權交接只能由地位強大的殖民強權一方開始進行。

早在戰爭前，此番權力轉移就已有過約定。美國在一九一六年基本上就已允諾菲律賓獨立，一九三五年還設下了十年期限。這麼一來，美國便無後顧之憂，因為後殖民階段，有當地菁英維持政治與社會的穩定。與錫蘭相似，這些人早已從殖民系統，包含美國市場的優惠通路中飽私囊，並重視與美國維持淵遠流長的良好關係。獨立條件包含：美國可租用大型軍事基地九十九年，藉此可充分保障美國亞洲戰略安全與經濟利益。實際上，菲律賓後殖民政權是美國為了補強北方日本堡壘，而在南方設下的戰略基地系統中的錨點。

單純的農業人口得不到好處。美國殖民政府雖為其現代化成果自豪，卻未在農村發起任何土地改革，以減緩鄉間極端不平等的狀況。此地的去殖民是全東南亞國家中最少與社會改革結合的，與南韓、台灣的反差引人玩味。一九四五年後，在美國的敦促下，南韓與台灣實施土地改革，使得大地主階層權力崩壞，藉此創造出經濟起飛的重要條件，但同時菲律賓卻找不到脫離貧困的長期方案。[84]

與錫蘭、菲律賓不同，緬甸（一九八九年後，英文國名 Birma 改為 Myanmar）可說是當代去殖民過程中最驚人的失敗範例。[85] 由英國觀點來看，失敗原因在於一九四八年緬甸獨立後，背棄昔日的殖民強權與大英國協。不似其他亞洲的前英國殖民地，緬甸的政治行為背離了西敏制民主模式❹；一九六二年，為期十年的軍政府之建立，打斷了謹慎進行的民主化。此番不尋常的發展有其歷史淵源：一八八〇年代，英國併吞緬甸後，全國上下便受到直接的鐵腕統治。與英屬馬來亞不同，英國並未與尚未現代化的緬甸傳統王室建立關係，與佛教僧侶關係也一直是劍拔弩張。由於經濟關鍵掌握在英國與印度之手，當地民間人才發展空間有限；一九三〇年代是人民起義與激進學生運動的年代；戰爭期間，緬甸受到特別嚴重的破壞，頑強的民族主義力量原與日本裡應外合，但隨後反目成仇。最終緬甸背負著疲弱的公民機構與軍政背景獨立。

日本投降後，英國刻不容緩地由印度出發，重新占領緬甸；同時荷蘭和法國的殖民政府在印尼和印度支那徹底垮台，再也無法重振旗鼓。英國和北越的中國國軍接受日本出乎意料的快速投降。這兩個例子中，當地的政治力量都抓緊了實質大權。在印尼，一九四五年八月十七日，蘇卡諾在雅加達宣布印度尼西亞共和國成立，國土當時至少包含了爪哇與蘇門答臘的一部分，因此也包含約四分之三的印尼人口；三週後，越南民族解放運動領導人胡志明宣布越南獨立。海牙、巴黎政府、國會與軍方領導，必需果斷作出決定，是否要收復這些實質上已失去的領地。不論收復印尼或越南（爭執無可避免），主要都是出自集體心理因素而下的決定，也就是二戰中因德國受盡的屈辱，他們判斷可以從討伐亞洲叛亂中，提升國家的威望與自信，因為不論軍事上或是政治上，他們都有信心可以輕鬆取勝。此外，他們還堅信一個謠傳，就是殖民地可以振興國內疲弱的經濟，並可為國家增加外交份量。而這些想法的不切實際將於日後獲得證實。一九四九年至五〇年，荷軍得從印尼撤退，一九五四年法軍也撤出印度支那。[86]

儘管印尼群島內部區域差異極大、宗教關係緊張，還不時出現反對舊貴族社會與殖民體系掛鉤的改革運動，以及攻擊親日派等狀況，但仍形成相對穩固的結構，使得干涉內政分子企求權力真空的希望落空，新成立的印尼共和政府仍是外交上的發言代表。[87]英國自始至終都不想當荷蘭或法國新帝國主義的墊腳石，便逼迫荷蘭與蘇卡諾妥協。只是，荷蘭海牙政府卻在一九四七年七月和一九四八年十二月，發動兩次稱作「警察行動」的侵略，試圖使印尼共和政府垮台。雖曾出現游擊叛亂，兩次攻擊仍舊起了軍事作用。但共和政府利用靈活的外交手腕，在新成立的聯合國論壇上讓美國認知到蘇卡諾會對抗共產黨，因此一點也不危險；此外，荷蘭國內大眾愈來愈不願承擔戰爭增長的費用，迫使荷蘭最後不得不坐上談判桌。

和越南與緬甸不同，印尼的民族認同僅在零星範圍中發展。基本上，類似「巴基斯坦」概念的「印度尼西亞」於一九四〇年代才成形。[88]因此，一九五〇年起建立較為穩定的中央集權國家（鑑於文化明顯的多元性而不採聯邦制），才會更受到關注。印尼和印度與越南不同，在去殖民過程中並未分裂，國際上既不似緬甸走向孤立，也未如菲律賓般產生新的殖民依賴關係。

法國干預越南的規模遠大於荷蘭對印尼的介入。[89]法國攻擊河內與海防港，使得一直以來的干預行動在一九四六年十二月升級為印度支那戰爭，戰爭持續到一九五四年。衝突惡化之時，荷蘭正好必須為在印尼吃下的敗仗負責，此後戰爭只能靠美國的支持繼續下去。法國錯失了好好撤離越南的良機，只能孤注一擲，盼能以軍力戰勝這個漸漸稱得上是共產世界陰謀分子的對手。與所有去殖民戰爭不同，一九五四年五月奠邊府成為決定性的殺戮戰場，只是戰況不利於殖民強權。法國戰敗後，國際外交上僅找出一個模擬兩可的決策：一九五四年將越南從正中央、北緯十七度的界限切割（原本用意只是要暫時切割），直到第二次戰敗（這次是美國）後，才在一九七五年終止分裂。亞洲去殖民的大時代已過去許久，此刻越南總算迎來了外來統治的終點。越南史上有過多次帝國殖民失敗的紀錄，從前還包含中國，卻從未透過簡單的政治與妥協，輕鬆過渡成為統一的主權國家。

另一個姍姍來遲的是馬來亞的獨立。[90]馬來亞是實施地方分權的英國占領區之集合地，與緬甸截然不同，英國藉既有的王公貴族之手，輕鬆以間接方式統治。長久以來幾乎不曾有以民族主義為由控訴殖民欺壓的情事。非農業經濟活動持續掌控在中國人與印度人手裡，兩者人數超過總人口數的一半，在城市裡更屬壓倒性的多數。不同於南亞和東南亞的殖民地，在馬來亞的人口結構中的族群定義，是民族性大於宗教。

除了越南外，也沒有其他地方的共產活動如此盛行。這些運動絕大多數由中國人組成，這群人在日軍侵占時曾遭受格外嚴厲的對待，因此也在抵抗中變得激進。一九四七年馬來亞共產黨（MKP）轉型為武裝起義之際，英國也全副武裝抗暴（counter-insurgency），並將上百萬中國人遷移到安全的「新村」。[91]一九五〇年年中，緊急對策（emergency）成效顯著，馬來亞共產黨最後的戰士在叢林裡銷聲匿跡。獨立既耗時又費力，等到三個族群代表準備好妥協後，協商才開始，長期以來模糊承諾的獨立，終於在一九五七年實現。獨立的馬來亞（一九六三年改制後稱馬來西亞），在保障馬來人某些優先權的前提下，有意識地建構成多民族（multiracial）國家，並與大英國協維持良好關係。

早在二十五年前，新加坡成為要塞失敗後，英國便在亞洲開始走下坡。新加坡在繞了不少遠路後，最終也於一九六五年自治，雖然其象徵意義大於實質意義。這個都市國家成了後殖民世界最成功的經濟楷模、前殖民強權在東南亞最重要的貿易夥伴。

近東與北非

近東地區自十九世紀以來，便透過滲透、尤其是非官方形式的滲透，落入歐洲勢力範圍內。而去殖民在此地的發展多元，主要可分為兩個階段：外來政權相對短暫的正式統治結束之後，和進入帝國殘餘勢力的瓦解階段（非正式帝國的形成）。[92]埃及是兩階段發展的關鍵。一八八二年，大英帝國占領埃及，自第一次世界大戰起，直到第二次世界大戰後，埃及就是帝國在東非與近東地區不可放棄的地理要塞。一八六九年蘇伊士運河開放，掌控了許多軍方與民間前往東非、印度與遠東地區的船運。此外，自一八九八年起受「共管」的蘇丹，成為介於北非與東非的重要橋樑。改變的只有殖民施加影響的形式：埃及自一八八三年起成為「帶著面紗的保護國（veiled protectorate）」，由英國總督統治，隨一次世界大戰爆發，才正式成為「保護國」。面對連綿不絕的民族運動，英國政府在一九二二年二月宣布，埃及以創新的王朝形式

「獨立」。[93]然而王朝的主權處處受限，英國持續控制了軍事、警察、外交、經濟等關鍵領域，蘇丹也如出一轍。一九三六年續定的條約，終結了軍事占領與國外特別法，蘇伊士運河卻不包含在內，在幾年後甚至成長為世界最大的軍事基地，於一九五一年容納約四萬名軍人。由一九四二年以武力脅迫任命親英總理之事，可見大英帝國對埃及的政治還保留最後的干預權。

一九三二年的伊拉克和一九四六年的外約旦（約旦）❺，其正式殖民統治的結束，乃遵循與保守派菁英合作以及類似聯盟協議的模式。[94]兩國從此歸屬於大英帝國所設立的皇家體系。一九三〇年的英伊獨立條約，可說是保障非官方利益的教材。條約確保了大英帝國重要的石油利益，和進入伊拉克基礎建設的管道，以及兩個英國軍事基地在戰爭狀態下的支援義務。敘利亞和黎巴嫩託管地在解體過程中，分別發生程度不等的衝突，這與敘利亞民族主義分子施壓或法國出兵反對都有關係。兩國憲法中寫進了獨立的願景。[95]直到戰爭結盟夥伴施壓後，自由法國才重新啟動國家的國會與政府，並舉行選舉，並於一九四四年三月，將管理權移交給當地政府。然而兩國依舊受法、英兩軍侵占，以南亞為榜樣的殖民復辟，可能性依舊存在。直到一九四五年敘利亞群眾抗議後，兩國才決定撤軍，並於一九四六年十二月完成。敘利亞和黎巴嫩是這個地區中，未受合約限制、最早達成獨立的兩個國家。

不論從何種觀點，巴勒斯坦都非常與眾不同。[96]英國原要藉由建立合作的保守政權來保障其非正式的統治，卻因承認了猶太復國主義而明顯受限。此託管地於內戰中解體，經歷無數政治輪替後，大英帝國在一九三九年訂下讓此地於十年內獨立的目標，並嚴格限制猶太人移民，對於讓猶太人土地所有權增加的土地轉移，也應有所限制。但不只猶太人和阿拉伯人拒絕了這項政策，更因納粹種族滅絕政策而遭到國際批評。尤其對極端猶太復國主義者而言，大英帝國成為當時他們復國大計的主要反對者；一九四四年這些人轉而以破壞與恐怖攻擊來反對英國這個託管強權。由於形勢一發不可收拾，一九四七年初，倫敦政府將巴勒斯坦問題轉交聯合國處理。聯合國於十一月底提出分割計畫；十二月大英帝國宣告，將於一九四八年五月中完成撤軍。隨著聯合國計畫的公開，兩民族間暴力衝突愈演愈烈，接著隨第一次驅離巴勒斯坦阿拉伯人，拉開了阿拉伯人難民行動的序幕。一九四八年五月十四日，以色列成功宣告建國。隔天，以色列與周邊阿拉伯國家首度開戰，戰爭隨著一九四九年一月以色列戰勝而告終。

主導戰爭的阿拉伯諸國、巴勒斯坦衝突與一九四八至四九年的戰爭，對後續去殖民過程具有關鍵意義。正式殖民統治的結束，通常不代表政治菁英結構也隨之瓦解，出人意料的敗仗動搖了政權的正當性，使新人挺身而出，尤其是年輕的軍幹部，經常透過社會重組而竄起，而且他們親近泛阿拉伯主義、民族主義與社會主義的思想。尤其在伊拉克，以往積極參與政治的軍隊，如今成為變革的因素。一九四九年的一場政變，終結了敘利亞城高官顯貴的權威地位。一九五二年，埃及的軍官政變帶來更嚴重的後果，使王朝劃下句點，並為納瑟爾❻的崛起鋪路，此人成為了此區域國家領導人的經典範例。

在近東、馬格里布與東非一帶，納瑟爾領導下的埃及，成為比王朝時期更強大的反殖民運動支持者兼基地。此外，埃及內部殖民殘存的影響力也遭到壓制。雖然大英帝國和埃及達成共識，使蘇丹於一九五六年獨立，但在蘇伊士運河醞釀的衝突也正在升級。[97]一九四五年後，示威群眾、當地警備與英國駐軍之間的摩擦碰撞層出不窮。一九五四年十月，兩國達成共識，於一九五六年四月完成撤軍，但保留回歸的可能性。英國與埃及霸權訴求的衝突背景下，加上冷戰戰線成形，使得蘇伊士衝突於數月內，成長為複雜的國際危機。與捷克斯洛伐克的武器交易，是埃及對巴格達公約中反共產聯盟創立的回應。隨著接下來美國對規劃中的亞斯文水壩撤資，一九五六年七月二十六日，納瑟爾宣告蘇伊士運河公司國有化，當時英國正是公司的大股東。

由安東尼．艾登領導之英國保守內閣的回應，讓衝突升至最高點。在英國、以色列和法國的祕密計畫中，視埃及為阿爾及利亞獨立戰爭的主要支持者。英國準備採軍事攻擊，目標已不再是重建蘇伊士運河公司，而是推翻納瑟爾政權。十月二十九日，以色列大軍壓境埃及領土，兩天後，大英帝國與法國轟炸「中間人」埃及的軍用機場，並開始占領蘇伊士運河區域。同時激起國際反對勢力，聯合國開始有成員抗議，連大英國協一員的印度也加入行列。事先未獲得通知的美國，毫不遲疑地反對這項祕密行動，美國認為，這場行動將增強此地的反西方勢力，並拒絕援助陷入壓力的英鎊。十一月七日法國與大英帝國停戰，十二月初開始撤軍。

到目前為止，已有許多政治分析與歷史學家著手研究蘇伊士運河危機。可想而知，大英帝國這次不光榮的撤軍，可詮釋為帝國沒落拍板定案的證據。更引人深思的是，蘇伊士危機效應隨帝國區域不同而有所差異：在地方上，納瑟爾霸權地位提高，並為去殖民能量注來了一股全新動能。一九五八年，一場軍事政變推翻了勾結大英的伊拉克王朝；而約旦王室得以繼續稱王，只因他們透過強大的紐帶與美國連結。[98]另一股遲來的革命浪潮發生在利比亞，自一九五一年聯合國決定其獨立後，利比亞便與大英帝國和美國保持緊密關係。[99]一九六九年，格達費帶領軍事政變，成功推翻王室。國際上，因聯合國代表的世界輿論，和輿論對美國的依賴，蘇伊士危機暴露出歐洲強權的協商空間遽減。認知到此點後，帝國開始重新評估利益實施的有效方式，野蠻與不配合國際的帝國式手段，從此一概被視為愚笨的做法。

然而蘇伊士危機並未揭開全球範圍去殖民的序幕。首先，即使在一九五六年後，法國和大英帝國，基本上依舊不放棄使用軍力，例如阿爾及利亞與肯亞。且大英帝國仍持續在「蘇伊士以東」壯大其軍事勢力；其次，蘇伊士運河危機並不能解釋去殖民在一九五六至五七年的勃發，突尼西亞、摩洛哥、馬來亞與加納的獨立，是很早以前就決定好的。面對其他領土的獨立，即使於一九五六年後，殖民強權仍不由得先猶豫一番；第三，在塞普勒斯和南阿拉伯的亞丁，蘇伊士危機所造成的效應是全然相反的：一九五六年後英國在此地的軍力增長，直到一九六〇年或六七年的兩次暴力民族起義後，才促使強權倉皇撤退。[100]第四，蘇伊士危機談不上造成美國與英法兩國關係上的長期壓力。

回顧馬格里布的去殖民，法國與阿爾及利亞交戰結果之慘烈，幾乎使人忘卻了突尼西亞與摩洛哥的獨立。此類看法忽略了三國間交互影響的強烈程度。三國之間不僅民族運動聯絡不斷，去殖民過程也交互影響。一九五四年阿爾及利亞戰爭爆發，成為加速廢除突尼西亞與摩洛哥兩個「保護地」的重要關鍵；而突尼西亞與摩洛哥自一九五六年獨立，更為阿爾及利亞解放戰爭提供重要的撤退空間，並為阿爾及利亞的國際化奠基。雖然戰爭僅發生在阿爾及利亞，但突尼西亞與摩洛哥的去殖民也同樣有日漸加劇的暴力背景。昔日在阿爾及利亞還是民族主義的團體，一九五〇年代後，演化為武裝起義與恐怖主義，也迎來了加強鎮壓的階段。最終就連定居摩洛哥與突尼西亞的歐洲人，面對醞釀中的去殖民，也以抗議、參與恐怖組織等不同方式堅決反對。

然而兩國的獨立，最終決定於協商管道的成立。同樣是「託管地」，但兩地的政治發展卻大不相同。在摩洛哥，蘇丹穆罕默德五世成為獨立運動的象徵人物。[101]一九四五年後，國王雖與民族主義者漸漸有了共鳴，卻同時表明準備與法國協商。在穆罕默德五世放棄抵抗殖民政府的施壓，實行措施來對付民族主義分子時，他也有個要阻擋法國定居者獲得更多權力的計畫。一九五三年八月，對峙達到高峰，蘇丹遭罷免流放。經兩年的抗議與動盪浪潮後，法國政府同意蘇丹於一九五五年回國，一九五六年摩洛哥以王朝的形式獨立。一個月後西班牙人也從北摩洛哥撤退。

在突尼西亞，布爾吉巴之所以成為民族領袖，並非出於傳統的繼承，而是靠群眾結黨以及黨派結合工會的支持。[102]一九三八年以來，布爾吉巴大多身陷牢獄或流放地，由於抗議維持得夠久，一九五四年後，他又重新成為夠格的協商對象。後來類似策略在非洲南部一再上演。自一九五五年起，短期的「內部自治」後，摩洛哥的事件加速了獨立的時程表，並為突尼西亞共和國於一九五六年三月的獨立鋪路。

法國最嚴重的殖民危機在阿爾及利亞展開。自一九五四年十一月一日起，到一九六二年三月十九日停火，這場戰事成為世界最大的去殖民戰爭。動員了遠超過一百萬士兵，約兩萬五千名法國士兵陣亡、四十萬左右的阿爾及利亞人民遭到殺害。[103]只有綜合各項原因才能解釋，為何只有法國阿爾及利亞戰爭結束得如此慘烈。首先，這塊於一八三〇年征服的土地，不只是法國十九與二十世紀最重要的殖民地，它與母國的政治結構複雜交錯，正式說來，阿爾及利亞算不上是殖民地，而是國家領土組成的一部分。有鑑於此，法國嚴詞拒絕將這次的「安全問題」，改稱為國與國之間的戰爭。

其次，阿爾及利亞與南非構成了非洲最大的拓殖殖民地。一九五四年，有近一百萬歐洲人在當地主導政治活動，並透過活躍的遊說集團[7]在法國發聲，成功阻擋了政治改革。第三，阿爾及利亞的民族運動尤其與眾不同。一九四五年五月八日的大屠殺，雖代表了與殖民強權決裂，卻未誕生類似於摩洛哥與突尼西亞的霸主角色。一九五四年十一月一日，將民族解放陣線（ＦＬＮ）推上檯面的連續攻擊，也不過是小集團活躍分子魯莽的絕望行為，他們不僅視武裝暴動為對抗殖民強權的唯一手段，也是突破民族運動內部僵局的出路。法軍漫無目的地以暴制暴，成為阿爾及利亞民族解放陣線陣營成員增加的關鍵助力。

阿爾及利亞戰爭的動力，來自極端鎮壓形式與晚期殖民政治改革的相互配合。軍隊獲得緊急狀態法的充分授權，試圖以「反顛覆」戰爭來控制這塊土地，加上有系統地動用嚴刑、監禁與強迫無數人口遷居，戰爭最後有大約兩百萬阿爾及利亞人、亦即總人口四分之一，被迫住在移民營區裡。[104]同時，透過大量促進政治融合與國家社會經濟的「現代化」改革方案，期盼將阿爾及利亞人延攬到殖民強權一方。[105]伴隨衝突的過程，還出現許多不同且複雜的陣線：首先是主要發生在這塊土地上的游擊戰，其次是反抗民族解放陣線的政治管理機構之形式，第三是為了贏得世界輿論的外交戰。民族解放陣線一開始就追求外交戰，尤其想在聯合國占有一席之地。一九五九年，法國大量增兵並掌握游擊戰贏面之際，卻在另外兩個陣線落居下風。特別是日漸升高的國際壓力，成為他們於一九六〇年起接受停戰協定的關鍵。[106]

然而戰爭的走向還受到貫穿雙方陣營的無數戰線影響：血腥衝突中，民族解放陣線[8]得對抗民族主義的對手與「內奸人物」，來實現其霸權訴求；法國反戰者與輿論支持民族解放陣線；激進的拓殖者與自主的軍隊幹部，則強力反對各項讓步與和平協商，起初透過群眾遊行、接著政變，最後還成立「祕密軍事組織（OAS）」進行恐怖行動。[107]殖民母國自身涉入阿爾及利亞去殖民戰場程度之深，也於一九五八年第四共和的加速瓦解中可見，並使得由戴高樂所領導的第五共和得以成立。阿爾及利亞則於一九六二年七月獨立。

撒哈拉以南非洲

撒哈拉以南多數殖民地在一九五七年至一九六五年間完成獨立，光是一九六〇年就有十八個地區獨立。這是絕大多數獨立地區於數年前無法想像到的，畢竟自一九四〇年代起，非洲撒哈拉以南地區就是晚期殖民計畫的中心，也是歐洲對殖民寄與厚望的地方。經濟上，戰後數年原物料景氣繁榮，賦予非洲殖民地太平時期從未有過的重要性。一九四五年後，非洲成為帝國永恆幻想的最後一塊退居之地。

極為關鍵的是，非洲政治的想像空間在短短幾年內徹底改變。[108]徵兆就是一九五〇年底英國與法國的去殖民政策轉為主動。變化在不知不覺中看似已無可避免，兩殖民強權希望藉此重新取得主動權，期盼能左右最終結局，以確保自己在新興國家能夠維持長久的影響，同時還得顧及冷戰陣線。然而，那幅努力製造出的和諧、順暢、受控的去殖民「管理」景象卻是場騙局。首先，撒哈拉以南非洲的去殖民，受到錯誤預估、預定時程的加速與瓦解，以及地區骨牌效應所影響。一九四三年，英國政治家認為，若要在黃金海岸建設一個可與一九三五年印度相提並論的自治政府，得要經歷好幾個世代交替；到了一九四七年，則改口還要二、三十年，然而一九五七年這個國家就獨立了。許多案例每每混合著當地政治發展、國際壓力、殖民母國的內部辯論、地區反饋等事件，都讓殖民策畫者與非洲政治家的計畫趕不上事件變化。隨之而來的是角色遽變，前民族鬥士一夜之間轉變為「溫和的」協商對象，例如英國首相哈羅德·麥米倫，不久前還是個信念堅定的帝國主義者，一九六〇年卻以非洲民族主義好友的身分，巡迴南方非洲。

其次，有別於亞洲與北非，負責推動去殖民過程的政治菁英，直到此時才開始嶄露頭角。在面對內部反對派與追求獨立程度不同而掀起的爭執和區域整合問題時，他們之中有許多人必須先建立與穩固自己代表國家談判的地位。第三，雖然暴力對峙在許多情況中只算是次要問題，但大英帝國和法國仍在某些地方出動大規模鎮壓。因此在和平的去殖民過程中，還得擔心衝突可能加劇。第四，一九六〇年代時，非洲去殖民不但過程激烈，還特別漫長：葡萄牙和西班牙撐到一九七〇年代中期才撤退，羅德西亞和南方的拓殖者政權甚至撐更久。黃金海岸（一九五一年）和南非（一九九四年）首次普選的時間，相隔逾四十年。

在西部非洲，晚期殖民政策與去殖民過程間的交互關聯特別緊密。由法國和英國發起的殖民統治改革，使當地贏得了不再受殖民強權控制的自發動力。工會、學生運動、青年運動、退役軍官協會、農民與販婦協會，以及由教育人才組成的政治家階層，都紛紛利用新的機構、平台與官方意識型態辯證，來為自己的利益發聲。發展中的各大城市，紛紛成為政治活動、社會運動、大罷工與暴動的舞台。政治形態突然轉換為代議制，在戰後的政治化占了很高的比例。光是在一九四五年到四八年間，隨著相應的政治動員和結黨形態，就有六大票箱加入法屬殖民聯邦，如法屬西非（AOF）和法屬赤道非洲（AEF）。

殖民強權所設置的政治規範，為走向獨立的各條路線開啟了方便之門。在英國殖民環境中，這條路呈現的是一段量身打造的過程：前幾次改革加強本土民主參與，由各地方為長遠未來成立自治政府作好準備，但不久後政治發展變化就超越改革計畫；於是一個個憲法改革上演，直到最後獨立國家形成。

此一過程，首先可見於因出口可可而繁榮的黃金海岸（迦納）。[109]一九四六年憲法改革後，加強了此地的中央集權與政治參與。然而，結果既無法使懷有政治抱負的城市教育階層滿意，也未能安撫現存的社會衝突。一九四八年，首都阿克拉發生暴動，大英帝國以鎮壓與其他改革方式回應。一九五〇年的新憲法擬定了擴展選舉權以及比擬印度雙頭政治的二元統治。夸梅・恩克魯瑪從中獲益，他在美國和英國求學後，於一九四七年返回黃金海岸，成為擁有農夫、勞工與城市青年等廣大支持基礎的政治家。雖經歷鎮壓和囚禁，夸梅的黨派以其自治訴求，在一九五一年二月贏得選民支持。夸梅離開監獄後成為政府領袖，對倫敦而言也算得上是正式夥伴。同時他利用既有規範，擴展己方勢力，加快「權力轉移」的節奏。又經兩次勝選後，他於一九五七年三月，領導國家以新國名迦納獨立。如同一九三〇年代的印度，當地政體在立憲政治自由化到達臨界點後，產生了幾乎不再受外界控制的動力。

除了一些地區差異與特性外，奈及利亞（一九六〇年）、獅子山共和國（一九六一年）、甘比亞（一九六五年）、非拓殖者主導的東非殖民地坦干伊加（一九六一年）、烏干達（一九六二年）等地，都依循著類似模式獨立。奈及利亞是由三個截然不同的國家所組成，其過程特別複雜；早在一九五〇年代，此地的聯邦政治系統就摻雜了地區與民族利益衝突，獨立後那幾年，為了爭奪比亞法拉東部省份，戰事愈演愈烈。

法國在西非與中非的殖民地，是由法蘭西聯盟、聯邦與零星領土組成的複雜結構。由於法國殖民晚期的融合政策，使得這裡的政治活動以爭取平等權優先，如教育與所得平等權。參考對象為殖民母國，也就是政治中心巴黎。現有的政治家階級形象愈來愈鮮明，倒不是因其在殖民國家的公職，而是透過代表地方參與國會而與巴黎政治運作緊密連結。這些政治家之中，有些還擔任政府官員，如塞內加爾的桑戈爾與象牙海岸的費利克斯・烏弗埃・博瓦尼。這些人大多成功透過成立黨派建立政治主導力。當法屬赤道非洲的少數教育階層持續占上風時，法屬西非的政治家則因工人團體、學生與青年社團等激進運動而陷入壓力。同時法國也面臨著日益索求無度的平等權要求。

法國以一九五六年六月二十三日的框架法❾回應。如同自一九五五年起的託管地多哥，幾個零星領土也由民選的地方政府管理，自治程度較高。所費不貲的社會政策與「發展政策」，由當時的非洲政治家以及有限的區域經費負責。這件事背後並未隱藏著去殖民政策。不管是一九五六年的框架法、或一九五八年創建的「聯邦」繼承機構「法蘭西共同體」，都未有防衛、外交、經濟等中央職權的交接計畫。然而依循框架法，代表著拋棄融合政策，導致兩年後各領地依照第五共和憲法，表決是否繼續留在法蘭西共同體內時，領地出現反彈。正當絕大多數領導人在法國強力施壓下選擇「贊成」時，幾內亞的前工會幹部賽古・杜爾在擁護者的驅使下，成功推動反對。[110]其他殖民地，有些以壓倒性多數支持法國繼續存在，尼日的民眾甚至反對當地政治家的運動。為避免可能出現的連鎖反應，法國立即以中止所有合作關係來回應幾內亞的「不要」。殖民關係的瓦解再也無法挽回。隨著幾內亞的退出與桑戈爾❿的大力推廣，以持續與法國結合為前提的兩個聯邦之獨立過程變得不再可行。一九五九年九月，塞內加爾與法屬蘇丹（之後的馬利共和國）便一同申請獨立，不久後其他的區域也群起效尤。以各別協商為基礎，經過一九六〇年一年後，全法屬西非與法屬赤道非洲的各個領地紛紛獨立，託管地多哥、喀麥隆與馬達加斯加也同樣獨立。

各國獨立後，法國仍在西非與中非持續出沒。同時，比利時則於一九六〇年逃難似的離開剛果。一九五五年，對布魯塞爾而言，剛果這塊以鐵腕統治的殖民地，算得上特別穩定平靜。[111]礦產加上之前著手的福利政策，在一九四五年後啟動了一股強大動力。儘管備受國際批評，他們仍於一九四九年制定了十年現代化計畫。一九五九年一月，面臨醞釀中的經濟危機與剛果首都金夏沙發生暴動，去殖民過程猛然啟動。一九六〇年初，倉皇上任的立憲會議，將「權力轉移」定在同年六月底，五月舉辦選舉並成立政府。然而國家機構卻在獨立過程中分裂：軍中出現對抗比利時士官的兵變，礦產省份加丹加省首先分裂，接著是鑽石產地南開賽；在九月軍事政變不久後，總理帕特里斯．盧蒙巴遭到拘禁並殺害；幾週內，剛果成為最危險的地區。委派到當地的聯合國代表團，於一九六三年初重新統一這個國家，卻無法令地方平靜。幾次暴力鬥爭後，一九六五年十一月，軍隊領袖蒙博托建立了軍事獨裁政權，並維持了近三十二年之久。

「剛果危機」裡，各色衝突同時匯聚。首先，國家分裂顯示出他們並未做好獨立的準備，只有幾條不成熟的國統大綱可供使用；基礎教育強盛，高等教育機會卻無比缺乏；直到一九五〇年代，仍禁止工會與政治機構；直到政治活動開展後，剛果人才獲准接受更高等的教育，一九六〇年代，此地的大學畢業生還不足二十人。如此脆弱的國家獨立，對比利時政府圈內人士而言，算是保障其經濟與戰略利益的有利條件。儘管於立憲會議後，殖民當局與富影響力的礦業團體持續動搖國本，積極促使加丹加省分裂。

其次，國內形成反對聲浪，反對一九六〇年憲法制定，反對盧蒙巴派擁護的中央集權國家。絕大多數黨派都相對效忠於地方格局的民族主義。他們的首腦莫伊茲・沖伯認為，加丹加省的分裂是保衛地方利益的戰鬥。第三，衝突加劇的關鍵在於無數地方與國際干預。包含鈾礦在內的大量原料蘊藏，使剛果成為冷戰中的殺戮戰場。盧蒙巴不妥協的態度及其社會主義的雄辯技巧，為他在西方帶來極端與「共產」的汙名。尤其美國更有意要將他排除，並有將之綁入聯合國的任務。中央情報局與比利時情報機構裡，各自有著沖伯和蒙博托的重要支持者。

剛果事件的戲劇性起伏，有時容易讓人遺忘英法兩國自非洲撤退時，也不見得多麼和平有序。殖民兩強雙雙於西非以暴力對付「激進」的民族主義分子與暴動，更遑論在中非與東非爆發的大型暴力事件。儘管聯合國高度關注，法國依舊壓制託管地喀麥隆的主要民族主義黨派，此黨於一九五〇年初，在國際舞台上要求更高的自治權。[112]一九四七年三月，馬達加斯加爆發大規模叛亂，殖民強權採取了加倍的血腥手段，將近兩年的鎮壓，甚至將矛頭指向身居巴黎的殖民地政治代表，造成約九萬人喪命。[113]

在中非與東非的殖民地，英國白人拓殖者和印度移民，擋下一連串憲政自由化的改革，尤其是肯亞和羅德西亞。當地殖民政治家追求「多民族解決方案」、族群地位逐漸平等、法律同時保障歐洲與亞洲少數人口的國家形象。基庫尤人是肯亞最大的人口組成，同時也是受白人土地政策與戰後「發展政策」迫害最深、失去土地與工作的一群人。一九五〇年代早期，基庫尤人發起了所謂「茅茅起義」⓫，使得情勢愈演愈烈。[114]又因涉及肯亞內戰，使得此地情勢比阿爾及利亞更為嚴重：暴動的主要對象是「內奸」與擁有土地的基庫尤權貴階層，拓殖者與殖民機關反倒較少受到波及。在拓殖者施壓下，大英帝國以強硬手段回應，並於一九五二年宣布緊急狀態。鎮壓行動包含大規模武力、刑求與伴隨土地改革的強迫遷徙。根據官方報告，約超過一萬一千名起義者死亡，約一百萬人重聚於「新村」。

與阿爾及利亞戰爭不同，英國在肯亞的行為只遭受少許國際批評。大英帝國成功地將這些造反者塑造為抗拒現代化的「野蠻人」，因為他們反對現代化對他們的干預，如禁止女陰殘割等，以及其蓄意反現代的男性聯盟儀式。緊急狀態癱瘓了此地的政治活動，領導民族主義分子的喬莫．甘耶達⓬，直到一九六一年八月還身陷囹圄。然而一九五〇年末，立憲改革的自發動力重新啟動，使反英起義演變為實施多數決原則以及「極端」民族主義分子的崛起。一九六三年十二月，肯亞在甘耶達的帶領下獨立。

在中非，面對非歐洲人與白人拓殖者的自治政府，英國在託管義務下的殖民原則陷入比肯亞還更嚴重的矛盾。一九五三年，英國政府將自治三十年的拓殖型殖民地南羅德西亞，併入北羅德西亞與尼亞薩蘭直轄殖民地，形成「中非聯邦」（Central African Federation，簡稱ＣＡＦ），其成立吸引了英國移民潮。一九五七年的憲法改革，更加強了拓殖者的特權。對尼亞薩蘭與北羅德西亞的非洲活動家與工人領袖而言，聯邦似乎是其獲得更多參政權的主要障礙，於是他們動員促使聯邦解散。一九五九年初宣布戒嚴，直到一九六〇年，英國政府才漸漸脫離聯邦，並敞開心胸面對非洲的抗議運動。一九六三年末，聯邦正式解散，接著尼亞薩蘭在一九六四年以馬拉威之名、北羅德西亞於一九六五年以尚比亞之名獨立。這段期間內，激進的拓殖者政黨在南羅德西亞贏得民意，並於一九六四年四月接管政府。此拓殖者政權在掌權前已與英國協商破裂，並於一九六五年單方面宣布獨立。這是自一七七六年以來，首度脫離大英帝國的拓殖者政權。

最後的去殖民

菲律賓獨立後的二十年間，世界上絕大多數的殖民地都獲得解放。即使在非洲撒哈拉以南的地區，殖民統治也不可再視為未來的模式，而是時代的錯誤。然而至一九六五年後，殖民政權依舊殘存於此地及其他諸多地區，並在接下來幾十年頻頻發作的運動中瓦解。近代幅員廣大的殖民帝國，只剩「小碎片」般的零星部分還遺留下來。

在非洲，南非和羅德西亞的拓殖者政權起初成功抵制住去殖民。而葡萄牙、西班牙殖民地的獨裁政權以民族主義為主訴求，捍衛他們的殖民占領。一九七〇年代第二次非洲去殖民浪潮，則標示多數殖民地的終結。去殖民過程中，不論地區或國際衝突都較以往加劇：首先，有更多的已獨立鄰國扮演重要角色，紛紛為了各自明確的利益出面支持或反對這些解放運動。第二，冷戰兩大陣營加強干涉，有時透過外交手段，有時則透過直接支援武裝衝突；末了，全球各陣營的成形，有助緩減國際上對種族隔離政權的壓力。第三，國際聯盟透過制裁、協議與法庭仲裁來加強或左右事件過程。

一九七四年至七五年間，非洲去殖民的關鍵事件，是葡萄牙殖民政府劃下的句點。[115]直到最後，安東尼奧．德．奧利維拉．薩拉查建立的葡萄牙第二共和國，都緊抱著海外「葡萄牙熱帶主義」⓭聯盟不放，只有經歷多場殖民戰爭，獨裁政權筋疲力竭瓦解後，去殖民才得以實現。一九六一年，印度收回果亞，葡萄牙政權便執意在必要時以武力來捍衛非洲的殖民地。自二十世紀起，礦產豐富的國家安哥拉和莫三比克，成為了歐洲人喜愛的移民地。官方移民計畫與咖啡、棉花景氣，造就一九四五年後全非洲最大的移民潮，兩國的歐洲人口扶搖直上，超過五十萬人。許多威脅到以往由非洲人或印度移民所從事的職業。只是拓殖者在此地對去殖民過程的影響力，遠不如其他的拓殖型殖民地。葡萄牙政權不但拒絕以羅德西亞為前例的解放，也不容許在母國成立如阿爾及利亞般富有影響力之遊說集團。

在教育菁英起身帶領抗議後，一九六〇年代初期，安哥拉、幾內亞比索與莫三比克陸續爆發游擊戰。一九六四年起，葡萄牙同時打著三場去殖民戰爭，三場戰爭過程迥異：當幾內亞比索進行著一場整合性高且軍事上大有斬獲的行動時，莫三比克的解放前線卻仍需長期整頓；而安哥拉的情勢最複雜，有三場運動在相互較勁。此外，此地的國際參與度還特別高。南非、羅德西亞、剛果薩伊與後來的尚比亞，各自支持不同的行動；美國、蘇聯、中國，甚至古巴也攪和其中。葡萄牙運用混合著溫和改革、投資移民計畫與軍事鎮壓等手段來對付游擊行動，一九七〇年，甚至還進軍鄰國幾內亞。一九七一年至七二年間，葡萄牙為了三場戰爭投入了一半的國家財政預算。然而三場戰爭的結束，並非直接源自高額支出或國際壓力，而是失去戰意的年輕軍官於一九七四年四月結黨推翻政權。一九七四年至七五年共和國過渡期，殖民地也同時獨立。葡萄牙案例中，殖民母國民主化與去殖民密切相關。

葡萄牙殖民地的迅速獨立，為非洲剩餘殖民政權帶來更多壓力。一九七五年末，獨裁者佛朗哥死後不久，西班牙撤退回撒哈拉以西，其周圍地方解放運動爆發，並與鄰國茅利塔尼亞和摩洛哥產生流血衝突。羅德西亞的拓殖者政權也陷入了更大的壓力。自一九六五年脫離殖民母國後，羅德西亞的拓殖者政權就開始對抗愈來愈多的游擊戰、國際批評、制裁還有聯合國禁運等，不過都在南非與莫三比克（至一九七四年止）的幫助下一一化解。安哥拉與莫三比克的獨立，不僅使他們失去了重要的夥伴國，要求協商找出解決方法的國際壓力也不斷增加。美國尤其擔心會發生比擬安哥拉的國際化游擊戰，可能會令蘇聯從中獲利。到了一九七九年末，在大英國協的協調下，各團體召開會議。一九八〇年四月自由選舉後，第二次宣布獨立，更名為辛巴威。

一九六〇與七〇年代，去殖民集中在太平洋、印度洋與加勒比海域的島嶼世界，幾個最古老的殖民地還留存於此。[116]期間內，大部分地區都決定獨立，或成為與殖民母國相繫的海外領地。昔日曾是殖民農業經濟心臟的加勒比地區，自二十世紀起只是帝國的次要領地。一九三〇年代，社會上一股不安的浪潮，使得此地重新得到歐洲政治家的關注，許多地方重要角色如政黨、工會等崛起，並在稍後帶領國家走上獨立的道路。將加勒比區融合成英國一邦的嘗試，則於數年後失敗。大英帝國一九五三年還在對付「共產」民族主義分子的地方，都紛紛於一九六二年至六六年間獨立，如最大領土牙買加、千里達島、托巴哥、巴貝多和蓋亞那等地；一九六八年，印度洋的模里西斯也接著獨立。

第二波獨立浪潮於一九七〇年代發作，當時大英帝國與荷蘭亟欲從剩餘的殖民地中解脫。一九八〇年代中期，只剩一些小島或島群還沒獨立。幾個案例中，殖民母國甚至比地方更迫不及待想要獨立：例如，一九七五年蘇利南獨立時，有三分之一的人口移民到荷蘭；一九七〇年的斐濟，因印度人口占多數，地方菁英害怕失去英國的保護。法國的做法尤其不同，自一九四六年起，法國在加勒比海域、印度洋與玻里尼西亞島群的殖民地，分別在不同程度上依賴著殖民母國與後來的歐盟，有些還產生高額支出；其中最為嚴重的是幾個「法國海外省」（Départements d'outreme，簡稱DOM），如瓜德羅普、馬提尼克、蓋亞那、留尼旺等，二〇一一年後再加上馬約特。[117]美國面對太平洋與加勒比海的海外地區，例如波多黎各，也未主動經營任何去殖民政策，更別提被視為替美國帶來古巴控制權的一九五九年革命。除了一些程度不等的主權爭議外，看來只剩少數殘留的海外地區需要急迫的完全獨立。[118]

一九九〇年代，南非種族隔離政策的結束，標識著非洲去殖民開始收尾。[119]一九五〇年起，南非政黨「非洲民族會議」（ANC）成為群眾運動，對抗一九四八年採取的種族隔離系統。一九六〇三月二十一日，在沙佩維爾對黑人遊行群眾的屠殺，造成四十六人死亡，雖引起一陣國際激憤，卻也同時拉下了加倍嚴厲鎮壓的警報。直到一九八〇年代晚期才有一些基本的轉變。一九八五年起，自一九六二年遭囚禁的非洲民族議會領袖曼德拉和波耳人⓮政府開始接觸，稍後還進行協商。協商結論將於一九九四年四月舉辦首次自由平等的國家選舉，非洲民族議會與曼德拉勝選。同時種族隔離政策結束，納米比亞（前西南非）於一九九〇年成功獨立，此地原為南非管理的託管地，於一九四九年反聯合國叛亂後遭到併吞，成為南非統治的次殖民地。

與使用軍事手段，或是如納米比亞透過國際協商而獨立不同，種族隔離政策的瓦解乃是幾經和平轉型而產生，因政權受到侵蝕，和平轉型才變得可行。可用幾個原因來解釋：首先，群眾抗議、遊行、抵制運動與破壞運動，未因非洲民族議會遭禁而停止，並由工會、婦女、青年與學生運動、教會團體等持續進行。一九八〇年代，幾個城區⓯的情勢幾乎不再受政府控制。第二，一九八〇年代，南非不論國際或地方上都受到隔離。加上非洲民族議會的國際運動、中部與東部非洲剩餘的拓殖型殖民地獨立，以及此處於冷戰末期已失去戰略意義，都有助於整個過程。第三，政權在一九八〇年代因經濟危機而衰弱，不只是因為金價下跌，還與多數人口黑人的發展趨弱勢有關。

南非改革實施之徹底，甚至高於城市國家香港。昔日香港以九十九年為期的租借條約租給英國，兩國後於一九八四年達成共識，官方聲稱將於一九九七年遞交給中華人民共和國。然而，這個城市自一九七〇年代起，便由中國在幕後依循英國法律共同管理。但更早之前這裡的軍事就已不安全了。這塊前殖民地上多數的中國人口，對於回歸母國毫無興奮之情。香港不曾解放進而「獨立」。

注釋

❶ 馬來亞是大英帝國殖民地之一，包含了海峽殖民地（一八二六年成立）、馬來聯邦（一八九五年成立）及五個馬來屬邦（一九〇四年至〇九年間取得宗主權），戰後，先後改組成馬來亞聯邦及馬來亞聯合邦，直至一九五七年獨立。

❷ 英國國王也身兼印度皇帝。

❸ 印度國民大會黨，英語：Indian National Congress，簡稱印度國大黨或國大黨，為印度歷史最悠久的政黨，也是印度人民黨外的兩大主要政黨之一。國大黨創建於一八八五年十二月，最初未遭英國殖民當局反對，因其目標是為受良好教育的印度人爭取分享政府權利。但隨後由於激進的主張遭到反對，國大黨開始轉向反對英國殖民統治，以爭取印度獨立為目標。

❹ 西敏制，英語：Westminster System，是指沿循英國國會體制的議會民主制，以其所在西敏宮為名。西敏制主要在大英國協成員國使用，開始於十九世紀中期的加拿大省份和澳洲各

殖民地。現在除加拿大和澳大利亞，還有印度、愛爾蘭共和國、馬來西亞、紐西蘭、新加坡等國使用此體制。

❺ 外約旦，英語：Transjordan，是指今日約旦河東、西岸的約旦、以色列及巴勒斯坦地區的合稱。外約旦原來單指「約旦河東岸」，即「約旦河以外之地區」的意思。第一次世界大戰後，列強瓜分鄂圖曼帝國的疆土，外約旦成為英國託管地。第二次世界大戰後，以色列立國，外約旦從此一分為三。

❻ 納瑟爾，一九一八年一月十五日至一九七〇年九月二十八日，阿拉伯埃及共和國的第二任總統，一九五二至一九七〇年埃及實際最高領導人，公認為是歷史上最重要的阿拉伯領導人之一，執政期間曾是阿拉伯民族主義的倡導者。

❼ 遊說集團，英文：Lobby，又稱院外集團，多為利益集團代言、也有不少遊說集團也同時為公眾利益代言，對擁有立法權的參眾兩院的議員進行遊說，並從受益集團獲取經濟利益。

❽ 民族解放陣線，法文：Front de Libération National，簡稱ＦＬＮ。自一九〇五年阿爾及利亞淪為法國殖民地後，阿爾及利亞人民為民族解放進行了長期鬥爭，先後爆發五十多次武

裝起義。一九五四年阿爾及利亞民族解放陣線建立，並領導民族解放軍武裝起義。一九六二年七月阿爾及利亞獲得完全獨立。一九六三年九月，制定了阿爾及利亞第一部憲法，宣布民族解放陣線為全國唯一政黨，實行總統制。

❾ 一九五六年的「框架法」（loi-cadre）建立了僅有諮議權的普選議會。法蘭西殖民帝國被轉換為「法蘭西聯盟」（Union française），一九五八年的第五共和憲法則再次將之轉換為「法蘭西共同體」（Communauté français）。

❿ 桑戈爾（Léopold Sédar Senghor，一九〇六～二〇〇一），塞內加爾詩人、政治家，一九六〇年至一九八〇年任塞內加爾首任總統，被廣泛認為是二十世紀最重要的非洲知識分子之一。

⓫ 茅茅起義，德語：Mau-Mau-Krieg，是在英國殖民政府時期，肯亞於一九五二年至一九六〇年間發生的軍事衝突。舉事的反殖民主義團體稱為茅茅，成員多是基庫尤人。與之對抗的是英軍與當地親英武裝。

⓬ 喬莫·甘耶達，Jomo Kenyatta，一八九一年十月二十日至一九七八年八月二十二日，肯亞政治家，首位肯亞總統，肯亞國父。

⑬ 葡萄牙熱帶主義，德文：lusotropikalismus，是葡萄牙殖民有別於其他歐洲殖民的一種理念。為了達到社會和諧，葡萄牙政府鼓勵各族群混血並融合不同文化。

⑭ 波耳人，為居住於南非境內荷蘭、法國與德國白人移民後裔，所形成的混合民族。語源為荷蘭語 Boer 一詞，意為農民。現今基本上已不用「波耳人」一名，改稱 Afrikaaner，中譯為阿非利卡人或阿非利堪人。

⑮ 城區，英文：townships，主要是種族隔離政策所造成。當時成立了許多城區，限定黑色及混血人民居住，居住條件大多艱難，大部分位在城市的郊區，方便工人工作通勤。

第四章　經濟

就算殖民國家無能或無意深入干預當地結構，殖民依舊帶來破天荒的經濟影響。殖民引進新的基礎建設、開啟全新的貿易空間、創造新的工作機會與行業商機、改變兩性角色與工作方式、造成許多地方首度接觸到現代金融，還深度影響環境、激起個人與集體移民潮、重新分配貧富等。尤其在亞洲，就算殖民主義一開始僅緩緩滲入既有的經濟結構，在經年累月的影響後，殖民世紀末期往往代表著一場經濟革命。

幾乎沒有任何民族運動將目標放在恢復這場革命之前的狀態。雖然時常可見殖民晚期達到的經濟發展狀態，到了獨立早期卻無以為繼：工業中斷、礦坑荒廢、鐵路、道路、港口年久失修，與出口產品縮減為自給農業。但這些絕對都不是去殖民政策努力追求的結果，銜接上殖民時期的現代獲利，才是各獨立政府所希冀的。他們希望接收現代經濟活動帶來的財富，能為自己的國家政府加分，還要避免外人從中獲利。新興民族國家的菁英分子也認為，只有國家經濟繁榮，才有可能獲得強大的國際地位，以保護脆弱的新國家。在幾個前殖民地，也刻意追隨社會主義計畫，也就是國家更高度參與工業、交通運輸、集體或合作社農業、初步計畫經濟等。就連這也可視為現代化，甚至還是特別進步的表現。經濟並未提供大眾緬懷前殖民的機會。

私人利益

殖民主義總會引發特定的經濟利益。許多殖民強權的子民依附帝國維生，並將拆除帝國架構視為侵害他們的私人財產。因此他們試圖影響去殖民的走向。十九、二十世紀的殖民地，鮮少是以經濟為優先動機而建立的，例如出自「商業本位」動機以維持直接獲取原料的通路，或為國內經濟商品打下安全又划算的銷售市場。然而一旦政治控制成形，民間商人便會抓緊商機，在殖民地的保護區內開始活動。殖民地政府通常都太過弱小而無法干涉這些日常商業活動。不少國家因「租借地」許可，而任人在這些「主權空隙」中為所欲為：大農場與礦山主人，實際上等於能夠無條件統治大塊飛地，這些主人尤其不讓人插手他們對待當地勞工的方式。有時國家發起某事，例如為了重要的原物料安全，必須大費周章，招攬必需的民間商業投資挹注；但另一方面，各國受殖民地私人利益直接施壓而行動的例子也不多，不論在國家高度重視主權的威權體制裡，還是無數遊說集團相互競爭、立法與輿論凌駕政府控制行為的國會民主秩序中，都很少見。

然而，在殖民地歷史中，經濟的重要性不容小覷。基於幾個理由：首先，所有殖民強權都希冀殖民地不要成為國家必須長期補助的包袱，包含那些因戰略位置考量或面子問題而納入管理的殖民地，因此理論上殖民主義需有收支平衡的規劃；其次，殖民地大部分收入流入殖民母國，也就是「財富外流」的情況屢見不鮮，例如，在二次大戰爆發不久前，荷屬東印度發展得特別成功，還讓其他殖民列強羨慕不已。

第三，處處可見專門的殖民地與帝國商業利益。可略分為四種類型：一、進出口貿易與交通，尤其是航運；二、投資者投資殖民地所帶來的間接金融利益，大多由集中於倫敦的國際銀行業仲介；三、外國公司在殖民地的直接投資及當地商業控制，如大型農場、種植場、礦業、工廠與基礎建設業等；四、其他由跨國集團操作的類似活動，在這些集團的跨界策略中，單一殖民地僅是眾多組成元素之一。此外，這四種不同類型的公司還可因其對政治影響的程度來細分。比起大型銀行或跨國集團，本土殖民利益集團的影響力要小得多，因前者的代表人可輕易接觸政府、國會與媒體。

每個殖民地的經濟剖面截然不同，很難產生一個普遍性的陳述。只有一個放諸四海皆準的簡單規則：就算是與「宏觀」經濟無關的殖民地，有些甚至不過是一片沙漠或叢林，也總會為某些民間商人帶來「微觀」的經濟利益，其範疇之廣，從聲名遠播的大銀行到惡名昭彰的軍火走私販都包含在內。

拓殖者呈現的則是另一種特殊的經濟利益典型。很多殖民地幾乎不存在拓殖者，但少數案例中，拓殖者則重要到可為政治社會定調，如阿爾及利亞；幾個大殖民地中，拓殖者雖為少數中的少數，但至少達到了足夠的「臨界質量」，如荷屬東印度。拓殖者自認並非官方委派的代表或殖民母國公司的代理人，其生活重心就在殖民地這塊土地上。他們對殖民地發展出故鄉認同，尤其將土地視為可合法繼承的私人財產。「標準的」拓殖者通常是地主，不過範疇極廣，包含從英屬肯亞的貴族大地主到日據滿洲、義屬利比亞等由國家分配的貧窮小農。拓殖者是放棄殖民地位的最大反對派。與殖民地其他人員相比，拓殖者之間瀰漫著特別強烈的自我優越與不可或缺的種族主義感受。對在殖民地扎根的拓殖者而言，並不將「權力轉移」列入考慮範圍。再者，情勢似乎也令拓殖者別無選擇，因其大部分的財產都是不動產，要換成流動資金帶出國的困難不小。

拓殖者的政治影響力通常都很含糊薄弱。殖民官員覺得他們絕大多數都很冥頑不靈。因此就算在危機時期，拓殖者利益集團與殖民國家也很少聯手組成穩固的聯盟。只有在阿爾及利亞這個特殊案例中，不見其緊張關係，因此地的拓殖者保有極高的自治權。拓殖者在殖民母國的政治活動，大多只能仰賴保守政黨的關注。比起大英帝國的拓殖者，情況對於法屬阿爾及利亞的拓殖者相對簡單，因為巴黎國會裡有他們的議員參政。在英國案例中，要與國會接觸，得要透過遊說集團，這樣的影響力當然不足以在肯亞或羅德西亞兩案例中讓保守政府保證採用強硬的方針。[120]在葡萄牙，不論是薩拉查政權或後來登上國家頂端的革命後繼者，都不肯讓拓殖者牽著鼻子走。[121]拓殖者自認是去殖民過程中損失最大的受害者，通常也的確如此。

與農業關係較不密切的商業利益，預估能有更大的彈性空間。在「非正式帝國」情況下，外國商業利益並非透過直接的政府武力，而只是透過不平等條約裡保障帝國的特權保護法。大型跨國集團很早就獨當一面，在帝國的保護傘外直接與當地國家政府協商。在一些（還）沒有像樣政府的殖民地，不只是亟需保護的小型利益集團、連大型跨國集團也傾向盡量延遲權力轉移；僅有少數利益團體及早就費心與獨立運動團體建立良好關係。情況會如此演變也是理所當然，首先「外國資金」代表著一種特別容易辨識的「外人決定」的信號，因此經常成為民族主義抗議瞄準的目標；在去殖民過程的巔峰，抵制、罷工、霸占土地與工廠，每日輪番上演。第二，外國公司無法預測新政權的行為模式：規則化、歧視排擠、高稅額、甚至國有化？有鑑於上述的不確定性，他們感覺在殖民規則中較能適應，悲觀的人在殖民統治結束前就已撤資。缺口則由長期定居的、甚至一些年輕時就移民過來的第三方團體，例如東南亞的中國人或東非的印度人來填補。[122]

殖民地撤退戰中，商人還可以期待軍方在某種程度上保護其財產。一九四七年七月印尼的「第一次警察行動」，荷蘭軍方一開始就對礦業與大型農場提供保護。[123]會這麼理所當然，也是因荷蘭的政商交集特別密切，依多政黨制產生的聯合政府更加關注殖民地經濟，而經濟利益更強化了戰後此地以武力維持殖民的力量。[124]一九五一年至一九六四年，由保守黨執政的大英帝國極少遇到民間商人的阻力。在法國，皮埃爾・孟戴斯－弗朗斯與戴高樂等作出去殖民重大決定的政治家，絲毫不受殖民地利益代表的影響。一般而言，在類似情況下，殖民遊說集團的影響力會逐漸消失，他們將自己利益描述成國家整體利益的做法，也同樣前功盡棄。

商業利益雖不曾使去殖民提前發生，倒也說不上阻擋。唯有一次商業利益扮演了較為重要角色。一九六〇年至六三年左右，在剛果局勢不明的狀況下，伴隨著地方政治家嘗試脫離，許多關鍵人物在比利時的支持下，成功分裂了銅產豐富的加丹加省。就算在中非聯邦階段，銅業的影響力也非常可觀。[125]附帶一提，每回的帝國過渡期，民間商業扮演的角色都不相同。只有極少數案例中，隨著主權轉移，外國商業的存在也遭到抹煞，其中中華人民共和國就是最極端的例子。一九四九年十月，中國以「從帝國主義中解放」為由，毫不躊躇地與全體西方企業對抗。[126]

策略與過渡期

為了維持現代化經濟產業運作，大力提倡經濟的民族主義，即使與其本質相抵觸，國外的資本與管理知識在一開始還是不可或缺的。在荷屬東印度（今印尼），荷蘭的地位崩壞得太過迅速，以至於無法發展因應經濟過渡期的政治策略。一九四二年三月到一九四五年八月，在日本占領期間，荷蘭公司全部遭到徵收。荷蘭雖因處於國際弱勢地位而不得不放棄印尼，但依舊夠強大，足以讓新共和國代表於一九四九年以不尋常的有利條件進行交涉，並能夠於一九四五年後以更新的經濟面貌，持續參與當地經濟。直到一九五七年至五九年間，荷蘭公司才真正地國有化，並透過印尼國會將各項措施合法化，並由前持有人負責二〇〇三年以前的賠償。[127]

殖民期的責任承擔包含了潛在的債務，必須由獨立後的國家接收。這是讓國際認同其國際法主體身分的先決條件。像俄國在一九一七年革命後、中國在一九四九年拒絕接收債務的做法，是絕大多數國家都無法接受的。接收債務金額最高的是印尼，殖民政府欠荷蘭國庫五十九億荷蘭盾的天文數字，交涉過程中降到三十五億，即十一億三千萬美元。到了一九五六年單方減債時，還剩一億七千一百萬美元才全額償還完畢。[128]英屬印度的情況正好相反，在二戰期間，印度從英國的債務人身分轉變為債權人，印度獨立前不久，殖民母國設下了寬限期限，延遲印度由英國銀行的外匯存底取款的期限。[129]

二戰後法國在印度支那的殖民經濟復甦狀況遠不及在印尼的荷蘭。尤其是北越礦業，歷經一九四六年的戰爭後，結構嚴重受損。[130]法國撤退後，一九五四年日內瓦印度支那會議決定，以北緯十七度分割越南，南方國土持續運行於西方軌道上，但經濟卻愈來愈朝美國方向發展。一九五六年南越的眾多進口夥伴中，法國已落後於美國與日本，排名下降到第三名，接著美國的其他衛星國❶，如台灣和南韓也超越了法國。南越在一九五八年切斷與法郎區（一九四五年成立）的關係，只剩橡膠園和幾個產業還保留在法國手中。[131]政治去殖民過了幾年後，接著此地經濟去殖民也開始了。以農為本的阿爾及利亞，在二戰與獨立戰爭期間，工業化主要由政治力量推動；[132]鑑於潛在的獨立可能性，多數法國企業舉棋不定，即使如此，仍有少數企業帶著自信與遠見在阿爾及利亞投資；撒哈拉大量的原料蘊藏很晚才開始開發。獨立戰爭代表了大規模遷徙，拓殖者、專家、掌控技術的經理人，與私人資金等改變，經濟也面臨巨大斷層。在第一階段大企業的「自我管理」後，接著是國有化以及由天然氣、石油收入支持的國營工業政策。

反之，法國在法屬西非得以採取預防措施，來因應按部就班進行的過渡期，提供法國商業利益續存的先決條件。一九四五年後，殖民貿易復甦，殖民地商業證明了可帶給每間公司極大的獲利。法國各公司與商會也在獨立前就學到，不能光透過殖民地官方途徑來獲取利益，也要找出與非洲夥伴的直接交流管道。[133]然而殖民地的經濟起飛晚，代價反映在法國的國際收支❷帳上，而這正是殖民主義的微觀經濟與宏觀經濟規模相互矛盾的顯著例子。[134]再者，有鑑於花費不斷的晚期殖民社會政策，許多富影響力的大財團，轉向加強發展歐洲市場。

大英帝國於此又是與眾不同。一九四五年後，只有他們有像樣的帝國經濟策略，基本上由雙方政府共同執行。此等雙軌政策，至少能夠緩衝去殖民帶來的經濟效應。一方面，在眾多殖民強權中，英國是唯一一個有能力以英鎊區[135]形式來整合貨幣的帝國，包含昔日與眼下殖民地，以及任何想要加入的地區。源自世界大戰的法律架構，英鎊區原是權宜之計，因戰後經濟極度不穩的狀況而沿用，企圖阻擋美元獨大。它提供各會員間輕鬆交易的可能性，也是世界經濟風暴中的某種避風港。在一九七二年正式解散前，英鎊區就已失去作用。在帝國歷史學家眼中，長期比較下來，英鎊區「是個封閉的經濟區塊，這樣的形式與手法在大英帝國經濟霸權的高峰期從不曾有過」。[136]尤其是一九五八年，曾於一九四七年廢除的英鎊自由兌換又重新啟動，可看出這項評價確實有幾分道理。[137]另一方面，若以經濟歷史面來論述，要延長帝國壽命，不可能使用如強迫結盟等手段，而要用較為鬆散的網絡，且其中不能有損人利己的剝削中心。[138]較重要的會員，尤其是自治領，比過去更常在英國影響範圍外，尋求貿易往來與資金，此等情況下，英鎊區便顯得多餘。英國政治日趨附和美國開放與多邊的世界經濟觀。

另一方面，特別是在非洲，以發展與現代化為口號來加強殖民的努力作為，起初延遲了國家法❸上的分裂，接著發展成介於統治與下台的中間形勢，最終造就了與前殖民地維持良好經濟關係的先決條件。策略中少不了私人商業的加入，但並不理所當然代表其國家和商業的目標定位。戰前因橡膠和錫金屬出口而繁榮的馬來亞，到了一九四五年秋天，又重回英國的掌控。英國政府還派了「專家軍團」來嘗試提高當地經濟效率。眾英國公司帶頭反對這次的國家干預❹，因為干預同時帶來了稅務負擔的增加，對許多英國商人而言，此舉大大便宜了馬來人與馬來中國人的製造商。[139] 只是這項政策的主要目的不在於滿足殖民地的商業公司，而是要優化殖民地經濟，使他們藉出口第三國賺進價高的美元，藉此強化殖民母國虛弱的外匯存底與國際收支。[140]

並非所有西歐各地的政治與經濟菁英，都想緊握著迂腐的帝國強權地位不放，愈久愈好。尤其在法國，一九三〇年代高層行政管理與大公司的董事會中，一股影響力與日俱增的勢力成形，他們認為未來法國不僅在政治上、更要在經濟上擁有現代化的國際競爭力。以記者萊蒙・卡地亞命名的卡地亞主義支持者認為，殖民經濟既落伍又不合時宜，甚至還依靠吸附母國為生，他們不理解法國政府為何不惜在殖民統治的管理與軍事防禦投入巨資，維持這個毫無生產力的經濟形式。法國在世界的地位，不該是殖民壟斷資源的守門員，而應該在開明的企業、政府官員領導下，爭取最新現代化標準的國民經濟。[141] 荷蘭經驗一再被借鏡：自失去印尼後，荷蘭經濟立即蓬勃發展，許多富影響力的評論家將其歸功於從殖民「包袱」中解放；反之，自花費源源不斷的印度支那戰爭到一九五三年間，法國經濟發展則停滯不前。[142]法國對歐洲跨國整合作出的貢獻，正是基於這番觀念路線。

總之，歐洲各政府的大型去殖民決策，並未受到經濟利益組織的直接影響。然而他們的決定，卻可能欠缺了各國未來經濟發展政策的考量。以英國為例，他們的目標為盡可能維持英鎊區與貨幣的世界排名，並保持倫敦的金融中心地位。獨立後的國家應在政治與經濟上維持西方標準，亦即應排除社會主義或甚至「中立主義」的重新定位。英國案例中，還要再加上與美國保持良好關係為外交優先目標，不得已時必須將部分經濟利益置於該目標之後。

發展與政策

約於一九五〇年代中期，美國、西歐與後帝國日本成為今後的世界經濟成長中心，此點是不容忽視的。貿易主要在這些國家間流通，舊帝國的貿易往來衰退。一九五〇至六〇年代，已獨立或正處過渡期的南方國家，經濟成長遠低於北方工業大國，也因此南方諸國的世界經濟地位，比殖民時期更加被邊緣化。愈來愈沒有理由去維持殖民或與前殖民地打好特別關係。

再三嘗試透過機械化與土地改革來進行農業的現代化，是後殖民階段的特徵；一些別具雄心壯志、將農業大量工業化的項目，則因損失慘烈而聲名大噪，如坦干伊加的花生園。裡頭無數工作人員、機構、計畫，一直延用到殖民後的發展政策。[143]新興諸國各自以不同方式來處理此類的晚期殖民遺產，各國間的差別在於，是否沿用且發展經濟與福利國家的成果，若有，又是以何種方式？維持了多久？一九五〇、六〇年代對許多亞洲與非洲國家而言，是一段溫和穩定的經濟發展階段，為國家教育與保健事業留下一些伸縮空間；但隨著一九七三年開始的「石油危機」，陸續產生出許多金融義務，造成非洲諸多國家額外的財政負擔。

國家干預的思考模式流傳已久，印度至西非各國在獨立後，隨即透過社會主義模式加深國家干預。直到一九七〇年代為止，國家領導「發展」與專家學者的計畫中，都留有此等理念，幾乎各色（couleur）民族主義分子也對此也有共識。和晚期殖民國家相似，許多後殖民政權與國際金援者，也以僵硬的手段來推動現代化，在社會與生態環境上造成的災難性後果也相當類似。

在新秩序中，留下來的外國商人很快失去立足之地。貿易、運輸、小型商業與一部分的工業，迅速且完整地交到當地人手中。許多情況下，跨國企業仍是不可或缺的。這些跨國企業通常都和殖民主義合作無間，因殖民主義保障了與歐洲類似的可估算、無貪汙、法治國家的安全經濟環境。但絕大多數的新興國家都利用其主權，來對付大型跨國企業，使得以往慣有的安全環境不復存在。另一方面，「跨國企業（Multis）」身為投資者、納稅人、資方與可能的收賄來源等，基本上都大受寡頭統治的歡迎。企業的經濟力量可以保障其協商權。[144]不過企業經常得遷就發展中國家政府，而這些政府無法隨意操控，例如要透過半認真、半當作宣傳的「非洲化」❺手段。

注釋

❶ 衛星國，是指一個在政治、經濟和軍事上都受外國很大影響及支配的獨立國家。

❷ 國際收支，英文：Balance of Payments，指一個國家在一段時間內，將一切對外的交易記錄編成的表式。不同國家的國際收支計算方法，會有些細微差別。

❸ 國家法，德文Staatsrecht，國家法是公法的分支，包含國家內部整體作用、重要組織形式以及其與人民基本關係的全部法規。

❹ 國家干預，德文：Dirigismus，亦稱宏觀經濟調控，是政府為了促進市場發育、規範市場運行、對社會經濟整體的調節與控制。

❺ 非洲化，德文：Afrikanisierung，藉由改變人名或地名來增加非洲認同與拋棄殖民的痕跡。

第五章　世界政策

東西方與南北方

一九六〇年代，有項區隔浮上檯面，標誌世界政治形勢的是兩派看似互補又交錯的「衝突陣營」：東西衝突與南北衝突。東西衝突通常也稱作冷戰，是關乎美國與蘇聯這對「超級強權」的相互恫嚇。[145]超級強權雙方藉由蒐集從屬國與軍事保護國來充實各自陣營，此外這些國家還因理念共通而相互扶持。資本主義的自由西方與社會主義的東方彼此對立。當十九至二十世紀早期出現的世界強權還在發展他們的「世界政策」（weltpolitik）時，在二戰與戰後才形成的「超級強權」，早已超越所有這些早期強權，發展出更大規模的政治型態。兩方各自支配大規模毀滅性原子武器，而陸基與海基洲際彈道導彈系統，最晚在一九六〇年代早期，便能夠藉此企及地表上任何地點。雙方也同時具備「二次打擊」❶能力，亦即遭受核子攻擊之後，仍有盈餘使用核子手段報復，因此兩個陣營間的「恐怖平衡」僵持不下。

核子武器自此只能用來作「戰略」阻嚇，不能用來「實質」作戰。核武並非帝國時期砲艦外交❷的延伸，因它不適合用來壓榨或恫嚇兩大陣營外的第三國。同理，在「核武年代」裡，正規戰並非多餘，甚至完全相反。就算世界上最小最窮的國家，也發展出空前規模的軍備，在二十世紀下半葉的戰爭，奪走上百萬條性命。[146]

蘇聯領導的陣營內含的國家有：一九五五年成立的華沙公約組織成員、外蒙古、古巴，與立場曖昧不明的北韓。美國陣營所屬成員則為一九四九年成立的北大西洋公約組織成員，再加上日本、南韓、台灣、泰國、菲律賓，以及其他美軍設有駐點的國家。與蘇聯不同，美國還經營全球軍事基地系統，基地系統的地緣政治對於西方的重要性不亞於直接控制領土。

因許多國家不透過條約綁定、或只在實質上屬於其中一個陣營，原本壁壘分明的東西對立圖像變得複雜。這類世界政治中第三集團的素質參差不齊，組織又不全。一九五〇年代，不結盟運動滿懷希望地展開，尤其是一九五五年在印尼舉辦的萬隆會議❸，也因內部不和問題，到頭來只對世界政治產生少許影響。[147]不結盟的第三個類別，包括正努力爭取獨立的社會國家，如南斯拉夫、羅馬尼亞，以及一些避免清楚表態的國家，如印度。

此外，另有一連串自成一格的案例，其中囊括了共產主義的中華人民共和國。一九六〇年代初期，中國跳脫了蘇聯小老弟的角色，一九六九年甚至差點與前「兄弟國」開戰。另一個例外是南非，這個政治保守與資本主義的國家，符合所有隸屬西方的條件，卻例外地抱著極端的種族思想與實踐，使人難以將之俐落地歸屬於西方國家自稱的「自由世界」。[148]當中國脫離「東方陣營」之際，隨著一九七九年的伊斯蘭革命，伊朗也從對美國獻殷勤的寵兒，突變成為暴躁的反美勢力，不過也並未增加對無神論蘇聯的好感。

東西衝突不只在北大西洋，也在邱吉爾稱之為「鐵幕」的中歐上演。超級強權的影響力在全球爭相角力，連無法直接駐軍的地區也不放過。在這些地區，雙方各自運用經濟援助或派遣軍事顧問等手段來間接保障其忠誠。後來就連特立獨行的中國，也於一九七〇年代早期，試著以相同手法來獲取非洲顧客的心。全球冷戰與美蘇對立，影響了所有國家的外交政策，就算想要保持中立，仍得在無可避免的超級強權拉鋸戰中，再三重申與捍衛自己的中立立場。

南北衝突的意涵則較難理解。這個由政治學家發明的詞彙，無關乎權力、恫嚇與利益，乃是貧窮國家，尤其指熱帶與副熱帶地區，挺身反抗北方富有國家的不公平對待。南北衝突大多以唇槍舌戰代替短兵相接，如在紐約的聯合國論壇上演。這是場爭取世界輿論關注的戰爭，和東西衝突不同，目標並非在削弱對手的武力與經濟，也非抹黑對手的思想理念，而是要世界承認國際正義的新原則。由於攸關世界經濟平衡的改變，「第三世界」（這個隨一九六〇年代去殖民浪潮而流行起來的稱呼）國家的批評較不針對「第二世界」，也就是蘇維埃陣營，而是將矛頭指向決定國際貿易條件、由美國主導的西方，即「第一世界」。

倘若南北間的衝突採用了軍事形式，那麼舉例來說，核心人物不是想將外國資本國有化的南方政府，就是攻擊西方外來政權的武裝解放運動。採壟斷定價政策的石油輸出國家組織是另一個例外，由產油諸國聯手，是修正南方經濟依賴最極端也最成功的例子，且其中毫無對抗北方「新帝國主義」思想的動機。而極貧與極富兩國的大戰，如越戰，也同樣罕見。此戰爭並非世界性革命起義的例子，而是準民族國家對抗外來侵略的典型防衛戰。

去殖民出現在東西與南北衝突的交集面上。冷戰並非因去殖民而爆發，但東亞與東南亞的殖民列強，早在一九二〇年代就認識到共產黨與其動作，也對這股來自莫斯科，試圖控制「共產國際」的力量心知肚明。反過來說，一九四七年至四八年間的希臘、捷克斯洛伐克問題，使得美蘇關係破裂。儘管不見得與殖民帝國的解體有其因果關係，卻迅速成為帝國瓦解不可避免的先決條件之一。冷戰和去殖民間，存在著交互作用。

冷戰：從韓國至安哥拉

儘管跨界的「泛」運動與反殖民運動分子彼此交流頻繁，直到二次大戰期間，獨立仍算是各帝國內規模不等的國內事件。世界大戰以不可逆的方式，削弱了歐洲人在亞洲的地位。以新加坡為例，這個大英帝國連接蘇伊士至紐西蘭間的大型戰略箝點，於一九四二年破碎。與一戰後的情況不同，美國未從當時的戰爭地區撤退，反而接任了太平洋地區的龍頭角色，一九四五年起，歐洲在亞洲任何形式的殖民政策，都受到美國的暗中影響。

一九四五年八月，兩顆出人意料的原子彈，阻止蘇聯加入占領日本的行列。美國將日本擴建為新亞洲戰略中心的主體，使之成為美國最大「不沉航空母艦」（名稱出自二戰海軍島嶼基地）的計畫，變得更加輕鬆可行。菲律賓接著成為穩固美國霸權的第二錨點，泰國隨即也成為另一個可靠的盟國。至於「失去」中國，美國則勉強接受。在一九四六至四九年的國共內戰中，美國不曾派遣地面部隊支持反共產主義的國民黨，甚至不曾嘗試督促其保護人蔣介石，將中國南北分割，據說史達林當初同意過這麼做。甫於一九四九年成立的人民共和國，在一九五〇年與蘇聯締結友好條約，由西方觀點看來，一塊易北河延伸至黃海的「紅色」大陸區塊就此誕生。

小羅斯福總統堅信殖民主義陳舊過時，也對歐洲夥伴明白表達其想法。而一九四五年接續上台的杜魯門，發言則較為謹慎，剛上任時，基本上未偏離反殖民主義路線。美國盤算，歐洲人在東南亞暫時應可順利重整，而非洲在此時還不值得列入考慮。但後來菲律賓迅速溫和的去殖民，此例應可讓他們做為借鏡。[149]日本占領以及戰爭波及影響亞洲社會之深，與各地解放運動強烈的演變，使美國訝異之情不亞於歐洲。世紀交替以來，亞洲幾乎一貫處於戰爭狀態，無一處有和平的過渡期。直至一九七五年，美國最終自越南撤兵為止。[150]

直到一九四九年，美國首要追求的是亞洲的穩定，因此他們要復原今後最重要的夥伴，也就是日本的海外市場。再者，一九四九年美國贊同印尼獨立，透過美國對荷蘭施壓，獨立甚至還加速了。直到一九五〇年，北韓無預警偷襲朝鮮半島南部，十月，中華人民共和國加入這場實際上有可能演變為中美大戰的戰爭，改變了大局。甚至比歐洲的共產主義更具侵略性，愈來愈自成一格的共產主義形象於亞洲誕生，成為美國新興霸權的首要挑戰者。[151]冷戰來到了亞洲地區，此後只要是任何阻攔共產主義的行動（圍堵政策）都受到美國支持。但共產主義的侵略性推回❹招數，讓杜魯門和後繼者艾森豪嚇得退縮不前，並阻攔每位建議動用核武對付中國與越南共產黨的軍人。

一九五〇年後，美國仍沒有復興歐洲戰前殖民主義的意圖，卻將戰前殖民主義視為圍堵共產主義的一種手段。在美國眼裡，一道戰線橫越全球，隱約可見。必須強化貼近戰線的前線國家與政權，不論這些地區以往是否為殖民地。歐洲強權只要能說服美國，將自己視為抗共戰爭中不可或缺的一員，就可冀望得到扶持，印度支那的法國人尤其成功做到這點。一九五〇年起，美國就接收此地不斷增長的戰爭費用，戰爭最後階段，美國已承擔了約百分之四十的費用。[152]在美國眼中，胡志明從中國共產黨手中得到大量軍事幫助，因此越南特別值得投資。也因此，美國接下來的政治目標，則是阻止共產主義勢力在寮國與柬埔寨取勝。一九五四年法國自印度支那撤軍，刺痛了美國政治。正如南北韓，南北越長期分裂的趨勢已日漸明顯。期許南方國家支持西方，並同時穩定內政的希望破滅，也埋下了日後美國軍事干預的種子。不列顛帝國也在各方面獲得美國支持，約一九五〇年起，不列顛帝國的性格改變，變得「多一點不列顛，少一點帝國」。[153]

一九五〇年早期的亞洲經驗，與一九五九年由卡斯楚領導的古巴革命，滋養出美國政治圈一股可稱之為侵略性防衛甚至偏執狂的思考模式。他們認為，世界各地都應該懼怕由莫斯科散布開來的反西方共產主義陰謀，且必須作防禦性攻擊。共產主義在暗中行動，偽裝自己，並濫用政治中心裡不諳事務的天真力量，將其做為墊腳石、「有用的傻瓜」❺與「隱性共產黨員」。因為缺乏自治能力，亞洲、非洲特別危險。[154]「感染」共產主義的國家還會「傳染」給鄰國。這番診斷衍生出一項策略：援助當地的歐洲帝國經濟，尤其是對抗激進反叛運動的地方，例如英國在馬來亞。若獨立程序已無法避免，這段時間內則必須直接找出一個「溫和」的政治家或「改革者」，並供應其資源。絕不允許如蘇伊士危機般，形成讓共產主義逼近的「權力真空」狀態，近東與中東政府是艾森豪尤其擔憂之處。[155]北大西洋公約組織成員國都強力受邀加入全球反共大戰。一九六〇年代，英國政府尤其陷入兩難，國內大眾早已對帝國深感疲勞，美國卻期待他們現身遠方冷戰前線。[156]

當核子恐怖平衡情勢愈是僵持不下，就愈有可能在第三世界開闢替代戰場。一九六〇年代，非洲去殖民大爆發之際，美國和蘇聯的直接干預還不多，[157]直到後來冷戰雙方陣營的注意力才集中至此。當白人拓殖政權因種族主義而日漸被邊緣化時，反共成為他們最重要的正當化基礎，甚至刺激他們去動搖其後殖民鄰國。解放運動一方欣然接受蘇聯及其衛星國，包含東德在內的軍事與微薄的經濟援助。一方面，社會主義強調國家整頓任務，與「科學的」社會計畫之重建願景，很自然地吸引了非洲菁英；社會主義的政治語言可保持種族問題中立，對多民族國家具有額外優勢；另一方面，無關革命實踐的馬克思主義修辭，尤其容易被軍政權所接受吸收。[158]如同西方陣營，東方陣營也提供非洲健康與教育的民間救助。去殖民後，他們甚至成為軍火販，一九八〇年代，蘇聯出口到第三世界的武器，為美國的三倍。[159]

一九七〇年代，伴隨葡萄牙殖民地遺產的爭奪，成為去殖民與冷戰深刻的重疊時期。撒哈拉以南地區首度形成馬克思主義政權。一九七〇年代中期，蘇聯、古巴（一時高達五萬大軍）、中國、美國與南非，都在安哥拉直接或是透過當地代理人參與軍事作戰。[160]殖民強權倉皇撤退後，在這塊葡萄牙殖民地上，解放戰爭轉變為國際化的內戰，有部分延續至東西對峙結束。[161]一九六一年至一九九一年，若將延燒的零星戰算入，則直至二〇〇二年，安哥拉歷經了一場犧牲十萬人的三十年戰爭。[162]

新秩序的元素

去殖民不曾帶來新的國際秩序。東西對峙僵持至一九九〇年，成為世界政治的主要基礎結構。如剛果薩伊的蒙博托政權，西方支持的後殖民獨裁者，與七〇年代干預非洲的各色外來力量，帶來了難以估計的傷害，實質上對於削弱蘇聯以結束冷戰無所助益。一九七九年十二月，蘇聯入侵未曾遭受過殖民的阿富汗，很快帶來巨大成本，這類似遠古的「再」殖民，才真正代表蘇聯開始走下坡。[163]

然而，去殖民改變了對世界共同體結構的思考，普遍認可的價值被放在實驗台上不斷檢驗，許多帝國時代理所當然的事，變得不可置信，或至少不再被提出。就算不只有反帝國主義的勢力參與聯合國的建立，但聯合國及旗下組織，如聯合國貿易和發展會議、聯合國開發計畫署與聯合國教育科學文化組織等，卻早在去殖民過程中成為「南方」觀點與利益的發言擂台。[164]在去殖民過程裡，聯合國在民族國家主權的逐漸絕對化過程中（以「出席」聯合國為條件），占有決定性的比重。[165]一九六〇年代以來，針對正當性與國際承認的辯論，也得考慮到紐約聯合國大會、「世界輿論」、甚至至眾家媒體的看法而技巧有別，結果亦不相同。例如，大英帝國成功維護其解釋權，將茅茅戰爭在國際上定義為對抗反現代化「野蠻人」；民族解放陣線也同時成功動員，以國際施壓來反對阿爾及利亞戰爭。[166]與戰後直接爆發的印巴分治或國共內戰不同，後來實際發生的戰爭，其樣貌其實都被過度渲染。

「種族主義」通常會廣泛理解成某種文化歧視，在國際間備受鄙視。而「殖民主義」則是一項嚴重指控，不論是指現今的印尼在西巴布亞、中國在西藏、以色列在約旦河西部，或任何地方。畢竟是歐洲啟蒙時代的傳統，在二次世界大戰後，人權首度成為評估政治體系的一項測量標準，並且成為國際法和政治哲學上的一大命題，這要歸功於晚期殖民主義批判，尤其對鎮壓叛亂（阿爾及利亞戰爭中的嚴刑拷打等）執行者之憤怒。[167]一方面，西歐人將人權與法治國家程序視為最大的文明成就，並且有將其無條件通用至全球的理念；但另一方面，在殖民晚期無數的軍事與警察行動中，則為圖方便而屢屢收回這項原則。[168]來自第三世界的外交官與法官，除個人權利外，也強調至少要有相同程度的民族自決之集體權利，然而，集體權利並非總與民主實踐相關。

注釋

❶二次打擊，德文：Zweitschlagskapazität，是核戰略術語，也稱為核報復。二次打擊能力指核戰力在遭敵方首輪核襲擊後，還能存活下來並予以核回擊的能力。從核威懾角度看，二次打擊能力愈強，兩國發生核戰的機率也愈小，反而能達成更為穩定的核均衡關係。

❷砲艦外交，德文：Kanonenbootpolitik，此詞源於帝國主義時期，當時，歐洲強權通過展示自身武力，威脅其他國家與其貿易或是簽署（不平等）條約。談判期間，歐洲強權會派遣軍艦到弱國附近海域，大部分弱國都會因此屈服。

❸萬隆會議，Konferenz von Bandung，又稱第一次亞非會議，是部分亞洲和非洲的第三世界國家在印尼萬隆召開的國際會議，也是亞非國家有史以來首次在沒有殖民國家參加的情況下，討論亞非事務的大型國際會議。主要目的是促進亞非國家之間的經濟文化交流，並共同抵制美國與蘇聯的殖民主義和新殖民主義活動，間接促成不結盟運動。

❹推回，英文：Rollback，在政治學裡指的是以強硬手段達成一個國家的主要政策改變，通

常是達成政權更替。與推回不同的是，強調防止其他國家影響力擴張的圍堵政策，以及強調與其他國家和平相處的緩和政策。

❺有用的傻瓜，德文：nützliche Idioten，經常用來形容被利用來政治宣傳的公眾人物，而本人卻毫無知覺。為列寧常用的說法，但無法證實是否由他所創。

第六章　思想與綱領

去殖民不僅是政治與經濟的演化，也是世界思想與「論述」的沿革。就算我們不將解放意識形態的流行視為導致殖民帝國末日的主因，這點也不會改變。在亞洲和非洲的解放運動中，政治和知識活動間的轉換往往相當流暢：許多「知識分子」對於事件的關注，並非遠遠觀察，而是主動參與其中並發揮影響。一九四五年後，知識分子在各自的原生國躋身成為政治領導人物，例如塞澤爾❶在馬提尼克、桑戈爾在塞內加爾、喬莫・甘耶達在肯亞等。而那些將自己視為自由戰士者，如甘地或蘇卡諾，也常對其所作所為反覆深思，並將之埋入繁複的思考系統與歷史脈絡中。因此，去殖民不單「是一連串的肢體衝突，也是十足的唇槍舌戰」。[169]

當辨識出各色殖民思想的數個共同動機之際，[170]去殖民思想發展的多元程度也已達到極限，我們最多只能說，「自由」、「自決」和「發展」等口號是解放計畫中鏗鏘有力的關鍵用語，具有多重意義。然而，這些用語最後光芒盡失（有些延用至今），成為後殖民威權政治的咒語。只是，這些用語的背後暗藏著豐富且獨到的思想。這些思想並未被簡化為對殖民統治濫權的控訴和國家自治的願景。相反的，而是分析與發展出未來草圖的寬廣譜相，在各自承襲的脈絡與作用範圍中清楚可見。例如，在傳記、社會、政治方面，對殖民下場詩意十足的反思；從歷史編撰到非歐洲文明於民族學上的增值；從宗教改革運動到經濟發展計畫；從特殊形式的政治自由主義到內戰理論。去殖民為現代思想留下了閃閃發光的遺產，並對許多舊信念提出質疑。

議題與主張

從孫逸仙、馬科斯・加維起，經桑戈爾、尼赫魯至胡志明與法農❷等人，這些反殖民思想家各自的解放思想理念、計畫、分析，與他們之間的相互影響，可寫成一部去殖民思想史。[171]此番豐功偉業傾向集結為經典，並拋出無數難題，留待各式可能的回答。去殖民思想史包含了第三世界全部思想家的思想嗎？即使其中有些思想僅與去殖民間接相關，如賈邁・阿富汗尼的伊斯蘭現代主義也算在內？對去殖民的反思，是否包含來自前殖民母國或未參與的國家的人民所貢獻的思考？思想史中是否只有「革命」領袖魅力十足的聲音？政治實踐家與理智的科學家的話語能夠被聽見嗎？只有「現代」知識分子和文人能發言？無名的「農夫知識分子」與當地記者也行嗎？

或許有辦法找出答案，首先在思想史的中心領域尋找那些把殖民帝國送入末日的知識領域的挑戰，以及在此過程中出現的難題。這麼一來，不僅可捕捉前殖民地世界與前殖民母國的聲音，也可顧及知識性問題與政治實踐問題的重疊之處。至少能將此類挑戰分成四個部分：「發現」去殖民是歷史的正常過程；思考殖民後「主權」的不同形式；殖民主義代表的是早晚會結束的歷史局勢；「第三世界」是新發明的概念，用來代表新的世界秩序。

一、去殖民的自然化❸。帝國的沒落在歷史上雖是既定的事實，但帝國在二十世紀仍存活在殖民帝國不滅的信念中。因此去殖民的「發現」，成為二十世紀最顯著的思想史進程。更精確地說，去殖民由異常現象演變成「自然的」、不可逆、不可避免的歷史事實。如同去殖民本身，去殖民思想的自然化也是一個過程，儘管發生在不同地區不同時間，但全都以驚人的速度進行。不單是對法國而言，阿爾及利亞獨立戰爭在此處於關鍵位置。[172]因這是全球唯一一場伴隨基礎知識思辨的去殖民衝突，許多知識分子與科學家甚至親身參戰。一九五〇年代晚期至一九六〇年代早期，在對阿爾及利亞問題的辯論上，特別容易觀察到「差異無法消彌」的想法，取代了全面「同化」非歐洲社會的信念，以及取代了文明、人文、反殖民等其他轉型中的普遍性思考。長期懷抱將阿爾及利亞與該居民整合成法國一部分的思想，如今成了泡影。而國籍規定則將這個思想上的轉變，貫徹於政治實踐中。

此後，「去殖民」不再只是權力轉移的技術用語，還代表著一段歷史的正常過程。一九六〇年代，這個思想也曾出現在準前殖民母國的政治論述中。在今日行政管理往來文書、政治對談與公開的時代評論中，去殖民的自然化也不少見，甚至被誇飾得猶如自然力量。「風暴」或「歷史潮流」是特別常見的說法。[173]英國首相哈羅德·麥米倫曾有感而發，一九六〇年早期有陣「變遷之風」吹過非洲，這也許是最深刻的說法，至今仍不時有人引用。[174]

二、「主權」的各種形式。當去殖民變得「自然」後，這個歷史過程未必會出現一個所謂的目標。亞、非洲的去殖民，還包含了思想的百家爭鳴，討論該以什麼來替代殖民君臣的關係。一九四〇至五〇年代，是對後殖民主權形式的政治想像的密集階段。「主權」完整的民族國家並非唯一的知識參考來源。泛阿拉伯、泛馬格里布、泛非的團結以及宗教團體成員，都提供了超越領土疆界的政治想像與實踐；聯邦制的結合不只在晚期殖民計畫占有一席之地，在非洲與阿拉伯的反殖民主義也擁有穩定的地位。但後來黑人性運動❹發起者桑戈爾將聯邦制的結合視為非洲的「巴爾幹化」❺，因而動員反對。在亞洲，這類「泛」主義，則因日本戰爭帝國與其領導意識型態而變得一文不值。

直到一九六〇年代，類似選項才被民族主義所取代，民族國家代表了恆常有效的「主權普遍形式」。[175]在民族國家模式的全球化中，可找到與去殖民自然化相呼應的觀念，如夸梅・恩克魯瑪與納瑟爾等高舉泛非與泛阿拉伯思想旗號的民族領袖。此後，泛非主義大致支持以民族國家形式來統一非洲。一九六三年，在非洲統一組織的基本憲章中，理所當然地將國界繼承的不可侵犯性提升為原則。[176]知識活動的焦點，也因此永久轉移到各民族及其國家上：民族國家擁有各自的史學編撰與民族學，某些還換上歷史上舊有或「道地」的名字，如迦納、馬利與薩伊等❻；亞洲的斯里蘭卡與緬甸則較晚才出現。各個反殖民民族主義並非僅模仿歐洲模式，也不是對「道地」的組織形式與本土傳統的簡單反思，他們「既不傳統也不現代，既不西方也不反西方，而是一種拼裝❼、一種持續探討什麼是『傳統』什麼是『現代』、什麼是『原生』什麼是『外來』、什麼是『對』什麼是『錯』的追求」。[177]如世界市場整合的程度與形式，「主權」也在其他無數領域重新出現，成為新興國家知識與政治辯論的題材。在這個國家安全受到無所不在的潛在飛彈威脅而消失的時代，主權的絕對化偏在此時出現。

三、殖民主義是歷史局勢。若去殖民呈現的是一般的歷史過程，那麼殖民主義就可具體形成一個會結束、可變化的歷史現象。在一九五一年非洲殖民晚期與亞洲去殖民即將結束的背景下，法國社會學家與民族學家喬治・巴隆迪耶提出的「殖民局勢」，理所當然成為晚期殖民主義研究最富影響力的概念。[178]以往早已出現過一些對殖民「多元」社會特殊性的思考，巴隆迪耶的概念將之濃縮簡化為幾個面向：將殖民與被殖民社會全部元素合併為普遍通用的統治關係，來強調整體狀態；指出殖民經驗的中心特性，亦適用於假定為「尚未接觸過」的民族團體與文化；最後強調殖民主義歷史那看似特別的、變化無常的「狀態」。

在廣大知識潮流裡，「殖民情境」的概念是一項最醒目的產物。作為社會與心理整體的殖民主義是多元批判的分析題材，偶爾結合巴隆迪耶的思考，然而多數時候則獨立其外。這個時代一些反殖民文章，不再只強調臣服者（受損的）尊嚴，以及殖民統治者的不公，而是兩者間特定的「行為模式」。殖民與被殖民者，這兩個看似相互影響的角色，只能從彼此的交互作用來理解。如塞澤爾與突尼西亞人艾伯特．梅米等思想家，對兩種角色的不完整性，甚至病態性倍感興趣。他們的文章與分析相當於一九五〇年代殖民狀態的完整病理學報告。塞澤爾認為，殖民與被殖民兩者特別具備「遠文明」與「野蠻」的特性，並視反殖民主義為「拯救歐洲」的手段；[179] 梅米在批評法國心理學家奧克塔夫・曼諾尼的文章時強調這種關係的精神病理學層面。[180]以此心理學角度來看，去殖民表現在個人層面上，就像是一種治療方法。

在法農的文章中，殖民主義精神病理學和政治實踐關係最為密切。法農結合臨床分析、心理分析、馬克思主義與存在主義，尖銳批判黑人的黑人性認同所追求的民族主義，是反種族主義與反殖民資產階級的，將上述理論加以綜合，形成反殖民戰鬥中一個複雜且強而有力的理論。在還未至阿爾及利亞當心理醫師，並參加當地民族解放陣線前，法農就已將殖民體制視為故鄉馬丁尼克黑人心理障礙的來源。[181]在他眼中，殖民主義造就了被殖民者低下的角色，被殖民者內化了白人、殖民者的原型，因而傾向自我厭惡。法農認為，阿爾及利亞戰爭是唯一一條掙脫心理扭曲道路的革命戰：徹底消滅殖民體制與殖民統治者，不僅是獲得政治主權，對個體而言還有身體與靈魂自我解放的淨化作用。[182]

四、「第三世界」。在去殖民背景下，「第三世界」（英：Third World，法：

tiers monde）形塑了一種世界秩序，並影響科學與政治達三十年之久。[183]這個概念與去殖民過程的關係顯而易見，最終討論範疇集中在亞非新興國家，後來還有經濟發展停滯的拉丁美洲各國。以全球觀點來看，「第三世界」的概念是對後殖民的知識、科學與政治思考的參照點。

正因第三世界概念具有多重意義，因此說明了它為何能長遠廣泛地發展。第三世界至少包含了兩種截然不同的意義。[184]首先，「第三世界」是個社會科學概念，「第三世界研究」是個專業研究題材，有其個別方法與特別的機構針對落後提出疑問與克服方式，並加以解釋且盡可能排除全球貧富與發展落差。一九六〇年代，這項研究首先在現代化樂觀主義中自由發展。然而一九七〇年代，卻打著「開發未開發」的標語，變形成較為悲觀的「第三世界」與「依賴理論」❽。其次，「第三世界」標誌出一幅革命的烏托邦草圖、一項知識與政治「方案」。[185]第三世界主義（Third Worldism）是政治運動，標誌出南方新（或舊）國家間政治團結的空間分布、三個

「世界」間政治、社會運動的空間分布。展現出新興諸國的自信，以「革命性、代表未來的第三世界」反對「帝國的、剝削的、已落伍的西方」。[186]革命的「第三世界」的知識計畫中，一直以來都含有烏托邦元素，並以此衍生出「新人類」的草圖。草圖中也反映出反殖民思想家對歐洲文明優越思考本質上的批評。反種族主義與反歐洲中心論的「新文明論述」[187]，等於是去殖民的智慧遺產，就算第三世界烏托邦的魔力不再，智識遺產依舊禁得住考驗。

「後殖民」時代思想？

薩伊德❾的《東方主義》於一九七八年發表後，後殖民研究（postcolonial studies）在一九八〇至九〇年代成為獨立的學術領域。[188]期間，反殖民的後殖民主義，就像是歐洲中心主義批判的監察員，主導並排擠了學術界提出的其他理論。[189]從三大理論家薩伊德、霍米巴巴[10]、史碧華克[11]間的差異，便可看出後殖民理論教育的廣度與多元性。精簡後的後殖民研究，主要集中批判殖民的呈現形式、知識形式，以及殖民統治裡加害者與被害者共同組成的「身分認同」。

就算諸多後殖民理論家承襲了早期第三世界思想家的態度，並與他們之中的一些思想家（尤其是法農）辯論過，要建立去殖民時期的反殖民文獻與後殖民主義之間的承續的傳統，依舊得大費周章。後殖民研究的成立主要歸功於其他要素，特別是接納後結構主義文獻批評與論述分析[12]，還有部分的葛蘭西主義思想型態批評[13]，與一九八〇至九〇年代美國學術背景下的女性主義理論[14]。

後殖民理論與去殖民時期思想，在內容上也不適宜將兩者緊密串聯。首先，命題廣度不同：與去殖民思想延伸至政治、經濟、社會等殖民統治的全面觀點相比，後殖民的主要焦點集中在文化與知識論[15]的面向。其次，對於殖民主義的思考方式不同：去殖民時期思想家雖也做普遍性的思考，但對於他們而言，歷史上實質的殖民統治，其特殊性是無庸置疑的。後殖民理論傾向於抽象的殖民主義概念，完全跳脫了有形的殖民狀態。第三，對於本質主義[16]的看法不同：反殖民思想則受本質主義影響極大，而後殖民批判「本質主義」，最後還反對某些分類方式（民族與文化認同、「第三世界」等）。因此產生了第四點，後殖民主義本質上停留在學術層面；直到近期才可見到以後殖民思想為根據的零星政治運動。

後殖民理論文章對殖民主義的研究經常褒貶不一。[190]然而它與去殖民的關係又是如何呢？後殖民理論認為，在前殖民地與前殖民母國的心智層面與學術層面上，殖民思考架構仍持續存在，因此在知識與思想層面，政治與經濟都無法成功地去殖民。再者，後殖民研究在知識理論上呼應了早期以經濟為重心的新殖民主義辯論。除了可確定其不夠周全外，並未有任何去殖民的後殖民理論禁得起考驗。

注釋

❶ 塞澤爾，Aimé Césaire，一九一三年六月二十六日至二〇〇八年四月十七日，出身法國殖民地馬提尼克的黑人詩人、作家、政治家，法國共產黨黨員。

❷ 法農，Frantz Omar Fanon，一九二五年七月二十日至一九六一年十二月六日，法國馬提尼克法蘭西堡作家、心理分析學家、革命家，亦是二十世紀研究去殖民和殖民主義的精神病理學較有影響的思想家之一。法農也是近代最重要的黑人文化批評家之一，以黑人的角度探索黑色非洲，並使得非洲研究真正獲西方學界重視。在法國完成醫學學位後，於法國及阿爾及利亞兩地行醫。在法期間，法農完成了《黑皮膚、白面具》，書中道盡身為黑人知識分子在法國的境遇。在阿爾及利亞則完成了《大地上的受苦者》，深度探討阿爾及利亞人受法國殖民的痛苦。

❸ 自然化，德文：Naturalisierung，人為創造的事物名稱或社會秩序，變得約定俗成、為社會習用的過程。

❹ 黑人性運動，法文：Négritude，是一九三〇年代由法國黑人知識分子發起的運動。主張團結在黑人身分下，拒絕法國的殖民主義與種族主義，認為黑人的非洲遺產是對抗法國政治和智力霸權和統治的最佳工具。

❺ 巴爾幹化，英語：Balkanization，是一個常帶有貶義的地緣政治學術語。其定義為一個國家或政區分裂成多個互相敵對的國家或政區的過程。

❻ 英屬黃金海岸 Gold Coast，去殖民後更名迦納 Ghana；法屬蘇丹 Soudan Francais 更名馬利 Mali；剛果民主共和國 République démocrratique du Congo 更名薩伊 Zaire，一九九七年又恢復為剛果民主共和國至今；錫蘭 Ceylon 更名為斯里蘭卡 Sri Lanka；緬甸英文由 Burma 更名為 Myanmar。

❼ 拼裝，英文：bricolage，此概念最初是由社會人類學家李維史陀（Claude Lévi-Strauss），在一九六二年所出版的著作《野性的思維》中所提出。他認為修補匠和原始人類解決問題的方法類似：修補匠喜歡凡事自己動手做，並且會運用手邊現有的工具和材料來完成工作；而當原始人類面對未曾遇過的問題時，並不會想出新的概念來解決，而是會重新組合並修改現有的方法，以適應這些新的狀況。

❽依賴理論，英文：Dependency Theory，是一九六〇年代晚期的國際關係與發展經濟學理論，由拉丁美洲學者所提出。其將世界劃分為先進的中心國家與較落後的邊陲國家，後者在世界體系的地位使之受到中心國的剝削，故得不到發展或產生腐敗等弊病。

❾薩伊德，Edward Wadie Said，一九三五年十一月一日至二〇〇三年九月二十五日。國際著名文學理論家與批評家，後殖民理論的創始人，也是巴勒斯坦建國運動的活躍分子，由此也成為了美國最具爭議的學院派學者之一。

❿霍米巴巴，Homi K. Bhabha，一九四九年出生在印度孟買，現任哈佛大學英美文學與語言講座教授。巴巴是當代著名的後殖民理論家，與薩伊德和斯皮瓦克三人被譽為後殖民理論的「聖三位一體」。其主要批評著作有《文化的定位》（*The Location of Culture*，一九九四）以及他主編的《民族與敘事》（*Nation and Narration*，一九九〇）等。

⓫史碧華克，Gayatri C. Spivak，一九四二年出生於印度。是當今世界首屈一指的文學理論家和文化批評家，西方後殖民理論思潮的主要代表。在七十年代曾將解構大師德里達的《文字學》（*De la grammatologie*）引入英語世界而蜚聲北美理論界，又以演講的雄辯和批評文風的犀利而馳騁八、九〇年代的英語文化理論界。

⑫ 後結構主義批評結構主義認為沒有一個可以分析所有文本的模式，也沒有任何一個分析方式高於其他，且沒有一個全知的方式存在於文本之外。

⑬ 葛蘭西（Antonio Gramsci）提出文化霸權理論，認為一個社會階層可以通過操縱社會文化支配或統治整個多元文化社會，而統治階級的價值觀會被當成唯一的社會規範，並被視為是有利於整體社會普遍有效的思想，但實際上只有統治階級受益。

⑭ 一九八〇年代的黑人女性主義批評歐洲中心與陽剛思維的主流論述。開始後殖民女性主義思潮。

⑮ 知識論，德文：Epistemologie，哲學的主要領域。探討知識的本質、起源、範圍、成立與否等。

⑯ 本質主義，Essentialism，歷史學上的本質主義者，試圖識別並列出某個民族或國家文化上的本質特徵。有時持本質主義會導致宣稱某個國家或文化認同值得讚揚，或正好相反，會基於某種推測的「本質特徵」來譴責某個文化。

第七章　反作用與記憶

除了一連串民族國家主權建立這般顯而易見的結果，去殖民也造就了殖民地法律上的正式獨立，與廣泛的政治、經濟、社會、文化的拆散與重組。經常是繁複、費時的事件細節處理：所有權關係必須闡明，政治、經濟與文化上對外關係得重新權衡，還要發展適用於不同民族團體的公民權規定與文件編排歸檔等。每個案例的發展都獨一無二，時間性也大不相同：倉促獲得的政治主權，未必能伴隨經濟獨立或學術交流關係的中止。[191]去殖民的結果，除了與各個去殖民過程息息相關，也與後殖民國家與其國際環境發展密不可分。

去殖民過程牽涉的不僅是當時的殖民領土，也深深影響著即將成為歷史的殖民母國。和去殖民過程同步，晚期殖民的措施正好加深了殖民母國與殖民地間的交流。一九四五年後，例如法國、葡萄牙與西班牙，殖民地以前所未有的程度，深植於母國的政治架構，常包含其人民在全帝國境內擁有較高程度的移動自由。但在其他並未將族群融合設定為晚期殖民優先政策的母國，如大英帝國與荷蘭，在二次大戰後，帝國內移動的阻礙亦開始降低。如一九四八年的英國國籍法（Nationality Act），賜予帝國全境居民定居英國本島以及於定居若干年後行使公民權的權利。[192]殖民帝國的結束，並未乍然終止帝國的活動空間，只是拉下逐步設限的警報。

因此，去殖民亦標誌出西歐民族國家建設的重要階段。尤其是英國，帝國向外發展數十至數百年後，前殖民母國開始修剪自己的枝芽，找回「習慣的」歐洲民族國家定位。曾一度遺忘的中心，不僅是政治與經濟定位，甚至自我感覺也比往昔更加歐洲化。同時歐洲社會因為移民，達到一種只有昔日殖民狀態下才可見的多元程度。

反作用

殖民占領對各個殖民母國產生反作用的規模與方式，是近幾年來常被探討的問題。從最小衝擊（minimal impact）理論至最大衝擊（maximal impact）觀點，討論立場南轅北轍。最小衝擊理論的支持者認為，殖民擴張只不過是少數利益集團跟進的議題，此外大可忽略；而持最大衝擊觀點者，則將帝國視為歐洲國家之基礎。[193]但這個問題不可能有簡單而通用的答案。殖民反作用的程度與形式，隨著所觀察的作用場域，如政治、社會、經濟、文化、歷史時間點、殖民地與母國的不同而變化多端。

而去殖民為殖民母國所帶來的後果也同理可證。失去特別重要的殖民地，如印尼、阿爾及利亞、比屬剛果等，可想而知也會以特別嚴重的規模波及殖民母國。只是究竟以何種方式作用，只能依主題、社會、歷史等差異以權衡的思考來傳達。此外，與其他宏觀歷程，如歐洲整合或冷戰的交互作用，亦不容忽視。各母國經歷的去殖民，也各自混合著不同程度的維持、轉變與分裂。

去殖民早已在母國造成程度不等的政治影響。有些國家是在多數政治菁英的首肯下開始去殖民，如大英帝國。[194]若去殖民伴隨著大型內政衝突，這些地方的政黨光譜亦開始重整，最明顯的例子為法國和葡萄牙。兩個地方在殖民統治結束時，國家中心樞紐也出現危機。自一九五八年，法國被阿爾及利亞戰爭陰影籠罩，造成國家機關迅速改組，加強總統制民主。葡萄牙在一九七四年「康乃馨革命」時，民主化和去殖民更是焦孟不離。政治管理菁英與殖民地歸國士兵的融合，則是另一個深藏多時的共同問題。後殖民發展政策框架中，可見到明顯的人事沿用，例如法國的前殖民官員高度集中於新設的文化部中。[195]

去殖民的過程始終未損害殖民母國的經濟，這和對外經濟關係的重點調整息息相關。例如，日本強烈調整向美國看齊；去殖民大浪潮開始前，歐洲則朝既有的歐洲內部市場調整，不止填補了前殖民地下降的外貿量，甚至還較以往高出許多。藉著西歐的繁榮景氣，長期下來也許能夠助長去殖民，但也可能出現短期的反向效應，如小國葡萄牙得以利用景氣，長期抵制所屬的非洲殖民地獨立。歐洲經濟共同體（EWG）於一九五七年成立後，情況更為明顯，自一九六〇年起，歐洲經濟共同體對其成員國的經濟發展變得愈來愈重要；尤其是透過設立共同農業政策，使得後帝國經濟關係衰落。[196] 一九四五年所成立的大英國協，其強力主導的經濟與政治面向，因著英國首次為加入歐洲經濟共同體而遞出的申請而有所改變，並使一九六一年非洲去殖民到達巔峰，尤具指標性意義。英國最終於一九七三年成功加入歐洲經濟共同體，此過程雖未完全推翻大英國協的主導，但卻持續偏離這條軌道。[197]

關於社會反作用力，必須思考去殖民如何影響移民動向，使得原本移民移出西歐的模式，在一九四五年後轉為移入西歐大陸。每個地方去殖民的確切角色與比重都不相同。箇中關係在人稱的「去殖民移民」中最為明顯可見，因為這是去殖民過程直接引發的移民與逃難運動。這些移民絕大部分並非朝歐洲移動，而是根據領土的重新分配移動，如印度與巴勒斯坦；或是前往鄰國或遙遠的南方國家，如從盧安達逃出的圖西族；許多離開肯亞與中非的英國拓殖者，則遷徙至南非與西南非。而殖民母國也是去殖民移民的目的地。[198]西歐的去殖民移民人數估計為五百萬至八百萬人，通常是好幾個世代都生活在海外的拓殖者，也有一些當地的「內應人物」，因政治壓迫與暴力而逃出。隨著這些「歸僑」回流，誕生了一種易受人忽略的新移民類型，多數情況還會產生特別的法律身分。

各地受去殖民移民波及的情況各不相同，與軍事復員同時發生的殖民母國，情況則更加戲劇化，如一九四五年的日本與義大利和一九六二年的法國。最大的公民移民浪潮往法國前進，阿爾及利亞法國人（後來人稱黑腳，法文：pieds-noirs）成為法國的掌權集團。其他占較大比重的，還有一九七四至七五年從安哥拉、莫三比克前往葡萄牙的歸僑，以及從印尼與加勒比地區前往荷蘭的移民。儘管他們來到歐洲時的條件與情況有些混亂，但在經濟起飛、國家族群融合計畫以及一些「後殖民獎勵」等措施的協助下，大部分的社會經濟融合得都還算順利。許多移民兼具殖民母國的公民身分與文化資產，如語言和教育等。[199]這些去殖民移民，尤其是黑腳，建立了特殊的族群認同，並經營出位高權重的社會政治地位。

自一九四五年起西歐增加僱用的勞工移民，時間上雖與去殖民平行，但是並非由去殖民所引發。若事後估算其「殖民地」比重，也就是勞工移民中來自殖民地區的比例，則會發現各地有極大差異，如法國與英國的占比較高，比利時與日本則極少。同時可見法律對殖民勞工移民的限制，以及移民愈來愈困難的趨勢。諸殖民母國中，「殖民地」移入移民在一九四五年後享有某些優勢，例如免簽證與簡易取得公民身分。混合著部分帝國傳統與新興國家雙邊關係的各項規則，其中許多規則於去殖民後繼續存在，只是日漸受限。例如，大英帝國於一九六二年，開始祭出一連串限制大英國協的非白人移入法規；法國則在一九六四年實施阿爾及利亞移民限制。

移民運動與衍生出的矛盾，可視為歐洲後帝國普遍收縮的象徵，但此象徵意義不應遭到濫用。雖然拓殖者人口「回流」被當代人視為人口學上的移入，但相對地也開始出現國際合作與發展政策框架下的新形式人口外移。一九七〇年代，居住在前法屬西非的官方外派以及私人前往的法國人，是有史以來數量最多的。[200]歐洲外來移民社會的衝突問題，也只有少數與來自前殖民地的移民相關，其中最嚴重的衝突仍在法國。由此可知，「多元」社會的族群融合問題，是不（再）限於殖民情況的。

近來討論得最為沸沸揚揚的議題，當屬文化反作用。這個議題後頭暗藏著一個難以回答的問題：殖民占領是如何強烈影響殖民母國的「心智」與觀念世界？至於去殖民本身，也衍生出一個不容易回答的問題：這樣的心智影響是如何、又是何時才解除的。殖民文化與思考模式的慣性仍經常可見，若深入探查英國的流行文化，自一九五〇年代甚至其後，仍烙印著模糊的帝國色彩。[201]自一九六〇年代起，種族主義與仇外抵抗運動反對非歐洲人的移民，兩者一直是辯論的中心。以殖民歷史背景來解釋，有時是殖民思考模式的持續作用，有時則是去殖民「創傷」的集體心理反應。[202]若以殖民主義在種族主義的歷史中不可或缺來看，也難以解釋其作用機制，因為殖民主義不是唯一一個實踐種族主義的框架，早在去殖民前，歐洲早已存在種族主義與仇外浪潮。近幾年來許多歐洲國家也認知到，關於仇外❶中「殖民」比重之辯論，一部分也是對記憶的辯論。

記憶

去殖民遺留了許多分割的歷史記憶。一方面這是全亞洲、非洲與西歐共有的過去，具有共同承擔的整體意義；另一方面，去殖民標誌出一個里程碑，此後這個記憶在各自的民族國家範疇內滋養生長，也因此分裂。在檔案、紀念碑與其他承擔記憶事物中，這樣的分歧具體可見。不僅存在於國與國間，也可見於國家內部不同團體間，記憶的分歧成為殖民後諸多國家記憶衝突的來源。

不論前殖民地或前殖民母國，都會透過各個不同的去殖民過程與後來的發展來形塑記憶。幾乎所有新興國家對殖民時期與去殖民的記憶，都成為後殖民建國初期重要的依據。不同且不斷變化的著重點，成為獨立道路上形成國家象徵與官方記憶政策的重要元素。[203]獨立紀念日幾乎都是各地最重要的國定假日，有時反殖民的解放戰爭甚至決定全年的（俗世、非宗教的）假日表。各地迅速形成的國家英雄正典，也出現在學校課本、紀念碑、街道名與各色諸多媒介上。然而對英雄的認同變化多端，從具體的「國父」到無名的解放軍都有。

就算在去殖民極為徹底的案例中，建構後殖民記憶政策仍是個緩慢的過程。例如，剛果薩伊在獨立數年後，才開始推翻比利時紀念碑，找尋「道地」的名稱、象徵與參照標準。就算在阿爾及利亞，這個貨真價實的革命解放戰爭現場，殖民紀念碑甚至繼續留存，並納入後來形成的先烈崇拜中。[204]獨立後在國內論戰歷史霸權形象之時，衝突與邊緣化的過程繼續進行。

除了上述此類共通之處外，殖民歷史與記憶政策間的具體關係常有著極大差異。首先，歷史在國家象徵中的重要性便大不相同。與昔日英國殖民地相比，在非洲獨立五十週年之際，大致在法語圈的一些國家，有更多人談論與前殖民強權之間的關係。[205]整體上，殖民歷史並非形成國家歷史政策的唯一資源。第二，在個別案例中，即便在結構上十分相似，殖民歷史的形象強烈搖擺不定。例如，回顧日本在東亞殖民統治的「記憶」與評價，南韓將之歸咎為「殖民主義」，台灣則視其為助益良多的「現代化」。[206]第三，無法從去殖民的具體形式，推論出其日後受人記憶的方式。譬如從一九六二年起，當阿爾及利亞獨立戰爭因代表民族解放陣線的象徵重心而發光發熱之際，茅茅起義依舊是長期擱置於肯亞歷史政策邊緣的議題。

若放眼昔日殖民母國，則可見到更大的差異。去殖民發生之際，考慮到殖民母國的國家立場，他們得保留事件的解釋權與刻劃公式作為日後回憶的依據。[207]為了後帝國時期殖民母國的建國，也會普遍拋棄一些被視為阻礙的過去。以日本為例，美國的占領以及冷戰，有助於淡化殖民歷史，[208]通常不需要有積極的「壓抑政策」。國家和私人遊說集團停止公開承認殖民地，多半已綽綽有餘。再者，還有許多其他議題，如西班牙與葡萄牙的獨裁也曾經或始終占據公眾關注歷史的批判焦點中心。

一九九〇年代起，許多歐洲國家與日本展開了圍繞著殖民歷史記憶的辯論與國家倡議。[209]殖民暴力成為媒體激烈辯論的中心：如茅茅戰爭、阿爾及利亞戰爭、盧蒙巴暗殺事件、義大利衣索比亞毒氣事件、日本南京大屠殺與德國在奈米比亞的赫雷羅戰爭❷等。自千禧年交替以來，大英帝國、法國與荷蘭政府以象徵性的大動作回憶國家對蓄奴的責任。以集體「壓抑」下的「反彈」這個經常被濫用的公式，並無法充分描述這項發展，更多的原因是複雜甚至激進惡鬥的社會事件。而國家只是諸多參與者的其中之一。經常會有許多歷史要角與其對立，如歸僑、退役官兵等，他們會動員以影響官方記憶，有些還要爭取物質補償。在許多國家，記憶辯論也與歧視、仇外與移民社會的融合問題緊密相關。法國確實曾爆發過「記憶戰爭」，在其中交鋒搏戰的是殖民歷史背景下產生的當代衝突。[210]

近來在國際角力場也爆發了記憶問題。過去幾年，好幾個國家間為了共同的殖民歷史發展出記憶外交，作為政治與社會的相互交流。例如，首爾與北京政府拿著放大鏡，觀察東京政府如何回憶日本在亞洲犯下的戰爭暴行，並不斷提出要求賠償金或象徵性道歉。前殖民母國與前殖民地所扮演的角色並不總能切割得一清二楚：印尼在去殖民之際，對於確實處理戰爭罪行的要求，不論在保守的荷蘭或印尼政府方面，最終都遭受諸多反對。

自一九八〇年代起，國際傾向對國家歷史負面事件應有「回憶的責任」，這個日益明顯的傾向與猶太人大屠殺紀念密切相關。[211]這也說明了為何在對殖民主義的辯論中，「違反人道罪」或「種族滅絕」被反覆提及。一九九〇年代，南非透過成立真相與和解委員會而成為爭相仿效的範本。最後，記憶領域內殖民統治關係的永久不合法性成立：「殖民主義」現今成為各種形式的「外來」干涉與兩個陌生文化產生衝突的抽象代號——不論是來自不同大陸或甚至同一個國家的居民。

注釋

❶ 仇外，德文：Fremdfeinlichkeit，指對外族人、外國人、外地人乃至陌生人恐懼或不滿，產生排斥心理。與所有恐懼症一樣，當事人對恐懼的感覺有意識，並相信引起這種感覺的人是外國人；這與種族主義和一般偏見不同，因為外國人與自己不同國籍，但不同種族的人不一定是不同國籍。引起種族主義的是種族和血統，但引起仇外的可以是不同因素。其一是一個社會中不被視為屬於該社會的一群，一般是外來移民，但他們可能已定居數世紀。這種仇外可能引起敵意和暴力反應，甚至大屠殺。其二是文化因素。所有文化都受外來文化影響，文化層面的仇外針對外來的文化，如外來用語影響本土語言。這種形式的仇外較少針對個人，但可能引發淨化文化和語言的政治運動。

❷ 一九〇四年，赫雷羅部族受不了德國殖民而發動起義，在一場衝突中殺死數十個德國平民。德國派出一萬五千名士兵鎮壓。四年間，估計死亡人數高達約十萬人。

書末附注

1. Dass «Fremdheit» ein sich mit Denkweisen und Sprachgebrauch wandelndes Konstrukt ist, zeigt (für die Zeit bis 1945) G.Koller, *Fremdherrschaft. Ein politischer Kampfbegriff im Zeitalter des Nationalismus,* Frankfurt a. r-vL 2005.
2. P. Duara, Introduction: The Decolonization of Asia and Africa in the Twentieth Gentury, in: ders. (Hg,.), *Decolonization: Perspectives from Now and Then,* London 2004, S. 1--18, hier 2.
3. Für den differenzierenden Sprachgebrauch empfiehlt sich die Unterscheidung zwischen formalrechtlicher «Dekolonisation» und prozessualer «Dekolonisierung» bei C. Kalter/M.Rempe, La République décolonisée. Wie die Dekolonisierung Frankreich verändert hat, in: *Geschichte und Gesellschaft 37* (20II), S. 157-97, hier 165 f.
4. Lexikalisch ist das Wort seit 1836 nachweisbar: C.-R. Ageron, *La décolonisation française,* Paris 1991, S. 5·

5. Vgl. F. Cooper, *Decolonization and African Society: The Labor Question in French and British Africa,* Cambridge 1996, S. 6.
6. Dies ist erst jüngst sichtbar geworden. Vgl. R. Raben, On Genocide and Mass Violence in Colonial Indonesia, in: *Journal of Genocide Research* 14 (2012), s.485-502.
7. Sorgfältig abwägend H. C. Bennett, *Fighting the Mau Mau: The British Army and Counter~Insurgency in the Kenya Emergency,* Garnbridge 20I3.
8. A. Clayton, *The Wars of French Decolonization,* London I998, S. 79-87.
9. Zu den genannten Zahlen B. Etemad, *Possessing the World: Taking the Measurements of Colonisation. from the 18th to the 2oth Century,* New York 2007, S. 2oo; http://www.un.org/en/decolonization.
10. D. Rothermund, *The Routledge Companion to Decolonization,* London 2oo6, s. 1.
11. S. Conrad, Dekolonisierung in den Metropolen, in: *Geschichte und Gesellschaft* 37 (2011), S. 13 5-56, hier 145·
12. Als Einführung in die Kolonialgeschichte der Neuzeit vgl. J. Osterhammel/J. C. Jansen, *Kolonialismus. Geschichte, Formen, Folgen,* München 2012, S.28-45; W. Reinhard, *Kleine Geschichte des Kolonialismus,* Stuttgart 2008. Einen aktuellen Einblick in die Imperien-und Imperialismusforschung gibt Stephen Howe (Hg.), *The New Imperial Hi.stories Reader,* London 2010.
13. W. D. MacIntyre, *The Britannic Vision: Historians and the Making of the British Commonwealth of Nations, I907-48,* Basingstoke 2009, S. 76-79.

14. J. Darwin, *The Empire Project: The Rise and Fall of the British World-System 1830-1970,* Cambridge 2009, S. XI f. und passim.
15. Libyen war allerdings 1943-49 von Großbritannien und Frankreich treuhänderisch besetzt.
16. So Etemad, *Possessing the World,* S. 104 (Tab. 6.1). Im Einzelfall mag die Etikettierung eines bestimmten Territoriums als «Kolonie» strittig sein.
17. Vgl. aber die Einschränkungen bei A. G. Hopkins, Rethinking Decolonization, in: *Past and Present* 200 (2008), S. 211-47·
18. Chronologie des Wachstums der Staatengemeinschaft: http://www.un.org/en/ members/growth.shtml.
19. Für eine genauere Definition siehe Osterhammel/Jansen, *Kolonialismus,* S. 16.
20. http://www.un.org/depts/german/gv-early/ar1514-xv.pdf.
21. Vgl.J. Darwin, *Der imperiale Traum. Die Globalgeschichte großer Reiche 1400-2000*, Frankfurt a. M. 2010; J. Burbank/F. Cooper, *Imperien der Weltgeschichte. Das Repertoire der Macht vom alten Rom und China bis beute,* Frankfurt a. M. 2012.
22. Dazu W. G. Beasley, *Japanese Imperialism 1894-1945,* Oxford 1989.
23. Zur Historiographie der «human dimension» der Teilung vgl. 1. Talbot/G. Singh, *The Partition of India,* Cambridge 2009, S. 17-19.
24. E. Buettner, *Empire Families: Britons and Late Imperial India,* Oxford 2004; S. Stockwell, Ends of Empire, in: dies. (Hg.), *The British Empire: Themes and Perspectives,* Maiden, MA 2008, S. 269-93,

hier 282-87. In vergleichender Perspektive: A. L. Smith (Hg.), *Europe's Invisible Migrants,* Amsterdam 2003.

25. Das Folgende nach J. Osterhammel, Die Auflösung der modernen Imperien. Tendenzen und Interpretationen, in: *Praxis Geschichte* 2004:2, S. 6-12 (überarb.).

26. Für eine andere Zusammenstellung analytischer Werkzeuge vgl. J. Darwin, *The End of the British Empire: The Historical Dehate,* Oxford 1991.

27. Ein schönes Beispiel dafür ist die Analyse des britischen Rückzugs von «East of Suez» 1968 bei D.French, *Army, Empire, and Cold War: The British Army and Military Policy, 1945-1971,* Oxford 2012, S. 268 ff.

28. W.J. Mommsen, *Imperialismustheorien. Ein Überblick über die neueren Imperialismusinterpretationen,* Göttingen 1987.

29. Damals entstanden klarsichtige Analysen wie R. v. Albertini, *Dekolonisation. Die Diskussion über Verwaltung und Zukunft der Kolonien 1919-1960,* Köln 1966; F. Ansprenger, *Auflösung der Kolonialreiche,* München 1966.

30. Vgl. J. Fisch, *Das Selbstbestimmungsrecht der Völker. Die Domestizierung einer illusion,* München 2010.

31. Vgl. z. B. die Daten des IWF: http://www.imf.org/external/pubs/ft/weo/2013/01/weodata/index.aspx.

32. Zum Kriegseinsatz R. Aldrich/C. Hilliard, The French and British Empires, in: J.Horne (Hg.), *A*

Campanion to World War I, Malden, MA 2010, S. 524-39.

33. Vgl. C. Koller, *«Von Wilden aller Rassen niedergemetzelt». Die Diskussion um die Verwendung von Kolonialtruppen in Europa zwischen Rassismus, Kolonialund Militärpolitik (19 14-1930),* Stuttgart 2001, bes. Teil 2.

34. Friedensvertrag von Versailles (28.6.1919), Teil I Völkerbundssatzung, Art. 22.

35. Anhand vor allem literarischer Zeugnisse: M. Adas, Contested Hegemony: The Great War and the Afro-Asian Assault on the Civilizing Mission Ideology, in: *Journal of World History* 15 (2004), S.31-63. Zu nicht-europäischen Weltkriegserfahrungen vgl. H. Liebau u. a. (Hg.), *The World in World Wars: Experiences, Perceptions and Perspectives from Africa and Asia,* Leiden 2010; S. Das (Hg.), *Race, Empire and First World War Writing,* Cambridge 2011.

36. Vgl. E. Manela, *The Wilsonian Moment: Self-Determination and the International Origins of Anticolonial Nationalism,* Oxford 2007.

37. J. Gallagher, Nationalism and the Crisis of Empire 1919-1922, in: *Modern Asian Studies* 15 (1981), S. 355-68.

38. Manela, *Wilsonian Moment.* Zur Kritik etwa S. Conrad, *Globalgeschichte. Eine Einführung,* München 2013, S. 279 f.

39. Vgl. S. Pedersen, The Meaning of the Mandates System: An Argument, in: *Geschichte und Gesellschaft* 32 (2006), S. 560-82.

40. Für Westafrika etwa G. Mann, *Native Sons: West African Veterans and France in the Twentieth Century,* Durham, NC 2006.

41. Zu Panafrikanismus/Négritude I. Geiss, *Panafrikanismus. Zur Geschichte der Dekolonisation,* Frankfurt a. M. 1968; J. A. Langley, *Pan-Africanism and Nationalism in West Africa 1900-1945: A Study in Ideology and Social Classes,* Oxford 1973; G. Wilder, *The French Imperial Nation-State: Negritude and Colonial Humanism between the Two World Wars,* Chicago 2005, bes. Kap. 6-8.

42. Zu den genannten Bewegungen vgl. J. C. Jansen, *Erohern und Erinnern. Symbolpolitik, öffentlicher Raum und französischer Kolonialismus in Algerien, 1830-1950,* München : 2013, bes. S. 201 f.; A. Vickers, *A History of Modern Indonesia,* Cambridge 2013, S. 74-86.

43. Vgl. auch die regionalen Kapitel 11-16 in J. Breuilly (Hg.), *The Oxford Handbook of the History of Nationdism,* Oxford 2013.

44. D. G. Marr, *Vietnamese Anticolonialism 1885-1925,* Berkeley 1971, S. 166 f.

45. Vgl. etwa F. Cooper, «Our Strike»: Equality, Anticolonial Politics and the 1947-48 Railway Strike in French West Africa, in: *The Journal of African History* 37 (1996), S. 81-118.

46. D. Rothermund, *Gandhi und Nehru. Zwei Gesichter Indiens,* Stuttgart 2010, S. 210 f.

47. J. L. Gelvin, *Divided Loyalties: Nationalism and Mass Palitics in Syria at the Close of Empire,* Berkeley 1998.

48. B. Stuchtey, *Die europäische Expansion und ihre Feinde. Kolonialismuskritik vom 18. bis in das 20.*

Jahrhundert, München 2010; C. Liauzu, *Histoire de l'anticolonialisme en France, du XVIe siècle à nos jours,* Paris 2007.

49. Vgl. etwa die Entwicklung der Handelsstatistiken in B. Etemad, *De l'utilité des empires: colonisation et prosperitè de l'Europe (XVle-XXe siècle),* Paris 2005, S. 177, 211, 239, 267, 288.

50. D. K. Fieldhouse, The Metropolitan Economics of Empire, in: Wm. R. Louis (Hg.), *The Oxford History of the British Empire,* Bd. 4, Oxford 1999, S. 88-113; M. Thomas, *The French Empire between the Wars,* Manchester 2005, S. 93-124.

51. Vgl. etwa J. M. MacKenzie, *Propaganda and Empire: The Manipulation of British Public Opinion, 1880-1960,* Manchester 1986; R. Girardet, *L' idèe coloniale en France,* Paris 1972, S. 175-99.

52. Zu den Begriffen «Spätkolonialismus» und «late colonial state» vgl. J. Osterhammel, Spätkolonialismus und Dekolonisation, in: *Neue Politische Literatur* 37 (1992), S. 404-26, hier 413-18; M. Shipway, *Decolonization and its Impact: A Comparative Approach to the End of the Colonial Empires,* Malden, MA 2008, S. I2-J4.

53. A. D. A. de Kat Angelino, *Colonial Policy,* 2 Bde., Den Haag 1931; A. Sarraut, *La mise en valeur des colonies,* Paris 1923; ders., *Grandeur et servitude coloniales,* Paris 1931; J. S. Furnivall, *Colonial Poiicy and Practice. A Comparative Study of Burma and Netherlands India,* Cambridge 1946.

54. T. Chafer/A. Sackur (Hg.), *French Colonial Empire and the Popular Front: Hope and Disillusion,* Basingstoke 1999·

55. Zum Überblick über die spätkolonialen Politikdebatten vgl. immer noch Albertini, *Dekolonisation.*
56. Osterhammel/Jansen, *Kolonialismus,* S. 115-17.
57. Zu Algerien vgl. P. Weil, *Qu'est qu'un Français? Histoire de Ia nationalitè française depuis Ia Révolution,* Paris 2002, S. 225-44.
58. Detailliert F. Borella, *L'évolution politique et juridique de l'Union française depuis* 1946, Paris 1958; im weiteren Kontext F. Cooper, Provincializing France, in: A. L. Stoler u. a. (Hg.), *Imperial Formations,* Santa Fe 2007, S. 341-77, bes. 358-67.
59. Darwin, *End of the British Empire,* S. 116.
60. T. Chafer, *The End of Empire in French West Africa: France's Successful Decolonization?,* Oxford 2002, S. 83-141.
61. Zur Entwicklungspolitik im weiteren Kontext G. Rist, *The History of Development: From Western Origins to Global Faith,* New York 1998, S.47-92; zur Zeit ab 1940 A. Eckert, «We Are All Planners Now.» Planung und Dekolonisation in Afrika, in: *Geschichte und Gesellschaft 34* (2008), S. 375-97.
62. L. Young, *Japan's Total Empire: Manchuria and the Culture of Wartime Imperialism,* Berkeley 1998.
63. F. Cooper, Writing the History of Development, in: *Journal of Modern European History 8* (2010), S. 5-23, hier 8.
64. Vgl. etwa A. Conklin, *A Mission to Civilize: The Republican ldea of Empire in France and West Africa, 1895-1930*, Stanford 1997, bes. Kap. 6-7.

65. Vgl. A.Eckert, Exportschlager Wohlfahrtsstaat? Europäische Sozialstaatlichkeit und Kolonialismus in Afrika nach dem Zweiten Weltkrieg, in: *Geschichte und Gesellschaft* 32 (2006), S. 467-88.
66. Zum spätkolonialen Staat vgl. das Zeitschriftenheft *Itinerario* 23:3-4 (1999).
67. Erstmals bei D. A. Low/J. M. Lonsdale, Introduction: Towards the New Order 1945-1963, in: D. A. Low/A. Smith (Hg.), *History of East Africa,* Bd. 3, Oxford 1976, S. 1-64, hier 12 f.
68. Vgl. etwa A. v. Oppen, Matuta. Landkonflikte, Ökologie und Entwicklung in der Geschichte Tanzanias, in: U. van der Heyden/ders. (Hg.), *Tanzania Koloniale Vergangenheit und neuer Aufbruch,* Münster 1996, S. 47-84, bes. 64-67.
69. M. Thomas, *Empires of Intelligence: Security Services and Colonial Disorder after 1914,* Berkeley 2008, S. 7. Zu spätkolonialer Repression siehe auch ders., *Violence and Colonial Order: Police, Workers and Protest in the European Colanial Empires, 1918-1940,* Cambridge 2012.
70. N. Labanca, *Oltremare. Storia dell'espansione coloniale italiana,* Bologna 2002, S. 320-24.
71. Vgl. v. a. M. Mazower, *Hitlers Imperium. Europa unter der Herrschaft des Nationalsozialismus,* München 2009.
72. Vgl. P. Bernhard, Die «Kolonialachse». Der NS-Staat und Italienisch-Afrika 1935 bis 1943, in: T. Schlemmer u. a. (Hg.), *Die Achse im Krieg. Politik, Ideologie und Kriegführung I939 bis 1945,* Paderborn 2010, S. 147-75.
73. Beasley, *Japanese Impetialism;* G. Krebs, *Das moderne Japan 1868-1952,* München 2009, bes. Kap.3,

5.

74. Zum Britischen Empire im Zweiten Weltkrieg vgl. A. Jackson (Hg.), *The British Empire and the Second World War,* London 2006.

75. Vgl. E. Jennings, *Vichy in the Tropics: Pétain's National Revolution in Madagascar, Guadeloupe, and Indochina, 1940-1944,* Stanford 2001; J. Cantier, *L'Alégirie sous le régime de Vichy,* Paris 2002.

76. Immer noch wichtig: D. A. Low, The Asian Mirror to Tropical Africa's Independence, in: P. Gifford/ Wm. R. Louis (Hg.), *The Transfer of Power in Africa: Decolonization 1940-1960,* New Haven 1982, S. 1-29.

77. Die Geschichte der indischen Unabhängigkeit ist oft dargestellt worden. Für die Zeit ab 1942 vgl. z. B. C. Markovits, The End of the British Empire in India, in: ders. (Hg.), *A History of Modern India, 1480-1950,* London 2002, S. 469-91.

78. So zuletzt S. A. Wolpert, *Shameful Flight: The Last Years of the British Empire in India,* Oxford 2006.

79. C. A. Bayly/T. Harper, *Forgotten Armies: Britain's Asian Empire and the War with Japan,* London 2004, S. 463.

80. Zur Labour-Regierung und Indien vgl. R. Hyam, *Britain's Declining Empire: The Road to Decolonisation, 1918-1968,* Cambridge 2006, S. 105-16.

81. Zur Gewalt während der Teilung vgl. Talbot/Singh, *Partition of India,* S. 6o-89; daneben G. Pandey, *Remembering Partition: Violence, Nationalism, and History in India,* Cambridge 2001; Y. Khan, *The*

Great Partition: The Making of India and Pakistan, New Haven 2007.

82. E. Meyer, Sri Lanka: Specificities and Similarities, in: Markovits, *History of Modern India,* S. 520-38; P. Peebles, *The History of Sri Lanka,* Westport, GT 2006, Kap. 5-8.

83. Immer noch eine gute Einführung: A. W. McCoy, The Philippines: Independence without Decolonisation, in: R. Jeffrey (Hg.), *Asia-The Winning of Independence,* London 1981, S. 23-65.

84. Wonik Kim, Rethinking Colonialism and the Origins of the Developmental State in East Asia, in: *Journal of Contemporary Asia* 39 (2009), S. 382-99.

85. M. W. Charney, *A History of Modern Burma,* Cambridge : 2009, S.46-71; N. G. Owen u. a., *The Emergence of Modern Southeast Asia: A New Histoty,* Honolulu 2005, S. 322-34; viel Material in C. A. Bayly/T. Harper, *Forgotten Wars: Freedom and Revolution in Southeast Asia,* Cambridge, MA 2007.

86. Im Folgenden konzentrieren wir uns der Kürze halber auf Vietnam und ignorieren Kambodscha und Laos, die ebenfalls zu Französisch-Indochina gehörten.

87. Vgl. M. Frey, The Indonesian Revolution and the Fall of the Dutch Empire, in: ders. u. a. (Hg.), *The Transformation of Southeast Asia: International Perspectives on Decolonization,* Armonk, NY 2003, S. 83-104; M. G. Ricklefs, *A History of Modern Indonesia since c. 1200,* Basingstoke 2008. S. 233-70.

88. Grundlegend: R. E. Elson, *The Idea of Indonesia: A History,* Cambridge 2008.

89. K. W. Taylor, *A History of the Vietnamese,* Cambridge 2013, S. 532-60; J. Dalloz, *La guerre d' Indochine 1945-1954,* Paris 1987.

90. Andaya/Andaya, *A History of Malaysia,* Basingstoke 1984; R. Stubbs, *Hearts and Minds in Guerilla Warfare: The Malayan Emergency,* Singapur 1989.
91. Viel Material dazu in D. French, *The British Way in Counter-Insurgency, 1945-1967,* Oxford 2011.
92. Zur britischen Nahost-Politik nach 1945 Wm. R. Louis, *The British Empire in the Middle East 1945-1951: Arab Nationalism, the United States and Postwar Imperialism,* Oxford 1984.
93. Vgl. M. W. Daly, *The Cambridge History of Egypt,* Bd. 2: *Modern Egypt, from 1517 to the End of the Twentieth Century,* Cambridge 1998, Kap. 10-11.
94. G. Tripp, *A History Iraq,* Cambridge 2007, S. 65; M. C. Wilson, *King Abdullah, Britain, and the Making of Jordan,* Cambridge 1987.
95. Grundlegend P. S. Khoury, *Syria and the French Mandate: The Politics of Arab Nationalism, 1920-1945,* London 1987.
96. Aus einer umfangreichen Literatur G. Krämer, *Geschichte Palästinas. Von der osmanischen Eroberung bis zur Gründung des Staates Israel,* München 2006, Kap. XIII.
97. Zur Suez-Krise in ihrer Vielschichtigkeit vgl. Wm. R. Louis/R. Owen (Hg.), *Suez 1956: The Crisis and its Consequences,* Oxford 1989.
98. Dies. (Hg.), *A Revolutionary Year: The Middle East in 1958,* London 2002.
99. Zur Dekolonisation und der weiteren Geschichte Libyens vgl. A. Pelt, *Libyan Independence and the United Nations: A Gase of Planned Decolonization,* New Haven 1970; D. Vandewalle, *A History of*

Modern Libya, Cambridge 2012.

100. Vgl. R. F. Holland, *Britain and the Revolt in Cyprus, 1954-1959,* Oxford 1998; S. Mawby, *British Policy in Aden and the Protectorates, 1955-1967: Last Outpost of a Middle East Empire,* London 2005.

101. Vgl. C. R. Pennell, *Morocco since 1830: A History,* New York 2000, S. 268-96.

102. K. Perkins, *A History of Modern Tunisia,* Cambridge 2004, S. 110-29.

103. Die besten aktuellen Gesamtdarstellungen sind die in der Literaturliste genannten Bücher von Thénault und Evans. Eine knapper Überblick bei F. Renken, Kleine Geschichte des Algerienkriegs, in: C. Kohser-Spohn/ders. (Hg.), *Trauma Algerienkrieg: Zur Aufarbeitung und Geschichte eines tabuisierten Konflikts,* Frankfurt a. M. 2006, S. 25-50.

104. Zu Aspekten der Gewalt vgl. R. Branche, *La torture et l'armée pendant la guerre d'Algérie, 1954-1962,* Paris 2001; S. Thénault, *Violence ordinaire dans l'Algérie coloniale: camps, internements, assignations à domicile,* Paris 2012, S. 275-301.

105. Klassisch dazu das in den Literaturempfehlungen genannte Buch von Elsenhans; zuletzt auch M. Feichtinger/S. Malinowski, «Eine Million Algerier lernen im 20. Jahrhundert zu leben». Umsiedlungslager und Zwangsmodernisierung im Algerienkrieg 1954-1962, in: *Journal of Modern European History* 8 (2010), S. 107-35.

106. Vgl. M. Connelly, Rethinking the Cold War and Decolonization: The Grand Strategy of the Algerian War for Independence, in: *International Journal of Middle East Studies* 33 (2001), S. 221-45.

107. Vgl. u. a. R. Branche (Hg.), *La guerre d'indépendance des Algériens (1954-1962),* Paris 2009; dies./S. Thénault (Hg.), *La France en guerre 1954-1962: expériences métropolitaines de la guerre d'indépendance algérienne,* Paris 2008.

108. F. Cooper, *Africa since 1940: The Past to the Present,* Cambridge 2002, S. 64 f., 38.

109. D. Austin, *Politics in Ghana, 1946-1960,* London 1964.

110. Vgl. E. Schmidt, *Cold War and Decolonization in Guinea, 1946-1958,* Athens, OH 2007, S. 158-68.

111. G. Vanthemsche, *Belgium and the Congo, 1885-1980,* Cambridge 2012, S. 31.

112. Vgl. R. Joseph, *Radical Nationalism in Cameroun: Social Origins of the UPC Rebellion,* Oxford 1977.

113. Nach wie vor grundlegend J. Tronchon, *L'insurrection malgache de 1947: essai d'interprétation historique,* Paris 1974.

114. D. Anderson, *Histories of the Hanged: The Dirty War in Kenya and the End of Empire,* New York 2005; D. Branch, *Defeating Mau Mau, Creating Kenya: Counterinsurgency, Civil War and Decolonization,* Cambridge 2009.

115. Vgl. N. MacQueen, *The Decolonization of Portuguese Africa: Metropolitan Revolution and the Dissolution of Empire,* London 1997.

116. Mit zahlreichen Vergleichen vgl. G. Oostindie/I. Klinkers, *Decolonizing the Caribbean: Dutch Policies in a Comparative Perspective,* Amsterdam 2003.

117. Vgl. den Überblick in R. Aldrich/J. Connell, *France's Overseas Frontier: départements et territoires*

d'outre-mer, Cambridge 2006.

118. Einen Überblick bieten dies., *The Last Colonies,* Cambridge 1998.
119. C.Marx, *Südafrika. Geschichte und Gegenwart,* Stuttgart 2012, S. 254-90.
120. Zum Einfluss von Siedlern auf metropolitane Politik vgl. M. Kahler, *Decolonization in Britain and France: The Domestic Consequences of International Relations,* Princeton, NJ 1984, S. 316-53.
121. M. Newitt, The Late Colonial State in Portuguese Africa, in: *Itinerario* 23(I999), S.110-22, hier 119; ders., *Portugal in European and World History,* London 2009, S. 210 f.
122. R. L. Tignor, *Capitalism and Nationalism at the End of the Empire: State and Business in Decolonizing Egypt, Nigeria, and Kenya, 1945-1963,* Princeton, NJ 1998, S. 381 f.
123. Ricklefs, *History of Modern Indonesia,* S. 262.
124. H. Spruyt, *Ending Empire: Contested Sovereignty and Territorial Partition,* Ithaca 2005, S. 161-64.
125. L. J. Butler, *Copper Empire: Mining and the Colonial State in Northern Rhodesia, c. 1930-1964,* Basingstoke 2007, S. 194-232.
126. Vgl. J. Osterhammel, Die Chinesische Revolution als Prozess der Dekolonisierung, in: W. J. Mommsen (Hg.), *Das Ende der Kolonialreiche. Dekolonisation und die Politik der Großmächte,* Frankfurt a. M. 1990, S. 119-33.
127. J. T. Lindblad, Economic Growth and Decolonisation in Indonesia, in: *Itinerario* 34 (2010), special issue 1, S. 97-112; hier 103-5; vgl. auch N. J. White, Surviving Sukarno: British Business in Post-

Colonial Indonesia, 1950-1967, in: *Modern Asian Studies* 46 (2012), S. 1277-1315.

128. J. Luiten van Zanden/D. Marks, *An Economic History of Indonesia, 1800-2010,* London 2012, S. 138.

129. Rothermund, *Routledge Companion to Decolonization,* S. 66 f.

130. H. Tertrais, Le patronat français et la guerre d'Indochine, in: H. Bonin u. a. (Hg.), *L'esprit économique impériale (1830-1970): groupes de pression et réseaux du patronat colonial en France et dans l'empire,* Paris 2008, S. 185-92.

131. P. Brocheux, *Une histoire économique du Viet Nam 1850-2007: la palanche et le camion,* Paris 2009, S. 175.

132. Zu diesen Plänen D. Lefeuvre, *Chére Algérie: comptes et mécomptes de la tutelle coloniale, 1930-1962,* Paris 1997.

133. R. Pasquier, Les milieux d'affaires face à la décolonisation (1956-1960), in: C. R. Ageron/M. Michel (Hg.), *L'Afrique noire française: l'heure des indépendances,* Paris 2010, S. 331-60, hier 352.

134. J.-P. Dormois/F. Crouzet, The Significance of the French Colonial Empire for French Economic Development (1815-1960), in: *Revista de Historia Economica* 15 (I998), S. 323-49.

135. Nicht zu verwechseln mit dem lockerer organisierten *Sterling bloc.*

136. Darwin, *End of the British Empire,* S. 46.

137. G. Krozewski, *Money and the End of Empire: British International Economic Policy and the Colonies, 1947-58,* Basingstoke 2001.

138. C. R. Schenk, *The Decline of Sterling: Managing the Retreat of an International Currency, 1945-1992,* Cambridge 2010, S. 88 f.

139. N. J. White, The Frustrations of Development: British Business and the Late Colonial Stare in Malaya, 1945-57, in: *Jounral of Southeast Asian Studies* 28 (1997), S. 103-19, Zitat 105; S. Stockwell, Trade, Empire, and the Fiscal Context of Imperial Business during Decolonization, in: *Economic History Review* 57 (2004), S. 142-60, bes. 145 ff.

140. N. J. White, The Business and the Politics of Decolonization: The British Experience in the Twentieth Century, in: *Economic History Review* 53 (2000), S. 544-64, hier 550.

141. J. Marseille, *Empire colonial et capitalisme français: histoire d'un divorce,* Paris 1984, S. 356.

142. Ageron, *Décolonisation française,* S. 120 f.; H. Tertrais, Conjoncture française et guerre d'Indochine: le temps des périls (1945-1954), in: *Relations internationales* 82 (1995), S. 197-211, hier 2010.

143. Zu Kontinuitäten J. M. Hodge, *Triumph of the Expert: Agrarian Doctrines of Development and the Legacies of British Colonialism,* Athens, OH 2007.

144. Diese Ambivalenz wird herausgearbeitet bei D. K. Fieldhouse, *Unilever Overseas: The Anatomy of a Multinational, 1895-1965*, London 1978; vgl. auch ders., *Merchant Capital and Economic Decolonization: The United Africa Company, 1929-1987,* Oxford 1994.

145. Einführend B. Stöver, *Der Kalte Krieg 1947-1991. Geschichte eines radikalen Zeitalters,* München 2007; mit starker Berücksichtigung Asiens R. J. McMahon, *The Cold War: A Very Short Introduction,*

Oxford 2003; umfassend R. H. Immerman/ P. Goedde (Hg.), *Oxford Handbook of the Cold War,* Oxford 2013.

146. Es gibt viele Schätzungen. Relativ anerkannt sind diejenigen von Milton Leitenberg (einschließl. Zahlen über Dekolonisationskonflikte) in: Deaths in Wars and Conflicts in the 20th Century (2006): http://www.cissm.umd.edu/papers/files/ deathswarsconflictsjune52006.pdf.

147. See Seng Tan/A. Acharya (Hg.), *Bandung Revisited: The Legacy of the 1955 Asian-African Conference for International Order,* Singapur 2008.

148. T. Borstelmann, *Apartheid's Reluctant Uncle: The United States and Southern Africa in the Early Cold War,* NewYork 1993, bes. S. 166-92.

149. R. J. McMahon, *The Limits of Empire: The United States and Southeast Asia since World War II,* NewYork 1999, S. 26-28.

150. Vgl. S. C. M. Paine, *The Wars for* Asia *1911-1949,* Cambridge 2012; auch Bayly/Harper, *Forgotten Armies,* S. 462.

151. Zum Koreakrieg und seiner Bedeutung M. H. Hunt/S. I. Levine, *Arc of Empire: America's Wars in Asia from the Philippines to Vietnam,* Chapel Hill, NC 2012, S. 120-84.

152. H. Tertrais, *Le piastre et le fusil: le coût de la guerre d'Indochine 1945-1954,* Paris 2002, S. 270.

153. Wm. R. Louis/R. Robinson, Empire Preserv'd: How the Americans Put AntiCommunism before Anti-Imperialism, in: Duara, *Decolonization.,* S. 152-61, hier 152. Ausführlicher Wm. R. Louis, *Ends of*

British Imperialism: The Scramble for Empire, Suez and Decolonization. Collected Essays, London 2006, S. 451-502.

154. J. Kent, The United States and the Decolonization of Black Africa, 1945-63, in: D. Ryan/V. Pungong (Hg.), *The United States and Decolonization: Power and Freedom,* Basingstoke 2000, S. 168-187, hier 174f.

155. S. Yakub, *Containing Arab Nationalism: The Eisenhower Doctrine and the Middle East,* Chapel Hill, NC 2004, S. 83 f.; umfassend D. Little, *American Orientalism: The United States and the Middle East since 1945.* Chapel Hill, NC 2008.

156. P. L. Pham, *Ending «East of Suez»: The British Decision to Withdraw from Malaysia and Singapore 1964-1968,* Oxford 2010, S. 238f.

157. Das größte US-Interesse galt zunächst dem Kongo: G. T. Mollin, *Die USA und der Kolonialismus. Amerika als Partner und Nachfolger der belgischen Macht in Afrika, 1939-1965,* Berlin 1996; vgl. als Überblick M. E. Latham, The Cold War in the Third World, in: M. P. Leffler/O. A. Westad (Hg.), *The Cambridge History of the Cold War,* Bd. 2, Cambridge 2011, S. 258-80.

158. P. Nugent, *Africa since Independence: A Comparative History,* Basingstoke 2004, S. 243-46.

159. M. Kramer, The Decline of Soviet Arms Transfers to the Third World, 1986-1991: Political, Economic, and Military Dimensions, in: A. M. Kalinovsky/S. Radchenko (Hg.), *The End of the Cold War and the Third World: New Perspectives on Regional Conflict,* London 2011, S. 46-100, hier 46.

160. C. Hatzky, *Kubaner in Angola. Süd-Süd-Kooperation und Bildungstransfer 1967-1991,* München 2012.

161. Zusammenfassend: E. Schmidt, *Foreign Intervention in Africa: From the Cold War to the War on Terror,* Cambridge 2013, Kap. 4-5.

162. S. L. Weigert, *Angola: A Modern Military History, 1961-2002,* Basingstoke 2011; zu einem anderen Krisenherd, dem Horn von Afrika, vgl. F. Marte, *Political Cycles in International Relations: The Cold War and Africa 1945-1990,* Amsterdam 1994, S. 197-269.

163. O. A. Westad, *The Global Cold War: Third World Interventions and the Making of Our Times,* Cambridge 2005, S. 316-30.

164. Unter Betonung imperialer Pläne M. Mazower, *No Enrhanted Palace: The End of Empire and the Ideological Origins of the United Nations,* Princeton, NJ 2009.

165. Vgl. als Fallstudie J. D. Kelly/M. Kaplan, *Represented Communities: Fiji and World Decolonisation,* Chicago 2001.

166. Vgl. die auch methodisch einflussreiche Studie M. Connelly, *A Diplomatic Revolution: Algeria's Fight for Independence and the Origins of the Post-Cold War Era,* Oxford 2002.

167. S.-L. Hoffmann (Hg.), *Moralpolitik. Geschichte der Menschenrechte im 20.Jahrhundert,* Göittingen 2010; R. Burke, *Decolonization and the Evolution of International Human Rights*, Philadelphia 2010; wichtig auch die Rechtsentwicklung «On the spot» , etwa bei C. Parkinson, *Bills of Rights and Decolonization: The Emergence of Domestic Human Rights Instruments in Britain's Overseas*

Territories, Oxford 2007.

168. A. W. B. Simpson, *Human Rights and the End of Empire: Britain and the Genesis of the European Convention,* Oxford 2001, S. 89f.

169. R. Betts, *Decolonization,* London 1998, S. 37.

170. Osterhammel/Jansen, *Kolonialismus,* S. 112-17.

171. B. Tibi, Politische Ideen in der «Dritten Wel1» während der Dekolonisation, in: I. Fetscher/H. Münkler (Hg.), *Piper5 Handbuch der politischen Ideen,* Bd. 5, München 1987, S. 361-402; zu Asien auch P. Mishra, *Prom the Ruins of Empire: The lntellectuals Who Remade Asia,* New York 2012.

172. Zum Folgenden grundlegend T. Shepard, *The Invention of Decolonization: The Algerian War and the Remaking of France,* lthaka 2006, bes. S. 55-100. Vgl. auch J. D. Le Sueur, *Uncivil War: lntellectuals and Identity Politics during the Decolonization of Algeria,* Lincoln, NE 2005.

173. Shepard, *Invention of Decolonization,* S. 82 f.

174. Rede in Kapstadt, 3.2.1960, in: R. Hyam/S. R. Ashton (Hg.), *British Documents on the End of Empire: The Conservative Govenment and the End of Empire, 1957-1964,* Bd. 1, London 2000, S. 167-74.

175. F. Cooper, *Kolonialismus denken. Konzepte und Theorien in kritischer Perspektive,* Frankfurt a. M. 2012, S. 31. Dazu auch W. Reinhard (Hg.), *Verstaatlichung der Welt? Europäische Staatsmodelle und außereuropäische Machtprozesse,* München I999·

I76. Charta der Organisation für Afrikanische Einheit (25. 5. 1963), Artikel III. 2-3.

177. A. Eckert, Anti-Western Doctrines of Nationalism, in: Breuilly, *History of Nationalism,* S. 56-74, hier 70. Zum Verhältnis von Antikolonialismus und Nationalismus vgl. auch Kapitel II.

178. G.Balandier, Die koloniale Situation. Ein theoretischer Ansatz [1952], in: R. v. Albertini (Hg.), *Moderne Kolonialgeschichte,* Köln 1970, S. 106-24.

179. A. Césaire, *Über den Kolonialismus* [1950], Berlin 1968, S. 10, 20 f., 75.

180. A. Memmi, *Der Kolonisator und der Kolonisierte. Zwei Porträts* [1957], Frankfurt a. M. 1980; O. Mannoni, *Psychologie de la colonisation,* Paris 1950.

181. F. Fanon, *Schwarze Haut, weiße Masken* [1952], Frankfurt a. M. 1980.

182. Ders., *Die Verdammten dieser Erde* [1961], Frankfurt a. M. 1966, bes. S. 27-73.

183. Zur Entstehung und Entwicklung vgl. M. T. Berger, After the Third World? History, Destiny and the Fate of Third Worldism, in: *Third World Quarterly* 25 (2004), S.9-39; C. Kalter, *Die Entdeckung der Dritten Welt. Dekolonisierung und neue radikale Linke in Frankreich,* Frankfurt a. M. 2011, S. 44-80.

184. Mehr Bedeutungsebenen unterscheidet J. Wenzel, Remembering the Past's Future: Anti-Imperialist Nostalgia and Some Versions of the Third World, in: *Cultural Critique* 62, (2006), S. 1-32.

185. V. Prashad, *The Darker Nations: A People's History of the Third World,* New York 2007, S. XV.

186. R. Malley, *The Call from Algeria: Third Worldism, Revolution, and the Turn to Islam,* Berkeley 1996, S. 112.

187. P. Duara, The Discourse of Civilization and Decolonization, in: *Journal of World History* 15 (2004), S.

1-5, hier 3.

188. Überblick und historischer Entstehungskontext bei M. do Mar Castro Varela/Nikita Dhawan, *Postkoloniale Theorie. Eine kritische Einführung,* Bielefeld 2009; R. J. C. Young, *Postcolonialism: An Historical Introduction,* Oxford 2001.

189. Vgl. N. Lazarus, *The Postcolonial Unconscious,* Cambridge 2011, S. 33 f.

190. Zu einer kritischen Würdigung etwa Conrad, *Globalgeschichte,* S. 119-25.

191. Zu einer mustergültigen Studie solcher Prozesse vgl. M. Frey, Drei Wege zur Unabhängigkeit. Die Dekolonisierung in Indochina, Indonesien und Malaya nach 1945, in: *Vierteljahreshefte für Zeitgeschichte* 50 (2002), S. 399-433.

192. Grundlegend dazu I. Sturm-Martin, *Zuwanderungspolitik in Großbritannien und Frankreich. Ein historischer Vergleich (1945-·1962),* Frankfurt a. M. 2001.

193. Dazu genauer Osterhammel/Jansen, *Kolonialismus,* S. 123-26. Die Formulierung der «minimal impact thesis» bei Stuart Ward, Introduction, in: ders. (Hg.), *British Culture and the End of Empire,* Manchester 2001, S. 1-20, hier 4.

194. Zum britisch-französischen Vergleich siehe Kahler, *Decolonization in Britain and France,* Kap. 2-3; zu Großbritannien speziell G. Altmann, *Abschied vom Empire. Die innere Dekolonisation Großbritanniens 1945-1985,* Göttingen 2005.

195. H. Lebovics, *Bringing the Empire Back Home: France in the Global Age,* Durham 2004, S. 58-82.

196. Vgl. M. Rempe, *Decolonization by Europeanization? The Early EEC and the Transformation of French-African Relations,* KFG Working Paper Series, No. 27, FU Berlin, 2011, S. 13-15.

197. Diese Bedeutung diskutieren Hyam, *Britain's Declining Empire,* S. 239, 301-10; Darwin, *End of the British Empire,* S. 47-51.

198. Überblicke und Zahlen bei Smith, *Europe's Invisible Migrants;* J.-L Miège/C. Dubois (Hg.), *L'Europe retrouvée: les migrations de la décolonisation,* Paris 1994.

199. Zum Begriff des «postkolonialen Bonus» vgl. G. Oostindie, *Postcolonial Netherlands: Sixty-Five Years of Forgetting, Commemorating, Silencing,* Amsterdam 2009, S. 15 f. Am besten ist der französische Fall erforscht: Y. Scioldo-Zürcher, *Devenir métropolitain: politique d'intégration et parcours de rapatriés d'Algérie en. métropole (1954-2005),* Paris 2010.

200. Vgl. Kaher/Rempe, *République décoionisée,* S. 182.

201. J. M.·MacKenzie, The Persistence of Empire in Metropolitan Culture, in: Ward, *British Culture and the End of Empire,* S. 21-36.

202. Vgl. aus einer umfangreichen Literatur P. Gilroy, *There ain't no Black in the Union Jack: The Cultural Folitics of Race and Nation,* London 1987: P. Blanchard/N. Bancel, *De l'indigéne à l'immigré,* Paris 1998.

203. Auch zu den folgenden Beispielen aus Subsahara-Afrika W. Speitkamp, *Kleine Geschichte Afrikas,* Stuttgart 2007, S. 390-402.

204. Jansen, *Erobern und Erinnern,* S. 477-88.

205. Dazu die Vergleiche in C. Lentz/G. Kornes (Hg.), *Staatsinszenierung, Erinnerungsmarathon und Volksfest. Afrika feiert* 5o *Jahre Unabhängigkeit,* Frankfurt a. M. 2011.

206. Diesen Kontrast entwickelt B. Cumings, Colonial Formations and Deformations: Korea, Taiwan and Vietnam, in: Duara, *Decolonization,* S. 276-98.

207. Vgl. zu Großbritannien J. Darwin, *Britain and Decolonisation: The Retreat from Empire in the Post-War World,* Basingstoke 1988, S. 20, 94 f.

208. Dazu J. J. Orr, *The Victim as Hero: Ideologies of Peace and National ldentity in Postwar Japan,* Honolulu 2001.

209. Vergleichende Perspektiven bei O. Dard/D. Lefeuvre (Hg.), *L'Europe face à son passé colonial,* Paris 2008.

210. Aus einer umfangreichen Literatur R. Bertrand, *Mémoires d'Empire: la controverse autour du «fait colonial»,* Bellecombe-en-Bauge 2006.

211. C. Meier, *Das Gebot zu vergessen und die Unabweisbarkeif des Erinnerns. Vom öffentlichen Umgang mit schlimmer Vergangenheit,* München 2010.

推薦書目

1. 文獻

British Documents on the End of Empire (Serien A, B, C), London 1992-2008.

Dalloz, Jacques (Hg.): *Textes sur la décolonisation*, Paris 1989.

Falk, Rainer/Peter Wahl (Hg.): *Befreiungsbewegungen in Afrika. Politische Programme, Grundsäize und Ziele von 1945 bis zur Gegenwart*, Köln 1980.

Hurewitz, Jacob C. (Hg.): *Diplomacy in the Near and Middle East: A Documentary Record 1935-1956*, 2 Bde., Princeton, NJ 1956-58.

Langley, Ayodele J. (Hg.): *Ideologies of Liberation in Black Africa, 1856-1970: Documents on Modern African Political Thought from Colonial Times to the Present*, London 1979.

Lucas, Scott (Hg.): *Britain and Suez: The Lion's Last Roar*, Manchester 1996.

Porter, Andrew/Anthony J. Stockwell: *British Imperial Policy and Decolonization, 1938-64*, 2 Bde.,

Basingstoke *1987-89.*

2. 一般與跨領域

Albertini, Rudolf von: *Dekolonisation. Die Diskussion über Verwaltung und Zukunft der Kolonien 1919-1960,* Köln 1966.

Anderson, David M./David Killingray (Hg.): *Policing and Decolonisation: Politics, Nationalism and the Police, 1917-65,* Manchester 1992.

Brocheux, Pierre u. a.: *Les décolonisations au XXe siécle: la fin des empires européens et japonais,* Paris 2012.

Conrad, Sebastian (Hg.): *Dekolonisierung in Westeuropa,* Göttingen 2011 (= Geschichte und Gesellschaft, 37, 2).

Cooper, Frederick/Randall Packard (Hg.): *International Development and the Social Sciences,* Berkeley 1997.

Droz, Bernard: *Histoire de la décolonisation au XXe siècle,* Paris 2006.

Duara, Prasenjit (Hg.): *Decolonization: Perspectives from Now and Then,* London/New York 2004.

Dülffer, Jost/Mark Frey (Hg.): *Elites and Decolonization in the Twentieth Century,* Basingstoke 2011.

Holland, Robert F.: *European Decolonization 1918-1981,* London 1985.

Holland, Robert F. (Hg.): *Emergencies and Disorder in the European Empires alter* 1945, London 1993.

Hopkins, Antony G.: Rethinking Decolonization, in: *Past and Present* 200 (2008), S. 211-47.

Kahler, Miles: *Decolonization in Britain and France: The Domestic Consequences of International Relations,* Princeton, NJ 1984.

Kruke, Anja (Hg.): *Dekolonisation. Prozesse und Verflechtungen 1945-1990,* Bonn 2009.

Le Sueur, James D. (Hg.): *The Decolonization Reader,* London/New York 2003.

Lee, Christopher James (Hg.): *Making a World after Empire: The Bandung Moment and its Political Afterlives,* Athens, OH 2010.

Louis, Wm. Roger/Ronald Robinson: The Imperialism of Decolonization, in:.*Journal of Imperial and Commonwealth History* 22 (1994), S. 462-511.

Maul, Daniel: *Menschenrechte, Sozialpolitik und Dekolonisation. Die Internationale Arbeitsorganisation (IAO) 1940-1970,* Essen 2007.

Mommsen, Wolfgang J. (Hg.): *Das Ende der Kolonialreiche. Dekaionisation und die Politik der Großmächte,* Frankfurt a. M. 1990.

Osterhammel, Jürgen/Jan C. Jansen: *Kolonialismus. Geschichte, Formen, Folgen,* München 2012.

Rothermund, Dietmar: *Delhi,* 15. *August 1947. Das Ende kolonialer Herrschaft,* München 1998.

Rothermund, Dietmar: *The Routledge Companion to Decolonization,* London/New York 2006.

Ryan, David/Victor Pungong (Hg.): *The United States and Decolonization: Power and Freedom,* Basingstoke 2000.

Shipway, Martin: *Decolonization and Its Impact: A Comparative Approach to the End of the Colonial Empires,* Oxford/Malden, MA 2008.

Springhall, John: *Decolonization since 1945: The Collapse of European Overseas Empires,* Basingstoke 2001.

Surum, Isabelle (Hg.): *Les sociétés coloniales à l'âge des Empires,* Paris 2012.

Thomas, Martin/Bob Moore/Larry J. Butler: *Crises of Empire: Decolonization* and *Europe's Imperial States, 1918-1975,* London 2008.

Westad, Odd Arne: *The Global Cold War: Third World Inteventions and the Making of our Times,* Cambridge 2005.

3. 個別的殖民帝國

Ageron, Charles-Robert: *la décolonisation française,* Paris 1991.

Altmann, Gerhard: *Abschied vom Empire. Die innere Dekolonisation Großbritanniens 1945-1985,* Göttingen 2005.

Betts, Raymond F.: *France and Decolonisation 1900-1960,* Basingstoke 1991.

Butler, Larry J.: *Britain and Empire: Adjusting to a Post-lmperial World,* London/New York 2002.

Clayton, Anthony: *The Wars of French Decolonization,* London 1998.

Darwin, John: *Britain and Decolonization: The Retreat from Empire in the Post-War World,* Basingstoke

1988.

Darwin, John: *The End of the British Empire: The Historical Debate,* Oxford 1991.

Darwin, Jolm: *The Empire Project: The Rise and Fall of the British World-System 1870-170,* Cambridge 2009.

French, David: *The British Way in Counter-Insurgency, 1945-1967,* Oxford/New York 2011.

Howe, Stephen: Internal Decolonization? British Politics since Thatcher as Post-colonial Trauma, in: *Twentieth Century British History* 14 (2003), S. 286-304.

Hyam, Ronald: *Britain's Declining Empire: The Road to Decolonisation, 1918-1968,* Cambridge 2006.

Kalter, Christoph: *Die Entdeckung der Dritten Welt. Dekolonisierung und neue radikale Linke in Frankreich,* Frankfurt a. M./New York 2011.

Krozewski, Gerold: *Money and the End of Empire: British International Economic Policy and the Colonies, 1947-58,* Basingstoke 2001.

Louis, Wm. Roger: *Ends of British Imperialism: The Scramble for Empire, Suez and Decolonization. Collected Essays,* London/New York 2006.

Low, D. A.: *Eclipse of Empire,* Cambridge 1991.

MacIntyre, William David: *The Significance of the Commonwealth, 1965-1990,* Basingstoke 1991.

MacQueen, Norrie: *The Decolonization of Portuguese Africa: Metropolitan Revolution and the Dissolution of Empire,* London 1997.

Marseille, Jacques: *Empire colonial et capitalisme français: histoire d'un divorce,* Paris 1984.

Shepard, Todd: *The Invention of Decolonization: The Algerian War and the Remaking of France,* Ithaca, NY 2006.

White, Nicholas J.: *Decolonisation: The British Experience since 1945,* London/New York 1999.

4. 個別的殖民地區

Abun-Nasr, Jamil: *A History of the Maghrib in the Islamic Period,* Cambridge 1987.

Anderson, David: *Histories of the Hanged: The Dirty War in Kenya and the End of Empire,* New York 2005.

Bayart, Jean-François: *The State in Africa: The Politics of the Belly,* Cambridge 2009.

Bayly, C. A./Tim Harper: *Forgotten Wars: Freedom and Revolution in Southeast Asia,* Cambridge, MA 2007.

Bradley, Mark Philip: *Vietnam at War,* Oxford 2009.

Brocheux, Pierre: *Ho Chi Minh: A Biography,* Cambridge 2007.

Chafer, Tony: *The End of Empire in French West Africa. France's Successful Decolonization?* Oxford 2002.

Cleveland, William L./Martin P. Bunton: *A History of the Modern Middle East,* Boulder 2009.

Cooper, Frederick: *Decolonization and African Society: The Labor Question in French and British Africa,*

Cambridge 1996.

Cooper, Frederick: *Africa since* 1940: *The Past of the Present,* Cambridge 2002.

Dalloz, Jacques: *La guerre d'Indochine, 1945-1954,* Paris 1987.

Elsenhans, Hartmut: *Frankreichs Algerienkrieg 1954-1962. Entkolonisationsversuch einer kapitalistischen Metropole,* München 1974.

Evans, Martin: *Algeria: France's Undeclared War,* Oxford 2012.

Frey, Marc/Ronald W. Pruessen/Tai Yong Tan (Hg.): *The Transformation of Southeast Asia: International Perspectives on Decolonization,* Armonk, NY 2003.

Frey, Marc: *Dekolonisierung in Südostasien. Die Vereinigten Staaten und die Auflösung der europäischen Kolonialreiche,* München 2006.

Gelvin, James L.: *The Modern Middle East: A History,* New York 2008.

Gifford, Prosser/Wm. Roger Louis (Hg.): *The Transfer of Power in Africa: Decolonization 1940-1960,* New Haven/London 1982.

Gifford, Prosser/Wm. Roger Louis (Hg.): *Decolonization and African Independence: The Transfers of Power 1960-1980,* New Haven 1988.

Haarmann, Ulrich (Hg.): *Geschichte der arabischen Welt,* München 2001.

Hargreaves, John D.: *Decolonization in Africa,* London 1996.

Hasan, Mushirul (Hg.): *India's Partition: Process, Strategy and Mobilization,* Delhi 2001.

Higman, B. W.: *A Concise History of the Caribbean,* Cambridge 2011.

Jankowski, James P. /Israel Gershoni (Hg.): *Rethinking Nationalism in the Arab Middle East,* New York 1997.

Jefferey, Robin (Hg.): *Asia-The Winning of Independence: The Philippines, India, Indonesia, Vietnam, Malaya,* London 1981.

Khan, Yasmin: *The Great Partition: The Making of India and Pakistan,* New Haven/London 2007.

Klose, Fabian: *Menschenrechte im Schatten kolonialer Gewalt. Die Dekolonisierungskriege in Kenia und Algerien 1945-1962,* München 2009.

Kulke, Hermann/Dietmar Rothermund: *Geschichte Indiens. Von der Induskultur bis heute,* München 2010.

Louis, Wm. Roger/Robert W. Stookey (Hg.): *The End of the Palestine Mandate,* London/New York 1986.

Louis, Wm. Roger/Roger Owen (Hg.): *Suez 1956: The Crisis and its Consequences,* Oxford 1986.

Luttikhuis, Bart: Mass Violence and the End of the Dutch Colonial Empire in Indonesia, in: *Journal of Genocide Research* 14: 3/4 (2012), S. 257-76.

Marx, Christoph: *Geschichte Afrikas von 1800 bis zur Gegenwart,* Paderborn 2004.

Oostindie, Gert/Inge Klinkers: *Decolonising the Caribbean: Dutch Policies in a Comparative Perspective,* Amsterdam 2003.

Ricklefs, M. C. A.: *History of Modern Indonesia since c. 1200,* Basingstoke 2008.

Rothermund, Dietmar: *Mahatma Gandhi. Der Revolutionär der Gewaltlosigkeit. Eine politische*

Biographie, München 1989.

Speitkamp, Winfried: *Kleine Geschichte Afrikas,* Stuttgart 2007.

Talbot, Ian/Gurharpal Singh: *The Partition of India,* Cambridge 2009.

Thénault, Sylvie: *Histoire de la guerre d'indépendance algérienne,* Paris 2005.

Tsang, Steve: *A Modern History of Hong Kong,* London/New York 2007.

Van Reybrouck, David: *Kongo. Eine Geschichte,* Frankfurt a. M. 2012.

索引

人名

其他

宮部みゆき

レベル7

LEVEL 7

宮部美幸

劉子倩 譯

作品集 / 05
MIYABE MIYUKI

Level 7

Contents

導讀

進入「宮部美幸館」，就是進入最具原創力與當下性的新新羅浮宮

張亦絢

宮部美幸並不是不容錯過的推理作家——她是不容錯過的作家。她不只值得我們在休閒時光中，一飽推理之福，也爲眾人締造了具有共同語言的交流平台，讓我們得以探討當代的倫理與社會課題。

在這篇導讀中，我派給自己的任務，是在高達六十餘部作品中，挑出若干作品，介紹給兩類讀者，一是還未開始閱讀宮部美幸者；二是面對她龐大的創作體系，雖曾閱讀一二，但對進一步涉獵，感到難有頭緒的讀者。

入門：名不虛傳的基本款

在入門作品上，我推薦《無止境的殺人》、《魔術的耳語》與《理由》。

《無止境的殺人》：對於必須在課業或工作忙碌時間中，抽空閱讀的讀者，短篇集使我們可以自行調配閱讀的節奏——小說其實具備我們在小學時代都曾拿到過的作文題目旨趣：假如我是×××——本作可看成「假如我是某某某的錢包」的十種變奏。擬人化的錢包是敘述者。如何在看似同一主題下，變化出不同的內容，本作也有「趣味作文與閱讀」的色彩，是青春期讀者就適讀的想像力之作。短篇進階則推《希望莊》。從短篇銜接至較易讀的長篇，《逝去的王國之城》則是特

別溫馨的誠摯之作。

《魔術的耳語》：這雖不是作者的首作，但卻是作者在初試啼聲階段，一鳴驚人的代表作。北上次郎以〈閱讀小說的最高幸福〉讚譽，我隔了二十年後重讀，依然認爲如此盛讚，並非過譽。媚工、心智控制、影像——分別代表了古老非正式的「兩性常識」、傳統學科心理學或醫學、以至商業新科技三大面向的操縱現象及後遺症——這三個基本關懷，會在宮部往後的作品，比如《聖彼得的送葬隊伍》中，不斷深入。雖是作者的原點之作，也已大破大立。

《理由》：與《火車》同享大量愛好者的名作；雖然沒有明顯資料顯示，是枝裕和的《小偷家族》受到《理由》一書的影響，但兩者除了有所相通，寫於一九九九年的《理由》更是充分顯露宮部美幸高度預見性天才的作品。住宅、金融與土地——社會派有興趣的主題，偶爾會得到若干作家略嫌枯燥的處理——《理由》則以「無論如何都猜不到」的懸疑與驚悚，令人連一分鐘也不乏味地，就看完了批判經濟體系的上乘戲劇。說它是「推理大師爲你／妳解說經濟學」，還是稍微窄化了這部小說。除了推理經典的地位之外，也建議讀者在過癮的解謎外，注意本作中，無論本格或社會派中，都較少使用的荒謬諷刺手法。

冷門？尺度特別的奇特收穫

接著我想推三部有可能「被猶豫」的作品，分別是：《所羅門的僞證》、《落櫻繽紛》、與《蒲生邸事件》。

《所羅門的僞證》：傳統的宮部美幸迷，都未必排斥她的大長篇，比如若干《模仿犯》的讀者非但不抱怨長度，反而倍受感動。分成三部、九十萬字的《所羅門僞證》可能令人遲疑，節奏太慢？眞有必要？事實上，後兩部完全不是拖拉前作的兩度作續，三部都是堅實縝密的推理。最後一部的模擬法庭，更是將推理擴充至校園成長小說與法庭小說的漂亮出擊：宮部美幸最厲害的「對腦也對心說話」，更是發揮得淋漓盡致。此作還可視爲新世紀的「青春冒險小說」。說到冒險，過去的未成年人會漂到荒島或異鄉，然而現代社會的面貌已大爲改變：最危險的地方，就在「哪都不能去」的學校家庭中。誰會比宮部美幸更適合寫青春版的「環遊人性八十天」？少年少女之於宮部美幸，恰如黑猩猩之於珍古德，或工人之於馬克斯，三部曲可說是「最長也最社會派的宮部美幸」。

《落櫻繽紛》：「療癒的時代劇」，本作的若干讀者會說。但我有另個大力推薦的理由，我認爲，這是通往，小說家從何而來的祕境之書。除了書前引言與偶一爲之的書名，宮部美幸鮮少吊書袋。然而，若非讀過本書，不會知道，她對被遺忘的古書與其中知識的領悟與珍視。如果想知道，小說家讀什麼書與怎麼讀，本書絕對會使你／你驚豔之餘，深受啓發。

《蒲生邸事件》：儘管「蒲生邸」三字略令人感到有距離，然而，融合奇幻、科幻、歷史、愛情元素的本作，卻可說是一舉得到推理圈內外矚目，極可能是擁護者背景最爲多元的名盤。如果對「二二六事件」等歷史名詞卻步，可以完全放下不必要的擔憂。跳脫了「你非關心不可」與「你知道也沒用」兩大陣營的簡化教條，這本小說才會那麼引人入勝。我會形容本書是「最特殊也最親民的宮部美幸」。

以上三部，代表了宮部美幸最恢宏、最不畏冷門與最勇於嘗試的三種特質，它們有那麼一點點專門的味道，但絕對值得挑戰。

中間門：看似一般的重量級

最後，不是只想入門、也還不想太過專門——介於兩者之間的讀者，我想推薦《誰？》、《獵捕史奈克》與《三鬼》三本。

《誰？》：小編輯與大企業的千金成婚，隨時被叫「小白臉」的杉村三郎成爲系列作中，業餘到專業的偵探。看似完全沒有犯罪氣氛的日常中，案中案、案外案——至少有三案會互相交織連鎖——其中還包括一向被認爲不易處理的陳年舊案。喜歡生活況味與懸疑犯罪的兩種讀者，都容易進入；宮部美幸還同時展現了在《樂園》中，她非常擅長的親子或手足家庭悲劇。動機遠比行爲更值得了解——這不但是推理小說的法則，也是討論道德發展的基本認識：不是故意的犯罪、不得已的犯罪與不爲人知的犯罪，爲何發生？又如何影響周邊的人？除了層次井然，小說還帶出了「少女勞動者會被誰剝削？」等記憶死角。儘管案案相連，殘酷中卻非無情，是典型「不犯罪外，也要學會自我保護與生活」的「宮部伴你成長」書。

《獵捕史奈克》：主線包括了《悲嘆之門》或《龍眠》都著墨過的「復仇可不可？」問題。節奏快、結局奇，曾在《魔術的耳語》中出現的「媚工經濟」，會以相反性別的結構出現。本作是在各種宮部之長上，再加上槍隻知識的亮眼佳構。光是讀宮部美幸揭露的「槍有什麼」，就已値回票價——何況還有離奇又合理的布局，使得有如公路電影般的追逐，兼有動作片與心理劇的力道。雖然不同年齡層的男人互助，也還是宮部美幸筆下的風景，但此作中宮部美幸對女性的關愛，已非零星或一閃而過，而有更加溢於言表的顯現。

《三鬼》：《本所深川不可思議草紙》的細緻已非常可觀，《三鬼》驚世駭俗的好，並不只是深刻運用恐怖與妖怪的元素。它牽涉到透過各式各樣的細節，探討舊日本的社會組織與內部殖民。以兼作書名的〈三鬼〉一篇爲例，從窮藩栗山藩到窮村洞森村，令人戰慄的不只是「悲慘世界」，而是形成如此局面背後「不知不動也不思」的權力系統。這是在森鷗外〈高瀨舟〉與〈山椒大夫〉譜系上，更冷峻、更尖銳也可說更投入的揭露——看似「過去事」，但弱勢者被放逐、遺棄、隔離並產生互殘自噬的課題，可一點都不「過去式」。雖然此作最令我想出聲驚呼「萬萬不可錯過」，不代表其他宮部的時代推理，未有其他不及詳述的優點。

透過這種爆發力與續航性，宮部美幸一方面示範了文學的敬業；在另方面，由於她的思考結構具有高度的獨立性與社會批判力，也令人發覺，她已大大改寫了向來只強調「服從與辦事」的「敬業」二字的涵意。在不知不覺中，宮部美幸已將「敬業」轉化爲一系列包含自發、游擊、守望相助精神的傳世好故事。

進入「宮部美幸館」，就是進入最具原創力與當下性的新新羅浮宮。

本文作者簡介

張亦絢

巴黎第三大學電影及視聽研究所碩士。早期作品，曾入選同志文學選與台灣文學選。另著有《我們沿河冒險》（國片優良劇本佳作）、《晚間娛樂：推理不必入門書》、《小道消息》、《看電影的慾望》，長篇小說《愛的不久時：南特／巴黎回憶錄》（台北國際書展大賞入圍）、《永別書：在我不在的時代》（台北國際書展大賞入圍）。二〇一九起，在BIOS Monthly撰寫影評專欄「麻煩電影一下」。

宮部美幸的推理文學世界「增補版」

總導讀——傅博

日本當代國民作家宮部美幸

近年來在日本的雜誌上，偶爾會看到尊稱宮部美幸爲國民作家。怎樣才能榮獲這個名譽呢？好像沒有確切的答案，然而綜觀過去被尊稱爲國民作家的作家生涯便不難看出國民作家的共同特徵。

明治維新（一八六八）一百多年以來，被尊稱爲國民作家的爲數不多，夏目漱石和吉川英治是最早期的國民作家。夏目漱石是純文學大師，其作品具大眾性，一九一六年逝世至今，已歷九十年，其作品在書店仍然可見，代表作有《我是貓》、《少爺》等等。吉川英治是大眾文學大師，其作品有濃厚的思想性，對二次大戰戰敗的日本國民發揮了鼓舞的作用，其著作等身，代表作有《宮本武藏》、《新・平家物語》等等。

屬於戰後世代的國民作家有松本清張和司馬遼太郎。松本清張是社會派推理文學大師，其寫作範圍十分廣泛，除了推理小說之外，對日本古代史研究、挖掘昭和史等，留下不可磨滅的貢獻。司馬遼太郎是歷史文學大師，早期創作時代小說，之後撰寫歷史小說和文化論。這兩位作家的共同特徵是，著作豐富、作品領域廣泛、質與量兼俱。他們的思想對一九六〇年代後的日本文化發揮了影響力。

上述四位之外，日本推理小說之父江戶川亂步、時代小說大師山本周五郎，以及文學史上創作量最多、男女老少人人喜愛的赤川次郎也榮獲國民作家的尊稱。

綜觀以上的國民作家，其必備條件似乎是著作豐富、多傑作；作品具藝術性、思想性、社會性、娛樂性、普遍性；讀者不分男女，長期受到廣泛的老、中、青、少、勞動者以及知識分子的閱讀。

宮部美幸出道至今未滿二十年，共出版了四十三部作品，包括四十萬字以上的巨篇八部、長篇二十四部、中篇集四部、短篇集十三部，非小說類有繪本兩冊、隨筆一冊、對談集一冊。以平均每年出版兩冊的數量來說，在日本並非多產作家，但是令人佩服的是，其寫作題材廣泛、多樣，品質又高，幾乎沒有失敗之作。所獲得的文學獎與同世代作家相較，名列第一，該得的獎都拿光了。質的成功與量成比例，是宮部美幸文學的最大武器，也是獲得國民作家之稱的最大因素。

宮部美幸，本名矢部美幸，一九六〇年十二月二十三日生於東京都江東區深川。東京都立墨田川高中畢業之後，到速記學校學習速記，並在法律事務所上班，負責速記，吸收了很多法律知識。一九八四年四月起在講談社主辦的娛樂小說教室學習創作。

一九八七年，〈鄰人的犯罪〉獲第二十六屆《ＡＬＬ讀物》推理小說新人獎，〈鎌鼬〉獲第十二屆歷史文學獎佳作。一位新人，同年以不同領域的作品獲得兩種徵文比賽獎項實爲罕見。

前者是透過一名少年的觀點，以幽默輕鬆的筆調記述和舅舅、妹妹三人綁架小狗的計畫所引發的意外事件，是一篇以意外收場取勝的青春推理佳作，文風具有赤川次郎的味道。後者是以德川幕府時代的江戶（今東京）爲時空背景的時代推理小說。故事記述一名少女追查試刀殺人的凶手之經過，全篇洋溢懸疑、冒險的氣氛。

要認識一位作家的本質，最好的方法就是閱讀其全部的作品。當其著作豐厚，無暇全部閱讀時，則是先閱讀其處女作，因爲作家的原點就在處女作。以宮部美幸爲例，其作品裡的偵探，不管是系列偵探或個案偵探，很少是職業偵探，大多是基於好奇心，欲知發生在自己周遭的事件眞相，而做起偵探的業餘偵探，這些主角在推理小說是少年，在時代小說則是少女。其文體幽默輕鬆，故事收場不陰冷而十分溫馨，這些特徵在其雙線處女作之中已明顯呈現。

繼處女作之後的作品路線，即須視該作家的思惟了；有的一生堅持一條主線，不改作風，只追求同一主題，日本的推理小說家大多屬於這種單線作家——解謎、冷硬、懸疑、冒險、犯罪等各有專職作家。

另一種作家就不單純了，嘗試各種領域的小說，屬於這種複線型的推理作家不多，宮部美幸即是罕見的複線型全方位推理作家。她發表不同領域的處女作——推理小說和時代小說——同時獲得肯定，登龍推理文壇之後，此雙線成爲宮部美幸的創作主軸。

一九八九年，宮部美幸以《魔術的耳語》獲得第二屆日本推理懸疑小說大獎，拓寬了創作路線，由此確立推理作家的地位，並成爲暢銷作家。

宮部美幸作品的三大系統

這次宮部美幸授權獨步文化出版社，發行台灣版「宮部美幸作品集」二十七部（二十三部中有四部分為上下兩冊），筆者以這二十三部為主，按其類型分別簡介如下。

要完整歸類全方位作家宮部美幸的作品實非易事，然其作品主題是推理則毋庸置疑。筆者綜合故事的時空背景以及現實與非現實的題材，將它分為三大系統。第一類為推理小說，第二類時代小說，第三類奇幻小說，而每系統可再依其內容細分為幾種系列。

一、推理小說系統的作品

宮部美幸的出道與新本格派崛起（一九八七年）是同一時期，早期作品除可能受此影響之外，文體、人物設定、作品架構等，可就是受到赤川次郎的影響了。所以她早期的推理小說大多屬於青春解謎的推理小說；許多短篇沒有陰險的殺人事件登場，大多是以日常生活中的家庭糾紛為主題，屬於日常之謎系列的推理小說不少。屬於本系列的有：

1.《鄰人的犯罪》（短篇集，一九九〇年一月出版）收錄處女作以及之後發表的青春推理短篇四篇。早期推理短篇的代表作。

2.《完美的藍——阿正事件簿之一》（長篇，一九八九年二月出版／獨步文化版・宮部美幸作品集01——以下只記集號）「元警犬系列」第一集。透過一隻退休警犬「阿正」的觀點，描述牠與現在的主人——蓮見偵探事務所調查員加代子——的辦案過程。故事是阿正和加代子找到離家出走的少年，在將少年帶回家的途中，目睹高中棒球明星球員（少年的哥哥）被潑汽油燒死的過程。在搜查過程中浮現的製藥公司的陰謀是什麼？「完美的藍」是藥品名。具社會派氣氛。

3.《阿正當家——阿正事件簿之二》（連作短篇集，一九九七年十一月出版／16）「前警犬系列」第二集。收錄〈動人心弦〉等五個短篇，在第五篇〈阿正的辯白〉裡，宮部美幸以事件委託人登場。

4.《這一夜，誰能安睡？》（長篇，一九九二年二月出版／06）「島崎俊彥系列」第一集。透過中學一年級生緒方雅男的觀點，記述與同學島崎俊彥一同調查一名股市投機商贈與雅男的母親五億圓後，接獲恐嚇電話、父親離家出走等事件的眞相，事件意外展開、溫馨收場。

5.《少年島崎不思議事件簿》（長篇，一九九五年五月出版／13）「島崎俊彥系列」第二集。在秋天的某個晚上，雅男和俊男兩人參加白河公園的蟲鳴會，主要是因爲雅男想看所喜歡的工藤小姐一眼，但是到了公園門口，卻碰到殺人事件，被害人是工藤的表姊，於是兩人開始調查眞相，發現事件背後的賣春組織。具社會派氣氛。

6.《無止境的殺人》（長篇，一九九二年九月出版／08）將錢包擬人化，由十個錢包輪流講自己所見的主人行爲而構成一部解謎的推理小說。人的最大欲望是金錢，作者功力非凡，藉由放錢的錢包揭開十個不同的人格，而構成解謎之作，是一部由連作構成的異色作品。

7.《繼父》（連作短篇集，一九九三年三月出版／09）「繼父系列」第一集。一個行竊失風的小偷，摔落至一對十三歲雙胞胎兄弟家裡，這對兄弟的父母失和，留下孩子各自離家出走，於是兄弟倆要求小偷當他們的爸爸，否則就報警，將他送進監獄，小偷不得已，承諾兄弟倆當繼父。不久，在這奇妙的家庭裡，發生七件奇妙的事件，他們全力以赴解決這七件案件。典型的幽默推理小說集。

8.《寂寞獵人》（連作短篇集，一九九三年十月出版／11）「田邊書店系列」第一集。以第三人稱多觀點記述在田邊舊書店周遭所發生的與書有關的謎團六篇。各篇主題迥異，有命案、有日常之謎、有異常心理、有懸疑。解謎者是田邊舊書店店主岩永幸吉和孫子稔。文體幽默輕鬆，但是收場不一定明朗，有的很嚴肅。

9.《誰？》（長篇，二〇〇三年十一月出版／30）「杉村三郎系列」第一集。今多企業集團會長今多嘉親之司機梶田信夫被自行車撞死，信夫有兩個未出嫁的女兒，聰美與梨子。梨子向今多會長提議，要出版父親的傳記，以找出嫌犯。於是，今多要求在集團廣報室上班的女婿杉村三郎協助姊妹倆出書事務。聰美卻反對出書，杉村認爲兩姊妹不睦，藏有玄機，他深入調查，果然……

10.《無名毒》（長篇，二〇〇六年八月出版／31）「杉村三郎系列」第二集。今多企業集團廣報室臨時僱用的女職員原田泉與總編吵架，寄出一封黑函後，即告失蹤。原田的性格原來就稍有異常，今多會長要求杉村三郎調查眞相。杉村到處尋找原田的過程中，認識曾經調查過原田的私家偵探北見一郎，之後杉村在北見家裡遇到「隨機連環毒殺案」第四名犧牲者的孫女古屋美知香，於是捲入毒殺事件的漩渦中。杉村探案的特徵是，在今多會長叫他處理公務上的糾紛過程中，因其正義感使他去解決另外的事件。

以上十部可歸類爲解謎推理小說，而從文體和重要登場人物等來歸類則是屬於幽默推理、青春推理爲多。屬於這個系列的另有以下兩部。

11.《地下街的雨》（短篇集，一九九四年四月出版／66）。

12.《人質卡農》（短篇集，一九九六年一月出版）。

以下九部的題材、內容比較嚴肅，犯罪規模大，呈現作者的社會意識。有懸疑推理、有社會派推理、有報導文體的犯罪小說。

13.《魔術的耳語》（長篇，一九八九年十二月出版／02）獲第二屆日本推理懸疑小說大獎的社會派推理傑作。三起看似互不相干的年輕女性的死亡案件，和正在進行的第四起案件如何演變成連續殺人案。十六歲的少年日下守，爲了證實被逮捕的叔叔無罪，挑戰事件背後的魔術師的陰謀。宮部美幸早期代表作。

14.《Level 7》（長篇，一九九〇年九月出版／03）一對年輕男女在醒來之後失去記憶，手臂上被印上「Level 7」；一名高中女生在日記留下「到了 Level 7 會不會回不來」之後離奇失蹤。尋找自我的男女，和尋找失蹤女高中生的眞行寺悅子醫師相遇，一起追查 Level 7 的陰謀。兩個事件錯綜複雜，發展爲殺人事件。宮部後期的奇幻推理小說的先驅之作、早期代表作。

15.《獵捕史奈克》（長篇，一九九二年六月出版／07）持散彈槍闖入大飯店婚宴的年輕女子關沼慶子、欲利用慶子所持的槍犯案的中年男子織口邦男、欲阻止邦雄陰謀的青年佐倉修治、欲去探望臥病妻子的優柔寡斷的神谷尙之、承辦本案的黑澤洋次刑警，這群各有不同目的的人相互交錯，故事向金澤之地收束。是一部上乘的懸疑推理小說。

16.《火車》（長篇，一九九二年七月出版）榮獲第六屆山本周五郎獎。停職中的刑警本間俊介受親戚栗坂和也之託，尋找失蹤的未婚妻關根彰子，在尋人的過程中，發現信用卡破產猶如地獄般的現實社會，是一部揭發社會黑暗的社會派推理傑作，宮部第二期的代表作。

17.《理由》（長篇，一九九八年六月出版）二〇〇一年榮獲第一百二十屆直木獎和第十七屆日本冒險小說協會大獎。東京荒川區的超高大樓的四十樓發生全家四人被殺害的事件。然而這被殺的四人並非此宅的住戶，而這四人也不是同一家族，沒有任何血緣關係。他們爲何僞裝成家人一起生活？他們到底是什麼人？又想做什麼？重重的謎團讓事件複雜化，事件的眞相是什麼？一部報導文學形式的社會派推理傑作。宮部第二期的代表作。

18.《模仿犯》（百萬字長篇，二〇〇一年四月出版）同時榮獲第五十五屆每日出版文化獎特別獎，二〇〇二年同時榮獲第五屆司馬遼太郎獎和二〇〇一年度藝術選獎文部科學大臣獎文學部門獎。在公園的垃圾堆裡，同時發現女性的右手腕與一名失蹤女性的皮包，不久凶手打電話到電視公司和失主家中，果然在凶手所指示的地點發現已經化爲白骨的女性屍體，是利用電視新聞的劇場型犯罪。不久，表面上連續殺人案一起終結，之後卻意外展開新局面。是一部揭發現代社會問題的犯罪小說，宮部文學截至目前爲止的最高傑作，推理文學史上的不朽名著。

19.《R·P·G》（長篇，二〇〇一年八月出版／22）在食品公司上班的所田良介於杉並區的建築工地被刺死，在他的屍體上找到三天前在澀谷區被絞殺的大學女生今井直子身上所發現的同樣纖維，於是兩個轄區的警察組成共同搜查總部，而曾經在《模仿犯》登場的武上悅郎則與在《十字火焰》登場的石津知佳子連袂登場。是一部現今在網路上流行的虛擬家族遊戲爲主題的社會派推理小說。

宮部美幸的社會派推理作品尚有：

20.《刑警家的孩子》（長篇，一九九〇年四月出版／65）。

21.《不需要回答》（短篇集，一九九一年十月出版／37）。

二、時代小說系統的作品

時代小說是與現代小說和推理小說鼎足而立的三大大眾文學。凡是以明治維新之前爲時代背景的小說，總稱爲時代小說或歷史·時代小說。

時代小說視其題材、登場人物、主題等再細分爲市井、人情、股旅（以浪子的流浪爲主題）、劍豪、歷史（以歷史上的實際人物爲主題）、忍法（以特殊工夫的武鬥爲主題）、捕物等小說。

捕物小說又稱捕物帳、捕物帖、捕者帳等，近年推理小說的範疇不斷擴大，將捕物小說稱爲時代推理小說，歸爲推理小說的子領域之一。捕物小說的創作形式是日本獨有，其起源比日本推理小說早六年。一九一七年，岡本綺堂（劇作家、劇評家、小說家）發表《半七捕物帳》的首篇作〈阿文的魂魄〉，是公認的捕物小說原點。

據作者回憶，執筆《半七捕物帳》的動機是要塑造日本的福爾摩斯——半七，同時欲將故事背景的江戶的人情和風物以小說形式留給後世。之後，很多作家模仿《半七捕物帳》的形式，創作了很多捕物小說。

由此可知，捕物小說與推理小說的不同之處是以江戶的人情、風物爲經，謎團、推理爲緯而構成的小說。因此，捕物小說分爲以人情、風物爲主，與謎團、推理取勝的兩個系統。前者的代表作是野村胡堂的《錢形平次捕物帳》，後者即以《半七捕物帳》爲代表。

宮部美幸的時代小說有十一部，大多屬於以人情、風物取勝的捕物小說。

22.《本所深川不可思議草紙》（連作短篇集，一九九一年四月出版／05）「茂七系列」第一集。榮獲第十三屆吉川英治文學新人獎。江戶的平民住宅區本所深川，有七件不可思議的事象，作者以此七事象爲題材，結合犯罪，構成七篇捕物小說。破案的是回向院捕吏茂七，但是他不是主角，每篇另有主角，大多是未滿二十歲的少女。以人情、風物取勝的時代推理佳作。

23.《幻色江戶曆》（連作短篇集，一九九四年八月出版／12）以江戶十二個月的風物詩爲題，結合犯罪、怪異構成十二篇故事。以人情、風物取勝的時代推理小說。

24.《最初物語》（連作短篇集，一九九五年七月出版，二〇〇一年六月出版珍藏版，增補一篇作品／21）「茂七系列」第二集。以茂七爲主角，記述七篇茂七與部下系吉和權三辦案的經過，作者在每篇另有記述與故事沒有直接關係的季節食物掌故，介紹江戶風物詩。人情、風物、謎團、推理並重的時代推理小說。

25.《顫動岩——通靈阿初捕物帳1》（長篇，一九九三年九月出版／10）「阿初系列」第一集。破案的主角是一名具有通靈能力的十六歲少女阿初，她看得見普通人看不見的東西，而且一般人聽不到的聲音也聽得到。某日，深川發生死人附身事件，幾乎與此同時，武士住宅裡的岩石開始顫動。這兩件靈異事件是否有關聯？背後有什麼陰謀？一部以怪異取勝的時代推理小說。

26.《天狗風——通靈阿初捕物帳2》（長篇，一九九七年十一月出版／15）「阿初系列」第二集。天亮颳起大風時，少女一個一個地消失，十七歲的阿初在追查少女連續失蹤案的過程中遇到邪惡的天狗。天狗的眞相是什麼？其陰謀是什麼？也是以怪異取勝的時代推理小說。

27.《糊塗蟲》（長篇，二〇〇〇年四月出版／19・20）「糊塗蟲系列」第一集。深川北町的鐵瓶大雜院發生殺人事件後，住民相繼失蹤，是連續殺人案？抑或另有陰謀？負責辦案的是怕麻煩的小官井筒平四郎，協助他破案的是聰明的美少年弓之助。本故事架構很特別，作者先在冒頭分別記述五則故事，然後以一篇長篇與之結合，構成完整的長篇小說。以人情、推理並重的時代推理傑作。

28.《終日》（長篇，二〇〇五年一月出版／26．27）「糊塗蟲系列」第二集。故事架構與第一集一樣，在冒頭先記述四則故事，然後與長篇結合。負責辦案的是糊塗蟲井筒平四郎，協助破案的除了弓之助之外，回向院茂七的部下政五郎也登場，作者企圖把本系列複雜化，或許將來作者會將幾個系列納爲一大系列。也是人情、推理並重的時代推理小說。

以上三系列都是屬於時代推理小說。案發地點都在深川，但是每系列各具特色，有以風情詩取勝，也有以人際關係取勝，也有怪異現象取勝，作者實爲用心良苦。宮部美幸另有四部不同風格的時代小說。

29.《扮鬼臉》（長篇，二〇〇二年三月出版／23）深川的料理店「舟屋」主人的獨生女阿鈴發燒病倒，某日一個小女孩來到其病榻旁，對她扮鬼臉，之後在阿鈴的病榻旁連續發生可怕又可笑的不可思議的事，於是阿鈴與他人看不見的靈異交流。一部令人感動的時代奇幻小說佳作。

30.《怪》（奇幻短篇集，二〇〇〇年七月出版／67）。

31.《鎌鼬》（人情短篇集，一九九二年一月出版／69）。

32.《忍耐箱》（人情短篇集，一九九六年十一月出版／41）。

33.《孤宿之人》（長篇，二〇〇五年出版／28．29）。

三、奇幻小說系統的作品

史蒂芬．金的恐怖小說和奇幻小說《哈利波特》成爲世界暢銷書後，原處於日本大眾文學邊緣的奇幻小說獲得成長發展的機會，漸漸確立其獨立地位，而宮部美幸的奇幻小說就在這欣欣向榮的機運中誕生。她的奇幻作品特徵是超越領域與推理小說結合。

34.《龍眠》（長篇，一九九一年二月出版／04）榮獲第四十五屆日本推理作家協會獎的長篇獎。週刊記者高坂昭吾在颱風夜駕車回東京的途中遇到十五歲的少年稻村愼司，少年告訴記者：「我具有超能力。」他能夠透視他人心理，愼司爲了證明自己的超能力，談起幾個鐘頭前發生的事件眞相，從此兩人被捲入陰謀。是一部以超能力爲題材的奇幻推理傑作，宮部早期代表作。

35.《十字火焰》（長篇，一九九八年十一月出版／17．18）青木淳子具有「念力放火」的超能力。有一天她撞見了四名年輕人欲殺害人，淳子手腕交叉從掌中噴出火焰殺害了其中的三個人，另一個逃走了。勘查現場的石津知佳子刑警，發現焚燒屍體的情況與去年的燒殺案十分類似。也是一部以超能力爲題材的奇幻推理大作。

36.《蒲生邸事件》（長篇，一九九六年十月出版／14）榮獲第十八屆日本ＳＦ大獎。尾崎孝史爲了應考升學補習班上京，其投宿的飯店發生火災，因而被一名具有「時間旅行」的超能力者平田次郎搭救到一九三六年二月二十六日的二．二六事件（近衛軍叛亂事件）現場，兩名來自未來的訪客能否阻止起義而改變歷史？也是一部以超能力爲題材的奇幻推理大作。

37.《勇者物語——Brave Story》（八十萬字長篇，二〇〇三年三月出版／24．25）念小學五年級的三谷亘的父母不和，正在鬧離婚，有一天他幻聽到少女的聲音，決心改變不幸的雙親命運，打開幽靈大廈的門，進入「幻界」到「命運之塔」。全書是記述三谷亘的冒險歷程。一部異界冒險小說大作。

除了以上四部大作之外，屬於奇幻小說的作品尚有以下四部：

38.《鴿笛草》（中篇集，一九九五年九月出版）。

39.《僞夢1》（中篇集，二〇〇一年十一月出版）。

40.《僞夢2》（中篇集，二〇〇三年三月出版）。

41.《ICO——霧之城》（長篇，二〇〇四年六月出版）。

以上三十九部是小說。另有四部非小說類從略。

如此將宮部美幸自一九八六年出道以來，一直到二〇〇五年底所出版的作品，歸類爲三系統後，再按時序排列，便很容易看出作者二十年來的創作軌跡，也可預見今後的創作方向。請讀者欣賞現代，期待未來。

二〇〇七・十二・十二

本文作者簡介

傅博

文藝評論家。另有筆名島崎博、黃淮。一九三三年出生，台南市人。於早稻田大學研究所專攻金融經濟。在日二十五年以島崎博之名撰寫作家書誌、文化時評等。曾任推理雜誌《幻影城》總編輯。一九七九年底回台定居。主編「日本十大推理名著全集」、「日本推理名著大展」、「日本名探推理系列」以及「日本文學選集」（合計四十冊，希代出版）。二〇〇九年出版《謎詭・偵探・推理——日本推理作家與作品》（獨步文化），是台灣最具權威的日本推理小說評論文集。

不過，我告訴你，
這全是夢中所見，是夢的故事。

——格林童話〈強盜新郎〉（*The Robber Bridegroom*）

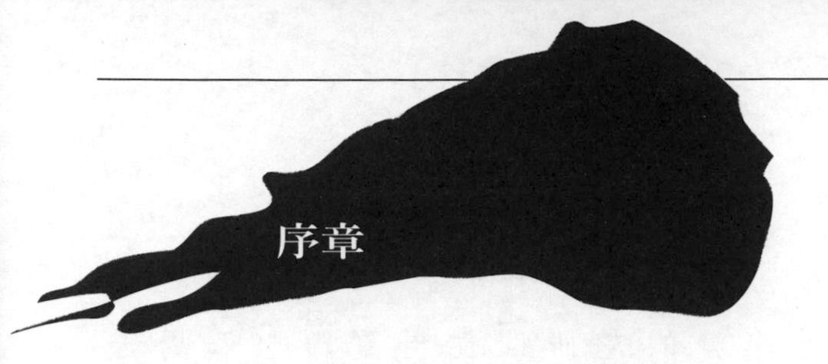

序章

陽光開始黯淡。

男人拉起襯衫的袖子，看看手表。幾乎就在同時，背後小型鐘塔上的鐘聲響起。那是一座環繞著空有庭園之名卻奄奄一息的灌木叢、約兩公尺高的鐘。

七月的太陽，一邊在散發不鏽鋼光澤的高樓大廈間投下燃燒般的橙色反光，一邊劃完今天一天的軌道緩緩沉落。周圍的雲層暈染成一片朱紅，看起來好似天空的熔爐。

夏日漫長的一天總算要過完了。

男人點燃香菸，凝視著眼底的景色，他緩緩噴出煙。那是最後一根了。

從這裡，看不見應該溢滿街頭的人群。由於人的形體太渺小了，夾雜在無數的建築物、道路及窗戶之間早已無法分辨。

研究都市工學那種玩意的學者一定很討厭人類，他們只要看街景不要看人——男人想。

左手邊遙遙可見的首都高速公路上，車子三三兩兩地奔馳而過。每輛車體都只看得到高出防護牆以上的部分，簡直就像簡陋打靶場的標的。男人站在高出地面數十公尺的屋頂庭園角落，一直凝視著那幅景象。

來吧，把它擊落看看，打中的話超大獎品就是你的囉。

他把短得幾乎快燒到手指的菸蒂拋在腳邊，用鞋跟踩熄。好了，該回去了，他想。

連自己也不清楚，爲何這樣久久俯瞰街景。是爲了下定決心？爲了讓心情冷靜？又或者，純粹只是一種習慣？

他喜歡高的地方。從高處俯瞰的東京總是無憂無慮。

同時，唯有這樣吹著風，仰望藍天的時候，將近二十年前的灰暗回憶似乎才能稍微後退——那段被關在裡面，逃生無門，冒著濃煙烈火逃出來時的回憶。

他在往下墜落。明明應該只是一瞬間，但在記憶中，時間卻延長了好幾倍，感覺上似乎永遠在不停墜落。每當又這樣「發作」時，男人總是來到這種高處，像小孩念咒語似地在心中告訴自己：已經不會墜落了，已經沒事了。

這麼一來，心裡的騷動就會平息。雖然腳上舊傷的疼痛未消，但這點他早已死心。抬起下巴，然後往前壓下，鬆弛僵硬的脖子。他告訴自己，還是放鬆一點比較好，因爲……狩獵即將開始。

突然間，這句話從心臟附近響起。他兩腳張開與肩同寬，迎著黃昏溫熱的風悄然佇立。緊貼在他背後，傳來說話的聲音。

「小新，差不多該回去囉。」

一名矮胖的中年婦女從庭園的出入口走來。經過男人的身後，朝鐘塔下面走去。那邊的長椅上，有兩個大約小學高年級的男生正坐著聊得起勁。

「再不快走爸爸就要回來了，快點。小光也是，別忘了東西喔。」

兩個男孩拖拖拉拉地站起來，同時不忘繼續說話，看也不看這不曉得是誰家母親的女人。女人拎著看似沉重、塞得鼓鼓的百貨公司提袋走在前頭，三人朝著男人站的地方走回來。累的總是只有當老媽的人，男人想。

女人經過他身旁時，飄來一陣刺鼻的汗味。同時，他聽見「小新」一邊頻頻比手畫腳，一邊還在跟「小光」說話：「所以啊，那個就是竅門。如果到了Level 7……」

他嚇了一跳，說不定還眞的跳了起來，正要經過的三個人霎時轉身看他。

他和女人四目相對，對方的眼神從質疑轉變成畏懼。她在後悔不該看他。在這種不知何時會遭遇何種災難的大都會，根本就不該和這種在百貨公司樓頂獨自閒晃的中年男子四目相對。

「抱歉。」男人說著把臉轉向圍牆。

心悸已經平息。根據後來聽到的零星對話來判斷，他發現小新和小光，似乎在談論虛擬遊戲。

男人嘆了一口氣，離開牆邊，走向出入口。剛才那三個人應該已經搭電梯下樓了吧。

他一跨步邁出，某個和他錯身而過、正走向圍牆的年輕女孩便不時瞟向他這邊。不是在看他，而是看他步伐微微拖行的右腳。

這種事他早已習慣了。那個女孩也立刻調開目光，一邊高舉雙手做出伸懶腰的姿勢，一邊走近牆邊，發出小小的歡呼：「哇，好漂亮。」

由於她的聲音聽來實在明顯地帶著歡喜，他不禁轉身回顧。於是，女孩也看著他，彷彿剛才的歡呼是刻意喊給他聽的，立時嫣然一笑。

「東京鐵塔的燈光不一樣了。」她主動跟他說。

是個美女。曬成淺小麥色的肌膚，襯得濃豔的口紅分外出色，她轉身面對他時，耳畔的金色耳環羞對夕陽光芒一閃。

不過，在他看來，這女孩的年紀幾乎還是個小孩。他默默轉身背對，用不顯刻意的速度加快腳步離開那個地方。主動跟他搭訕的女孩並沒有追上來，只是用「枉費人家給你製造機會，叔叔真是的」的表情，微微歪著腦袋。

男人推開厚重的玻璃門。風從電梯間挑高的空間吹來，掀起他的領帶。他這才發現，領帶夾不見了。他摸索著襯衫胸口，沒有，大概是掉在什麼地方了吧。

丟了倒也不覺得可惜。雖是別人送的，但並不是什麼真心誠意的禮物。他按下電梯按鈕，電梯一來就進去。獨自一人。

抵達地面，他走出百貨公司漫步街頭。爬上車站階梯搭乘電車。這期間，有句話一直在腦中盤旋不去。去了又來，來了又去。那是小新的聲音，也變成他自己的聲音。

到了Level 7，就可以不用再回來了……

男人抵達時，那名年輕人坐在窗邊的位子，正在喝稀薄的番茄汁。高中的時候，年輕人最怕去咖啡店，因爲總不時有人毫不客氣地盯著他的臉打量。

雖說現在，他也才脫離高中生的年紀，但心情已截然不同。他不但找到了深感興趣、令他著迷的東西，也逐漸相信自己在那個領域還有點才華。這兩點能夠集於一身，可說是極爲難得的幸運。

年輕人以眼神向略跛著右腳走來的男人打招呼。雖然他相信對方不是那種笨到會讓人跟蹤的人，不過還是不要太張揚比較好。男人在他對面坐下時，他也是壓低音量先開口。

「沒被人跟蹤吧？」

「應該沒有，」對方回答。「不過有個年輕女孩向我搭訕——至少我覺得是這樣。」

「那眞是厲害。」

「如果那是跟蹤者就更令人驚訝了。」

「不可能吧。」

男人點了咖啡。女服務生來了又去，雖是個美女，態度卻不怎麼親切，年輕人想。

「你眞的不後悔嗎？」男人攪拌著咖啡問。

「後悔什麼？」

一陣沉默。

年輕人笑了。「對不起，我不是在開玩笑，我是認眞的。」

「要退出現在還來得及。」

男人表情很嚴肅地抬起臉，雙眼充血。年輕人猜想他大概是沒怎麼睡好吧。

「我絕不退出，這是我自願開始的。」

「提議的人是我。」

「答應的人是我。」

男人把杯子放回淺碟，手撫著額頭。

「不論成功或失敗，都會惹出麻煩喔。」

「這我知道。」

「不是鬧著玩的，會扯上警察。」

「就跟你說我知道。」

由於語氣開朗，自己說的話聽起來似乎太輕浮了，年輕人意識到這點，盡量以沉穩的語氣說：

「別忘了，這些年來，我也爲此受了不少苦。」

年輕人指著自己的臉。

無數的傷痕和縫合的疤痕。移植皮膚的痕跡清楚地留在臉上。由於重複進行了無數次必須等長大之後才能動刀的手術，刻劃成痛苦的歷史。

「我要叫他負起這個責任。」

男人重重嘆了一口氣，說：「知道了。」

年輕人取出一本書，放在桌上。封面上是電影某個場景的劇照。

「封面雖然花俏，其實內容很平實，是本淺顯易懂的入門書。必要的部分我都貼了標籤，你只要看那些部分，就不用擔心了，剩下的由我處理。」

男人收下書，又回答了一次「知道了」。

他和男人大約只談了三十分鐘就分道揚鑣。接下來，只等行動開始了。

那晚，年輕人把女朋友約出來，共度愉快的一夜。他心無恚礙，也沒有任何不安。

女朋友只要喝醉了，一定喊他「我的科學怪人」。被她這麼一喊倒挺有趣，他並不覺得反感。

他一點也不反感，人生很愉快。

接下來要做的事情如果成功了，應該會更愉快。

八月十二日　星期天

第一日

一

反覆出現的，是幻影。

睡意忽深忽淺，夢境也隨之改變，就像隨意變換花樣的萬花筒一樣。

在最深的睡意裡，他融入了夢中。在那裡，他和某人牽著手，站在被波濤挖空般的斷崖邊，俯瞰風平浪靜的海面。在夢中，海風靜靜拂過臉頰，偶爾舔嘴唇時，甚至能清楚感覺到鹹鹹的海水味。

（這就是海吧？）

抬頭一望，站在他身邊的男人點點頭。那隻褐色的手好大、好結實，將他的小手整個包住，身體傳來夏草清香的氣息。

（對，這就是海。）

男人回答。他用力握緊男人的手，肩膀挨著那穿著薄質長褲的大腿，小聲囁嚅：

（有點可怕耶。）

在那之後，話語仍在繼續——那想抓也抓不住的話語，彷彿一伸手便會流失的水，正想追索就翩然消失的話語。

有點可怕耶……欸，大海總是那樣靜止不動嗎……它會不會過來抓我……

男人笑了，從他雪白的牙齒之間飄出香菸的白霧。然後他說：

（大海不會跑到陸地上的啦……就好像……人不能飛上天一樣。）

他的臉頰感到男人襯衫質地的觸感，他笑開了。

這種常識我當然知道啦，人類不能飛上天我當然……我當然……

爸爸。

深邃的夢境到此動搖，然後消散無蹤。爸爸。唯有那好不容易才找到的遺失話語還留下些許餘韻，大海就像畫在薄紙上的素描被捲走……

渾沌又回來了。睡意變成濃黑的暗影流淌過來，沉重的空白來臨。過了一會兒，他的意識已上浮至緊貼著睡眠這層波浪的下方，彷彿臉上只蓋了一條薄毯，淺淺的睡眠。

這時他正從夢的外側看下去，他在俯瞰夢境。在夢中行動的自己，現在正站在一扇門前。那是一扇厚重的木門，握把很大，握在手中涼沁沁的。本來應該站在夢外的他，手心卻感到那份涼意。握把平滑轉動，門鎖扭開，門即將開啓。

（他們一定會嚇一跳吧。）

某人如此說。本來應該是從天上俯瞰的眼睛，突然間，降落到夢中他自己的身旁，轉頭回顧那個跟他說話的某人。

但他看不見對方的臉。因爲夢境在此開始變得斷斷續續。就像沒電的隨身聽一樣。播放、停止、播放、停止。在慢動作緩緩消失的夢境光景中，只聽得見聲音。

（噓——安靜點。）

他翻了一個身——

（不要發出腳步聲。）

他伸直露出的腳，把扯到一邊的毛毯重新蓋好——

（嚇唬一下也不錯，他們一定不會生氣的。因爲今天是……）

他即將脫離夢境——

（因為今天是平安夜。）

接著他聽到慘叫。輕輕的腳步聲、沉重含糊的聲音以及慘叫。就像一邊鳴響一邊破碎的鐘一樣，慘叫聲逐漸拔高嘶啞，顫抖著緩緩消失的最後斷片，和某種東西摔到地上破裂的聲音重疊在一起——

喀鏘。

就在這時，他醒了。

二

頭好端端地躺在枕頭上。

他朝左側臥，面向白牆。兩手縮著，兩腳也微彎，肩膀露在毯子外。壓著枕頭的耳朵和全身上下，都可以聽見自己心臟快速的鼓動。撲通、撲通、撲通、撲通，就像一個全速跑回家來的小孩。

他覺得好冷。

張開眼睛不動，便覺得從額頭到後腦勺閃過一陣扯線般的疼痛。剛剛還在腦中穿梭盤旋的夢境，一邊倉皇撤退一邊留下車軌。他甚至覺得可以以手指循線畫出那條路線。

僅僅一秒，疼痛便消失了。他眨眨眼，抬高視線。

全白的牆壁直通天花板，無任何污點。凝神細看，表面並不平整，看得出凹凸起伏，就好像……就好像……什麼？

從柔軟的枕上抬起頭，他思索著。他覺得就好像什麼一樣？

這面牆壁、這個顏色。從毯子裡伸出手觸摸牆壁，感覺很粗糙。

他覺得像什麼？還有這個顏色，這個顏色叫什麼來著。

他繼續躺著，一直盯著牆壁。太可笑了，他怎麼會想不起來呢？還有，他為什麼會覺得想起這件事非常重要？

他憋住一口氣，陷入沉思。

就好像……什麼？

像牛仔褲。

牛仔褲。這個字眼翩然浮現，彷彿一扇看不見的門打開，某個看不見的隱形人把答案丟給他。這面壁紙的觸感很像牛仔褲。

可是顏色不一樣，這種顏色的牛仔褲不是他的喜好。這個顏色叫做……這個顏色叫做……米白色。

他把憋住的氣吐出來，怎麼會有這麼麻煩的清醒方式？每天早上醒來沒想起壁紙的顏色之前竟然就不能動。

他扯開毯子坐起上半身。這才初次發現，自己是睡在一張床上，同時也立刻僵住。

旁邊還睡著另一個人。

他剛才猛然扯開毯子，她現在上半身什麼也沒蓋。只著一件乾淨的、和他身上一樣的白色睡衣。她。

對，是個女的。頭髮很長，身材嬌小，背部看起來好纖細。

她「嗯……」地呻吟了一聲，閉著眼摸索剛從身上扯開的毯子，大概是會冷吧。屋子裡冷透了。

他連忙抓起毯子一角，拉起來蓋到她的肩膀，這下子她總算停止摸索了。她滿足地深深嘆了一口氣，幾乎把整個頭埋進枕頭裡。

在她開始發出規律的鼻息前，他連大氣也不敢喘一下。他想，萬一現在把她吵醒就麻煩了。他得先把狀況搞清楚一點。

她是誰呢？——他想著，但想不出對方的名字。

到底發生了什麼事？

應該是昨晚吧，十之八九可以確定是昨晚，自己和這個女人一起睡過，一定是這樣。也就是說，不只是普通的睡覺，應該是所謂的「睡過」吧。跟女人一起過夜，兩人總不可能整晚都坐在床上玩撲克牌吧……

思考就在這裡卡住，撲克牌是什麼東西？

不過，這次並沒有考慮太久，腦海便立刻浮現印象。五彩繽紛的卡片、雙手洗牌的動作，連抽鬼牌、拿破崙、接龍這些遊戲的名稱也想起來了。想到這裡，他覺得似乎很久沒玩牌了。

眞混亂，他想。腦袋裡有點亂七八糟的，大概是因爲睡太久了才會如此。

他用手掌掩著嘴，哈出一口氣聞聞看。他以爲自己口腔裡一定還殘留酒味。他喝了酒，而且喝太多，不曉得喝到第幾家酒吧時，和坐在隔壁的女孩看對了眼——他猜想八成是這樣。搞不好，連對方的名字都沒問，所以才會想不起來。

可是，沒有任何酒味，只有一點點藥味。

看來不是宿醉，想到這裡，腦袋深處突然一陣刺痛。雖只是一瞬間，卻痛得他整張臉忍不住皺成一團。他抬起手按住太陽穴附近，保持這個姿勢輕輕晃動頭部。不痛了，就算上下擺動下巴，也毫無感覺。

眞是的。

鬆了一口氣的同時，也開始覺得總不能永遠這樣。不管怎樣，至少該先去洗把臉。

他坐在一張寬大的床上。雙人的、黑管鋼架床，這點輕易浮現腦海。他試著變換坐姿改變重心，床立刻發出咿軋聲。他捏了把冷汗，以爲把她吵醒了，但裹著毯子的肩膀卻連動也沒動。

這床坐起來眞不舒服。他越過頭側的扶手往下窺視。四隻床腳全都裝著圓圓的東西——車輪？不，不是車輪，不是這樣說的。

是腳輪。**腳輪**。想起這個名詞的同時，腦海也浮現推著附有腳輪的床在地板上四處移動的場景，這樣掃地時就輕鬆多了，有止動器卡著也不怕床亂晃。

奇怪了……怎麼會想起這樣的事情？

床靠牆而放，他現在就在牆邊。面向屋子內的右手邊躺著睡美人似的女子，如果不想吵醒她，就得從腳下的方向，跨過欄杆下床。

他這麼做了。慢慢移動，輕輕把腳放到冰冷的地板上。

挺直腰桿站穩後，一個單純的疑問浮現腦海，這裡是哪裡？

他環顧室內。

米白色的牆壁與天花板。地板是木頭的，不過不是原木的顏色，像是塗了亮……亮光漆的顏色。眼前有扇門，和牆壁同色的木框裡切割成同色的格子，每一格都鑲著玻璃。所以那不是直接通往戶外的門。門的那一頭應該還有別的房間，門上鑲嵌的玻璃是……玻璃是……圓角玻璃。對，就是咖啡店的門常用的玩意兒。

想到這裡，腦海中突然殺出一幅畫面——一張大桌子撞上樣式相同的門，把玻璃撞破。對不起本來以爲搬得過去，結果這個不是強化玻璃啊……

他甩甩頭，將思緒拉回來。然而，霎時浮現的玻璃破裂情景和眼前的現實連結，讓他的視線凝結在那裡。右手邊有扇窗子，這叫和式矮窗，他特意確認名詞。窗下有張矮桌，桌上放著花瓶。不，應該說「本來放著」。

現在，花瓶砸落地上，變成兩大塊破片和無數閃閃發亮的小碎片，散布在地板上。碎片之所以會發光，是因爲水也一起灑出來了。而且，陽光正從微微開啓的窗簾射入。

地板上還散落著鮮花。一枝、兩枝——總共有五枝，是紅色的花。可是，他不知道花名。就是花瓶砸碎的聲音吵醒他。可是，它怎麼會從桌上砸落呢？

他走近窗邊，漿過的睡衣——這叫睡衣沒錯吧？嗯，沒錯——發出摩擦的窸窣聲。地板冰涼涼的，踩起來很舒服。他小心避開破碎的花瓶走近窗邊，還沒伸手去摸，窗簾就飄然蓬起。

窗戶是開著的。

所以窗簾才會被風吹起，掃到花瓶砸落地板。他掀起窗簾一角，把頭鑽出去。

霎時，眼睛一陣刺痛。陽光太強烈了，他瞇起眼睛，一手遮在額上。

習慣刺眼的陽光後，他發現窗戶只打開了十公分左右。十公分，這個字眼也順利浮現。公分上面的單位是公尺，公尺上面是公里，他清楚得很。眞是的，簡直像在踩踏板很重的腳踏車。剛開始踩時慢如龜步，但隨著加速逐漸可以正常滑行，其實並沒有故障。

不過話說回來，這裡到底是哪裡？

應該是睡在身旁的那個女孩的房間吧，他想，這似乎是最妥當的解釋。但如果是女性的房間，看來未免太單調了。

他從矮窗往外看。

沒想到全身那種飄飄然的感覺還滿正確的，打從下床時，他就覺得這間屋子似乎位於距離地面相當高的位置，被他猜對了。

放眼望去，彷彿無數書本朝下攤開，亂疊而成的連綿屋頂。其中零星混雜著公寓、大樓以及煙囪。右手邊極遠處還可看到學校校舍，形似櫻花中間鑲著「二中」兩個字的校徽，掛在校舍的正面。

陽光猛滋滋地照著他放在窗框上的雙手。外面很熱，他想。這也難怪，因爲今天是……今天是……是幾月幾日來著？

想不起來。

這時候，他初次陷入小小的慌亂。怎麼會這樣？開什麼玩笑？怎麼會連今天的日期都想不起來，我到底是怎麼了？

不曉得有沒有月曆？他想著便轉身回顧屋內，卻在床腳邊發現一台原本就安裝好的大型空調機。上方也有一扇窗子，掛著和這扇窗子同樣花色的窗簾。

全身冷透了，甚至冷得發抖。

他走近空調，把手放在出風口上，冷風正強勁地吹出。打開控制面板的蓋子關掉開關後，把這邊的窗子也全部打開，只讓窗簾依舊垂掛。應該讓屋內透透氣。

鑽進窗簾後面一看，太陽穿過透明玻璃毫不留情地曬進來。陽光如蓮蓬頭的水柱般舒爽地灑落在肌膚上。這扇窗子看出去的風景也和那邊差不多，他試著探出身子。

這棟公寓的外牆也是白的。貼著磁磚，嶄新光鮮，似乎連一滴雨水的水漬都沒有。正下方是二線道路，路上停著一輛茶色廂型車。窗口下，可看到樓下房間窗口曬的棉被。那兩條垂下的棉被對著毒辣的太陽，彷彿調皮地伸出舌頭扮鬼臉似的。

視線回到屋內。床鋪對面那頭的牆壁鑲著一整排櫃子，牆邊有一臺小電視，放在同樣也附有腳輪的臺座上。

他離開窗邊，再次小心地避開花瓶碎片，走到門邊。他扭過頭窺探，床上的她依然睡得香甜。造型精巧的門，被他喀嚓一聲打開了。

隔壁原來是廚房。正面是廚房，左手邊有門，這扇門應該是通往室外的吧。有白色圓桌、兩把椅子，以及餐具櫥、冰箱、微波爐、熱水瓶。

這是誰家呢？眞的是那個女人的家嗎……？至少他能確定這不是他家，因爲他沒有住過這裡的記憶。從頭到尾，就連掛在流理臺水槽邊的抹布，他都毫無印象。

大概是留他在這兒過夜吧……一定是這樣。連這個都不記得，他到底是怎麼了？

「對不起。」他環顧廚房，試著打招呼。「有人在家嗎？」

無人回應。這是當然的嘛，他苦笑著想。他和一個女人同床共枕耶，還能有哪個第三者在場？她老爸嗎？這時，他發現門上的信箱露出報紙一角。他抽出來，攤開報紙，裡面夾的大疊廣告傳單砰然砸落，是《朝日新聞》。

新聞欄外的日期，是八月十二日，星期日。

他稍微安心了一些。就是嘛，明明是八月中旬。而且，既然有報紙送來，就證明這間屋子的確有人定居。

他稍作思索，決定打開門，看看外面的門牌。

門從內側鎖上。他扭開鎖頭，上過油的門鎖發出平滑的聲音打開了。他輕推門扉，伸出腦袋。

門牌掛在大門左側的牆上，是七〇六號室。這裡原來是七樓啊？

房門號碼下面，還有兩個國字，寫的是「三枝」。

他縮回腦袋關上門，陷入思索。三枝——？他有這樣的朋友嗎……

接著，他突然發覺。不管是哪個朋友的名字、姓氏，他沒有一個想得起來。

這怎麼可能。

他呆立在廚房，兩手抱頭，輕輕搖動、拍打，甚至亂抓頭髮。

一片空白，只有空洞洞、像真空一樣的幽黯。

不能慌，他心中的某處正低語著。先從自己開始，想想看自己的名字吧。這是最基本、最確實的。因爲，一個成年人不可能連自己的名字都不知道——

不可能。然而，偏偏就是如此。

他想不起自己的名字、姓氏，甚至任何一個字。

這次襲來的，是眞正的恐慌巨浪。他的膝蓋顫抖，脊椎在瞬間變成一攤軟趴趴的黏土，幾乎無法再支撐身體，他踉蹌地扶著桌子。

鏡子，鏡子在哪裡？他得看看自己的臉。

冰箱旁邊有道通往洗手間的門。他像無頭蒼蠅似地撞上門，胡亂轉了半天門把，這才總算拉開門，衝入裡面。

清潔且微帶藥味的洗手間果然同樣空無人影。正面是毛玻璃門，左手邊是毛巾架，右手邊有馬桶和小型洗臉台。洗臉台上方的牆上，有一面鏡子。

鏡子映出他的上半身——一個蓬頭散髮的年輕男人，曬得黝黑的臉上有一雙濃眉，脖子粗壯，肩膀厚實，不過並不胖，從睡衣的領口可以看到清楚凸起的鎖骨。

他再次舉起手，亂搔頭髮，鏡中臉色發白的男人也做出同樣的動作。

同時，從鏡中男人捲起的睡衣袖口，可看到他的手臂似乎有什麼東西。

他將雙手高舉不動，視線移向左手手臂。

肌肉虯結的手臂上，手肘內側排列著數字與記號。

「Level 7 M—175—a」

他輕輕以指尖碰觸，試著摩擦、捏起，然而數字並未消失，記號也依舊清晰。它們牢牢附著在皮膚上，是刻上去的。

他垂下雙臂，面對鏡子。鏡子裡有個跟他一樣走投無路的年輕男人，嘴巴半開，帶著凍結的表情，楞楞地呆立著。如果那時候背後沒有傳來叫聲，他說不定會永遠保持這個姿勢。

叫聲是從廚房那頭傳來的。他轉身一看，敞開的洗手間門扉彼端，站著剛才還在熟睡的女人。

這時的兩人，就像照鏡子似地，以同樣的姿勢、同樣的臉色正面相對。她也張著嘴巴，穿著睡衣，光腳站在地板上。

不管怎樣，他還是先開口了。

「早安。」

她楞楞地杵著，只是一直凝視他。

「說是早安，不過，好像已經快中午了……」

她依舊沉默。他就像演奏當中突然遭到交響樂團叛變的指揮家一樣，毫無意義的揮動手臂說：

「呃……對不起，我好像有點混亂，昨晚是妳留我在這兒過夜的吧？這裡，是妳家？」

她依舊毫無反應，甚至令他開始懷疑對方是否語言不通。無奈之下，他也凝視著她。

終於，她開口了，聲音小得幾乎聽不清楚。「我作了一個夢。」

「啊？」

「所以才醒過來，結果就看到你……」她緩緩將雙手舉至臉頰，視線離開他身上，腦中似乎正搜尋著什麼，不停地眨眼睛。

當她再次抬起眼看他時，分明極爲恐慌。

「你是誰？」她如此低語。「怎麼會在這裡？」

他無法理解這個問句的意思，這句話該我說才對！同時，妳應該才是知道這個答案的人吧。

「連我自己都不清楚我怎麼會在這裡。妳呢？這是妳的房間吧，對不對？」

她按著臉頰，搖搖頭。

NO，不。不管怎麼想，那都是否定的意思。

怎麼會這樣？本以爲總算找到答案了，沒想到那又是另一個問號，簡直是雙倍的混亂。

要開口，必須鼓起全部的勇氣才行。

「不對嗎？」

這次她點頭。

「我毫無印象，可是……我也不知道。我想，這裡應該不是我家……我不知道，因爲……」

「妳毫無記憶是吧？」

她無力地垂下雙手，默默點頭，點了好幾次。然後，突然抬手抱胸，倒退一步。一時之間，他不懂那代表什麼意思，看到她充滿警戒的視線，他這才恍然大悟——她現在才發覺，自己的睡衣裡面沒穿內衣。

「妳也什麼都不記得了吧？」

對於這個問題，她也用問題來回答：

「這裡是哪裡？我怎麼會在這種地方？這裡，不是你的房間嗎？」

他邊搖頭邊回答：「我也不知道，我毫無記憶。」

「毫無記憶……」

「小姐，妳想得起自己的名字嗎？」

她雖沒回答，臉色卻變得更蒼白。

「果然如此……我也是。」

她左手依然緊抱著胸，抬起右手梳理頭髮，環顧屋內。頭髮從指間絲絲滑落，很美的長髮。從太陽穴垂下的幾根髮絲，黏在嘴角。他看了之後，腦中突然閃過「瘋女」這個字眼，他覺得好像在哪看過同樣姿態的女人。

睡衣的袖口撩起，露出白得耀眼的手腕。上面有細線般的東西，他不禁靠近，嚇得她倒退三尺。

「抱歉，我不是要故意嚇妳，是妳的手臂……」

他退後一步，指著她的手臂。

「妳自己看，有沒有什麼？」

她看著右手手臂。了解他的話中之意後，兩眼瞪得老大。她就用這副表情死死地回看著他。

「這到底是什麼？」

他靠過來，看著她的手。正如他所料，上面排列著那種神祕的記號和文字。

「Level 7 F—112—a」

他把自己的左臂給她看，「我也有。」

她眼睛眨也不眨，比對著兩邊的文字，嘴唇開始顫抖。

「這是刺青？」她凝視著文字問。「摸了也不會消失？不可以碰嗎？」

「我也不知道。」

「爲什麼？」

她的音調開始拔高。雖知必須趕快安撫她，但他也找不出方法。只有一連串的不知道、不知道、不知道。

他好不容易才開口問：「剛才，妳腦中是立刻冒出『刺青』的字眼嗎？」

她又嘴巴半開地仰望他，「爲什麼這樣問？」

「我醒來的時候，該怎麼說呢……好像無法立刻想起這些名詞。就好像……就像那種日光燈。就算按下開關，也不會馬上點亮。」

「我不知道，」她右手按著額頭，像個孩子般開始搖頭。「我什麼都不知道，什麼都不記得，而且我頭好痛，痛得要命。」

她的眼淚突然開始泉湧而出，順著臉頰滑落。

「我是不是瘋了？我到底怎麼了？爲什麼會變成這樣？」

她哽咽著說出的這幾句話，在這之後，成爲他們兩人不斷反覆自問的話。

現在只有他們兩人，站在冰冷的地板上相對而立，走投無路、束手無策。她哭了，而他看著哭泣的她思索著：在這種情況下，我和這個女孩是否親密到可以抱住她來安慰她呢……？

這個答案同樣還是沒出現，他毫無記憶。

然而，他有感情。他決定以這個考量爲優先，用手環住她的肩膀，把她抱近。她在霎時間身體僵硬如棒，隨即緊緊地抱住他，緊到會痛。

三

雖然她的恐慌狀態平息，眼淚收住了，但唯有頭痛仍未消失。

「什麼時候開始痛的？睡醒時開始的嗎？」

對於他的問題，她雙手抱頭，縮著脖子回答。

「醒來的時候，只是覺得有點茫然。剛才，跟你說話的時候，才開始痛起來。」

她說話時盡量不動到頭，簡直就像抱著一顆炸彈。

「總之，看來妳還是回去躺著比較好。我去找找看有沒有什麼藥。」

他輕輕拉起她的手臂，引她往有床的房間走。

「沒關係，我可以自己走。」她既然這麼說，他就鬆開手轉身回廚房。訂做的櫃子、流理臺的抽屜，凡是想得到的地方，他全都鉅細靡遺地一一搜尋。

全是普通的廚房用品——洗碗精、菜瓜布、水管用清潔劑、帶柄的刷子、去污粉、垃圾袋。這些東西都隨意扔在大抽屜裡。架子上各有一個單柄鍋和雙耳鍋。

在開關抽屜和拉門之間，他發現自己的腦袋開始運轉自如，已經不必再動不動就停下來確認物品的名稱了。只要一看到什麼，就能立刻浮現那個東西的名稱。

他想，說不定記憶也是？然而，記憶仍然空白，和剛才的狀態一樣，連自己的名字也想不起來。這裡是哪裡？那個女孩是誰？爲什麼會變成這樣？他還是不明白。

想起來的時候不曉得會是怎樣？會是一次就憶起全部記憶嗎？還是會一點一滴地回想起來呢？

雖然這套系統化廚房一體成型，看起來應該很好用，但收納空間並不大。他沒找到任何像藥的東西。最後只剩下流理臺下面狹窄的櫃子，他打開一看，那裡面也是空的。只有排水管呈扭曲的U字形伸向地板。

他正要關上門，突然發現門內側有什麼東西。

其實並不是什麼特別的東西，是個小型網架。塑膠製，事先就做好了，可以把東西插在那裡，避免危險，便於取出。

是網架，這個他知道，問題是，是放什麼東西的網架？

那個「東西」，現在就在他的眼前，插在那個網架上，木製握柄朝向他，便於取出。

他伸出手，想取出來，他眞的想這麼做……

但他做不到。

也想不起這個東西的名稱。

這叫什麼來著？他好像知道，似乎立刻就能想起，可是……

（好銳利，非常銳利的刀刃朝向他，周圍是一灘灘的血跡。）

他有點遲疑，預感到一旦想起將會非常痛苦，比方說……對，就像拔出射進體內的弓箭，還是不要拔出來傷口會比較小。

（不可以用手摸，先放著別動。警察還要採指紋。）

他猛然一驚，這才回過神來。手扶著櫃子的拉門，似乎失神了兩、三秒。

圖騰。

這個名詞突兀地浮現，圖騰？插在這個網架上的東西，就叫這個名字嗎？

又凝視了一陣子之後，他才關上門。他正在找的，是藥。

他轉而去找靠在對面牆邊的餐具櫥。分成上下兩部分的高背餐具櫥是白色的，上半部是玻璃門，下半部有抽屜和拉門。

玻璃門的部分，內側又區分成幾層架子，排列著餐具，數量並不多，五、六個盤子，兩套咖啡杯，半打玻璃杯。門一開，藥味就衝鼻而來，是新的櫥櫃。下半部的抽屜和拉門裡，也沒找到像藥的東西。只有一些罐裝、瓶裝、袋裝的乾貨和速食食品，如此而已。

「不行，找不到可以止痛的東西。」他站在隔間的門邊只把腦袋探進房裡，對躺在床上的她說。她規矩地仰臥著，像小孩一樣兩手抓著毛毯邊緣。

「還痛嗎？」

她的下巴略微動了一下表示點頭。「躺著不動，已經稍微好一點了。」

窗簾依舊拉著，不過因爲開了窗，室內溫度似乎已上升了不少，甚至感覺有點悶熱。

「會不會熱？」他問，她在枕上微微搖頭。

「好冷，」她回答：「渾身發冷。」

即使站在門邊遠觀，也能看出她的臉色變得更糟。雖然不知道這是因爲疼痛，還是因爲引起疼痛的主因所造成的，不過顯然已非慢條斯理找藥能夠解決的狀態了，他想。

「還是去看醫生吧，好嗎？」

沒想到，她立刻回答：「不要。」

「爲什麼？」

「太丟臉了。」

他嚇了一跳。「太丟臉？」

「對。喝醉酒，和陌生人在陌生的地方過夜，早上起來什麼都不記得了，這種話我哪好意思說，一定會被人家笑死的。」

他深呼吸一口氣，保持鎮定。「在妳腦中，有喝醉酒的記憶嗎？」

如果眞是這樣，就等於打開了一扇脫離目前這種神祕狀態的窗子。如果她的確有喝醉的記憶，就表示目前這種狀態有可能只是一場笑話。

然而，她說：「我什麼也不記得。」

「那，妳爲什麼說是喝醉了？」

「像這種情形，如果不是喝醉了，怎麼可能發生。」

然後，她又用快哭的聲音補了一句：「眞丟臉……」

他靠著敞開的門，視線移向窗子。

眞丟臉——是嗎？原來如此，這是多麼拘泥常規的感想，他甚至有點氣憤。一早醒來，和陌生男人睡在同一張床上，兩個人都連自己的名字也想不起來，手臂上還刻著莫名其妙類似編號的玩意，而且其中一個人還頭痛得要死，結果她居然說「眞丟臉」。

他把視線移回到她身上，盡量鎭定地說：「小姐，我們現在喪失記憶了。」

「喪失記憶？」

「對，這不是什麼宿醉的後遺症。而且手臂上還有類似編號的怪東西。妳覺得那會是什麼？現在的狀態已經不容妳輕易說句『丟臉』，就哪裡也不去求救了。」

一邊說著，他忽然意識到，自己不也把希望寄託在這種樂觀的想法上嗎——只要再觀望一陣子應該就會全部想起來。所以，他既沒喊叫，也沒衝出屋外，還能夠悠哉地在這兒找什麼止痛藥。其實在那背後隱藏著「如果慌了手腳隨便喊救命，到時會很丟臉，那多討厭」這種意識。換言之，其實自己跟她一樣。是她用言語表達出來，才令他領悟到這點。

「對不起，」他說：「我也跟妳一樣，覺得很尷尬。可是，妳看起來眞的身體很糟，如果放任不管也許會變得更嚴重。在這種緊要關頭，還是忍受一點麻煩，向人求救吧，要不然乾脆叫救護車。」

與其漫無目標地四處尋找醫生，還不如這樣比較快。

置放電視那頭的牆上，裝了一具電話。他正要朝那邊走過去，她卻小聲說：「你知道這裡的地址嗎？如果不知道，救護車是不會來的。」

他猛然往額頭一拍，「沒錯。」

「而且，那個電話不能用。」她呢喃著說出這句話，他一臉認真地凝視著床上的她。

「妳試過了嗎？」

她搖搖頭，頓時像被針刺似地皺起臉。

「那，妳怎麼知道不能用？」

「只是直覺……」

他拿起話筒放在耳邊，傳來嗡嗡的聲音。

「好好的……」

可以打通呀，他正想這麼說，卻突然一陣暈眩襲來，腦海中又閃過另一個景象——話筒掉在地板上，被某人撿起來，然後說——

（電話線被切斷了。）

「電話被切斷了。」她說，她的眼睛雖然朝著他，卻失焦了。

他把話筒放回去掛好。「妳沒事吧？」

她依舊茫然看著他。他靠過去，把手放在毯子邊上探頭仔細看她。

「沒事吧？」

這麼一喊，她的眼睛突然一亮，嚇得想縮回身子，卻痛得臉孔扭曲。

「妳記得剛才說了什麼嗎？」

「我？我說了什麼？」

即使湊近了看，那仍是一雙清澈的眼睛——沒有絲毫陰翳。她瞪大雙眼，清醒地回看著他。

「這就奇怪了，怪事實在太多了，我看還是需要醫生。」

他一離開床鋪，她便說：「我的身體還沒有糟到連五分鐘都無法忍耐。」

「所以呢？」

「首先，你最好趁著還沒踩到碎片受重傷前，先把地上的花瓶清理一下。」

他扭頭瞄了一眼碎片，點點頭。

「知道了。洗手間好像有抹布，我順便把地板也擦一下。就這樣嗎？」

「如果要出去找人求助，最好先換件衣服。」

他這才想起自己還穿著睡衣。

「遵命。」

女人這種生物，眞是判斷力好到令人生氣——他邊這麼想，邊開始撿拾花瓶的碎片。

四

十分鐘後，他換上T恤和棉質長褲，尋找外出穿的鞋子。

衣服在櫃子裡。數量不多，而且只有長褲和襯衫的組合，沒看到西裝之類的衣服。同時，面向衣櫥的左側是男裝，右側是女裝，整齊地分開掛著。他也稍微檢查了一下女裝，同樣只有襯衫和裙子。不過，衣櫃底部並排放著兩個扁扁的防蟲箱，打開一看，裡面裝著內衣和襪子。

這些衣物只有一個特徵，那就是它們全部都是新的。

現在還是什麼也別想吧，他如此決定後，便挑出適當的衣服，在她看不見的地方換上，脫下的睡衣就摺好放進衣櫃。

門口有個訂做的小型鞋櫃，打開櫃子，裡頭有一雙同樣嶄新的球鞋，和一雙看似軟皮的白色低跟女鞋。他取出球鞋放在玄關地上，有一種全新橡膠的氣味。

他再次回到房間，發現她縮在毯子下面。

「還會冷嗎？」

「非常冷。」

他都已經開始流汗了，她卻渾身發抖。

「也許還有別的被子吧。」

他四下環顧，發現櫃子上面另有對開的拉門，大概是儲藏櫃吧，伸直腰桿剛好搆得著。拉開細長的櫃門一看，左手邊就放著還套著塑膠袋沒拆封的毯子，和她現在蓋的只有顏色上的差異。至於右邊，放了一個藍色的行李箱。箱子平躺著，握把朝向他這邊。

他先拉出毯子，撕開袋子。在床上攤開蓋到她身上後，她低聲說了句「謝謝」。

「也許對惡寒起不了什麼作用，不過再忍耐一下就好了。」

他把塑膠袋揉成一團，扔在床腳。抬起眼，又看了一次儲藏櫃。

那個行李箱。

會是什麼呢？

「抱歉打擾一下，妳很難受嗎？」

她從毯子底下回答：「稍微暖一些了。」

「妳記得妳有個藍色行李箱嗎？」

「長什麼樣子？」

「我現在拿給妳看。」

他抓住行李箱握把，往前拉，箱子出乎意料的重。他有點驚訝，頓時提高警覺，結果箱子幾乎是半扯半掉落下來，他把它放在腳邊。

「重得驚人，會是什麼呢？」他把箱子移到她躺著也看得到的地方。

是一個沒有任何特徵、外殼光滑的行李箱。既沒有貼標籤，也沒掛任何行李牌。只能隱約辨識出

「SAMSONITE」這個廠牌名稱。

「妳有印象嗎？」

她默默仰望他，露出「沒有」的表情。

「要打開看看嗎？」

「打得開嗎？」

箱子沒有鎖。將握把兩邊的卡榫一按，啪擦一聲蓋子就彈起來了。

打開的瞬間，他不禁懷疑自己的眼睛。

「是什麼？裡面裝了什麼？」

她想坐起身子，卻立刻叫了一聲「好痛！」，隨即緊閉上眼睛，保持這個姿勢無法動彈。連他在一旁旁觀，都知道她的痛苦非比尋常。簡直就像被裝了鐵片的襪子狠狠一擊，他扶著她的肩膀。

「妳最好不要動。」

她緩緩睜開眼。「沒關係，好像只有動的時候才會痛，坐起來以後就沒事了，已經不要緊了。」

然後，她也看到箱子裡的東西。

兩人都啞口無言。

「這是——什麼？」好不容易擠出這句話時，她的聲音洩漏了真正的想法。

「妳忘了這叫做什麼嗎？」

「別開玩笑了，我不是這個意思。」

「我知道啦。」他也沒心情說笑。行李箱裡塞得滿滿的，全是現金。

「這是怎麼回事？」她死盯著行李箱，摸索著他的手臂用力抓住，連指甲都快掐進肉裡。然而，茫然的他卻一點也不覺得痛。

「不知道。」回答之後，他想，從剛才開始我好像就只會說這句話。

箱裡放的全是萬圓大鈔。縱行三列，橫排五行。紮成一捆一捆的，可是沒綁銀行的封條，只用橡皮筋捆住。

「有多少錢？」

「要數數看嗎？」他看著她，「有興趣嗎？」

「興趣……不是這個問題吧。」

「嗯。」蓋上行李箱的蓋子後，他站起身，抓著握把拎起來。

「你要幹麼？」

「我不會拿到哪去的，我只是要放回櫃子裡。」他的確這麼做了，並牢牢關上櫃門。

「總之，先去醫院吧。我們兩個，最好都盡快接受診療。」

她緊抓著毯子邊緣凝視他。「會不會有危險？」

「什麼危險？」

「那些錢……」

他咬著下唇，略作考慮。然後回到她身邊，蹲下來與她四目相接。

「妳的意思是說，那筆錢是否涉及犯罪吧？比方說搶劫啦或是綁票。」

她沒有回答，卻移開視線。

「妳怕出去以後，尤其是去醫院這種地方，說不定會遭到逮捕？」

她毫無自信地仰望他。

「你沒這種感覺嗎？」

剛才還拘泥於一般社會眼光，現在卻害怕自己或許是罪犯。還眞是一百八十度的大轉變啊，他想著不禁苦笑。

「喂喂，只不過是看到行李箱的錢，妳別急著下定論嘛。」

「可是，一個正常人手邊不可能有那麼多錢，應該會存進銀行。」

原來如此。仔細想想，這也是基於常識判斷產生的想法。如果是個正常人，不可能把錢藏在屋子裡——是嗎？

「搞不好只是中了彩券頭獎呀，」他對她一笑。「結果，慶祝的時候不小心喝多了，這也不是不可能的呀。」

他自己也明白，這和他剛才說的話簡直是自相矛盾。他也不認為這樣就能說服她。不過，反正在這裡坐困愁城也沒用，更何況她也需要醫生。不，或許連他自己也很需要吧。

眼看她陷入沉默，他隔著毯子輕拍她的肩膀，站起身來。

「妳還是躺著安靜休養吧，什麼都不用擔心。我馬上就回來。」

她輕輕抬起脖子。「欸，我有點害怕。」

「害怕？」

「你要把那筆錢和我一個人留在這裡嗎？」

原來是這個意思啊，他總算理解了。

「把門鎖上會比較好嗎？」

「這樣我會比較睡得著。」

他再次輕拍毯子。「沒問題，大門鑰匙應該就在什麼地方，我找找看。」

說是要找，其實能找的地方有限。廚房剛才已仔仔細細地搜索過，鑰匙這種東西也不可能放在浴室或廁所，所以只剩下這個房間。桌上只放著花瓶，其他眼睛看得到的收納場所，就只有電視櫃下面的小抽屜了。

這時，他忽然發現：看樣子她和我似乎都沒有攜帶任何手提行李，如果有類似手提包之類的東西，應該會立刻發現才對。

電視櫃是那種粗製濫造的便宜貨，不過還是有擺放錄放影機的架子，也有收納錄影帶的空間。不過，現在那裡是空的，散落著細小的木屑。

他蹲下身，拉開小抽屜。

裡面放了三樣東西。他是先認出哪一樣呢？他甚至不知道辨識東西是否有按照順序。不過，總之他絕對沒看錯。

他猛然關上抽屜，電視櫃被撞得略微移動。

他悄悄窺探身後。她沒發覺，也沒喊他。

他跌坐在地板上，又開始心跳加快、掌心冒汗。他眨眨眼，舉起手背擦拭額頭，深呼吸之後，再次打開抽屜。

最前方放著鑰匙。鑰匙非常小，一點也不占空間。真正占地方的，另有他物。是手槍。

黑色、閃著金屬光芒的手槍，微微傾斜，側放呈倒過來的く字形。

他想，這也許是模型槍吧。如果是模型槍，槍口應該是封死的。他又想，我怎麼會知道這種事，我有這樣的嗜好嗎？

他沒勇氣拿起槍。他想用指尖去勾扳機，又怕這樣做說不定會擊發。保險——對，只要上了保險栓就沒事了，可是保險栓在槍的什麼地方、哪個可能是保險栓、要怎樣才能鎖上保險栓？這些他全都不知道。

他把整個抽屜抽出來放在膝上。只動了動頭，試著查看槍口。

槍口沒有封死。

這麼說是眞槍囉？

心臟就在耳朵內側轟然作響。房間的悶熱變得令人難以忍受，他快要窒息了。可是，背上卻感到一股冷意。脊椎下面，被一隻冷得像冰的手按住。那隻手愈來愈巨大，奪走了他的體溫。

鑰匙，和手槍。

至於第三樣東西，是一條薄薄的毛巾。鋪在前兩樣東西下面，看起來就是普通毛巾而已。

可是，如果他沒看走眼，那上面顯然沾了污漬。雖然只有一點點，卻像是抹過什麼、擦拭過什麼留下的褐色漬痕。

好髒的漬痕，簡直就像乾涸的血跡。

他把右手往棉質長褲的腿上擦拭，抹去手汗，手如果一滑就完了。即使把手汗擦了又擦，似乎還是擦得不夠乾。

一碰到槍，就有冰冷的觸感，口中似乎瀰漫一種油味。

不管怎樣絕不能碰到扳機，不如直接拿著槍身比較好。他慎重地、把槍口避開自己和床鋪的方向，有點像耍雜技似地彎曲手肘，總算把槍從抽屜取出。直到放到地板前，他都在無意識中停止呼吸。

彷彿是之前憋了太久，他猛然抓起毛巾。

攤開一看，毛巾上頭零星散布著形狀不一的污漬，就像捨不得浪費顏料的抽象畫一般。把毛巾湊近臉部，有股討厭的臭味。

「那個是血，對不對？」

他嚇了一大跳。她從床上坐起身子，蒼白的臉正看著他。

他幾乎完全出於本能地，移動膝蓋藏起地板上的手槍。不過她一直盯著毛巾，似乎完全沒注意其他的東西。

「是放在那個抽屜裡的嗎？」

他點點頭。她一邊皺著臉按著頭，一邊探出身子。

「給我看。」

把毛巾給她後，她開始仔細打量。稍微湊近鼻子，皺起眉頭。

「這個氣味，果然是血沒錯。」

「妳分得出來嗎？」

「只要是女人，我想誰都分得出來。」

她把毛巾還給他，非常辛苦地換個坐姿。只要一動頭就會痛，和嚴重偏頭痛時的症狀極為類似。

「這下子，你還覺得我們沒涉及不法勾當嗎？」

她一臉痛苦。眼睛開始充血，微微泛出淚光。

他默然以對，因為他不知道是否該把手上的牌全都亮給她看。

「不要去醫院，我不要緊的。」

「妳看起來一點也不像不要緊。」

「那，至少現在別去，等我再鎮定一點。等到傍晚說不定會想起什麼，好嗎？」

他把手臂擱在床鋪的欄杆上，凝視著她的臉。或許現在，還是別留下她一個人外出比較好。不，坦白承認吧。其實是我害怕出門，因為不知道外面有什麼在等著。

「就這麼辦吧。」他說。

確認她躺好了之後，他才從地上撿起手槍。用毛巾裹著，略作考慮後，塞進床鋪的彈簧墊和被子之間。如果繼續擱在抽屜裡，說不定會被誰撞見。

他把鑰匙放進棉質長褲的口袋。

走到廚房，先確認門的確鎖上了，進入洗手間，把頭伸到水龍頭下方，讓冷水當頭澆下。雖然連T恤背後都濕了，腦袋卻清醒許多。

用毛巾擦臉時，手臂上的神祕文字再次映入眼簾。雖然沾了水，卻依舊清晰。

你要冷靜，你要冷靜——他這麼告訴自己。她說的沒錯，再觀望一陣子，過些時間，說不定一切自然會解決。

他把毛巾掛回架上，看著鏡子。鏡中的男人，看起來似乎一點也不相信他這種樂觀的推測。

唯一確定的，就是看來似乎不能去醫院也不能找警察。

時間是下午兩點二十七分，一切才剛剛開始。

五

客人在約定的三點整準時抵達。

門鈴響了兩聲後，眞行寺悅子從廚房的椅子站起身，跪坐在旁邊椅子上的由佳里拿著彩色鉛筆，不滿地動起臉頰。

「是客人？」

「好像是。」

「眞沒意思。」

雖然由佳里露出氣嘟嘟的表情，彷彿在強調這是小孩的特權，但她還是迅速把彩色鉛筆收回盒中，闔上著色簿爬下椅子。悅子輕輕把手放在她頭上。

「對不起，好好的週日又被破壞了。不過我想應該不會耽擱太久。」

「那晚餐的約會呢？」

悅子嫣然一笑。「沒問題，我會準時赴約，妳先想想看要吃什麼。」

「萬歲！」

由佳里蹦蹦跳跳地上了樓梯。悅子喊住她：「要不然，妳先去外公那裡也可以。讓他幫妳一起畫完著色畫如何？」

由佳里站在樓梯轉角處轉身說：「也可以啦……可是，外公每次都把結婚禮服塗成茶綠色。」

「他喜歡素雅的顏色嘛。」

聽到由佳里關上自己房門的聲音後，悅子才去打開玄關大門。

貝原好子毫不掩飾不耐地站在門口。黑白相間的高跟鞋包住的腳尖，故意跺出叩叩叩的聲音。

「怎麼讓我等這麼久！」說著她將抹了濃豔口紅的嘴唇緊緊抿起。悅子決定不跟她計較。

「家裡有小孩嘛，請進來吧。」

她請客人穿上室內拖鞋，率先走回客廳。好子粗魯地關上大門，跟在後面走進來。

一進入客廳，好子就不客氣地打量四周。簡直像我婆婆似的，悅子想，不免覺得有點好笑，因爲她回想起今早打掃時，意識到好子即將來訪，她打掃得比平常更爲仔細。

貝原好子似乎對所有女性都會擺出惡婆婆的架勢。她不是存心如此，但周遭還是難以忍受。

「小操她眞的不在妳家嗎？」

好子站著說。關於這次的事，悅子是在三天前接到她第一通電話，從那時算起，她已經問了十幾次同樣的問題了。

悅子每次的回答也都一樣。

「小操她一次也沒來過這裡，我也沒在其他的地方見過她。妳要不要先坐下？」

好子打量了一下覆蓋著夏季麻質椅套的沙發，這才坐下，隨即將黑色鱷魚皮的名牌凱莉包（想必應該是眞貨吧。小操總是說：「我老媽對於身上穿戴的用品，向來很捨得砸銀子。」）緊貼身邊放下，從那個包裡取出銀色的菸盒和搭配成套的打火機。

悅子在客人用的玻璃高杯中注入冰涼的麥茶，放在托盤上，端到客廳，在好子的斜對面坐下。好子每吸一口菸，就在桌上玻璃菸灰缸的邊緣彈兩下。每一次都灑落細小的菸灰，甚至掉到桌布上。悅子最討厭不懂得乾淨使用菸灰缸的人。

把裝了麥茶的玻璃杯放到桌上，悅子雙手放在膝上，但好子依舊只是默默吸菸，彷彿在表示：主動開口應該是妳的職責。

「在電話中和妳談過好幾次，不過這樣見面還是第一次。我是眞行寺悅子。」悅子說著點頭行禮，「我和小操是……」

好子毫不客氣地打斷她的話。

「妳跟小操是什麼關係，我已經從她那裡全都聽說了。現在我根本不在乎這個，我只想知道小操在什麼地方。」

悅子平靜地又重複一次：「她現在在什麼地方，我完全不知情。小操都沒有跟家裡聯絡嗎？」

好子聽了狠狠地瞪著她。

「要是有聯絡，我就不會來妳這種鬼地方了。」

把別人家說成鬼地方實在很無禮，不過悅子還是努力隱藏不悅的表情。她想起小操有一次曾經說過：「跟我老媽說話時，最好不要動不動就生氣。要不然，根本都沒時間做別的事了。」

「我接到妳說小操失蹤的電話，是九日週四晚間沒錯吧。到今天，已經整整三天了。」

悅子抬頭看著牆上的月曆。那是從高山植物攝影集翻印的圖片，敏之生前向來喜歡這種月曆。即使在他過世後，悅子依然不願掛別種月曆，還特地跑到市中心的文具店大費周章地買回來。

「她離家這麼多天，而且連一通電話都沒打，之前應該沒發生過類似情形吧？」

好子把香菸用力摁熄，立刻迫不及待地點燃另外一根。

「沒有。就算外宿，也總是離家一晚就會回來。」

好子所說的「外宿」，小操稱之爲「排瓦斯」。

（如果不偶爾排瓦斯，我眞的會火山爆發。）

「她留字條了嗎？」

「什麼也沒留。」

「小操離家時有帶手提行李嗎？比方說旅行袋之類的。」

好子轉開目光，很不高興地哼了一聲。

「我根本沒見到那孩子。」說完，就用存心找人吵架的眼神瞪著悅子。「那孩子就算待在家裡也難得開口跟我說話。只有吃飯時看她有沒有下樓來，我才能確定她在不在家。所以就算她突然跑出去了，我也不會發現。」

她的語氣之所以特別尖刻，是因爲帶了幾分自我辯解的意味。

「這麼說來，她不是在九日，而是更早之前就不見蹤影了嗎？」

「我最後一次看到她，是八日晚餐時。後來，大約十一點左右吧，我叫她洗澡她也沒回應，於是我就去她房間看，這才發現她不見了。」

根據小操過去的「紀錄」，如果八日晚上外宿，九日應該會回來。好子八成也是這麼想，所以那時才沒理會吧。

沒想到，到了九日晚上小操還是沒回家。於是，好子才打電話給悅子。悅子是在深夜快十二點的時候被那通電話吵醒的，而且好子劈頭就很歇斯底里地說：「叫小操來聽電話！」

「這麼說來，到今天已經四天了。她會待在哪裡呢……」

悅子的腦中浮現貝原操精緻的五官。大約一個月前，第一次見到小操本人時，她的感想是：這個女孩比自己根據電話聲所想像的更漂亮。小操雖年僅十七歲，卻早已超越了「長大以後應該會是個美女」的階段，她已經是個完美的美女了。

「妳有沒有打聽過她可能會去的地方？除了我家之外，比方說班上同學或是男朋友那裡。」

「那孩子根本就沒有什麼同學，因爲她幾乎不去上學。」

「那男朋友呢？」

「反正都是一群不良少年。」

好子吐出這句答非所問的回答，又伸手去拿菸。

「恕我說句冒昧的話，妳報警了嗎？」

好子唇間夾著香菸，手上還拿著打火機，瞪大了眼睛。

「我爲什麼要報警？」

「我以爲妳已經請警方協助搜尋了。」

「我幹麼非得請警方協助搜尋？小操很快就會回來了。」

從她的語氣聽來，她顯然覺得如果報了警，等小操回來時豈不是太丟人了。

悅子雖然目瞪口呆，卻也能理解。

這個女人，其實並不是擔心女兒在外頭發生了什麼意外。她純粹只是無法忍受小操擅自離家出走，在母親不知道的地方生活。如果只有一晚她還能睜一隻眼閉一隻眼，可是這次長達數天，所以她才會生氣。

貝原好子大概把占有欲和關愛混爲一談了，她無法容許小操在別處有個比母親更能坦誠溝通的朋友。她爲此發火，然後，首先就選中了眞行寺悅子當作她的出氣筒，事情就是這樣。

「很抱歉，請問，妳爲什麼認爲小操會在我這裡呢？」

好子不悅地保持沉默。

「小操在家時常提起我嗎？」

好子沒好氣地說：「對呀，她甚至還說：『永無島』（註）的眞行寺小姐，要比妳這個女人更了解我。她居然喊我這個當媽的『妳這個女人』耶！」

「所以，妳才認定她應該在我家？」

好子雖然沒有回答，卻等於默認了。悅子嘆了一口氣。

「其實，我對小操來說只不過是個朋友。」

好子露出「一點也沒錯」的表情。然後尖銳地說：「可是，我問妳，小操以前來過妳這裡吧？」

悅子點點頭。「只來過一次。」

「小操她似乎非常信任妳。」

「即使如此，我終究是個外人，」悅子明確地說：「小操的心中有我無法涉入的部分。不只是我，任何人都無法進入那個私密部分。只要是正常人，每個人都應該有這樣的部分吧。我不認為隨意踐踏他人隱私，是表達親密的好方法。」

好子嗤之以鼻。「我問妳，妳到底想說什麼？」

「我想要表達的是，小操是根據她自己的意志和判斷來行動，她有她自己的世界。」

「她不過是個小孩。」

「就算是小孩也一樣，」悅子傾身向前。「最重要的，我想應該是要讓彼此的世界溝通無礙才對吧。只要能做到這一點，小操是聰明的孩子，我想應該不用擔心。」

「即使她三、四天沒回家？我看妳啊，她是別人家的小孩才說得出這種不負責任的話吧。」

「所以，」悅子忍耐著。「我的意思是，現在必須擔心的不是小操的態度或想法如何。實際上，她以前從來沒有蹺家這麼久對吧？說不定是捲入了什麼麻煩。貝原太太，妳應該去報警，而且不要來找我，因為我已經坦白告訴過妳了，她不在我這裡。妳應該去小操其他的同學、朋友那裡打聽。就算最後找到小操會痛罵她一頓，也總比完全不找要好得多吧？」

事實上，悅子甚至為好子至今居然都沒想過要去找警察而感到驚訝。

然而，好子只露出聽到一堆外國話的茫然表情。對她來說，她似乎完全無法想像，小操即使什麼

註：NEVER LAND，原意為小飛俠彼得潘的故事中，小飛俠和那群孤兒居住的小島。

都沒做，也極有可能遭逢外來的災難或事件。

過了一會兒，好子唐突地打開皮包，取出一本像大型記事本的東西，砰地一聲丟在桌上。

「這是那孩子的日記。」

悅子皺起眉頭。「是在她房間找到的嗎？」

「我本來是在找她的電話本，想說也許能查出她的下落，結果就找到這個。」

原來如此，若非如此也不可能打電話到悅子家裡來，不過關於這點，好子絲毫沒有流露愧疚之情，悅子眞是被她打敗了。

「裡面寫了一些莫名其妙的東西。」

「妳看過了嗎？」

小操的日記本是那種鑲著玩具般小鎖的本子，封面有花紋，印著金色的「DIARY」字樣。現在，上面的鎖已經壞了。

「我用螺絲起子撬開的。」好子不當回事地說。「請妳看一下，也許妳能夠發現什麼。」

悅子無法立刻伸手。她覺得擅自看小操的日記，就等於背叛了小操的信賴。

「妳就快看吧，」好子催促她。「是我這個當母親的許可的，情況說不定很緊急，這話不是妳說的嗎？」

對於好子的「許可」悅子是敬謝不敏。她在心中暗自決定將來見到小操時一定要道歉，這才翻開日記。這是她第一次看到小操的筆跡。不是一般少女流行的圓體字，是稍微有點歪向右下角，清晰秀麗的字體。

基本上是一頁寫一天的日記，不過空白很多。與其說是日記，小操似乎是當作記事本使用，「PM · 8 LOFT」（生活用品商場）或「去MY CITY購物」之類，類似摘記事項的記述占了大部分。翻著翻著，發現她只記到八月七日爲止，後面是一片空白。

七日的記述，僅有一行。

明日　打算到Level 7　會回不來嗎？

「會回不來嗎？」這幾個字，悅子反覆默讀數次。實際上小操的確沒回來，日記就在此中斷。這麼說，小操對於無法回家早有某種程度的預期了嗎？

悅子抬眼看好子。她正一邊吸菸，一邊凝視著悅子。

「七日寫的這個，是什麼意思？」

「我怎麼會知道。」

她試著翻回前面。七月二十日那頁，也有出現「Level」這個字眼。

Level 3　中途放棄　眞不甘心。

再翻到更前面。她注意搜尋，看樣子，「Level」這個字眼第一次出現，似乎是在七月十四日。

第一次見識到Level 1　眞行寺小姐♡

悅子把這行文字反覆看了兩遍。

如果說Level這個字眼不可思議，那後面的「眞行寺小姐♡」，就更令人百思不得其解了。

「抱歉失陪一下。」悅子向好子致歉後，離開客廳，去拿放在廚房抽屜的家計簿。雖只是筆記本形式的簡單帳本，悅子除了用來記帳，同時也當作日記使用，所以向來被她視爲至寶。

翻開家計簿一看，悅子第一次和小操會面，邀請她到家裡來，是在七月十日。

她又回到小操的日記。她也在七月十日這頁，寫著「和眞行寺小姐首次見面！」

悅子又看了一次八月七日的記述，這才闔上小操的日記。

「她蹺家前夕寫的這個Level 7令我很好奇，不曉得是什麼意思。」

好子毫不在乎地聳聳肩。「連妳都不知道的東西，那我更不可能知道了。」

悅子再也無法壓抑滿腔怒火。「貝原太太，妳就算爲了令嫒跟我這個外人斤斤計較也毫無意義。

因爲小操的母親就只有貝原太太妳一個人。」

像她這樣，總是緊緊監視著小操，試圖掌控她的一切，不這樣做就不甘心，宣稱這麼做是母親的權利，持續擺出強勢的態度，就是母女倆發生衝突的最大原因。

把日記還給好子後，悅子斷然表示。「請妳拿著這個立刻去找警察。一個年輕女孩失蹤四天，絕對不是什麼小事，警方一定也會替妳設法。還有，妳最好逐一調查一下她的交友關係。」

好子看起來似乎很不滿。她並非不願聽從悅子的勸告，只是不喜歡被他人指揮。

「至於我，也會盡量多留意，在可能的範圍內幫妳一起找。因爲身爲她的朋友，我也很擔心。」

悅子這麼說完，就站起來表示這場談話已經結束。

六

貝原好子離去後，悅子累得渾身無力。她替自己煮了濃郁的咖啡，在廚房椅子坐下。

接下「永無島」的工作已將近半年，不過還是頭一次遇到這種問題。她一邊思索著怎樣才是最妥當的做法，一邊感到非常惶恐。

現在這份工作並不是自己主動爭取來的。丈夫敏之猝死後，以前的老同事爲了讓每天過著行屍走肉般生活的悅子重新振作起來，遂替她安排了這份工作。

當年和井出敏之認識時，眞行寺悅子是個國中英文老師。和他結婚後改冠夫姓成了井出悅子，由佳里出生後，本來還繼續教了一陣子書，可是幼兒期的由佳里體弱多病，再加上敏之工作繁忙，連週末假日都無暇休息，爲了替他打理生活，她覺得自己還是待在家裡比較好，於是從婚後第二年變成專職家庭主婦。

敏之在去年八月十日深夜去世，前陣子剛過完一周年忌日。他死時悅子沒有隨侍身旁。敏之是在公司的辦公室倒下，送進醫院不久就立刻死亡，死因是急性心功能不全——三十七歲便英年早逝。

公司的工會發行的社內刊物，把敏之的死視爲「典型的過勞死」，寫了一篇嚴厲糾舉資方的報導。也許是因爲那篇報導的效果，也或許是公司怕悅子提起訴訟吧，敏之的退職金和弔唁金金額相當優厚。這間才剛買一年的房子的貸款，也因爲敏之生前有投保，得以完全清償，公司的福利金也有支付遺屬年金，至少目前悅子不用擔心日常生活開銷。至於存款和敏之生前健康工作時比起來，甚至有增無減，絲毫不成問題。

正因爲如此，她才會覺得一切無比空虛。

敏之究竟是爲了什麼工作呢？仔細想想，一家三口總共也只出遠門旅行過一次。就連帶由佳里去動物園和兒童樂園玩的次數也都屈指可數。他幾乎天天加班，徹夜工作也毫不稀奇。枉費他工作得這麼賣力，但就經濟上來說，竟然是早死比較划算。

有人對她說：「要是沒有這股建築熱潮，妳先生也不用那麼拚命工作。」也有人告訴她：「公司啊，當初根本不該勉強參與東京再開發計畫。」甚至有人說：「當部下的最可憐了，用完即丟。」

然而這一切她都無所謂了。悅子想聽的並不是這些話，她想要的是一個解釋、一個答案。

敏之正確說來並不是猝然「倒下」。他是工作到一半，正要從描圖器前站起時，突然站不起來一屁股坐倒，就這樣再也沒站起來過。

悅子想，這個世上眞有這樣的工作，重要到必須讓一個人賣命到筋疲力竭、站都站不起來嗎？到底是誰有這種權利，可以讓一個人工作到這種地步呢？

敏之過世那晚之所以熬夜處理公事，是因爲從後天十二日開始，公司全體就要放整整十天的暑假。暑假一定要休，這是規定。然而，這段期間累積的工作可沒人來代勞。說得直接點，敏之是因爲一定要休暑假才會死的。

天下哪有這麼不合理的事——悅子一方面這麼想，可是再想到自己眼睜睜地看敏之處於這種狀況，又何嘗爲他做過什麼？便有種一頭撞上黑牆的感覺。

「要是沒跟妳結婚，敏之也不會死，都是妳逼得他工作到死。」面對婆婆這番指控，悅子無力反駁。因爲就事實而言雖非如此，但是悅子覺得就原因來說其實是一樣的。

「你的臉色不太好，最近也沒什麼胃口，還是好好休個假比較好吧？」她只會說這種話，實際上卻什麼也沒做。敏之總是嘲笑她：「做上班族的，每個人都是這樣，還有些職場的人工作得更累呢。」聽他這麼一說，她也就理所當然地以爲「大概如此」。

結果這種理所當然，最後迂迴地殺死了她的丈夫。

自己比其他人更有責任，悅子怎麼也無法釋然。她順從夫家親戚的要求，從遺產中撥出相當大的金額給夫家。夫家叫她遷出戶口，她也照著做了。反正當初夫家本來就反對這門婚事（無論敏之說要和誰結婚，敏之的母親鐵定都會反對），而且她認爲自己是嫁給井出敏之這個人，並不是嫁給井出家，所以又恢復了眞行寺的舊姓。她相信只要有由佳里以及和敏之之間的回憶，以及這個充滿回憶的家，就能活得下去。

即使如此，少了敏之的生活，似乎一切都失去色彩、了無生趣，那時的悅子成了一具行屍走肉。眼看她這樣，朋友不僅責備她：「如果不振作起來連妳自己也會死掉，到時候由佳里要怎麼辦？」也勸她出去工作。

「出去見見世面，就算只做短期的也好，至少可以幫妳換個心情，妳要爲了由佳里著想。」

爲了由佳里——就是這句話打動了她。

起初，她想回去教書。這樣最順理成章，況且她也很喜歡那份工作。可是一旦開始謀職，她赫然發現自己根本沒辦法重執教鞭。

那些孩子——每天不得不應付大量課程的學生們。說到爲何要如此日以繼夜拚命K書，無非是爲了考上一所好高中、好大學、進一個好企業。然後又怎樣？工作、工作、不停工作，最後像敏之一樣英年早逝？悅子已經沒辦法再扮演協助他們走上那條路的角色了。

就在這時候，「永無島」的工作找上她。

安排這份工作的老同事說：「其實有點像是心理諮商啦。」她去面試時見到的負責人一色松次郎則笑著說：「等於是另一種電話交友。」令悅子吃了一驚。

實際上，如果要在電話簿上尋找永無島的電話號碼，必須翻到人壽保險公司那一欄。這個永無島，原來是某家大型壽險公司總公司內部某個單位的暱稱。位於丸之內最佳地段二十三層大樓的十七樓，擁有一間麻雀雖小五臟俱全的辦公室。

專職人員共有六人，男女各半，從二十出頭到年過六十的都有，年齡層涵蓋極廣。這六個人，輪流上早班、中班、晚班，也要輪值，二十四小時都有人上班，而工作就是接聽打來的電話。

有點寂寞時　需要說話對象時　有任何煩惱時　請打電話到永無島　工作人員隨時為您服務

宣傳用的簡介上，如此介紹著。

永無島等於是某種「電話求救站」。不過，來求救的理由一概不論。縱使只是因爲寂寞，想要和誰說說話才打電話來也無妨。甚至可以說，事實上像這種「沒什麼事」的電話占了壓倒性多數。偶爾當然也有人來諮商苦悶的人生問題，或是詢問法律及福利相關問題的電話，不過像這種案例，他們會轉介更專業的諮商中心。

「換言之，就像『生命線』那樣嗎？」

悅子這麼一問，一色連忙笑著說：「不不不。」

「沒有那麼專業啦。我們比較輕鬆。是針對那種其實也沒什麼煩惱，只是覺得無聊、想找個對象說話的人，讓他們能夠毫無顧慮地打電話來就行了。」

「可是，如果只需做到這種程度，那他們打給朋友不就好了嗎？」

「問題是在東京，很多人連這樣的『朋友』都沒有。」

一色建議她在決定是否接下這份工作前，不妨先監聽幾天，悅子對工作本身雖然沒有太大興趣，但保險公司特地編列預算設置這個單位的目的倒是勾起她的好奇，於是悅子答應了。然後，第一天就被打來的電話之多給嚇到了。

打電話來的有十幾歲的青少年，也有獨居老人，還有丈夫在外地工作的家庭主婦；有離開父母獨自來東京求學的學生，也有父母都外出工作的鑰匙兒童獨生子。

小孩子會開心地報告今天在學校發生了什麼事，獨居的粉領族爲了快交到男朋友而興奮；中年上班族訴說著明天要去做體檢，心情極爲不安；主管叨叨絮絮地發著職場上的牢騷，經營者聊的則是周轉資金的不安。

「妳覺得怎樣？我們其實是只存在於電話另一端的虛擬友人，不過總比沒有朋友好。」

一色說著，臉色認眞起來。

「由於職業關係，我到了這把年紀，見過相當多的人。所以我覺得，眞行寺小姐，像妳這種年紀輕輕就吃過苦的人，毫無例外通常都很擅長傾聽。怎麼樣？妳願意來幫忙嗎？」

那一刻，她感到心動。一色投身保險業界，如果繼續打拚本來可以成爲主管，但他卻提出永無島這個企畫專心投入，一色的人格令她深感敬佩。

不過，還有個問題，就是由佳里。

「如果我在這裡陪別人家的鑰匙兒童說話，卻讓由佳里獨自在家吃晚餐，那就毫無意義了。」

一色說，這點只要和其他同事商量調整值班型態就行了。他說得毫不造作。

即使如此，悅子仍有一絲猶豫。

沒想到，替她斬斷這絲猶豫的，竟是由佳里本人。她雖才十歲大，但可能是身爲獨生女的關係，也或許是因爲敏之從小就教她講道理，所以出落得聰慧懂事。悅子把原委告訴她，跟她商量後，她立刻說：「媽媽，那很好呀，妳爲什麼不試試？」

「媽媽去上班沒關係嗎？」

「嗯，反正禮拜天不用工作吧？學校的教學參觀日和運動會妳也照樣有空來參加吧？」

「那當然。」

「那不就好了。媽媽能打扮漂亮去上班，我覺得很好啊。」

聽孩子這麼一說，悅子這才想起，自從敏之死後，不出門的日子她甚至一整天連頭髮也沒梳，想到自己變得這麼邋遢，悅子不禁臉紅。

更何況——她想，就算在家，由佳里也常抱著電話講個不停。即便是小孩，那也都是一種非常愉快的溝通方式吧。管他是敷衍的也好，暫時的也罷，能夠爲尋求這種溝通方式的人提供一點愉快的聊天時光，說不定會是份不錯的工作。

就這樣，悅子開始在永無島上班，而貝原操就是悅子在永無島結識的唯一一個「升格朋友」。從「虛擬」開始，最後升格變成「眞的」朋友。

小操第一次打電話來永無島是在今年開春。來電內容大致是說想休學去工作，對於在那個季節（註）、那個年齡的孩子而言，說出這樣的話並不算稀奇。

當時，悅子等小操盡情說完想說的話後，才告訴她：「如果妳想休學去工作，那也沒什麼不好。不過，我是覺得有點可惜。因爲，工作可是要做一輩子的。」

小操說，她很欣賞這個答覆。

後來，五月的連續假期快結束時她又打來，說她決定不休學了，之後就開始不時打電話給悅子。

小操談的內容，和大部分打電話來永無島的諮商者沒兩樣，多半是些無關緊要的閒談。有時雖然也會對學校或家庭發發牢騷，不過悅子覺得，她談得更多的，似乎是將來想怎樣怎樣之類的夢想。

註：日本的學制是在初春結束一個學年。

當小操提出「我想跟眞行寺小姐見一次面」時，悅子並不覺得太意外。

（我想親眼看看妳是什麼樣的人，我想確認一下，妳是否和我想像中的一樣，不行嗎？）

然而，提出這種要求的諮商者並不多見。悅子遲疑良久，最後徵得一色的許可，在永無島那棟大樓的咖啡座，和小操見了面。

「妳比我想像中還要漂亮！」小操說。「欸欸，妳眞的已經三十四歲了嗎？眞不敢相信。」

小操活潑、聰明，是個活力充沛、青春洋溢的十七歲美少女，看來不像是需要永無島的人。這種落差不僅勾起悅子的好奇，也有一種彷彿多了個幼妹的樂趣。

在咖啡座聊天的過程中，小操一直很開朗。不過，有時會莫名地坐立不安。當悅子舉手招呼店員，想請店員過來加冰水時，連旁觀者都看得出小操受到極大驚嚇。

「妳怎麼了？」悅子問，小操遲疑了一會兒，才小聲說：

「妳不能跟我聊太久吧？妳要走了嗎？」

原來小操似乎一直提心吊膽，深怕悅子要說「那就這樣，我該走了」。

「我啊，向來不太受人歡迎，尤其是在同性之間。」小操垂著眼，這麼告訴她。「雖然是我主動提出想見眞行寺小姐的，可是話一說出口我就好害怕，怕妳見了面就會討厭我。一旦見面後，可能就再也見不到妳了。這方面我眞的很低能。」

「哪方面？」

「就是……怎麼交朋友。」

這句話，在悅子心中，宛如簡樸樂器的音色砰然作響。回過神時，她自己已經這麼說了：「欸，要是妳願意，今晚到我家吃飯好嗎？我會通知妳的家人，並負責送妳回家。」

「眞的？」小操整張臉都亮了起來。「眞的可以嗎？我好高興！至於我家妳就不用擔心了，反正也不會有人在家。」

身爲永無島的工作人員，做到這種地步或許太逾越分際了，可是悅子一點也不後悔。那晚，小操看起來眞的很開心。他們一起吃飯，還夥著由佳里一起打電玩、聽音樂……

想到這裡，她憶起當時還拍了照片。正好前一個週末帶由佳里去迪士尼樂園玩，相機裡還剩幾張底片沒拍完，所以就拍照留念。

悅子站起來，走向位於客廳窗邊的展示架，架子上排列著各種裝在相框裡的照片。

其中一張是小操抱著由佳里展露笑顏的照片，就是那晚拍的。

當時，小操說她才剛剪頭髮。她不好意思地說：「因爲要見眞行寺小姐，我特地去了美髮院。」如此說來，她現在頭髮可能已經變得比較長了。

照片上的小操身穿螢光粉紅色的T恤，配上腿部曲線分明的石洗牛仔褲。左手手腕戴著男用手表，耳上閃爍著耳環。

那晚，她大約九點半離家，開車送小操回去。小操家位於東中野的住宅區，離吉祥寺這裡並不遠，路也很好找。

小操家一片漆黑，連門燈都沒有開。

「妳看吧，我老爸、老媽都出去了。」小操不當回事地說著下了車，站在玄關前一直目送著悅子，直到悅子倒車掉頭，駛向來時走過的路。

不論是之前或之後，除了那次，她再也沒和小操見過面。而現在，據說小操從家中消失了。

——妳跑到哪去了呢？

看著相框中的笑臉，悅子不禁試問。

最近，小操好一陣子都沒打電話來。永無島固然不用說，也沒打來悅子家裡。大概有一個星期了吧。不，說不定更久。最後一次和她講電話，好像是七月底的事。那天她說是打工的地方發薪水的日子，待會要和同事去喝酒。

她回想起小操當時的聲音。很開朗，她只記得這點。

「打算到Level 7　會回不來嗎？」

日記上的那行文字，令她耿耿於懷。小操寫這段話，到底是預期會從哪兒回不來呢？

雖然毫無必要，還是突然想確認一下自己身在何處，悅子看看時鐘，下午四點三十五分。

七

廚房沒找到冰枕或冰袋。

不管是哪一種頭痛，反正冰敷絕不會錯。起先，他把浴室裡的毛巾打濕放在她頭上，可是水是溫的，他發現這樣根本沒什麼用，只會把枕頭弄濕而已。

冰箱是三門式的，最上層是冷凍庫。打開探頭一看，製冰盒裡面，有白色混濁的冰塊。他取出冰塊，放進在餐具櫃抽屜找到的塑膠袋裡，做了一個臨時冰袋。從浴室取來乾毛巾，鋪在她的額上，再放上那包冰袋，這次似乎總算恰到好處。

「真的好舒服，」她嘆息著說。「謝謝你。」

她就這樣睡著了。他關上臥室的門，回到廚房的椅子坐下。

不管怎樣，目前該做的是什麼？

她之前說只要按兵不動，或許便能想起什麼，看來是希望不大了。自己的一舉一動和普通人沒兩樣。剛睡醒時那種無法連結物體與名稱的現象也消失了。整體而言，心情算是很穩定。

可是，記憶就是不肯回來。縱使他努力回想昨晚發生了什麼、自己原本住在哪裡，也彷彿是探頭窺看空箱子，什麼都看不見。

看不見。對，他突然想到，這種情況下的記憶就等於是腦中浮現的影像——有聲音，有氣味，甚至連觸覺都有的影像。

那，數字又怎樣？像這種純屬數據的資料，或許想得起來。

比方說——歷史事件？

這麼一想，幾乎同時間，「槍砲傳來」這個名詞就浮現出來。

一五四三年，槍砲傳入日本。

連他自己都覺得太可笑，這根本派不上任何用場嘛。

然而，他還可以想起許多類似的組合：一一九二年創立鎌倉幕府、六四五年推動大化革新……

不管怎麼想，就體型來說，自己都不可能是需要背誦這種年號的小孩。這應該是以前儲存下來的知識斷片吧。

不過，會不會是以前當過老師呢？又或者，是補習班老師，或是做過家庭教師。

他試著回想這樣的自己，卻還是毫無確切印象。

關於英文單字，似乎有點疑問。不過，這不是因爲他毫無記憶，他覺得應該是失憶前的自己根本不需要這方面的知識，所以才沒有培養出這方面的能力。他背得出九九乘法，也知道圓周率是三點一四。拿起身邊的報紙隨意挑幾個數字做加減乘除的運算，似乎也得心應手毫無問題。

英文單字拼得出來嗎？圓周率記得嗎？能夠背誦九九乘法表嗎？

換言之，他並未喪失這方面的知識，看來可以暫時安心了。

不過，縱使能做到這種程度的確認，也不能得意忘形。現在的自己就像沒有地基的房子。屋頂和牆壁彷彿也都被風吹得不知去向。

而且，還有那把手槍，和滿滿一皮箱的現金。

他嘆了一口氣，漫無目標地瀏覽四周。視線在周遭游移了一陣子後，他突然察覺，自己是在找什麼東西。找什麼呢？他眺望著桌子和架上搜尋——

是香菸。

他忍不住將手放在自己額上。對了，我以前是個菸槍。是什麼牌子？我抽的是什麼菸？

香菸的品牌名稱，他可以一口氣報出一長串。MILD SEVEN、CASTER、KENT、LUCKY、CABIN……可是，他卻想不起哪一種才是自己愛抽的菸。即使想破了頭，還是毫無印象。不過，想抽菸的需求卻愈來愈強烈。同時他也很清楚，這屋裡沒有香菸。

這麼一來，就得出門才行了。

這是遲早得面對的事。

他一邊這樣告訴自己，一邊在廚房徘徊了十五分鐘左右。

不管怎樣，都不可能永遠躲在這間屋子裡。他們需要食物，而且就她的情況看來，也需要藥品，遲早他都得出門。

一出去，就被捕……

他閉上眼，試想這樣的事態。被捕——面對這個名詞，自己的心中會產生什麼反應呢？失去記憶前，倘若他眞的做了什麼必須極端恐懼這種事態的事情，即使處在目前這種狀態，心中深處應該還是會向他發出警告吧？

警察。

對於這個名詞，腦中並沒有浮現特殊影像。只不過，腦海深處的螢幕，彷彿靈光一閃，浮現了旋轉的紅色警示燈，他似乎聽見一大群人闖入的混亂腳步聲。這是電影或連續劇常常出現的景象，最好別太指望這個，他想。

如果正遭人追捕，他不可能還在這種地方安然睡覺。他希望自己應該不是這麼愚蠢的人。

好，他點點頭，離開桌邊。隨著他的動作，放在桌邊的報紙頓時掉落地板。他停頓了一拍呼吸，才手忙腳亂地撿起報紙。

如果眞的發生了什麼案件，報紙當然會報導——如果眞如她剛才看到那箱現鈔時脫口所言，發生了什麼搶劫、綁票，和鉅款有關的凶險案件的話。

他翻開社會版。立刻映入眼簾的大標題是「溺水事故不斷　兩名小學生死亡」。某處的海水浴場，有小孩淹死了。

下一則，「爲爭遺產長男放火燒屋」。

下一則，「杉並區橫死案判明爲自殺」。

下一則，「暑假登山學生　一人墜崖摔死」。

他一字不漏地看完，既沒有搶劫和綁票案，也沒有追捕年輕男女嫌疑犯的相關報導。鬆了一口氣的同時，他馬上想到，不只是報紙。他應該早點這樣做才對。電視，再看看電視吧。他仰望廚房牆上掛的時鐘，正好要四點了，是ＮＨＫ公共電視臺播報整點新聞的時刻。

他回到有床的房間，打開電視。畫面頓時一亮，音量大得驚人的音樂流瀉而出。一個身穿泳裝的偶像歌手正在游泳池畔唱歌。他想轉台，可是電視表面光滑得像雞蛋，找不到任何轉盤或按鍵。好不容易發現遙控器內藏在機體下面時，她已經醒了。

「你在做什麼？」她以睏倦無力的聲音說。

「對不起。」他依舊蹲在電視前面說。「我想看看新聞，說不定能發現什麼。」

他扭低音量，轉到ＮＨＫ的頻道，正好趕上新聞開始播報。他移到電視旁，好讓躺在床上的她也能看到畫面。

戴著眼鏡的主播，首先開始報導中元節返鄉人潮尚未達到最高峰這個話題。接著，報導了報紙上也刊登的小學生溺水意外，第三則新聞，是九州地區目前遭到強烈雷雨襲擊，已經有一個人意外遭雷殛死亡。

「新聞就為您播報到此。」

主播說著輕輕鞠躬消失在螢幕上。只有短短兩分鐘的整點新聞。這證明並未發生任何大案件。他關掉電視。

「怎樣?」他轉頭看她。「沒有搶劫也沒有綁票。」

她對著電視看了一會兒，終於開口說：「說不定只是還沒被發現。」

「看來妳好像巴不得我們是罪犯啊。」他有點氣憤，「妳就不能說點能夠振奮人心的話嗎?我現在正準備要出門。」

她撐著手肘直起身子。「你要出去?」

「對呀，老是窩在這裡也不是辦法。」

「你要出去做什麼?」

「不管怎樣，先把必需品都買回來。」

她的目光移向藏有行李箱的衣櫃。

「用那筆錢?」

他點點頭。「不然還有什麼辦法?難道妳身上有錢包嗎?有的話就拿出來，這樣也省得我良心不安。我求之不得。」

她默默再次躺平，他繞到床頭那端。

「對不起。」他小聲說：「我剛才說話太刻薄了。」

沒想到，她笑了。「沒關係，是我不好。」

「現在感覺如何?」

「還是不太舒服……不過似乎比剛才好一點了。」

「頭已經不痛了嗎?」

「對，可是……」她茫然不安地眨著眼。「眼睛一直有光在閃。」

「看不清東西嗎？」

「不，不是的，是閉上眼睛時，眼瞼深處好像有東西在發光。而且，好像還晃來晃去。」

「妳還是多睡一會兒吧。」

只能說這種話，令他感到很窩囊。

「我會把門鎖上，妳不用擔心。我馬上就回來。」

說完他正要朝大門走去，她卻從毯子底下伸出手，輕輕抓住他的手臂。

「對不起，你一定會覺得我很煩。」

「嗯？」

「為了謹慎起見，請你出門前先檢查一下冰箱裡面。萬一，裡面塞滿食物到了異常的地步，那就表示我們在變成這樣之前，已經做好暫時不用出門的準備了，對吧？」

他輕拍她的手。「知道了。」

冰箱裡，幾乎空無一物。正中央最大的那扇門內側，只放了寶特瓶裝的礦泉水。下面的抽屜似乎是蔬果冷藏室，裡面也只躺著兩顆蘋果。

他試著拿起蘋果。淺粉色的表皮光滑緊繃，看起來很新鮮，散發著甘甜的香氣。

那一刻——

不意間，記憶閃現。除了蘋果，還有很多別的。好多種水果，從某個地方的上頭下雨似地掉下來，是哄小孩的童話故事中才會出現的那種夢幻之雨。

那一幕景象立刻就消失了。不管怎樣，反正也毫無幫助。他輕輕甩了甩頭，把蘋果放回原來的地方，用腳把冷藏室推上，裡面發出蘋果滾動的聲音。

他打開臥室房門，向她報告。

「看來我們並沒有決定要在這做籠城之戰。」

「太好了，可以這麼想吧？」

「我想是的。」他打從心底說。

打開衣櫃，他按捺竊取他人東西的罪惡感，從行李箱取出兩張萬元大鈔，塞進長褲臀部的口袋。

「那，我出去了。」

她靜默了一下，才說：「你一定要回來喔。」

直到這一秒之前，他連想都沒想過「不回來」這個念頭。聽她這麼一說才想到，他的確可以丟下她自行離去。

她拿開頭上的冰袋，抬起身子看著他，又浮現了剛才在廚房緊抓他時同樣的表情。

「我一定會回來的，我哪兒也不會去。」

她蒼白的臉龐安心地笑了。

「出門以後，記得先確認這棟建築物的名稱，否則到時想回也回不來就糟糕了。」

「我想這點應該不用擔心。除了記憶消失，我簡直正常得令人生氣。」

嘴巴雖然這樣說，但他心裡還是決定遵從她的勸告。自我的存在現在既然變得這麼曖昧，說不定方向感也不大靠得住，一切還是小心爲上。

「我想拜託妳一件事。」

「什麼事？」

「看樣子，妳似乎比我更懂得注意各種細節。我想妳一定很聰明。所以，關於我們今後的行動，如果妳想到什麼，請妳儘管跟我說好嗎？」

她微微一笑。「嗯。我答應你。」

在玄關穿上球鞋時，屋裡傳來「路上小心喔」的聲音。他沒回話，只是再次轉頭瞄了一眼，然後打開大門。

八

到外面了。

好一陣子，他像傻了般只有這個念頭。背靠著大門，沐浴在迎面照射而來的陽光中，連閉著眼的黑暗內側，都有陽光朗朗照遍。

打開門一踏出去，是一條直接用水泥脫模做成的長長走廊。走廊約有一公尺寬，前面是高度在他胸口下方的圍牆。圍牆也是水泥打造的，顏色冰冷單調。

他將雙肘放在牆上，俯瞰眼底的景色。

和他從屋內窗口眺望的景色幾乎沒什麼兩樣。連綿起伏的屋宇樓房之間可看到窄小的巷弄，右手邊的方向，有一棟比這裡略矮的公寓，每一扇窗口都掛滿了晾曬的衣物。

視線移向遠方時，他看到在遙遠彼端，突兀聳立著鐵塔般的東西。

那個，是東京鐵塔。

絕對不會錯。他有「啊，我認識那個」的直覺。同時，天空雖然一片蔚藍，放眼所及的地平線卻覆蓋著一層薄薄的灰雲。這是個始終籠罩著煙霧的都市。

這裡是東京。

彷彿被風吹透，這個意識穿過了全身上下。這是東京，我認識，我知道，我知道的。

這麼探出身子，炫目得雙眼刺痛。因爲他正面向太陽。過了下午四點，太陽已經繞到了這一頭。

如此說來，這條走廊——換言之，他們身處的這棟建築物，在整個結構坐向上是大門朝西，窗戶朝東。同時，能夠在西邊看到東京鐵塔，表示這一區位於東京的東方；白天也能用肉眼看見東京鐵塔，這表示距離都心應該不遠。

他腦中有幅地圖，現在總算可以在地圖上放下圓規的一腳了，而且，那張地圖並非全然陌生。我……知道東京。我不是在一塊毫無所悉的陌生土地上。他吐了一口大氣，離開牆邊。

剛才開門時他還沒注意，原來這間是邊間。位於北方角落上。如果伸長脖子看去，沿著左手邊的走廊上，並排著五扇門。加上他剛走出的門就是六扇。正好在中間，可以看到走廊稍微往裡凹陷，那裡應該是電梯位置。走廊相反方向的盡頭，也就是南方角落上，有緊急逃生用的戶外樓梯。

跨步邁出前，他再次回顧剛才走出的房間大門。他面對大門望向右邊掛的門牌——

「706　三枝」

他當場愣住了。

沒錯。因爲過於混亂他都忘了，之前一醒來就已經看過這個門牌。追尋消失記憶的重要線索，不就好端端地在這裡嗎？他快步走向電梯，按下按鍵。電梯停在一樓。要爬到七樓來似乎要費很長的時間，緩慢得教人心急。

去管理室，先去那裡問問看，隨便找什麼藉口都行。就說是來找七〇六號的三枝先生，但似乎沒人在家——請問你知道他人在哪裡嗎？

到了一樓，他迫不及待地鑽出緩緩開啓的電梯門往大廳衝。大廳有一塊小巧的空間，右手邊是牆壁，左手邊有一條走道，沿著走道彎過轉角，就到了正面入口玄關。

入口是兩扇對開的大片玻璃門，門的右側有個聊勝於無的會客室。有一張桌子、兩把椅子，以及高腳菸灰缸。更前方，排列著上了鎖的信箱。

透過玻璃門，可以看到外面有車子駛過，大概是馬路吧。

他立刻找到了管理室。左邊有扇門，旁邊牆上開了一扇小窗，就位置來說，應該是在電梯的後面吧。他走近那扇門。

「管理室　禁止進入。」

敲門之前，他先彎下身子從小窗窺視。小窗裡有個像櫃檯的檯面，放著電話機，旁邊並排放著一塊牌子。

「本公寓採用巡邏管理制。巡邏日爲週一、週三、週五，管理員不在時，如有緊急事項，請和下列地方聯絡。」

下面寫著03開頭的電話號碼，管理公司的名稱是「東和不動產管理中心」。

小窗裡面杳無人跡，門也是鎖著的。

他撲了個空。

沒辦法，反正待會再直接打電話到這個管理中心。既然是不動產公司，週日應該也有營業。

對開的大門很重。推開門出去後，只下了兩級半圓形的矮階，他就已站在人行道上。階梯的兩側種著尖葉繁茂的灌木，構成不起眼的庭園景觀。

正好有一輛腳踏車經過，繞過他身邊遠去。騎車的是個年輕女性，後座還載了一個小孩。霎時，他和小孩睏倦的眼神四目相接。

二線道的馬路，朝著左右筆直延伸而去。旁邊就有斑馬線和紅綠燈，更前方是公園。踮起腳尖遠眺，綠意盎然的樹叢間，鮮紅的海灘球砰地竄上天，劃出一道弧形落下的同時響起一陣歡呼聲。好像是一群小孩在玩球。

眺望了半天並沒有什麼値得一提的新發現，也沒有勾起任何記憶，只是尋常住宅區的一個累人的盛夏午後。影子濃密，空氣蒸騰又悶又熱，也看不見人影。

不過，他聽見有人哼歌。

是從右邊傳來的。抬眼看去，有一間和這棟公寓並排的白牆時髦房子。公寓和那棟房子之間有條狹窄的小路。看樣子，荒腔走板的歌聲，似乎就是從小路那裡傳來的。

走近後，聽見潺潺流水的清涼水聲。站在小路外，可看到細細水流流淌到腳邊，最後注入排水口。

一個男人正在洗停在路邊的車子。

那是輛白色轎車。應該不是什麼新車種吧，他想。整體來說屬於矮胖型，保險桿凹了一小塊。手持藍色塑膠水管，邊哼歌邊專心洗車的男人背對著他，現在正洗到行李廂的位置。男人個子高䠷，身材瘦削，腿很長；洗得發白的長褲褲腳捲起，露出不太好看的腳踝；腳上拖著踩扁的拖鞋，不過也已濕透了。

男人「嘿咻」一聲，轉過身來，叼著香菸，瞇起眼睛。

隔著大約兩公尺距離，兩人面對面看個正著。這第一次碰面很可笑，他的兩臂垂在兩側，一臉百無聊賴的表情，而洗車的男人脖子上掛著和抹布一樣髒的毛巾，左手拿著正在強勁噴水的水管，右手握著大塊的粉紅色海綿，海綿還在滴滴答答地滴水。

過了一會兒，男人才說：「嗨。」

聽到這聲招呼，他的心臟彷彿這才回想起來開始劇烈悸動。雖然粗魯，但的確是在打招呼。是朋友嗎？他認識這個人嗎？

對方會不會接著說「你總算睡醒了啦」，或是「你好像還沒睡醒」呢？他想，這股希望使得腦袋頓時熱了起來。

然而，對方卻說：「這裡的停車場，不能停車喔。」

他無法回答。男人握住海綿用力擠出混雜泡沫的水，繼續說：「你可以停在那邊的路邊。反正停在路邊的車子太多了，警察也沒辦法一一取締。只要小心別擋到別人家的出入口就沒關係了。」

這男人似乎以為他是個正在找停車位的駕駛，剛才的那聲「嗨」根本毫無特殊意義。

這是第幾次希望落空了呢？他一邊這麼想，一邊輕輕點頭，表示自己已了解對方說的話。

「你說的停車場在哪裡？」

「這裡。」男人大手一揮指向小路深處。他往旁邊移了一步，試著探頭窺看。

正好位於他剛走出的公寓背後。低矮鐵絲網圍繞的狹小空間，掛著「新開橋皇宮專用停車場」的招牌。他繞回公寓的正面玄關。玻璃門旁，掛著用羅馬字拼寫出相同名稱的門牌。

這麼說，那個男人可能是這棟公寓的居民。他連忙回到停車的地方，男人已經繞到車後蹲著。扔在路上的水管正流出清澈的水，不過他立刻關掉了。然後，男人邊用抹布般的毛巾擦手，邊站起來。他嘴上叼著的香菸已經不見了。

四目再次相對後，對方終於露出狐疑的表情。他連忙說：「請問，你住在這裡嗎？」

「對呀。」

「你認識住在七〇六號室的三枝嗎？」

男人認眞地回看著他。

男人的年紀——應該在四十五歲左右吧，不是那種光憑外表就能看出年齡的人。說他才三十五歲也不會覺得不可思議，說他明年就滿五十也不會覺得太驚訝。不過，兩種聽起來都假假的。他的長相就是如此。

「你說的三枝，就是我。」男人說：「如果你說的是三枝隆男的話，我就住在七〇六號室。」

他瞪大眼睛。「眞的嗎？」

「眞的啊。」

男人皺起眉頭。於是，看起來頓時變得很難相處。

「喂，你是誰？」

他無暇多做考慮，開口便說：「我才剛從七〇六號出來，那是你的房間嗎？」

男人又把毛巾掛回肩上，用手抓著毛巾兩端。下巴朝公寓指了指，問他：「就這棟？」

「對，沒錯，是新開橋皇宮吧？」

對方點點頭。「我是搞不懂哪點像皇宮啦，至少名稱是這樣沒錯。」

他也再次仰望新開橋皇宮，白色磁磚外牆閃閃發光。

「你說從七〇六出來，我可不記得有留你過夜喔。」

男人邊這麼說邊笑了一下。他也因爲事出意料，說不出話來，只能兩手插在棉質長褲的口袋，聳聳肩膀說：「可是……」

這時，男人突然說：「啊，啊，我懂了。」說著用力點頭。男人展顏一笑，露出白得令人意外的牙齒。這次，是眞的覺得很好笑才笑開的表情。

「你說的房間，是那個邊間吧？最北邊的。」

「對，沒錯。」

「那間是七〇七號啦。」

「啊？」

「七〇七。老兄，你是看面對房門右手邊的門牌吧？對不對？」

「對，沒錯。那上面明明寫著『706　三枝』……」

「對對對。所以囉，那是我房間的門牌。你說的七〇七的門牌，掛在面向大門的左邊。」

他在腦中回想那扇門。這時他才想起來，他根本沒有看左邊。因爲，一般來說門牌通常是掛在面向房間大門的右側。

「這樣子，豈不是太奇怪了？」

「是很怪。」對方乾脆地說。「這麼奇怪，照理說本來應該改過來才對吧，可是太麻煩就懶得管了。聽說好像是因爲電表裝設位置，所以這棟公寓好幾間屋子都是這樣把門牌掛在房門左邊。」

「可是，一層樓只有六個房間。怎麼會有七號房呢？」

「這個嘛……」男人說著用左手抓抓脖子，右手開始拍打襯衫和長褲的口袋。這個動作意味了什麼，他也能懂，男人是在找香菸。

「要找香菸的話，你好像放在那邊。」他指著男人身後卡住輪胎的紅磚。那上面，疊放著壓扁的七星淡菸的菸盒，和拋棄式的百圓打火機。

「啊，對喔。」

男人彎下腰撿起香菸，裡面已經快空了，男人搖一搖，只剩兩根菸。叼了一根在唇間後，男人看著他，把菸盒略傾向他。意思是在問他：抽菸嗎？

「不好意思。」他說著伸出手。雖然之前他並非期待對方請他抽菸才特別注意，但多少還是覺得有點窘。

讓對方替他點菸，吸了一口後，他覺得有點頭暈。不過，是種令人懷念的感覺。單憑身體反應就明白，他絕非第一次吸菸。

心情也鎮靜多了。他很慶幸。

「只有六個房間卻有七號室的原因啊，」男人嘴角叼著香菸說。「是因爲沒有四號室。大概是覺得不吉利吧。每一層都沒有。一〇四、三〇四、五〇四，全都沒有。基本上，連四樓都沒有。三〇一的上面就是五〇一了。」

「那，七開頭的房間所在的樓層——」

「其實是六樓，設想得還眞周到對不對？」

男人叼著香菸，拿起脖子上的毛巾，開始擦拭濡濕的腿。

「這麼說來，你就是三枝先生了。」

「沒錯，有什麼不服氣的嗎？」

擦完腳的毛巾掛回肩上，男人觀察著他，表情似乎帶著幾分促狹。

「七〇七號，住的是什麼樣的人？」

這個問題使得對方嘴角浮現的淺笑霎時消失。男人把叼著的香菸往腳邊水窪隨手一扔，盯著他。

「住什麼人？老兄，你不是住在七〇七嗎？」

「對。」他用力嚥下一口口水。

「那你應該知道才對吧，啊？」

他連忙動腦筋。這個叫三枝的男人，看來似乎不是那麼好糊弄的人。

「老實說，」他略微攤開兩手。「我也不知道。」

三枝陷入沉默，兩臂交抱，全身重量放在左腳上。

「昨晚，我好像喝醉了在這借宿一晚，可是等我醒來時，完全想不起來。這裡大概是我在酒吧當場認識的新朋友家。」

雖然故事編得很拙劣，但一時之間也只想得出這個說法。

「更慘的是，那個朋友——也就是七〇七的屋主，那傢伙不見了。也許是去買東西了吧，所以我現在不知如何是好。」

三枝的目光從他身上移開，朝著空無一人的方向皺起臉。

「你聽不懂嗎？」

「不，我聽得懂，懂是懂啦……」

「可是太荒唐了對吧。」

心臟又開始怦怦亂跳，他試著做出笑臉，但看起來是否像笑臉，他卻毫無自信。

三枝把目光朝向他，正經地說：「這也太扯了吧。」三枝從頭到腳仔仔細細地打量他後，終於做出結論：「實在是太扯了。」

「真是傷腦筋，那你唯一的辦法就是等那個什麼朋友回來囉？」

「大概是吧。不過呃……關於那個人，不曉得你是否略知一二。」

「我嗎？噢，因爲我住隔壁是嗎？」

三枝不當回事地搖搖頭，手插進長褲口袋，掏出鑰匙。

「不知道耶。老實說，連隔壁到底有沒有住人，我都不清楚。這種公寓就是這樣，住的多半是單身者。而且才剛蓋好，還有些房間空著。」

「這樣子啊？」

他把菸蒂丟進水窪，盡量保持若無其事的表情。三枝大概是要把車開回停車場裡吧，打開車門鑽進去，發動引擎。

雖然這樣好像有點不了了之，可是和對方又沒那個交情。他在口中模糊地囁嚅了一聲「再見」，便連忙邁步跨出，決定先離開這裡再說。這時，他被叫住了。

「你打算去哪裡？」

「就在附近轉轉。」他隨手指著前面的方向。「打擾了一晚，趁著那傢伙回來前，我想至少該替他買點罐裝啤酒放著。」

三枝從窗口探出身子。「這樣的話，商店街在反方向。你如果走那頭只有學校。」

「啊，這樣啊？」他對三枝笑笑。「謝謝你。」

他尷尬地換個方向，邁步跨出。他知道三枝手肘撐在車窗邊，一直在看著他。在脫離三枝的視線前，他盡量忍住想要拔腿狂奔的衝動，背上已是汗涔涔。

不管怎樣，先去買東西。

按照對方指點的方向走了一會，左側立刻出現掛滿無數小型萬國旗的商店街入口。入口處豎著「車輛禁止進入」的牌子。路很窄，密密麻麻地擠滿門面狹小的店鋪，不時還有廣告旗幟迎風招展。雖然寫著「週日大拍賣」的大字，卻寂寥地杳無人跡。他也看到很多商家裝飾花俏，但都拉下鐵門。

酒店、乾貨店、蔬果店，還有，聚滿小學生站著看漫畫的書店。他一邊從店前走過，一邊遲疑該怎麼辦。他實在鼓不起勇氣走進每一間店內出聲招呼，把需要的東西逐一買齊。他甚至擔心，說不定連怎麼付帳他都忘了。不，根據目前為止的經驗，在理性上，他知道這應該不可能，但是一想到萬一真的發生該怎麼辦，他就無法停下腳步。

在這條商店街密集的氣氛中，隱約散發著一股排外感。這應該不是他多心。當他走過麵包店時，兩個站在店門口說話，表情似乎難以忍受酷暑的中年家庭主婦朝他看過來，眼神略帶質疑。他甚至彷彿聽見她們竊竊私語：「咦，沒看過這個人。」

就這麼走著走著，來到商店街外圍，已看不見萬國旗，又撞見一塊寫著「車輛禁止進入」的生鏽牌子。他走到和公寓前一樣寬的馬路上，只見沿著人行道停滿了車子。隔著馬路的對面，不曉得是國民住宅還是都營住宅，總之聳立著許多窗戶的集合住宅。那對面，是火辣辣照耀著的太陽和純白的禿積雨雲。

他擦去臉上的汗水，不知所措地停下腳步一看，右手邊湧來大批人群。有一家老小，也有夫婦雙人檔；有推著嬰兒車的男性，也有騎著腳踏車駛過的母女二人組。

大家都拎著白色的大塑膠袋，或是放在腳踏車後座上，還有拎著五盒裝抽取式面紙的女性。看樣子，附近似乎有個大型超市。他注意一看，發現路人手上提的塑膠袋都印著同樣的店名。是一行英文，ROLEL，羅雷爾。

這個名字他知道，他的確有印象。他鬆了一口氣，邁出腳步。

走了不遠，馬路分成兩條，反正只要朝著人多的方向走，應該就不會錯。他立刻看到一棟巨大的四方形建築，和前面停得密密麻麻的無數腳踏車。

奇怪的是，對於要踏進人潮擁擠的店內，他竟然毫無抗拒感。他覺得，這裡應該可以安心行動。他可以確定，自己以前一定在這種地方買過東西。

由於沒考慮過需要些什麼，看著架子上滿滿的商品，他一時之間竟不知該如何是好。早知道應該先問問她的意見，他想。至少，該問問她有沒有想吃的東西。

在人潮推擠，以及促銷特價品的店員吆喝聲中，他看到什麼就隨手一抓，把盒裝沙拉和三明治、牛奶之類的東西扔進購物籃。大概是因爲太緊張吧，即使眼前排滿了食物，也絲毫不覺得飢餓，只是喉嚨乾得要命。

在日用品貨架區，他沒忘記買原子筆。因爲那間屋子，沒有任何筆記用具。

收銀台附近放著整條香菸，他也順手拿了一條，拋棄式打火機也扔進兩三個。走去戰場般的結帳行列尾端排隊，頭開始悶痛起來。

對了，買藥，他必須買藥。

前面大約還排了五個人。把購物籃往台子上一放，店員取出商品，刷過機器，那個是——對，刷條碼。從前面的籃子到後面的籃子，逐一移動客人購買的商品、計算金額，收取現金，找零錢。目不斜視，毫無窒礙。

沒問題，這種事他記得做過很多次。又不是三歲小孩，應該應付得了。他一邊這麼想，一邊握緊手心冒出的汗。

輪到他了，他茫然地眺望著店員把手伸進購物籃。

「總共一萬零兩百五十三圓。」

開朗俐落的聲音飛過來，把他嚇了一跳。

店員正看著他。他連忙從口袋掏出鈔票，也沒攤開就遞過去。

「有三圓零錢嗎？」店員攤開鈔票，用磁鐵壓在收銀機上，又連珠砲似地說。

他模糊地擠出一句「啊，沒有」，店員立刻取出一疊千圓鈔票，數好了遞給他。

「先找您九千圓，請您數一下。」

「再找您七百四十七圓零錢，謝謝惠顧。」他還來不及數，放著零錢的手已經伸到面前，他就像被驅趕似地倉皇離開。

太可笑了，他再次想。不過，至少這次笑得出來。

他走到店外，向站在超市專用停車場前的引導員詢問附近是否有藥局。對方指點得很清楚，他毫不困難就找到了。

他買了頭痛藥，和當場臨時想到的冰枕。身穿白袍的女店員替他包好便於手提，一邊交給他，還一邊說：「請多保重。」

這短短一句話，竟讓他意外地深受感動。

他不禁停下腳步，凝視著對方的臉。「有事嗎？」被對方這麼一問，他連忙走出店門。那一瞬間，他感到自己就像被父母拋棄的小孩般無助。

既然特地買了冰枕，如果沒有冰塊就太不體貼了。正好附近有賣酒的酒鋪，就在那買了兩袋冰塊。看到堆積如山的百威，又順便要了六罐裝啤酒。手上拎的東西變得很多。自己看起來像什麼樣呢？是像獨居的學生呢，還是新婚的丈夫？

然而，周遭的雜沓人群，沒有一個人在乎他，甚至根本沒注意到吧。當然，更不可能有人知道他已經喪失關於自己的所有記憶，還有一個跟他同樣狀態的無名女性在等著他，回到那間不知屋主是誰的屋子。

看來他還沒有失去方向感，他很清楚該怎麼回去。

走著走著，天空突然暗下來，他感到一陣濕風吹過。大概要下起午後雷陣雨了吧，一定是剛才禿積雨雲的關係。

回到新開橋皇宮前時，雖然明知不可能，但他總覺得三枝還站在那裡，不禁朝後巷的停車場窺探。沒看到三枝，車牌凹陷的車子，好端端地靠著後面牆壁停放。藍色水管已經捲起，掛在位於出入口旁的水龍頭上。

上了六樓，站在那扇門前，他面對大門審視左側牆壁。只有「707」這個房間號碼，屋主的名牌一片空白。

一打開門，她就從裡面房間飛奔而出。睡衣外面又罩了一件過大的襯衫。

「怎麼去了這麼久。」她奔向他說，語氣並無責備之意，但她幾乎快哭出來了。

他的背抵著門，吐了一口大氣，才剛說「我回來了」，窗外就電光一閃，傳來重物摔落地板般的低沉雷鳴。

「看來要下一陣雨了。」他說著牽起她的手——好小、好冷的手。

九

一個人看家的期間，她有了一項新發現。她找到了地圖。

「放在哪裡？」

「在衣櫃裡面，摺疊起來塞在夾克口袋裡。我想找件衣服披上，往裡面一找，就找到了地圖。」

她將地圖在廚房餐桌上攤開。

說是地圖，其實只是一張影印紙。A4大小，每一角都規規矩矩地對齊，摺疊成小小一份，留下了摺疊的印痕。除了道路和車站的名稱，連私人住宅的屋主和公寓名稱都標示出來。

「是這一區的地圖。」

「你怎麼知道？」

「新開橋皇宮」的名字，就在影本左下角。他走過的商店街，去買東西的羅雷爾超市也都在上面。根據這張地圖，前面的馬路是「新開橋路」，在南方和新大橋路交叉。那個十字路口的東邊，有都營地下鐵線的「新開橋車站」。北上會連接百葉道路，首都高速公路的小松川交流道就在旁邊。這裡位於東京的東部，這個判斷果然沒錯。幾乎已是東京的極東處了，只要過個橋，就屬於千葉縣市川市了。

「怎樣？想起什麼了嗎？」他試著問，但她卻緩緩搖頭。

「不論是車站、馬路，都毫無記憶。不過，我也沒把握一旦喪失記憶，眞的會把一切都忘得乾乾淨淨，連看到跟自己有關的東西，也不會靈光一閃覺得『啊，我知道這個』嗎？不，不只是那樣，更慘的是簡直就像剛出生的嬰兒，腦袋裡面變成一張白紙……」

他仰望天花板。「我也不知道……剛才我倒是試過。我能夠數數，也想得起東西的名稱。會買東西，也知道怎麼問路，還可以按照別人的指點找到正確的路。」

「也能夠回到這裡。」

「對。而且，妳剛才不也用了比喻嗎？」

「用了比喻？」

「嗯。妳說『簡直就像剛出生的嬰兒』。如果眞的是剛出生的嬰兒，就算會講話，也無法用這種比喻來形容，因爲嬰兒什麼也不懂。」

「啊，對喔……」

「對呀。我們並非完全喪失了智能和知識，只不過一涉及跟自己密切相關的事——伴隨著記憶，涉及個人私密影像的事情——就會變得一片空白。所以，只要找到一點小小的契機，我想應該立刻就能回想起來……」

她兩手捂著嘴，彷彿在窺探自己內心世界般，一直垂著眼。

「怎樣？」

「不知道……」

「妳對這裡是東京的事有印象嗎？」

「東京，」她複誦一遍。「東京啊。」

他忘記問最重要的問題。

「頭痛好一點了嗎？」

她扶著太陽穴說：「還是會痛。但好像好多了。不會再像之前那樣痛得頭快裂開，眞奇怪。」

「哎，總之症狀有起色就好了。」

然而，她的臉色還是很糟，眼睛周圍像挨打了似地泛著瘀黑。

「東京，東京，」她像唱歌般複誦著。「我知道，沒錯。不過，只要是日本人應該沒人不知道首都在哪兒吧。」

她第一次露出貝齒嫣然一笑，他總算鬆了一口氣。

「妳知道東京鐵塔嗎？到外面走廊上就能看得很清楚喔。」

她一直看著他。「我曾經去過。」

「妳能清楚回想起來？」

「對。我……好像跟家人一起去參觀過。在我很小的時候，跟某人牽著手，還有爬樓梯，可以從樓梯縫隙直接看到下面，感覺好恐怖。我記得很清楚。」

家人、小時候，仔細想想才發現，自己只顧著眼前的事情，竟然連想都沒想過這兩件事。兩人照理說應該都有兄弟姊妹，也應該有兒時記憶才對。

然而……

「眞奇怪。」

「嗯。」

「家人的長相，你想得起來嗎？」

他搖頭。

「我也是……不只是這樣，我甚至不覺得曾經有過這樣的家人。那裡好像空了一塊……什麼都看不見。」

她也同樣用「看不見」來形容。

「先把買來的東西整理一下吧。」爲了轉移話題，她說：「我已經不要緊了，我來弄點吃的。你肚子餓不餓？」

當她悄然站起時，原本隱隱作響的雷聲突然變大了。雨滴發出彷彿用拳頭敲擊窗玻璃的聲音，外頭開始下起大雨。

「討厭……我最怕打雷了。萬一停電了，我八成會瘋掉。不曉得這裡有沒有問題，我是說如果要修理電力什麼的話。」

這倒提醒了他，管理室。

「妳先等一下。」他撂下這句話，抓起手邊的紙袋和剛買回來的原子筆衝下樓，把註明「請和下列地方聯絡」的電話號碼抄下，又跑回來。

他簡短地向一臉驚愕的她解釋，時間才剛過五點。

「現在還是上班時間，說不定能打聽到這裡的屋主是誰。」

她也跟到電話旁邊，站著以兩手緊抱身體。過了令人心焦難耐的數秒後，響起連線的聲音。電話喀嚓一聲接通了。「喂？」

流瀉出柔美的古典音樂，接著是事先錄好的聲音。

「怎麼回事？」

他把話筒遞給她。

「從八月十一日至十七日，說他們公司正在放暑假。」

她做了煎蛋捲，煮了咖啡，拿出冰箱蔬果室的蘋果削皮。看著她熟練的動作，他試著問：「妳知道那個是什麼嗎？」

她停下手側首不解。「蘋果？」

「不，不是那個，是妳右手拿的東西。」

她凝視著他，將視線移向右手握的東西，「這是菜刀吧？」

菜刀，沒錯，就是菜刀。

「我剛才一直想不起來。」

「男人本來就很少用嘛。」

他露出苦笑。「可是，總不至於連名字都忘記吧，我們上家政課時也學過用法，而且我當時想到的是另一個名稱。」

「別的名稱？比方說小刀？」

「不，圖騰。」

「圖騰？」她忍俊不住，「聽起來好像印第安人喔。」

沒錯，這豈不是太奇怪了，菜刀怎麼會聯想到圖騰？

兩人都不太有食慾。他純粹把食物當成補給燃料硬塞下肚，而她只意思意思地動了一下筷子，卻拚命喝咖啡。

他邊吃邊談起出門時的遭遇。

「那，那個叫三枝的男人就住在隔壁囉。」

「嗯，他說他對住這間屋子的人毫無所知，連有沒有人住都不確定。」

「那就沒有任何線索了。」

她的肩膀似乎又頹然垂了下來。他略感後悔，也許不該告訴她的。

「待會兒我來收拾就好，妳還是去睡覺吧。妳的臉好像被人一拳擊倒似的。」

她幽幽拋出一句：「說不定眞的是被擊倒了。」

「被什麼給擊倒？」

「如果說得做作一點，」她露出微笑說：「是被過去。」

讓她躺下後，他開始洗碗收拾，略作考慮後，決定沖個澡。浴室的櫃子裡放著兩條全新的毛巾，和摺疊好的粉色與藍色浴袍。準備得眞周到，雖然不知道到底是誰準備的。

熱水器的開關在廚房。只消瞄一眼，就知道操作方法——這連小學生都會使用，所以是理所當然的，但是必須一一確認還是讓他感到很煩。

洗完澡心情頓時煥然一新，他套上浴袍，披著毛巾一走出廚房，她就喊住他。

「你沖澡？」

「對呀。」

「能用嗎？」

「當然。」

她下了床。「我也要洗。」

「那，妳先等一下。我換個衣服，去外面待一會兒。」

「外面？」

「去走廊，反正雨好像也停了。妳把門從裡面鎖上，洗好了再叫我一聲就行了。」

也許他根本不須顧忌這麼多，但在這種狀態下，除了兩人非得攜手合作不可的時刻之外，最好還是劃清界線。說得極端一點，等他們恢復記憶，搞不好他是個搶劫殺人的暴徒，挾持她當人質正在逃亡，這也不見得毫無可能。

手腕上寫的神祕號碼和記號，只是沖個澡當然還是沒消失。雖然感覺很詭異，卻也莫可奈何。他換好衣服，來到走廊。

夜晚，讓城市的景觀爲之一變。

單調乏味的水泥牆也不再礙眼。午後雷陣雨將空氣洗個通透，只留下涼爽晚風。他把兩肘撐在矮牆上，一邊吸菸，一邊看著夜景出神。

爲什麼會有這麼多燈光呢？想來，這每一盞燈，都是從電器行或百貨公司的家電製品賣場買來的，再美也美不到哪去。其實不過就是蒙著塵埃，裡面還躺著死掉的昆蟲，油漆斑駁的路燈罷了。

遠方，可以看到分外明亮的東京鐵塔。塔身綴滿紅色和橙色燈光，美得超乎現實。之所以會有近得伸手可及的錯覺，或許也是因爲那燈光的關係吧。

和地上的燈光不同的是，從聳立在周遭的公寓窗口流瀉的燈光，顏色各有微妙差異，那是因爲窗簾。數不清的家庭有數不清的窗簾，而窗簾裡面還有數不清的人。

不論是自己或她，應該都有一室窗簾後的空間等著主人回去。但那是在哪裡，現在甚至就連自己是否想回去那裡也都不知道。根本無從得知，他想。

走廊空無人影，連電梯升降的聲音都聽不見，並列的門扉全都保持緘默。他轉頭回顧七〇六號室，卻連三枝這個男人的動靜都感覺不到。

「連隔壁有沒有人住，都不知道」這句話，他現在已有切身的體會。

背後響起喀嚓的一聲，七〇七號的門開了。她走出來，大聲說：「哇，眞舒服。」

彷彿脫掉了一層汗水與塵埃的外皮，她看起來神清氣爽，臉龐也稍稍恢復生氣了。她又把睡衣穿好，披著襯衫，浴巾掛在肩頭。濡濕的頭髮梳得整整齊齊，被走廊的燈光一照，像鏡子般閃閃生輝。

「景色眞不錯。」

她往他身邊並肩一站，便飄來洗髮精甜甜的香氣。

「要喝啤酒嗎？」

「嗯。」

「看！」她笑著把藏在背後的兩罐百威啤酒杵到他鼻尖前。

「已經冰透了。」

他接過啤酒罐，以手指輕敲太陽穴說：「沒關係嗎？」

「爲什麼？」

「妳一下子洗熱水澡，一下子又喝冰啤酒。」

「沒關係，」她拉開拉環，「我希望沒關係。而且，情況就算再壞也壞不到哪去了。」

他默默喝著啤酒。熱水澡不僅帶給她活力，似乎也讓她產生豁出去的勇氣。

「啤酒歸啤酒，對吧？這種事我起碼還知道，雖然想不起自己的名字。」

她說著將冰涼的啤酒罐貼在臉上。

「東京眞是漂亮的城市。」

「只有晚上漂亮。」

「這種夜景，你有記憶嗎？」

他無法斷言。不過，又覺得好像是看慣的景色。

「好像有，又好像沒有。」

「我也是。」

不知道是哪一家的嬰兒開始哭泣，聲音很微弱，應該就在眼前這片遼闊街景的某個屋簷下。

「我剛才才發現，這個屋子沒有陽臺。」

「對喔。」

「隔壁就有，再隔壁也有，是因爲這間是邊間嗎？」

也許是格局不同。

「取而代之的是裝了特殊設備，可以把浴室變成烘乾室，用來烘乾衣物。你注意到了嗎？」

「沒。設備眞能進步到這種地步嗎？」

「可以。不過，我猜這套設備應該相當貴。」

她撩起垂到額上的頭髮。

「而且啊，連洗衣精和柔軟精都有，浴室用清潔劑和水管清潔劑也一應俱全，可是……」

他搶先說出口：「那些全都是新買的。」

「嗯，對，都還沒拆封。就像洗髮精，也是我們用的時候才打開。剛才在廚房我就有這種感覺。洗碗盤的菜瓜布，還包裝得好好的放在抽屜裡對吧？菜刀也是，刀鋒好銳利。全都是剛買來的。」

「這麼說來，這是怎麼回事？」

他把啤酒罐往身邊一放，轉身面對著她。她皺起額頭，做了個苦瓜臉，看起來就像老大不高興的小學生。

「這間屋子，不管是我們的──這個『我們』當然包含了你或我任何一人的意思──或是別人的，住進來應該都沒幾天，頂多才一、兩天吧。」

「嗯，這點我一開始就感覺到了。」

「對吧？而且，我可以跟你打賭，在我們住進來之前，這裡一直都空著。」

「因爲是新蓋的？」

他想起三枝說過，這裡還有空房間沒人住。

「不，是因爲自來水太難喝了。」

她也凝視著他。「剛才，我吃藥時發現水有股金屬的味道，非常難喝。我想應該是一直積在水管裡。如果只是幾天沒人住，不可能味道變得那麼重。」

他緩緩點頭。

「可是，電話和瓦斯管線都是接通的，自來水的總開關也是打開的……」

囚禁他們的屋子似乎突然開了一扇窗。

「對了。我眞笨，我應該早點想到的。」

「想到什麼？」

「電力姑且不論，電話和瓦斯不可能擅自使用，對吧？一定要先跟什麼營業處聯絡，請他們派人來安裝才行。由於必須繳費，如果光說是『新開橋皇宮七〇七號室』根本沒辦法申請。」

要找這間屋子的屋主，並非只能靠房地產公司。

「明天我立刻打電話去問，照理說那種地方一定知道屋主的姓名。」

一回到房間，她拿著空啤酒罐，開始東張西望四處搜尋。

「怎麼了？」

「沒有垃圾桶。」

她兩手叉腰，一臉憤慨地說。

「就算這間屋子眞的是我的，家具和日用品也不是我買的。因爲我絕不可能忘記買垃圾桶的。」

那晚，她睡床鋪，他拿了一條毯子和枕頭睡地板。雖然她滿懷歉疚，但也別無他法，而且反正是盛夏，倒也無所謂。

躺平之後，疲憊突然襲來。明明沒做什麼運動，關節卻很痛。他渴望熟睡，也覺得應該睡得著。一切明天再說。

然而，這無法理解的一天似乎不打算就這麼輕易放過他。

十

伴隨著雷鳴的烏雲，從東向西緩緩橫切過東京。入夜之後，眞行寺悅子的頭頂上開始下起雨來。

「下雨了。」

坐在吉祥寺車站附近的餐廳「波麗露」（BOLERO），父親義夫隔著一片玻璃窗仰望著天空說。

「不曉得大雨會不會下個不停？」

「不，應該是陣雨吧，等我們回家時說不定就停了。」

聽著低沉的雷鳴，悅子點點頭。

悅子和由佳里、義夫三人，按照老規矩每個月共進一次晚餐。有時悅子自己下廚，有時也像這樣上館子。至於由佳里，硬要說的話似乎比較喜歡上餐廳吃飯，她今天格外開心。

波麗露的招牌菜是選用澳洲直營牧場的牛肉製成的牛排，菜色種類其實並不豐富。對偏好日式料理的義夫來說有點太過油膩，但由佳里很愛吃這裡的豪華冰淇淋蛋糕，爲了吃甜食，每次一說要上館子她就馬上喊「波麗露」！

晚餐的主菜吃完後，咖啡和甜點要移到沙龍那邊享用。能夠在用餐之後轉移陣地，而且是在點綴著浪漫燈光和優雅裝潢的場所吃冰淇淋，也是吸引由佳里來這家餐廳的原因之一。她現在正坐在大桌子的那一頭，專心忙著解決那座巧克力堆成的馬特峰（註）。

在熱咖啡中倒入奶精，一邊畫出圓形一邊眺望它溶解，悅子終於開口。

「爸，有件事，我正煩惱不知該怎麼辦。」

義夫放下攪拌咖啡的湯匙，抬起眼睛。

悅子盡量按照先後順序，把貝原操的失蹤，以及跟她母親過招的情形一一說出。義夫安靜地啜著咖啡豎耳傾聽。

對悅子來說，父親就某種意義而言等於是「萬能的上帝」。有煩惱、有困難、傷心時，她似乎總是會告訴父親。當然，身爲女兒，也有很多事瞞著他。比方說初吻的對象、發生的時期，還有第一次舌吻的對象。隱藏這些祕密，她甚至覺得是一種禮貌。

不過，即使什麼都不說，義夫似乎也總是能察覺到。學生時代，朋友常取笑她說：「悅子有戀父癖，一定才剛滿二十歲還年紀輕輕的就會跟老頭子結婚了。」

就連她自己，本來也認眞地如此打算。她以爲一定要找個像爸爸的人才滿意。可是實際上，到二十三歲這個一般所謂的「適婚年齡」，她就和相差四歲的敏之結婚了，說來緣分還眞是不可思議。

不過，敏之和悅子的關係，與其說是夫妻，倒不如說更像是感情融洽的兄妹。因爲婚姻極爲美滿，到哪都是兩人攜手同行，所以甚至還被笑稱爲「雙峰駱駝」，但對悅子來說，自己從不曾對敏之「執著」過。就連戀愛時期，即使顧及敏之生活忙碌的因素，他們的關係仍難以用熱絡來形容。感覺上，兩人像是延長朋友關係地結了婚。即便新婚時，也像隔著玻璃相對般，敏之身上有悅子看得見卻碰不到的部分，而她也沒想過要勉強去碰觸。

直到他死後她才想到，這種愛情的方式很像對兄長的感情。悅子並沒有親哥哥，所以只能用想像的，但她覺得自己和敏之的確很有默契。這種默契，一般來說應該只有心意相投的兄妹才會存在。

一想到這裡，敏之的早逝就更令人傷感。她覺得自己的一部分也一起死了、血緣斷絕了。

義夫曾經說過：「悅子，可惜妳還來不及跟敏之眞正戀愛，他就過世了。」那時悅子也感到，啊，爸爸果然是了解自己的。

直到今年四月爲止，義夫一直在《東京日報》這間大報社擔任汽車部的員工。每當案件發生時，便必須載著記者迅速趕往現場。自然而然地，義夫的工作時間既不規律又辛苦。小時候的悅子，幾乎沒留下被爸爸帶出去玩的記憶。雖然她很黏爸爸，但即使是連假、暑假，記憶中都是和母親看家。

母親是個盡情愛著丈夫，而且隨時將愛掛在嘴上的女人，這點也對悅子造成影響。

母親織江生前常說：「小悅，妳爸爸是個了不起的人，媽媽眞的很慶幸能嫁給妳爸爸。」

而織江也在今年冬天因子宮癌去世，和敏之的死僅僅相隔數月。由於發現太晚已經回天乏術，但幸運的是，母親是在熟睡中安詳離世，似乎不太痛苦。

反倒是悅子有一種想死的痛苦。丈夫撒手先去，傷口還來不及癒合，母親又跟著走了。她覺得老天爺還眞是殘酷，滿心是恨不完的恨。

織江也一直掛念著這點。

她生性聰明，早已察覺自己的死期，曾多次握著陪侍病榻的悅子的手說：「小悅，對不起。在妳最痛苦的時候，媽媽恐怕也不能陪妳了。」

直到悅子長大成人、結婚、生下由佳里，織江仍然一直喊她「小悅」。

「沒這回事，妳很快就會康復了。」

織江斷然搖頭。「我看恐怕是不可能了。不過，媽媽向妳保證。等我去了那邊，一定會找到敏之，叫他盡快回到這邊來。」

「敏之他還能回來嗎？」

「雖然回來後不能再跟妳結婚——但他可以投胎當男孩，長大以後讓他娶由佳里不就行了。以他的條件，就算投胎轉世八成仍然是個帥哥，腦袋應該也不笨，這不是挺好的嗎。」

悅子笑著同意了。「是啊，這倒是好辦法。不過，媽妳怎麼辦呢？」

「我啊，就在那邊安安穩穩地等妳爸爸來。」

臨終之前，尙有意識時，織江留下的遺言是：「爸爸，悅子就拜託你照顧了。」不是把即將邁入

註：Matterhorn，位於瑞義國界上，是阿爾卑斯山脈的高峰。

六十大關的丈夫託給女兒照顧，反而是把女兒託付給丈夫。

即使是現在，悅子仍然無法相信，父母是靠著相親，而且幾乎只看過彼此照片就敲定婚事的夫妻。織江是如此熱愛丈夫，就兩人的成長世代來說，這簡直是令人驚訝。

而義夫，頭髮已經相當稀薄，又有職業性的腰痛，最近連背都駝了。還在報社工作時，兩眼散發著獨特的銳利光芒，自從退休後光芒也消失無蹤，變成一個陪著孫女煎煎鬆餅、去魚場釣鯽魚，靠著年金過生活，慢條斯理的初老男人。

悅子說完後，義夫考慮了一會兒，伸手摸著毛髮稀薄的腦袋。

「就我目前能想到的，」說著輕拍額頭，「關於這件事，似乎沒有什麼妳能做的。」

「你果然也這麼想？我也是這麼覺得……」

悅子雖然沒把話說完，義夫卻很清楚她的意思。

「妳是不是在猶豫，站在永無島的立場，涉入到這種地步究竟妥不妥當？」

悅子點點頭。「不只是這次，今後或許還會發生這樣的事情，對吧？那時候，我到底該採取什麼態度去處理，我實在不明白。」

「不曉得一色先生會怎麼說。」

「我明天會找他商量。不過，以前小操提議說想跟我見面時，他曾經表示，一旦跟諮商對象見了面，接下來就屬於個人領域了。」

「這麼說來，」義夫粗礪結實的雙手在桌上併攏。「接下來，妳只要考慮身爲貝原家小姑娘的朋友該怎麼行動不就好了？如果是這樣，老爸也會在能力範圍內盡量幫妳，因爲我也很擔心。」

「謝謝。」

悅子露出笑容。只不過跟父親談談，心情就變得輕鬆多了。

「爸，你知道『Level 7』這個名詞嗎？」

由於以前工作的關係，義夫見多識廣，記憶力也很好。退休後依然寶刀未老，不管悅子問他什麼，幾乎都能得到答案。

「就是小操日記裡寫的文字吧？」

義夫歪著頭苦思。

「在圖書館……」每當要回想時，他總習慣將手放在四方形的下顎，「好像看過類似的文字。」

「你說的，應該是『Level 3』吧？」悅子笑了。「我也想過那個，那是傑克．菲尼（註一）寫的小說啦。」

「既然是在圖書館看到的，應該是吧。不是那個嗎？」

悅子告訴他，在小操的日記中，出現「Level 3　中途放棄　眞不甘心」這樣的記述。

「可是，就我所知，小操並不太愛看書。更何況是翻譯小說，她應該不可能去碰……就算眞的有點興趣去接觸，也不可能一開始就看起傑克．菲尼吧。這可不是一般社區書店就買得到的書。如果是席尼．薛爾頓（註二）或哈雷昆．羅曼史系列（註三），那我還能理解。」

「這兩個我都沒聽過。」

「總之，我覺得應該不是書名。她既然寫了『打算到Level 7』，我猜想說不定是店名。類似這樣的店名，你聽過嗎？」

義夫搖頭。「聽妳說來，那個『Level』後面接的數字會改變。」

「對。」

註一：Jack Finney，科幻小說作家，作品曾多次改編爲電影。

註二：Sidney Sheldon，美國驚悚小說作家，和史蒂芬．金（Steven king）齊名，中譯本由時報、小知堂等出版社出版。

「這樣的話，那就應該不是店名了吧？」

「會不會是連鎖店？比方說一號店、二號店之類的。」

義夫露出無法釋然的表情。

「會有名字這麼故弄玄虛的店嗎……而且悅子，問題是小操不是寫說會從那裡『回不來』嗎？不管是怎樣的店，我想應該都不至於一進去就回不來吧。」

「對喔……」

悅子陷入沉思。打從貝原好子給她看日記迄今，她的思考一直停滯在同一個地方。

這時，由佳里從冰淇淋碗中抬起臉說。「會不會是電玩？」說著她打了個大嗝，連忙捂著嘴。

悅子說：「有這樣的遊戲嗎？」

「不知道。也許眞的有，但我倒是沒玩過。不過，什麼Level的，聽起來就像是電玩的名稱。」

「有這種一玩就會回不來的遊戲嗎？」

由佳里笑了。「那多恐怖啊，好像玩遊戲的人被關在遊戲裡面出不來似的。」

「應該不是吧？」

「嗯。不過，倒是有遊戲沒有好好結束，遊戲人物就會無法從某個場面脫身的情形，也有的會在中途死掉。」

悅子和父親面面相覷。

「會是那個嗎？」

「小操之前很喜歡玩那種什麼電玩嗎？」

「這我倒沒聽說過。」

如果她開始沉迷這種玩意，打電話來永無島的時候，應該會在對話中提到才對。以她的個性，就連燙了頭髮、買了新鞋子這種小事情都會一一報告。

「不管怎樣，總而言之，如果貝原家的媽媽不去報警，請警方稍作調查的話，還是沒有用吧。」

義夫說著，手伸向帳單。「由佳里，妳最好別再吃冰淇淋了。吃壞肚子，就不能上游泳課囉。」

「我的肚子已經凍得硬邦邦了，」由佳里放下湯匙。「我的胃好像正在釘釘子，媽媽。」

「小傻瓜。」

義夫開車送他們回家，看看時鐘，已經過了九點。悅子催促由佳里去洗澡。

「外公也在我們家洗澡不就好了。」

「他說要去公共澡堂，順便享受一下按摩。」

「就是那種投十圓銅板的玩意兒？」

義夫自從喪妻後就獨居，悅子和由佳里也過著缺少一家之主、母女相依爲命的生活。很多人都勸他們應該一起住，悅子自己也這麼想。

然而，義夫卻反對。

「幸好，我跟妳住得很近，想見面的話隨時都能見面。我想妳自己在還沒走出敏之的回憶之前，要經營別的新生活也很不容易吧，暫時還是這樣分開住比較好。放心，爸爸不會寂寞，因爲我覺得妳媽好像還活著。」

這提議既符合義夫向來的作風，也是他表達體貼的一種方式。事實上，不管是把義夫接來這個家，或是跟由佳里一起搬回娘家，悅子想必都會有一種敗北的感覺吧。失去敏之已經夠悲痛了，倘若要再加上「落敗」這種情緒，對悅子來說未免負荷太重。

匆忙替由佳里吹乾頭髮，哄她上床睡覺後，悅子處理掉幾件雜務，緩緩泡進浴缸中。從明天起又

註三：Harlequin 出版社出版的系列浪漫愛情小說。

要開始新的一週，永無島的同事們也要開始輪番休假。她思索著休假的步驟和該帶由佳里去哪兒玩，這麼一擬定計畫，心情也跟著好多了。

電話響起時，她還穿著浴袍，正在廚房喝柳橙汁。電話話機上的液晶面板顯示時間是晚間十一點五十五分。

悅子立刻接起電話。因爲由佳里向來睡得淺，一點小小的動靜都會吵醒她。

「喂？」

由於家中只有女人，她向來不會主動報出名字。尤其是夜晚打來的電話，在沒有確認對方是誰前，她總是刻意壓低嗓音應對。

線路似乎遙遠且混雜不清，傳來微微的雜音。

「喂？」她再說一次，這次聲音壓得更低。

啪嚓啪嚓……啪嚓啪嚓……彷彿野火燎原般，傳來一陣刺耳的聲音。

最後，一個幾乎被淹沒在雜音中的細微聲音如此說：「……眞行寺……小姐……」

悅子手握著話筒，倒吸了一口氣。她連忙將耳朵貼得更緊。「喂？我是眞行寺。」

比剛才更細小的聲音說：「眞行寺小姐。」

是小操，她一聽就知道，小操就在電話彼端。

「是小操嗎？妳是小操吧？我是悅子。妳從哪打來的？現在在哪裡？」

話筒裡面，又再次充滿雜音。「我……」聲音非常模糊。「眞行寺小姐，我……」

「小操？妳說話大聲一點，聽起來好模糊。」

那孩子說不定喝醉了，她想。聲音含糊無力，簡直像由佳里沒睡醒時的德性。

「眞行寺小姐……」電話中的聲音像念咒似地喊著悅子：「救……」

這時電話切斷了。

「喂？小操？喂？」

悅子緊握話筒，盯著不放。斷了線，不過是臺冷漠的機器。嘟嘟嘟的斷線聲，彷彿揶揄著悅子。放下話筒，她坐在旁邊的椅子上。

那是小操，是小操的聲音沒錯，她聽過幾百遍了。

「眞行寺小姐……」

那含糊不清的聲音是怎麼回事呢？小操現在在哪裡？她打電話來是想說什麼呢？

悅子感到一陣寒意，不禁抱著雙肘。

「……救……」通話到這就斷掉了，她話還沒說完就中途被切斷了。那是小操的聲音，絕對沒錯。而且，悅子也抱著同樣強烈的信念確定另一點：「眞行寺小姐……救……」

眞行寺小姐，救我。

小操一定是想這麼說。

十一

聽見哀號聲時，他還以為自己又作夢了。

反反覆覆、忽遠忽近地傳來。還在夢境邊緣徘徊的他，被某種東西砰然掉落地板的聲音和隨之而來的震動給吵醒。

重新清醒過來後，霎時失去了方向感，幾乎不知身在何處。這時，他再次聽見尖叫聲從廚房的方向傳來，斷斷續續難以成聲。雖然屋內一片漆黑，但他立刻發現，她已從床上消失。毯子被掀起，一半滑落至地板，床鋪本身則大幅朝他這邊移動。

隔間門是開著的，他摸索著打開廚房的燈。

她癱坐在地板上，身旁橫倒著水壺。流理臺下面置物櫃的門半開著，她的右手掛在門的握把上。

「妳在幹什麼？」一時之間，他只能擠出這句話。

她彷彿在搜尋他，猛烈地轉著脖子四下張望。她的視線越過站在門邊的他，停駐在桌腳附近。

「你在哪？」她說。

他費了好幾秒鐘才搞清楚這句話的意思。「妳看不見嗎？」

她緩緩轉動脖子。然而，她的這個動作漫無目標，因爲連她自己也不知道該怎麼面對這個事態。

一時之間他不敢靠近她。他覺得好像正看著一隻被車輾過奄奄一息的流浪狗。眞是夠了，快加速通過吧——自己內心最冷酷自私的部分如此低語著。

他嚥下口水，又問了一次。

「妳眞的看不見嗎？」

她幾近恍神，無力地垂下肩膀。下顎抖個不停，似乎是想說話也不知如何說起。

好不容易，他終於在她身旁蹲下，手放在她肩上。

「完全看不見？」

彷彿要確認他的眞正面目，她用手掌心先觸摸他的手，再沿著手臂一路往上摸，接著是肩膀，然後摸到臉。她的動作的確就像一個失去視力的人，張得大大的雙眼，一直越過他的肩頭眺望著遙遠的彼端。那是雙清澈的眼睛，就外觀來說，和她就寢前沒有任何差別。

「我的頭又開始痛了……」

她話才說到一半，大門突然咚咚作響。她嚇了一跳，連忙挨近他。

門外，某個人正在敲門。

「你好，有人在嗎？」那個聲音說。

他看著她的臉。失去視覺的衝擊，令她連表情也消失了。相對的，纖細的雙手卻緊緊抓著他的襯衫袖子。

「我是隔壁的三枝。」門外的聲音說完，又開始敲門。「喂，出了什麼事嗎？」

「別開門。」

她馬上低聲說，蹲著貼近他身旁。

「有人在嗎？出了什麼事？要不要我打一一〇報警？」

他在兩個判斷之間掙扎，不禁猶豫了。對方又開始敲門，而且愈來愈用力。他終於衝口而出：

「不，沒有什麼事。不好意思。」

他一時不敢有任何動作，只是揚聲回話。

門的那一頭沉默一下，他聽見心臟在耳邊怦怦響，這才發現她在發抖，脖子上爬滿了雞皮疙瘩。

「喂，你是白天那個人吧？」三枝在門外說。也許是他多心吧，他覺得對方的語氣似乎變得警戒起來。「我還是覺得怪怪的……你在裡面幹什麼？」

該怎麼回答呢？他還在拚命思索之際，三枝又發話了。

「喂，你回句話呀。我問你，你眞的住在這裡嗎？」

這個問題，他自己也很想知道。

「能不能開個門？這樣太詭異了。」

她緊緊地貼著他。「怎麼辦……」

「再不開門，我就要報警囉。我明明聽見女孩子的尖叫，你在搞什麼？」

三枝的聲音帶有不容妥協的意味，可是就白天兩人相遇時的印象來說，三枝看起來實在不像那種會關心鄰居的人。他的腦中浮現對方從車窗一直窺伺著他時，那張訝異的臉孔。

「請你等一下，我現在就去開門。」

他大聲地這麼一回話，她頓時雙眼大張。

「不行啦！」

他把手指豎在唇上，「噓——」地制止她。「沒辦法，妳別管，乖乖聽我的就對了。站得起來嗎？」

他攙扶著她讓她站起來，在廚房的椅子坐下。正想放開手，她的手立刻追過來。

「不會有事的，妳坐在這裡就好了。」

她看似絕望地縮回手，放在膝上。他正欲走向門前，又改變主意回身去床鋪那邊，撿起毯子抱成一團，拿到廚房來，從她的肩頭罩下，整個裹住她的身體，這才去開門。

當門鎖喀嚓一聲打開時，他感到背上滑落一絲汗水。

緩緩將門一推開，立刻看到三枝被走廊螢光燈照亮的臉孔。是白天那個男的沒錯，可是現在，那種豪放隨性的感覺已消失無蹤。三枝的眉間刻著深深皺紋，猶如牙痛般歪著臉。

他退後一步，三枝立刻伸長脖子往屋裡瞧。應該看得到她坐在廚房的身影。

三枝把視線回到他身上，又瞥了她一眼，然後才發話：「小姐。」

她嚇了一跳連忙拉緊毯子。

「妳沒事吧？」

大概是回答前想看看他的臉吧，她求助似地仰起臉，眼睛游移不定。她嚇壞了，求救般緊抓毯子，簡直像個被人擄來的小孩。還來不及思索，他已脫口而出：「妳用不著害怕，我就在這裡。」

大概是這句話，令她確認他身在何處吧。她的視線固定在離他站的位置遠了十公分左右的右邊，頻頻點頭。

三枝手扶著牆，傾身向前說：「眼睛看不見嗎？」

他點點頭。

「那剛才的尖叫呢？」

「是她摔倒了。」

三枝環顧廚房一圈，最後視線停駐在滾落地板的水壺上。

「有沒有受傷？」三枝問她。

「我沒事。」她用平板的音調回答。大概是想讓三枝明白兩人並非危險人物吧，她又小聲補了一句：「謝謝你關心。」

三枝靠著牆，一下子來回審視著兩人，一下子又把眼光移向後方昏暗的臥房，最後終於哼了一聲，抬眼看著他。

「我還是覺得不對勁。」

「哪裡不對勁？」他努力保持冷靜地說，和三枝四目對個正著。他費了很大的力氣，才讓自己不把眼神轉開。

「你們兩個，叫什麼名字？」

對方一開口就直搗核心，連扯謊都來不及。看他退縮的樣子，三枝似乎以爲他不敢暴露身分。

「白天我和住在樓下的太太聊了一下，」三枝繼續說。「那位太太說，她曾經看過一次出入這個房間的人。聽說是個比我年長，個子矮小的男人，那個男的，就是你白天說的，在酒店當場結交的速成朋友嗎？」

他無暇顧及這句話的諷刺口吻，只注意到「年長的矮小男人」這個事實，一瞬間精神無法集中。沒想到這個房間，眞的有人進進出出——

「你怎麼不回話？」

他赫然回過神朝三枝一看，三枝眉間的皺紋更深了。

「該不會像連續劇演的那樣，那位老兄的屍體就躺在房間裡面吧？」

嘴角雖然微微浮現笑意，但那其實是一種防衛。三枝的視線很認眞，醞釀著激烈的緊張氣氛。

「這麼誇張的事，怎麼可能發生嘛。」

「我告訴你，通常我們覺得誇張的事，還偏偏就會在現實中發生咧。」

三枝邊用輕快的語氣說，邊微微縮回肩膀。他是在戒備。

到這個地步，只有一條退路了，於是他說：「你要檢查看看嗎？」

三枝靈巧地挑起眉頭，離開牆邊。跟白天相遇時同樣的裝扮，穿著同樣的拖鞋。三枝脫下鞋子，走進屋內。

「我可要先警告你，你最好別打歪主意喔。」

「根本沒那個必要。」

他是真的這麼想。就算讓三枝看到屋內的樣子，也沒什麼好怕的。重要的是，現在不能在這時讓這個男人加深疑心，別讓三枝回家後打一一〇報警，這才是上策。只要能爭取到一點時間，等這傢伙走了以後，他可以帶著她離開這裡。

——如果沒被人追捕的話。

三枝緩緩橫切過廚房。這時他才發現，三枝的右腳有一點跛，也可能是輕微的扭傷。

三枝謹慎小心地四下觀察，在她身旁停下腳，毫不客氣地打量她。他第一個念頭，就是幸好事先給她蓋上了毯子。接著又想到，三枝該不會是要說什麼猥褻的話吧。

沒想到，這個鄰居是這麼說的：「小姐，妳身體沒問題嗎？」

她眨了好幾次眼睛後，抬眼朝向三枝湊近的臉。

「對……我不要緊。」

「妳的眼睛從以前就瞎了嗎？」她遲疑了一下，迅速舔著嘴唇。

三枝一臉歉疚地說：「抱歉，我不該問這個的。」

就他冷眼旁觀所見，這句話似乎是出自三枝的真心。

她垂下眼，臉頰附近微微出現一瞬動搖。他回想起白天在藥局聽見別人跟他說「請多保重」時的感受，那時的自己，表情大概就跟她現在一樣吧。

三枝離開她身邊，手搭在通往臥室的房門上。稍微探頭看了一下，摸索著牆壁開了燈。

他移到她的身旁，手放在她肩上，她也回握住那隻手。

三枝看著臥室裡面。

走進去半步。

他在等著。等三枝轉身出來。這種狀況，對他們來說沒有任何不利。既沒有屍體，也沒把那個「矮小的男人」綑綁在地。

三枝瘦削的肩膀猛然聳起。

他蹲下身去，身影從門框消失不見了。照理說應該沒有什麼能勾起三枝的興趣才對——

三枝弓身湊近床腳。

她醒過來，眼睛突然失明。她陷入恐慌，東碰西撞到處亂走，所以床鋪移動了。床鋪——

他鬆開她的手跨出一步，和三枝從門旁出現，幾乎是同一時間。他遲了那麼一瞬間。

三枝的手上，握著他塞進彈簧墊和墊被之間藏起來的手槍。

「是噴子。」三枝說。

「噴子？」

「就是這把手槍。」三枝說著把槍口對準他的額頭。

「你倒說說看，這是怎麼回事？」

在他看來，三枝似乎很習慣玩槍。至少，三枝好像很清楚哪個是保險栓。

右手握槍，食指勾在扳機上，三枝用槍身指著廚房的椅子。

「你和那女孩都排排在那兒坐下，聽見沒？」

雖然對方並沒命令到這種地步，他還是將雙手高舉過肩，照對方吩咐坐了下來。

「什麼手槍？」她一邊搜尋著他一邊問道。她的雙眼充血。

「手槍？爲什麼？那種東西怎麼會在這裡？」

他對三枝充滿懷疑的表情視若無睹，專心向她解釋。

「對不起，剛才我沒敢告訴妳。」

「手槍……」她茫然低語。「果然……是那筆錢……」

「錢？」三枝逼問道。三枝的反應好快，他才剛忍不住站起身，槍口便立刻對準他。

三枝的視線和槍口都沒離開兩人，一邊緩緩移動，把玄關的門鎖上，然後回到臥室。

到了這個地步，讓三枝找到皮箱已是遲早的問題了，他閉上眼睛。她的不規則呼吸聲清晰可聞。

傳來衣櫃開了又關的聲音。

三枝甚至不需要多少時間。一回到廚房，就用平板的聲音說：「我光是隨便看一眼，應該就有五、六千萬吧。」

他嘆了一口氣，這才說：「我們沒數過。」

「原來如此。另外，我還找到沾血的毛巾。這又是怎麼一回事？」

她發出細細的抽泣聲，哭了出來。他默默摟著她的肩，心想，這女孩還真愛哭。其實他自己也一樣想哭。

「怎樣，要不要說說看原委？」倚著隔間的門，三枝絲毫不敢大意地將手槍指著他說：「視情況而定，我說不定還能幫上忙喔。」

三枝微微含笑繼續說，但聲音也因此有點含糊。他覺得彷彿被潑了一身泥水。

「又或者，要打個電話，去該去的地方報到？」

他默然回看，三枝正輕輕搖頭，彷彿在說「這種事你應該做不到吧？」

這算是援軍出現嗎？他懷著諷刺的心情想，都是拜現金和手槍所賜。然而，才剛以爲總算得救，卻發現原來是上了賊船。

「那你必須保證，聽了絕對不用『騙人啦』、『不敢相信啦』這種麻煩的反應中途插嘴。」他說。三枝答應了。所以，他全盤托出。沒有其他選擇餘地時，不管怎樣，只能先抓住對方伸出的援手再說了，他這樣告訴自己。

十二

「那你的身體，呃——除了喪失記憶之外沒有其他異常嗎？」聽完之後，三枝這麼問道。

他有點意外。因爲他以爲以自己現在的立場，對方似乎不可能關心他的身體狀況。

「怎麼樣？」三枝是認眞的。

「好像沒什麼特別的問題，就是有點想不起東西的名稱。」

「頭痛呢？」

「我倒是不會。」

三枝立刻看著她。

「這位小姐，頭痛很嚴重嗎？」

她保持沉默，他代替她回答。

「好像相當痛苦。」

三枝倚著隔間門雙臂交抱。

在他敘述的過程中，三枝遵守約定，沒說過一句「眞不敢相信」這種話。相對的，他不時會打岔提出問題。醒來的時候，他是躺在床鋪的哪一邊，她又是朝著哪一邊；想不起東西名稱的狀態持續了多久之類的，連枝微末節都打破沙鍋問到底。

這是在試探我們兩個是否眞的喪失記憶吧，他想。所以，他盡可能地詳細說明。

三枝問她：「現在怎樣？頭還痛嗎？」

她搖搖頭。

他搶著回話：「爲什麼你會問頭痛的事？」

三枝輪廓分明的眉毛略微一動。這個男人的五官中，最能老實表露感情的部位，似乎就是這兩道眉毛。

「你幹麼這樣問？」

「因爲你立刻就提到『頭痛』。」

「那是因爲我聽說，一旦喪失記憶多半都會頭痛。」三枝說著，不由得摸了摸後腦勺。「不過，我也只有在電影和小說中看過什麼喪失記憶者啦。」

電影、小說，這些概念仍清晰留在他的腦海，有關這些知識的記憶並未消失。同時，他不禁想，這個叫做三枝的男人看的是什麼小說與電影呢？他初次對除了他們兩人之外的人產生高度的興趣。

「所以，這位小姐眼睛看不見是——」

「就在剛才，」她小聲回答。「我口渴醒過來——爬起來一看一片漆黑。起先，我還以爲是因爲待在不熟悉的場所，所以眼睛還沒適應黑暗。」

「完全看不見嗎？能不能模糊辨識東西在動？」

她頹然垂下腦袋搖頭。

三枝略微彎膝，湊近看著她的臉。她的眼睛茫然失神地朝上看。三枝保持那個姿勢看向他。因爲不明白三枝看他的用意，所以他也一直盯著三枝。這時，三枝將手伸進襯衫胸前口袋，取出香菸和打火機。

是那個百圓打火機。不過，香菸是SHORT HOPE。在他的注視下，三枝把香菸砰地往桌上一扔，摩擦打火機，打出火焰。然後，猛地把火焰湊近她的臉。

他慌著起身，還來不及說「你要幹什麼！」，火焰已擦過她的臉頰，三枝關上打火機。她的視線動也沒動，也沒有眨眼。

三枝低聲咕噥：「眞的看不見。」

「你做事情還眞危險。」他嘆一口大氣。她慢一拍，才以看不見的眼睛仰望他，他輕拍她的手。

「所以呢?接下來要怎樣?」三枝用輕鬆的口吻問。

他忍不住想苦笑。要回答這個問題，簡直像是被捕的小偷，向警官說明今後的計畫。

「你們打算怎樣?」三枝又問了一次。

他不客氣地回答：「那你又打算怎樣?」

開口之前，三枝先環顧廚房，視線最後停在微波爐顯示面板上的時鐘。

「已經過了午夜一點二十分了啊。」三枝咧嘴一笑：「我嗜咖啡成癮，就算半夜喝咖啡照樣睡得著，不曉得你們怎麼樣。」

她「啊?」了一聲歪著頭，他卻站起來。

「我也不清楚，不過我現在倒是很想來杯咖啡。」

「太好了。」三枝說著點燃香菸。他把啤酒的空罐放在桌上代替菸灰缸。

把水壺裝滿水，放在爐上。他感到這種事之前好像也做過。準備好杯子，取出即溶咖啡，拿出糖罐——在這段期間，廚房一片沉默。

不意間，她呢喃道：「是SHORT HOPE。」

他轉身看著她。三枝拿著積了長長菸灰的香菸的那隻手也停留在半空中，看著她的臉。

「香菸是SHORT HOPE吧？」她又說了一次。

「妳猜得出來？」被他這麼一問，她點頭。三枝說：「看來在妳過去的生活中，身邊似乎有個抽SHORT HOPE的人。」

他半信半疑。「可是，妳怎麼猜得出來？」

「聞味道。所以，腦海立刻浮現出這個牌子。」

「像PEACE或SHORT HOPE這種菸，和現在流行的質純溫和的淡菸香味不一樣。其實我也是，如果在酒店裡，坐在附近的人抽PEACE，我多少也能猜出來。」

「你白天抽的不是七星淡菸嗎？」

「那是因爲自動販賣機的SHORT HOPE賣完了。」

背對兩人開始泡咖啡後，三枝問：「喂，你抽菸嗎？白天你有抽吧？」

「我好像是個老菸槍。」

「抽什麼牌子？」

「白天去買菸時，我也沒多做考慮，自然就選了七星淡菸。」

以前愛抽的牌子，看來似乎就是那個。超市裡，雖然放了多種盒裝香菸，他看了卻毫無感覺。也沒東想西想，手就自然伸向七星淡菸了。

「就機率來說，七星應該是最高吧，因爲這是最普遍的菸。」三枝說。

可是，在她身邊——近得足以令她連那傢伙愛抽的菸味都聞得出來——的那個人，抽的卻是SHORT HOPE。如此看來，那個人並不是自己。想到這裡，可笑的是，他竟然感到一絲嫉妒。

咖啡杯已端到桌上。她的雙手放在膝上。他還沒發話，三枝就先招呼她了：「小姐，要加糖和奶精嗎？」

她略作考慮後，回答「不用」。

「妳喝黑咖啡啊？該不會是在減肥吧，看來應該沒這個必要。」

他拿起她的右手，告訴她杯子的位置。三枝又添上一句：「小心點喔，可別燙傷了。」

默默喝咖啡的期間，他對三枝這個人稍微吟味了一番。三枝對她的關懷似乎不是僞裝，可是除此之外，他完全搞不懂三枝在想什麼。就其表情和闖入這裡時的態度看來，似乎是個具備一般常識的普通男人。然而，三枝對手槍的熟悉，還有拿在手上時的行動，卻又令他覺得是個危險人物——至少是個不把鋌而走險當成罪惡的人。

「你們既然坦白告訴我了，那我老實說吧。」三枝放下杯子，又點一根菸。「我有前科。」

突然間聽到這種話，還眞不知該怎麼回答。他靜靜凝視對方，她略略縮起肩膀，離三枝聲音傳來的方向退後了一點。

「是傷害罪，當時我捲入酒店鬧事的風波，我不會替自己辯解。不過，那件案子早已了結。已經是多年前的舊事了，我可不是危險人物喔。」

他思索著該說什麼，最後卻只能這麼說：「所以呢？」

「所以啦，」三枝輕輕笑了。「對我來說，我並不打算通知警察，說你們兩個是藏了手槍、沾血的毛巾，和一皮箱現金的可疑人物。」

他還是無法安心。「爲什麼？」

「要說是爲什麼的話，因爲如果我那樣做，警察一定會找我麻煩，認定我也是你們的同夥，在違法的勾當中也插了一腿。不，應該說，警察鐵定以爲我才是頭號主嫌。」

「主嫌……」

「呃，抱歉。這純粹是假定你們在失去記憶之前，眞的幹了什麼違法勾當的情況下啦。」

她嘆了一口氣，放下杯子。三枝繼續說：

「說到警察爲什麼會採取那種態度，那是因爲我是前科犯。不管我說什麼他們想必都不會相信。

你們不也一樣嗎?剛才一聽到我說有前科，臉上的表情簡直就像看到抱著定時炸彈的人一樣。你們不用否認了，反正我也不在意。因為我已經習慣了。」

安心感和不信任感交織在一起向他湧來。真是的，這個叫三枝的男人還真難纏。如果真的惹到他，下場一定很慘。

「所以啦，」三枝又重複強調了一次。「我有個提議。」

「提議?」

三枝點點頭，唐突地問道：「喂，你是右撇子吧?」

他反射性地看著右手。「好像是吧。」

「因為我看你從剛才不管做什麼都一直用右手。即使失去記憶，也不可能分不出慣用哪隻手。這樣的話，至少可以確定一點。你們兩個，顯然不是自願躺在那張床上的。」

她把臉轉向三枝那邊。藉由判斷聲音傳來的方向，她似乎已經掌握了注視說話對象的訣竅。

「你怎麼知道?」

三枝把手朝床鋪那邊一揮。

「你睡在她的左邊。換句話說，在仰臥的狀態下，你慣用的那隻手，是放在可以觸及她左手的位置。對吧?」

他試著回想醒時的情況，的確應該是這樣。

「慣用右手的男人要跟女人同床共枕時，不可能讓女人睡在自己的右邊。這點我敢保證。所以你們兩個並非情投意合下一起上床。在絕不可能發生那種事的狀態下——不是睡著了就是昏倒了——透過某個不在乎這種小節的糊塗蛋安排，被並排放在床上躺著而已。」

停頓了一下，她深深吐出一口大氣。這樣吐氣是代表什麼意思呢，他想。

三枝嘻嘻一笑又補上一句：「哎，當然我也不敢斷言百分之百就是這樣啦。搞不好，你們兩人是做了什麼姿勢特別奇特的把戲。」

他畏縮不前，她則羞紅了臉。

「好了，不開玩笑了。」三枝恢復正經表情。「剛才已經稍微展現了一下我的靈活腦袋，現在我有個提議。怎樣，你們兩個要不要僱用我？」

所謂出人意表，就是這種情形。

「僱用？」

「沒錯。調查你們爲什麼會落到這種地步，還有，你們到底是什麼人。爲了調查這些，我建議你們跟我簽約，我認爲這應該是不錯的交易喔。忘了告訴你們了，別看我這樣，我好歹也忝爲記者的一分子。或許應該說，是個小小的三流記者。」

他這才首度像估價似地仔細打量對方。

記者這種職業，可說是只要在名片上一印就能隨便自稱的最佳職業代表，也不需要什麼本錢。無論是何種職業，相關從業人員總是有好有壞，水準參差不齊，不需本錢的職業，好壞差距就更是大得嚇人。而且，好壞之間，工作目的往往截然不同。

不過，這個節骨眼上，已經無暇挑剔三枝到底是什麼人了，是什麼都行。所謂的提議只是客氣話，打從一開始就沒有選擇餘地。

他把思緒切換到現實問題上。

「報酬要怎麼辦？」

「用那個皮箱裡的錢做擔保。」三枝立刻說：「等到萬事解決，你們脫離這個困境時，如果那玩意變成你們的，就拿一半付給我。如果那玩意不是你們的……」

三枝說著，輕輕攤開兩手。「我本來很想說，分期付款也可以啦，不過你們兩個起碼應該有一點存款吧？」

她將手拿到嘴邊，開始啃起小指頭的指甲。倘若一個人縱使喪失記憶也不會忘記習慣，那麼從今以後，每當她陷入沉思時，八成都會看到她做這種動作。

「不過，問題是這位小姐的眼睛，要不要去醫院檢查？」

這個問題他沒有資格回答，他只能閉上嘴。

她停下啃指甲的動作，抬起臉，朝著三枝的方向。小聲、卻很堅定地說：「請你好好努力，讓我能盡快正大光明地去醫院。」

就這麼說定了。她摸索著找到他的手，緊緊握住。

「好吧，我們跟你簽約。」他回答。

「好。」三枝說著持起之前一直放在膝頭的手槍說：「這麼危險的東西，由我來保管。反正不管怎樣，現在的你們即使想用這種東西，也只會把自己的手指轟掉。」

「無所謂，你拿去吧，不過——」

「不過什麼？」

「請把子彈卸下，交給我。」

三枝笑了。「你還眞謹愼。」

他回答：「那當然。」

同時他也在想：「當擔保品的不是皮箱裡的錢，其實是我們自己。」

「那我馬上就有件事要拜託你。」

「什麼事？」

「我想搬去你的房間住。」

三枝瞄了她一眼。「小姐，妳一個人沒關係嗎？」

她堅強地點點頭。他連忙說：「床鋪和三枝先生的房間只隔著一道牆，有什麼事妳敲敲牆壁就行了。早上一起床我就會過來，妳一個人千萬別到處亂動，知道嗎？」

「知道了。」

三枝嘻皮笑臉地說：「你可眞是清心寡慾。」

讓三枝先回自己房間後，他把她帶到床邊時，低聲道歉：「我知道妳會怕，不過請忍一下。」

她微微一笑。「沒關係，我知道。你最好盡量盯著那個人。」

他第一次輕觸她的臉頰，說：「妳啊，眞的直覺超強。」

「小心一點喔。」

八月十三日　星期一

第二日

十三

小操打來的電話掛斷後，悅子立刻打電話到貝原家。然而，只聽見電話鈴聲響了又響，卻始終沒人接。悅子一邊按重撥鍵反覆撥打，一邊不耐地跺腳。

難道沒人在家？都這麼晚了。

她有耐性地一直撥打到天亮，結果還是一樣。這樣下去不是辦法，過了清晨五點半，悅子起身決定直接登門造訪。

開始整裝時，由佳里起床了。

「媽媽，早，怎麼了？」

看到將玩具熊夾在懷裡，正在揉眼睛的小女兒，悅子連忙催促。

「妳最乖了，趕快換衣服，媽媽要帶妳去外公家。」

「爲什麼？還很早耶。」

現在正值暑假期間，悅子白天不在家時，由佳里向來是在義夫家度過。每天早上，悅子七點半去上班時，由佳里也跟著一起出門。

「媽媽臨時有點事，馬上就得出門。所以妳聽話，好嗎？」

「那學校的晨間操呢？」

「今天請假一天。」

「如果不每天去，就拿不到獎品沒有零食吃。」

「沒關係，媽媽一定會幫妳拿到。」

大概是終於清醒過來，領悟到母親的樣子非同小可吧，由佳里手忙腳亂地跑去洗手間。

在由佳里洗臉換裝的期間，悅子又打了好幾次貝原家的電話號碼，依然無人接聽。

這時，她忽然醒悟。說不定小操的父母也收到相同的求救訊息，所以兩人才會都不在家。如果眞是那樣，以好子那副德性絕不可能會好心通知悅子。

即便如此，只要小操已得到保護，至少總比一直找不到人影好得多。悅子讓一臉不安的由佳里坐上副駕駛座，在心中默禱著駕車出發。

「媽媽？」

「嗯？什麼事？」

「妳的表情跟爸爸死掉時一樣。」

悅子的手放在排檔桿上，俯視那張小臉。由佳里把裝有暑假作業的包包放在膝上，略嘟著嘴。悅子放鬆肩膀的力氣。

「對不起，媽媽在擔心一些事，所以提心吊膽的——是爲了一個妳也認識的媽媽的朋友。」

「是小操姊姊？」

雖然悅子沒有特別提過，但由佳里似乎已隱約察覺。

「對啊，小操離家出走不見了，我得趕快找到她。」

「所以媽媽要去找她？既然這樣，我不能一起跟去嗎？」

悅子搖頭。由佳里拚命懇求：「我不會礙事的，我會乖乖聽話，人家很喜歡小操姊姊耶。」

伸手胡亂抓了抓女兒的頭髮後，悅子面露微笑。

「媽媽也是呀。可是，今天妳要乖乖看家。一有消息，我保證一定馬上告訴妳，好嗎？」

由佳里答應了。到達義夫家，悅子把由佳里交給父親，說聲詳情改天再解釋，立刻就出發了。

「媽媽，妳要加油喔！」由佳里說著直揮手。

由於她還記得路怎麼走，所以不費什麼工夫就順利抵達貝原家。可是，玄關的對講機按了半天，卻無人應答。

難道他們果眞外出了？悅子試著眺望房子四周，T字形的車庫裡，右邊放著灰色的休旅車，左邊停著火紅的輕型小轎車。根據小操的說法（如果悅子沒記錯的話），這兩輛應該都是小操父母的車。如此說來，他們在家囉？悅子回到玄關再次按對講機，按了又按，最後，乾脆用拳頭敲打按鍵。

這時，傳來沙沙的雜音，總算有人用拖泥帶水的聲音回了一句「喂……」。

悅子飛奔上前。「喂？貝原太太嗎？是我，我是眞行寺！」

對講機陷入沉默，過了一會兒才說：「有何貴幹？」

的確是好子的聲音。看樣子，她似乎現在才被吵醒。

「昨天小操在半夜打電話給我，所以我打電話通知府上，可是你們好像不在家。」

「噢？」

悅子焦躁不耐。「不管怎樣，請妳先開門好嗎？」

她大概在門口等了一分鐘左右，可是卻感到有一個小時這麼久。好不容易大門開啓，看到門裡站著身穿睡衣、外披輕薄睡袍的好子，再看到她那睡得雲鬢不整的亂髮，悅子突然氣急攻心。

「拜託妳不要一大清早就來騷擾，給附近鄰居看到了多丟人啊。」

好子露骨地擺出嫌惡的表情說：「眞是沒有常識。」說著還用看醉鬼的眼神輕蔑地俯視悅子。

可是現在不是跟她吵架的時候，悅子勉強按捺住滿腔怒火，迅速說明事情經過。就在大門口，杵著說話。然而，好子聽完原委後，竟若無其事地說：「我看是惡作劇電話吧？」

悅子不敢相信自己的耳朵。

「那的確是小操的聲音！她還喊我眞行寺小姐。」

「惡作劇也會有這樣的情況呀。說不定是妳認識的人打來胡鬧。」好子冷眼瞥向悅子。「妳又是個年輕的寡婦嘛。」

悅子只覺得耳垂發燙，站在那裡幾乎說不出話，真不敢相信對方同樣是身為人類、身為母親。好不容易，她才擠出聲音：「我的事隨妳怎麼說都無所謂。難道妳都不擔心小操？她還跟我說『救命』耶！」

「我看不見得吧。妳只聽到『就』就掛斷了，對吧？說不定只是妳自己的妄想。」

「可是……」

純就事實而言，的確如好子所說，但人類的聲音、從口中說出的話語，不見得完全如字面所示。小操的確是在喊「救命」，只是說到一半電話就斷了，或是被某人掛斷。

悅子轉換矛頭。

「貝原太太，妳昨天去報警了嗎？」

「我才沒去咧，幸好沒有去。」

「為什麼？這是什麼意思？」

好子手搭在門上，做出關門的動作。「妳請回吧，我還衣衫不整的呢。」

「貝原太太！」

「妳真的很煩。」

「妳為什麼不接電話？昨晚妳到哪去了？難道妳都不擔心小操嗎？」

好子猛然挑起眉頭。「我什麼時候說過不擔心了？」

「可是……」

「我們家啊，到了夜裡就會把電話切掉——就是把線拔掉，因為騷擾電話太多了。」

悅子抽了一口氣。「即使妳明知小操也許會打電話回來？妳怎麼做得出這種事？」

好子還穿著室內拖鞋便一步走下玄關的水泥地，她傾身向前，狠狠地瞪著悅子。

「平常本來是這樣，可是自從小操離家後，就算半夜我也不敢拔掉電話。因為我也猜那孩子說不定會打來。可是，昨晚已經沒這種必要了，所以我又恢復原來的習慣。妳這人未免也太沒禮貌了。」

昨晚已經沒這種必要了？這句話令悅子再次啞口無言。

好子露出誇耀勝利的笑容說：「那孩子啊，小操她昨晚打電話回來了。大約十點左右，她打來說住在橫濱的朋友家，還說兩個人在一起打工呢。她說要在那裡待到暑假結束為止，現在好好地在工作。她要從現在開始存錢，等到寒假時和那個朋友一起出國旅行。她說要用自己賺的錢去旅行。她不告而別自己也覺得很抱歉，可是她以為如果告訴我我一定會反對。」

「妳有沒有問她那個朋友叫什麼名字？」

「問了她也只說是我不認識的人。」

悅子不禁低聲自語：「騙人的……」

好子咄咄逼人：「那孩子憑什麼非扯那種謊話不可？小操才不是心機那麼重的小孩咧。」

「可是，我明明聽到她的聲音！」

「我說過了，妳接到的是惡作劇電話。只是妳自己一廂情願認定是小操打來的電話。不說別的，我這個當母親的，怎麼可能連小操的聲音都聽錯？妳真是講不通！」

好子氣勢洶洶，好像恨不得朝悅子的眼睛吐口水。

「而且，我也跟她那個朋友的家人交談過。人家的媽媽有接電話，跟我打了招呼——就是個很普通的人，給人的印象很不錯，比妳這種人好太多了。我說請對方多照顧小操，人家還笑著說：『我會好好照顧她的，您放心。』還很惶恐地跟我說：『我們作夢也沒想到，小操會瞞著母親偷偷跑來，所以沒能及時跟您聯絡真是不好意思。』聽說她們兩個現在在馬車道的某家餐廳工作。小操很高興，還說那間店很棒，能這樣跟朋友一起生活，好像多了個姊妹一樣。」

聽著好子的聲音，悅子在無意識中頻頻搖頭。

不對、不對，不可能有這種事。出國旅行？在餐廳打工？跟朋友像姊妹一樣共同生活？不對，如果眞的早有這種計畫，小操一定會告訴我才對。

「貝原太太——」

「請妳不要太過分！」

好子的怒吼聲，使得正在屋子四周掃地的鄰家婦人，反彈似地看向這邊，瞪大了眼睛。

悅子勉強保持鎭定，放低音量。

「那通電話的聲音，眞的是小操的聲音沒錯嗎？」

好子緊抿著嘴點點頭。

「電話是十點左右打來的嗎？」

「剛才不是就說過了？喂，妳是聽不懂國語嗎？」

「是十點左右沒錯吧？」

好子哼地從鼻子噴出一口氣。「對啦。」

悅子接到電話，是接近午夜十二點時。她實在無法相信，短短兩個小時之間，小操所處的狀況會有這麼劇烈的轉變。

「眞行寺小姐——救……」

那夢囈般的聲音，彷彿自空虛的喉嚨響起的聲音。

「貝原太太。」悅子仰起脖子，目光銳利地仰視好子，她覺得這個人已經沒指望了。「請問妳先生在哪裡？」

好子皺起臉。「妳幹麼問這個？」

「妳先生知道小操離家出走的事嗎？」

好子氣得泛起紅潮的臉上閃過一陣苦澀，停了一下才回答時，語調也低落多了。「我先生現在在國外。他一直在出差，暫時還回不來，他很忙啦。」

悅子感到很無力。本來打算既然母親說不通，乾脆直接找父親談——

「沒辦法聯絡到他嗎？」

「沒必要告訴妳吧。」好子毫不客氣地說，隨即做出「這次我眞的要關門囉」的動作。

「妳也許的確是小操的朋友，可是就算這樣，妳也沒權利干涉我們的家務事，請妳不要再爲這件事來煩我。」亢奮之下，她連珠砲似地愈講愈快：「託妳的福已經找到小操了。她沒事，現在活蹦亂跳的。那個任性的丫頭有我這個做母親的負責照顧，妳請回吧。下次妳如果再敢找上門，我就要報警了！我家的親戚之中，可是有人在警察廳當官的喔！」

說完，她惡狠狠地甩上大門。

十四

不管怎樣，還是得先去永無島上班，她已經遲到十五分鐘了。

一推開入口的門，同事們紛紛向她道早。悅子連回話的力氣也沒有，一屁股在自己的位子坐下。

「出了什麼事嗎？」一色從組長的位子站起身走過來。悅子遲到是極爲罕見的事，更何況，看她的臉色也看得出異樣。

「我有點事想跟你商量。」

「沒問題，去會議室談吧。」

一色率先走出走廊，悅子渾身無力地起身，爲了遲到和暫時離席向同事致歉後，跟著走出去。

「您看來無精打采的，眞行寺小姐，是令尊或由佳里出了什麼事嗎？」一色問，悅子搖搖頭。

「沒事就好，這麼說是工作的事囉？」

同事之中有個年輕女孩，替一色取了個綽號叫做「會走路的敬語」。因為他平時不論是對哪個部下，都用面對保險客戶的敬語來交談。歷經和貝原好子的一場唇槍舌戰後，在悅子的耳中，一色的聲音簡直充滿慈悲。

「我能夠幫得上忙嗎？」

悅子說出原委，一色專心傾聽，並不時接腔。

「這下子事情麻煩了。」

聽完之後，一色帶著一點也不麻煩的安詳表情說。

「你也覺得是我想太多了嗎？」

對於悅子的問題，一色側首思索了一下才回答：「我不這麼認為，因為正如您所說，人類的語言還有所謂的『言外之意』。還要看當時的氣氛。即使是語氣的微妙差異，也能左右交談的內容。對於『就』這個音，既然您聽了認為應該是『救命』，那就一定是這樣吧。」

聽著一色的分析，悅子心中的迫切感消失了，總算又回到能夠提醒自己不可焦躁的狀態。

「所以，眞行寺小姐您今後打算怎麼做？」

「怎麼做啊……」

「我要先跟您確認一下，我現在問的，是身為永無島職員的您打算怎麼做，是這個意思喲，不是問您個人立場。」

悅子睜大了眼睛凝視一色的臉。

「組長，你的意思是說，站在永無島的立場，不該再繼續插手這件事嗎？」

一色點點頭，像女人一樣漂亮的雙手放在桌上，微微傾身向前。

「請注意，眞行寺小姐。我們在永無島，純粹只是虛擬友人。會打電話來這裡的人，固然是非常怕寂寞的人，反過來說，其實也是防衛心非常強的人。他們雖然寂寞，但又不希望因為交朋友而帶來麻煩，深怕跟別人直接接觸會引發問題，所以才會找上我們這種只能透過電話聽聽聲音的人。『只能透過電話聽聲音』——反過來說，也就等於是『只靠電話交往就可以』，您懂我意思嗎？」

悅子點點頭。

「只靠聲音交往的朋友，說來實在很方便。需要的時候，打通電話就出現了，簡直像阿拉丁神燈一樣。不需要的時候就不打電話，用不著管對方死活，反正對方也不會抱怨。在這種情況下，通常主動打電話的人就等於是主人。我們等於是被動的。像永無島這種形式的電話中途之家，想要繼續維持下去，絕對的條件就是『我們絕不主動涉入對方的私生活』。」

一色微微一笑。

「所以，對於這種永無島的常客，我們可以大膽認定，他們不僅孤獨又愛鑽牛角尖，同時也是非常自私任性的人。當然，我並不是說全部都是這樣。如果對方是個獨居老人，情況就完全不同了。不過，若非如此，尤其是年輕案主，我只能說，這種情形占了絕大多數。然而，這就是事實。」

「組長……」

「之前聽說那位叫做貝原操的小姐想跟您見面時，我之所以會同意妳們見面，就是因爲我知道事情遲早會演變成這樣，如果不讓您親身體驗一下，您恐怕無法眞正地徹底了解永無島的意義。所以我不是說過了嗎？『一旦見了面，從此就屬於私人的領域了。』站在永無島的立場，一旦和打電話來的案主見了面，永無島就立刻失去存在意義了。因爲去見對方，就等於是涉入對方的私生活。」

悅子默默低著頭。

「同時，正如我剛才所說，只有寂寞時才想到來依賴我們的人，最討厭別人侵入他的私生活。這可是眞的，不騙您。所以，如果我們主動涉入對方的生活，從那一瞬間起，對方就已經不再需要我們了。即便不是立刻，遲早有一天，對方還是會覺得我們很煩。您說難道不是如此嗎？如果對方眞的需要跟別人面對面溝通，根本用不著來找我們，在他的周遭多的是這樣的對象。可是他們就是因爲怕麻煩，懶得結交這種朋友——不只可以經常獲得，還得不斷付出才能維持關係的朋友——才會選中我們這種虛擬友人。」

「我不太明白你到底想說什麼……」

「請注意，眞行寺小姐。我現在想要強調的是，對於這種會喜歡永無島的人，一旦涉入他們的生活就完了，不只是完了，受傷的還會是您自己。他們是冷酷的、自私任性的。一旦不再需要您、跟您有了私人交往後開始嫌煩，或是興趣轉到其他地方時，就會輕而易舉地把您給拋棄掉。歸根究柢，電話這種機器原本就是一種自私的象徵。因爲我們只根據自己的需求，就侵入了對方的生活。」

「我倒不這麼認爲。」

「不，我當然也不是說全體都是這樣，請您千萬別誤會喔。如果是好朋友或情侶之間的電話那當然不一樣。像那種很普通的、平常也會跟對方當面溝通的電話是另一回事，那是基於一分一秒也不想離開對方，或者很渴望在一起所產生的替代行爲。我認爲那才是正常的形式。我現在所說的『自私任性』，是那種心血來潮時才打來我們這種地方、單方面的電話。」

悅子忍不住將手放在嘴邊，她知道自己的指尖在顫抖。她沒想到竟然會從一色口中聽到這種話。

「我前面的開場白好像說太多了，不過我想說什麼您應該已經明白了吧？眞行寺小姐，就結論來說，我反對您再繼續涉入貝原操小姐的私事。她不是說她在朋友那邊嗎？說不定她正在打工。她之所以沒有通知您，我認爲純粹只是因爲她忘了。」

「可是，我們並不是虛擬友人，我們眞的變成朋友了。」

「只不過到過您府上一次，就能斷言嗎？即便您這麼想，誰知道貝原操小姐心裡又怎麼想。說不定她當時只是在您的邀請下，臨時起意跑去玩，事後覺得要維持這種朋友關係太麻煩了。」

可是，小操那時看起來眞的很開心——悅子在心中反駁。

「一旦開始嫌麻煩，就斷然斷絕關係。貝原操小姐一定連想都沒想到您現在會在這裡如此坐立不安。事情通常都是這樣，只有聲音、像阿拉丁神燈一樣的虛擬友人，往往被遺忘得特別快。」

悅子在一色滔滔不絕的表情深處，看到了過去一直沒察覺的東西。

那該怎麼形容呢？公私分明？提得起放得下？

不，不是那樣，是工於算計。

她這才有點恍然大悟，保險公司為什麼要成立永無島這種單位。這既非慈善事業，也不是為了表現企業家悲天憫人的偉大情懷。

說得白一點，等於是市場調查。目的是要蒐集大量，而且多半是孤獨無依者的心聲。在這棟大樓的某處，說不定現在就有某人，正在蒐集打電話來永無島的案主心聲，加以統計，整理成數據資料。

保險不只是人壽保險。還包括了入院給付、薪資保障、看護費用乃至個人年金等等種類。同時，對於一旦出事無人可依賴的孤獨者來說，還有比保險更適合的東西嗎？

當然，永無島並沒有露骨地宣傳。不過，它的存在本身就已經是一種宣傳了。這種不著痕跡的作法，正如我們觀賞職棒轉播賽時自然會映入眼簾的，畫在棒球場外圍球網正下方的廣告招牌。

「組長，你的意思是說小操只是對我沒興趣了，所以懶得再搭理我了嗎？」

一色笑了一下。「要不然，也許她只是忘記了。簡而言之，如果您把她和您在工作之外的私生活中結交的其他朋友等同視之，她恐怕會令您非常失望喔，這就是我的意思。」

「那，打來我家的那通電話呢？那又是怎麼回事？」

「我想，應該還是惡作劇電話吧。如果那真的是貝原操小姐打來的電話，未免也太戲劇化了吧，真行寺小姐。」

悅子好一陣子垂頭閉目，努力鎮定心神。

然後，她直視著一色的眼睛說：「請批准我休假好嗎？我要放暑假。按照預定計畫，我本來是從這個星期三開始休，能不能讓我提早休假？」

一色轉開視線，漫無目標地仰望空調。

「麻煩你批准。」悅子又說了一次。

一色嘆了一口氣，這才轉頭面對悅子。「您想以私人身分去找她嗎？」

「對。」

「那會很辛苦喔。首先，您打算從哪著手？」

「我想先去報警備案，然後再慢慢考慮今後的事。」

一色不禁苦笑。「您可眞頑固，好吧，我批准您休假。剩下的事，我會和其他同事商量，您用不著掛慮。」

「謝謝組長！」

悅子猛然從椅子站起身。可是，一色卻豎起食指，說聲「慢著」喊住了她。

「眞行寺小姐，我雖然是您的上司，但也是朋友，不是嗎？」

悅子曖昧地點點頭。

「那麼，基於友情，我可以幫您一個忙。請您等個十分鐘，我在各方面都有熟人。其中，有個朋友在東京都轄下的警局擔任少年課課長。」

一色立刻從會議室打電話給那個人，簡短說明事情原委後，他問對方，一般來說，像這種案例，警方到底會不會出動警力搜查離家出走者。

應該不可能吧——這就是對方的答覆。

那個熟人還好心地表示：「與其由你們這種老百姓突然跑去詢問，不如讓我出馬，應該會得到比較好的回應。」然後就替他們向貝原操居住地的轄區警局問了一下。結果，負責協尋離家出走者的員警出面，做出了同樣的答覆。

電話打完後，一色浮現出略帶困窘的表情。

「您可別認爲我是故意挫您的鬥志喔。」

「怎麼會呢，託你的福讓我不用白跑一趟警局，謝謝組長。」

她眞的這麼想。她覺得自己對一色和永無島都有了新評價。對永無島，是身價暴跌的雞蛋股，至於對一色，就像賣出手的股票又用同樣價格買回來。只不過前後之間，分類的方式已不同。

不過，已經可以確定，悅子必須在孤立無援的狀況下獨自尋找小操了。

這樣也無妨，她會一個人克服。

貝原好子只憑著一通電話，就認定小操只是任性蹺家罷了。而一色，則堅信打電話來永無島的人都是三心二意、任性妄爲。大家都輕易接受了事實。

可是，悅子不同。明明不了解的事卻自以爲了解而輕易接受，因此失去自己在乎的人，這種經驗一次就夠了。悅子絕不會再輕易被說服。

（人家很喜歡小操姊姊。媽媽，妳要加油喔！）

唯一的依靠，就是由佳里的鼓勵了——她想。

十五

「你們兩個，應該取個名字才行。」

三枝一邊煮著晨起的第一杯咖啡一邊說。

「名字？」

他茫然如鸚鵡學語般重複，還沒完全清醒的腦袋中心，似乎閃過一陣輕微的頭痛。

早晨來臨了，可是狀況並沒有任何好轉。記憶仍是一片空白，徒增疲憊。不論是睡是醒都糟透了，簡直像被人推落至烏漆抹黑的萬丈深淵，再從最底層慢慢爬上來的感覺。

「老是當個無名氏不太方便吧？我也不好辦事。」

「可是……」

眼看他吞吞吐吐，三枝彎下身，把放著咖啡壺的瓦斯爐火轉成豆粒般微弱後，輕輕地轉身面對他。「你不需要名字嗎？」

他雖然感到遲疑，還是搖搖頭。

「爲什麼？」

「因爲我覺得一旦找到眞正的名字，會對臨時取的名字感到抱歉。」

「這什麼意思？」

「我是說，不論是以前的我們或是現在的我們，其實都是同一個人，所以名字只要有一個就好。如果取了新名字——即便那只是暫時湊合用的——就等於在那一瞬間誕生了另一個人。而且，當我們找回原來的名字和身分時，臨時名字伴隨而來的那個身分就得死掉，我不希望這樣。」

他沒把握三枝能否理解，不安地盯著他。剛睡醒的三枝，臉頰和下顎都覆蓋著意外濃密的鬍碴。

「你說話還眞複雜。」

三枝雖然面露不滿，眼睛卻似乎笑意盎然。

「好吧，算了，那就照你的意思。說來說去，我畢竟是你們僱用的人嘛。」

「就請你這麼做吧。對了，你爲什麼從剛才就一直頻頻注意瓦斯爐火的大小？」

「因爲我的咖啡是特製的，絕不能讓它煮沸。」三枝說著立刻關掉瓦斯爐火。

「喝的時候，要站在流理臺旁邊喝。」

「爲什麼？」

「因爲我沒用濾網，是直接煮的，也就是直接把磨好的咖啡豆倒入水中。所以一邊喝，還得不時地吐出豆渣。」

他簡直懶得再爭辯。「我去叫她起床。」

走進七〇七號室一看，她已經睡醒下床了。不僅如此，還赤腳站在窗邊。腳踝的纖細與白皙，分外惹他注目。

她大概是聽出他的腳步聲吧，立刻轉過身，微微一笑。

「早。」

「早……妳是怎麼到那邊的？」

「用走的呀。放心，只要用手摸索，小心一點，照樣還是可以行動。」

她一邊推開窗簾，一邊把臉轉向窗戶。

「今天好像也是個好天氣。」

他戰戰兢兢地走近她，與她並肩而立。正如她所說的，今天也日照強烈。蔚藍的晴空宛如一匹染色均勻的布，覆蓋了整個頭頂。

「妳感覺得到光線嗎？」

她臉朝著太陽點點頭，臉頰上的汗毛閃閃生光。

「剛才，妳怎麼知道走進來的人是我？」

「睡覺前，你不是說早上要來叫我起床嗎？」

「是這樣沒錯啦……」

她調皮地笑著，清澈的眼睛對著他——他心想，眞不敢相信這雙眼睛竟然喪失視力了。她小聲地開口說：「那個三枝先生，是不是腳有點問題？」

他嚇了一跳。「喂，妳眞的看不見嗎？」

「這種事怎麼可能拿來騙人。」

「那妳怎麼知道那個男的腳有問題？」

她不由自主地朝著他雙腳的方向看去。

「我是從腳步聲聽出來的，因爲他的走路方式有點不規則。不過到底是哪隻腳有問題，這我就聽不出來了。」

他端詳了一會兒她的臉，說：「是右腳有問題，不過只有一點點。感覺上像是扭傷，外觀看不出來，他自己可能也完全沒意識到腳有問題吧。」

她搖搖頭。「我倒不這麼認爲。」

他默然。同時，也對她的聽覺和直覺之靈敏深感佩服。

「睡了一晚，有沒有想起什麼？」

對於她的問題，他只能報以嘆息。

「什麼都沒有是吧，我也是。」

「三枝他——禮貌上還是該稱三枝先生吧。」

「嗯。」

「那個人說要給我們取名字，我拒絕了。」

她用雙手的指頭撩起髮絲，露出兩耳，手又順勢繼續動著，從領口到背部，撩起長髮絲絲滑落。

「謝謝，我也不想要個臨時僱用的名字。」

「幸好我們意見一致，我總算放心了。」

她微微露齒一笑，對著陽光瞇起眼睛，似乎是感到刺眼。

「好了，那我也該換衣服了。昨天還沒失明時，就我看到的，衣櫃裡也有女裝吧？」

他牽起她的手帶她到衣櫃旁，替她挑了卡其色裙子和同色系的襯衫。因爲不好意思替她挑選內衣，所以把收納盒的位置告訴她。

「沒問題，我一個人也能換衣服。」

「那，妳換好了再喊我，我就在門外。」

「順便麻煩一下，從這裡到洗手間之間，如果有什麼擋路的東西，先幫我移開好嗎？只要這樣先幫我清出一條路，我就可以摸著牆壁去洗臉了。」

「沒問題嗎？」

「對，我想應該可以。」

整體來說，她的言行舉止極爲冷靜而又有效率。就一個昨晚才剛失明的人來說，甚至可說是令人驚異。他忽然想到，她以前——換言之，就是在消失的過去歲月中——該不會也曾經歷過「眼睛看不見」的狀態吧。

她把襯衫掛在左手，用右手摸索鈕釦的位置。在他的凝視下，那隻手突然停下，轉動脖子，正確地把臉轉向他站的位置，微微動起嘴巴。

「你走開啦。」

他笑了。「被妳發現啦？」

「如果有人站在身邊，我還是可以察覺到。」

「用聞的嗎？」

她對著他，揮起嬌小的拳頭笑了。「神經！」

這下子，倒是讓他的心情也好多了。至少，足以讓他從角落的休息區站起重新走向拳擊場的中央。至於腳步是否輕快、能不能揮拳擊中對方，那就另當別論了。

三枝提議，先把房間內部徹底搜索一遍。

「之前你們兩個找到影印的地圖，說不定還會有什麼別的——尤其是由我這第三者好奇的眼光來看，對吧？」

在三枝埋頭搜尋的期間，他用七〇七號室的電話和瓦斯公司及ＮＴＴ電信公司聯絡。

她也站在他身邊，豎起耳朵聽。

瓦斯公司這邊問他知不知道「客戶編號」，聽來應該是年輕女性的開朗聲音，幹練俐落。當他回答「我不知道」時，不禁感到非常丟臉。

「那麼，地址呢？」

他把地址報上。才等了大約兩分鐘，電話那頭的開朗聲音就回來了。

「讓您久等了，新開橋皇宮七〇七號室是吧，客戶登記的名稱是『佐藤一郎』先生。」

佐藤一郎。他不禁立刻問道：「這是本名嗎？」

「啊？」

「呃，這是本名吧？」

接電話的小姐沉默了一下，終於開口說：「只要客戶這樣自稱，我想應該就是這個名字。」

「你們公司，只要客戶報出什麼名稱就照著登記嗎？」

「對，是這樣沒錯。」

「那，客戶也可以使用假名囉？」

「呃……可以這樣說吧。」

他立刻開始思索。假設要租房子，或是買房子，一搬進去首先要使用瓦斯和電話時，是怎麼辦手續來著的——

「那瓦斯費要怎麼付？」

「我們這邊會把帳單寄過去。」

「繳費情形呢？都一直在付嗎？」

「不，因爲八月十日才剛啓用，還不用繳費。」

八月十日？那不就是短短三天前嗎？

緊握著話筒，他努力思索還有什麼該問的，她立刻低聲說：「見證人，問她見證人是誰。」

「啊？」

「請人來開瓦斯的時候不是一定要有人陪同在場嗎？電話給我一下。」

也許是心急吧，她迫不及待地從他手上搶過話筒。

「喂？不好意思，我想再請教一下。你們派人來開瓦斯時，妳知道是誰在場見證嗎？申請者本人？妳說的本人，就是那個叫『佐藤一郎』的人嗎？那個人是個什麼樣的人，請問有沒有誰記得？拜託幫幫忙。我們基於某些原因，必須知道這一點。」

她兩手扶著話筒，等待答覆。最後，跳起身貼著話筒說：「查得到？查得出來嗎？啊，負責的員工嗎？這樣啊，他中午會回來是吧，那就拜託妳請他打個電話過來——」

他戳了她一下，於是她連忙改口說：「等到中午，我會再打電話。對，拜託妳了。謝謝。」

電話掛斷後，她苦笑說：「對喔，還不曉得這裡的電話號碼呢。」

「早知道應該先打去電信局，剛才談得怎麼樣？」

「她說負責來這裡開瓦斯的作業員，說不定還記得在場的『申請者本人』長什麼樣子。小姐告訴我說，那個作業員中午會回營業處。」

這時，去廚房那邊搜尋的三枝回來了。

「乾乾淨淨，沒有線索。照理說，家具通常都會留有家具店的商標或標籤，連那個也沒有。」

「看吧？對方是精心設計的。」

「瓦斯公司問得怎樣了？」

「說是用『佐藤一郎』的名字登記的。」

三枝皺起臉。「那不是跟取名叫『日本太郎』差不多嗎。」

同時，電信局營業處的收費單位答覆的也是同一個名字。電話接通的工程，也是在八月十日下午。由於接電話線也必須有見證人在場，所以他們試著詢問是怎樣的人，可是對方的答覆是：「這我就不清楚了。」

「能不能幫我找到負責施工的作業員？應該有紀錄吧？」

對方不太情願的回答「我試試看。」後，他才把電話掛上。打到電信局最大的收穫只是知道現在使用的這支電話是什麼號碼。

三枝一會兒趴在地上，一會兒把臉鑽進儲物櫃，搞了一個上午。他曾表示要幫忙，卻被拒絕了：「你安分待著別動。」

就這麼無所事事地打發掉上午，一等到十二點，他立刻打電話去瓦斯公司，指名找剛才那位小姐，話筒那頭立刻又傳來那開朗的聲音。

「他正好剛回來，我請他來聽電話。」

然後，就傳來「田中先生！是我剛才說的那位客戶，快來接電話！」的呼叫聲。要找的作業員，大概離電話很遠吧。

握著充滿雜音和說話聲的話筒，他突然感到胸口作痛。

午休時間，女職員叫住正要用餐的同事。這應該是隨處可見的景象吧。

「田中先生……！」那愉快的聲音，在他的耳朵深處迴響。自己如果回到某個該去的地方，一定也會有同事喊著「○○先生！」叫住他吧。那些同事現在不曉得怎樣了。他們在哪裡呢？會替他擔心嗎？他彷彿再次被提醒，電話彼端和他這邊，已被區隔成兩個截然不同的世界。

「喂？抱歉讓您久等了！」

一個活力十足的聲音傳來，他嚇了一跳連忙把話筒拿遠一點。

「喂？」

傳來活潑的呼叫聲。他原本模糊猜想對方是個年老的作業員，此時不禁有點意外。對方聽來頂多才二十歲，聲音非常年輕。

那個作業員說，當他去開瓦斯時，會同在場的是個四十左右的中年男子。

他心中一震。「看起來個子矮小嗎？」

「不，那倒不會，是個高眺修長的人。」

這樣的話，就不是三枝之前說「樓下太太看到有人出入這個房間」的那個男人了。

「長得什麼模樣？」

「這個嘛……對不起，我不太記得了。」

「都沒有什麼特徵嗎？」

對方大概是在思考吧，陷入一陣沉默，背後傳來細微的笑聲。

「要說特徵實在很難，您說是吧？不過，我去開瓦斯是晚間七點左右的事。因為客戶說白天要上班沒辦法在場，叫我晚上再過去。我說請管理員在場就可以了，但他卻堅稱要自己來。就這點來說倒是個滿有趣的人。你那裡，是新開橋皇宮吧？」

「嗯。」

「其他房間很多都是請管理員在場監督的，反正瓦斯表裝在外面。先生，不好意思，請問我們是不是做錯了什麼？」

「不，不是這樣，純粹是我們自己的因素，其實什麼問題也沒有。」

年輕的聲音安心地笑了。

「這樣啊？不過，這就怪了。你沒有我們公司開的收據存根嗎？上面應該就有寫使用者名稱。」

像這一類的文件，完全找不到。唯一找到的就是那張影印的地圖，其他東西大概都被這裡的主人──至少曾負責申請瓦斯和電話的佐藤一郎給帶走了。

是怕我們查出他的身分嗎？

「好像搞丟了，搬家太忙亂了。」

「這樣啊。這是常有的事──嗯，新開橋皇宮的七〇七啊。」對方嘀嘀咕咕地自語，他豎起耳朵仔細聽。「對了……感覺上是個很體面的人。穿了一套看似昂貴的西裝，很瀟灑，很適合他。大概就這樣了吧。我實在不太記得了，對不起。」

向對方道謝掛上電話後，他對她說：「這位佐藤一郎，不管怎樣，好像是個給人感覺相當不錯的男人喔。」

大致報告完畢後，結束屋內搜索，滿頭大汗的三枝苦笑著說：「瀟灑的中年男人啊，還眞是了不起的收穫。」

「你那邊找得怎樣？」

「我從餐具櫃後面找到一張發票。」

看到他和她傾身向前，三枝擺擺手。

「別抱太大期望，是羅雷爾超市的，好像是買廚房用品時開的。日期是八月十一日。」

「是我們在這裡清醒的前一天。」

他點點頭。十一日購物。十日裝電話和瓦斯。看樣子，這個屋子在他們被送來之前一直是空著的──她的這個推測顯然是正確的。

「還有呢？」

「就只有這樣。」三枝輕輕攤開手。「到這地步，只剩下一樣東西了。」

「是什麼？」

三枝微微一笑，用手指打個響亮的榧子，指向衣櫃。

「那個皮箱。」

十六

總額五千萬，不過，是把他昨天購物用掉的兩萬圓也計算在內，這就是皮箱裡裝的東西。新鈔、用過的舊鈔、骯髒的鈔票、用膠帶修補過的鈔票……雖然鈔票新舊不一，但都是萬圓大鈔，用橡皮筋以百萬爲單位綑成一束一束。

要計算是件大工程。至少，對三枝來說是如此。

三枝說：「看樣子，你以前好像是專門數鈔票的。」

的確，對他來說輕而易舉。

他的手還記得怎麼數鈔票這個動作。一拿起綑成百萬的鈔票，手指就行雲流水地動了起來。他把厚達一公分以上的整疊鈔票豎著拿，只搧了兩、三次，就展開變成一個漂亮的扇形。

「我也有這種感覺，」他同意。「好像以前做過很多次，我感覺得出來。」

幫不上忙的她，本來靜靜坐在兩人身後，這時突然冒出一句：「那些是眞鈔嗎？」

他和三枝反射性地轉頭看著她，然後面面相覷。

他們試著透光檢查，又檢查了摸起來的觸感和鈔票編號。以他和三枝的知識範圍來說，並未發現任何足以懷疑是僞鈔的線索。

「我想應該是眞鈔吧。」三枝對她說。「不過，眞虧妳能想到這一點。」

「我只是想到什麼就隨口說說，對不起。」

「妳用不著道歉，」他說：「任何情況都有可能。」

他們把一綑綑鈔票都拿出來排在地上，連空皮箱也檢查過了，卻還是沒有任何收穫。毫無名字、記號或傷痕。看來唯有這個皮箱不是新買的，除此之外，沒有任何發現。

不過，對他自己來說，倒是查出了一件事。看樣子，他以前似乎是從事金融業。這個事實，就像首先打進岩壁當支點的鐵勾一樣牢靠。

他和三枝又把鈔票按照原樣裝回去。他舉起雙手，伸個懶腰，不自覺地拍拍頭。三枝立刻問：「怎麼了？頭痛嗎？」

他瞪大眼睛。「啊？」

「我在問你的頭。會痛嗎？」

他困惑地放下手。這時，那個莫名其妙的數字和記號又再次映入眼簾。

「我沒怎樣啊。」

「你可別嚇我。我還以爲你也變得跟她一樣，害我捏了把冷汗。」

他看著她的臉。她的臉本來對著皮箱，不過也許是察覺他的凝視吧，立刻抬起眼。

「三枝先生，」她小聲問道。「我的眼睛、喪失記憶和頭痛，你認爲有什麼相關嗎？」

三枝聳聳肩，大概旋即想起她看不見吧，這才回答：「我也不知道。不過，我覺得應該有關係。而且，站在我的立場，總希望你們能盡量保持健康狀態。」

「謝謝。」

「不客氣。」三枝笑了，還殷勤地鞠躬。抬起臉時，又恢復正經的表情。「欸，小姐，妳眞的不用上醫院嗎？」

她抿嘴不言。三枝又強調說：「方法不是沒有喔。我可以假裝不認識妳，把妳送去醫院，說我發現妳昏倒在路邊，也有錢，妳看怎樣？」

她保持沉默，他輕拍她的肩膀。

「我也認爲這樣比較好。等事情解決了，我一定會去接妳。」

停頓了一下，她終於斷然搖頭。

「我的事，你們不用擔心，」她的眼睛搜尋著三枝說：「請你實現昨晚的約定，盡快查出我們兩人的身分，讓我可以堂堂正正地去醫院，這樣會比較……」

說到一半，她猛然屏息。他和三枝交換了一下眼神，關心地看著她。

「請問……有我跟著，是不是會拖累你們？」

他又看了三枝一眼。結果，他發現不可思議的現象。三枝的眼角扭曲，好像在笑，又好似在哭。總之，他可以確定，三枝正在壓抑某種情緒以免眞情流露。

「妳眞是個堅強的女孩。」三枝說：「那，就照起先的約定做吧。好了，現在要怎樣？」

「你說下一個步驟嗎？」

「不，那個等休息完了再來考慮。不管怎樣，先吃午飯吧，我們可以叫外賣。我屋裡有堆積如山的菜單，是剛搬來時塞在我信箱裡的。一個人住根本不可能叫外賣，所以我也不知道哪家店値得推薦，不過菜色種類倒是很齊全。中西日式，應有盡有。」

她吃吃地笑。「由你決定吧。」

三枝果然沒騙人，拿了大約二十張菜單來。把菜單像撲克牌般攤開，叫她抽一張，結果是日式蕎麥麵店。

「正好。算是你們的喬遷麵條（註）。」

他對笑嘻嘻的三枝說：「等這件事解決，我們可以搬離這裡時，但願還能再吃到。」

「是啊，」三枝點點頭。「一起努力吧。」

三枝打電話到那間店。聽著雙方的交談，對方似乎也是剛開張不久，對附近的地理環境還不太熟悉。三枝邊說著「眞沒辦法」，邊開始解釋路線。

「呃，你們的店在哪裡？面對新大橋路嗎？這樣的話，我們算是在北邊，這個街區叫做……」

報上地址對方似乎還是搞不清楚。

「路名？那你等一下。」

三枝對他說：「喂，你們找到的那張地圖影本，借我看一下好嗎？我對這一帶也還不太熟悉。」

地圖放在廚房餐桌上。他把地圖拿來，交給三枝。

「路名是新開橋路，斜對面有個公園，對對對……」

好不容易才說明完畢，掛上話筒。

「傷腦筋，幸好有這玩意——」這時，笑容突然從三枝臉上消失。三枝拿著影本，陷入靜止。

「你怎麼了？」

對於他的詢問，三枝只是半張著嘴仰起臉，然後指著影本。

「那又怎麼了？」

「你都沒注意到嗎？」

「注意什麼？」

「我之前都沒發現，直到剛才……」

三枝的語氣令他也認眞起來。他離開她身邊，靠近三枝。

「這玩意是影印的。」

「對，沒錯呀。」

「可是，是從哪影印下來的呢？」

「應該是住宅區地圖吧？」

「沒錯。可是，不是直接影印地圖。」

註：日文的「蕎麥麵」與「旁邊」的同音，故搬入新居時，通常會分送蕎麥麵給鄰居，表示「搬到您旁邊了」。

「這是什麼意思？」
三枝把影本朝他的臉前面一送。
「你仔細看。這張地圖影本的最下方，印著模糊的數字。」
他照著三枝的話去做——果然找到了。夾在地圖繁複細微的街道之間幾乎不會注意到的細小數字。總共有——五個數字。
366—12
影本在12的地方切斷。同時，仔細一看，影本的左下角，也模糊印著「ＡＭ９」這幾個字。
「是傳眞機，」三枝說：「這是某人把傳眞機傳來的地圖再拿去影印的。所以，通話紀錄也一起被列印在影本上了。喂，你沒問題吧？能理解嗎？是傳眞機耶。」
「我想……我能理解。」
三枝用手指彈了影本一下。
「這是傳眞機的電話號碼。我想，應該是發傳眞那邊的。」

十七

在永無島，打進來的所有電話都會做成通話紀錄。通話時間和打電話來的案主的簡單資料——年齡、職業，如果對方願意說出姓名，當然也包括姓名——有規定的塡寫欄，剩下的，就由各個諮商員根據需要做紀錄，大致如此。悅子把紀錄都找出來反覆查看，她從六、七、八月份的紀錄中，單獨把小操的紀錄抽出影印，走出永無島。八月強烈的陽光下，街景恍如洗淨晾曬的床單般泛白。
悅子首先從附近的咖啡店打電話給義夫。解釋過原委後，父親立刻說：「只有妳一個人沒問題嗎？要不要我幫忙？」

這雖然是個極具吸引力的提議，悅子卻回答：「不用了，我一個人試試看。」如果把義夫也拖來幫忙，就沒有人能幫她照顧由佳里了。

「倒是由佳里，要麻煩你照顧了。本來打算帶她一起去旅行，現在只好讓她暫時忍耐一下。」

「有外公陪著玩沒關係啦，對吧？」

「由佳里在旁邊嗎？」

「在呀，她正在聽我們說話，要叫她來聽嗎？」

由佳里接起電話就使性子。

「媽媽，我也要一起去。」

「不行。妳最乖了，要乖乖看家。」

「妳堅持要我留下來，是要去做什麼危險的事嗎？」

「不會啦。妳放心。」

「媽媽，剛才啊，我聽著事情經過突然想到一件事。」

「什麼事？」

「妳把那本日記還給小操姊姊的媽媽真是大錯特錯。」

悅子哭笑不得。「小鬼，妳躲在旁邊偷聽啊？」

「沒啊。我是坐在樓梯中間聽的。」

「小傻瓜，媽媽會生氣喔。」

「媽媽如果一個人去做危險的事，我也會生氣。」

「不會啦。我向妳保證，有困難的時候我一定會找外公和妳商量。媽媽純粹只是去找小操，沒什麼大不了的啦。懂了嗎？」

由佳里不置可否地「嗯」了一聲。

「就跟媽媽去上班時一樣，傍晚就會回家了。沒什麼好擔心的。」知道了，由佳里簡短說，隨即突然正經起來。

「媽媽，跟妳說喔。」

「幹麼？」

「有什麼事，妳就吹口哨，不論在哪裡，我都會飛過去。」

悅子笑著掛上電話，內心深處總算有點輕鬆起來。

「有什麼事就吹口哨」這是敏之生前的口頭禪，好像是從老電影的台詞改編而來。偶爾——眞的是難得才有一次機會——休假時，敏之拿著愛看的書，要躲進不受任何人打擾的安靜房間前，總會跟悅子和由佳里說這句台詞。

下一通電話，必須先撥一〇四查詢。

那是小操念的私立高中，位於山手線田端車站附近，算是歷史尚淺的女校。小操形容它「無聊死了，簡直就像垃圾廢棄場」，這個結合「垃圾堆」和「廢棄場」的字眼，隱含著灰暗的語氣，令人想笑都笑不出來。

曾經見識過綁票案的義夫表示，「沒有比學校戒備更森嚴的地方。」身爲十歲女兒的母親，悅子倒是覺得就算學校戒備再怎麼森嚴也不爲過。然而，這次另當別論，她忍不住希望學校通融一下。

接電話的辦事小姐從一開始就冷若冰霜，打從心裡懷疑悅子。不管悅子姿態放得多低、聲音表現得多麼沉穩，對方還是堅若磐石、不爲所動。在她報上名字、說明與小操的關係，表明想和級任導師談談、最好能見上一面的主旨之前，有兩回差點被對方掛斷電話。

說不定級任導師和小操的同班同學對她最近的生活與交友關係知道些什麼。悅子抱著這唯一一線希望，努力緊咬不放。可是，對方從頭到尾依然毫不客氣。

「不管怎樣，現在已經放暑假。老師也放假了，就算妳來了也見不到人，因爲老師根本不在。」

沒錯，悅子恨不得踢自己的腦袋。小操的同班同學現在也在放暑假，縱使有學生到校參加社團活動或補習功課，也不見得能在那當中找到小操的朋友。

總而言之，從小操的學校朋友那裡獲得顯著收穫的可能性不高。那孩子本來就討厭上學——想到這裡，悅子一邊安慰自己，一邊決定放棄這條搜索路線。掛上電話回到座位，她點了咖啡喝。

好，接下來該從哪裡著手呢？

正如由佳里所說，手邊沒有小操的日記的確很失策。如果說還有那麼一點可能的線索，也只剩那本日記了。其他的，就只能依賴悅子過去跟小操交談的內容。

可是，小操在永無島並未提過什麼重要訊息。不，她當然也提過私生活，但卻沒有交代具體的地名或人名，所以根本無從找起。

她總是用「跟朋友去海邊兜風時」或「有個跟我不是很熟的女生」當開場白，來談論周遭的事情，即使是和悅子見面時也一樣。不提個人姓名，也許小操是用這種方式對悅子豎立起防護罩。正如一色所說，那孩子照樣有她自己的防衛方式。

反覆看著紀錄，悅子忍不住想抱頭。這麼重要的事她居然現在才發現，未免太糊塗了。

雖然我自以爲跟她走得很近，但我卻連她的朋友叫什麼名字都不知道。她從來也沒聽那孩子說「昨天我跟京子去逛街」或是「我跟阿明去看電影，結果啊……」之類的話。那孩子會提到的「人名」，搞了半天全都是藝人和運動選手的名字嘛。

同時，悅子突然想到。

說不定，小操身邊根本就沒有足以說出具體姓名的朋友？在電話中交談時，悅子如果問她「妳那個朋友叫什麼名字？」也許她根本就答不上來。

悅子內心深處彷彿吊著重重的鉛塊。剛開始就出師不利，接下來她還能有什麼辦法找到那孩子呢？可是話說回來，現在即使回去拜託好子，對方也不可能把日記借給她，任何形式的協助都毫無指望。弄得不好，甚至還可能發生糾紛，給永無島帶來困擾。

悅子從皮包裡取出記事本，盡量回想小操日記中的記載，並記下來。

現在能確定的，就是八月七日寫了「到Level 7　會回不來嗎？」這句話。還有，第一次出現Level這個字眼是在七月十四日。印象中好像寫了什麼「看到Level 1」……

對，同樣是在十四日，還寫了「眞行寺小姐♡」，那句話也意義不明。

第一次和小操見面是七月十日。翻開記事本檢閱，那天是週二，也就是說，十四日是週六。

那天，她並未和小操約定要見面。翻閱紀錄，小操既沒打電話到永無島，她也不記得小操曾打電話到家裡。

可是，小操卻在這天的日記上寫了悅子的名字。而且，還附帶一個心形圖案。這是什麼意思？還有，這件事和「看到Level 1」又有什麼關聯嗎？

她向店員打聲招呼，把店裡的電話亭內配備的、按照五十音分類的東京都二十三區工商企業電話簿拿來，不管怎樣，先找找看有沒有叫做「Level」這種名稱的店鋪或公司。

賓果！還眞的找到兩個叫做Level的店名。打電話過去一問，一間是位於北新宿的咖啡店，另一間是位於高輪台的錄影帶出租店。不只是錄影帶，據說電玩軟體也應有盡有。不管是哪間店，都沒有在Level下面加上號碼，也沒有分店或姊妹店。

Level 7、Level 3、Level 1這些名稱完全找不到符合的店家。

由於吹著冷氣愈來愈冷，悅子又叫了一杯咖啡。

難道這個Level並非場所名稱？可是，小操明明寫著「打算到」……

在打給好子的電話中，據說小操表示「正在馬車道的餐廳打工」，還說住在橫濱的朋友家中。

她重複同樣的動作，再次打到查號台，這次是問對方橫濱市內有無Level這種店。

然而，這次完全揮棒落空，既沒有Level也沒有類似名稱的店家登記。

她換個念頭，這次打去職業介紹所，請對方把馬車道附近登記有案的餐廳全都告訴她。

「那附近餐廳很多喔。」

「沒關係，請把全部的店名和電話都告訴我。」

她一一記下掛上話筒後，店員立刻從店內後方跟她說：「小姐，不好意思，請妳別在店裡講電話講太久。」

「哎呀，不好意思。」

名單上一共列舉出二十幾家餐廳。她決定下午再逐一打電話，詢問店裡有無形似貝原操的年輕女孩。現在勉強才剛要上午十一點，可能還有些餐廳沒開門。

回到座位，悅子在冷透的第二杯咖啡裡加入滿滿兩大匙砂糖，順便又把服務生叫來，點了一份本店特製三明治。她其實並不餓，但是今早什麼也沒吃，而且也算做爲剛才占用電話太久的賠禮。

她再次翻閱通話紀錄，和記事本的日期對照，追溯記憶。就在過程中，她有了一個新發現。

小操是從初春開始打電話到永無島的。打法非常隨意，有時連著三天都打，也有時連著十天都沒消息。這點悅子也已經習慣了，所以這次雖然小操在七月底最後一次聯絡後就失去音信，她也沒有特別放在心上。

不過，只要小操打來，每次起碼也會講上一個小時。非假日的白天打來時，悅子甚至會替她擔心「不用上學嗎？」。

可是，打從七月十六日週一打來的那通電話開始，通話時間就突然縮短了。

十六日，二十分鐘；二十五日，十五分鐘——縮短到之前的一半以下。

最後一次是七月三十日，晚間七點。悅子還清楚記得，小操說「待會要和打工地方的同事去喝酒」，紀錄上也的確這麼寫著。或許是因爲這個緣故吧，這次的通話時間僅有五分鐘。

難道是小操的心境發生了什麼變化嗎？

七月十日，她和悅子直接見了面。所以，不再像以前那樣講那麼久的電話也無所謂了，說不定是因爲這個原因。可是，眞有這麼簡單嗎？一旦關係變親密了，話題應該會更多。至少，我一定會這樣，悅子想，如果我交到新朋友的話。

悅子再次確認自己的記憶。

日記中第一次出現Level這個字眼是在七月十四日，然後過了兩天，從十六日開始，小操的電話突然開始變短……

十四日那一頁，記得她的確是寫著「看到Level 1」。而且，還加上「眞行寺小姐♡」這意義成謎的一句話。

七月十四日，小操看到了某個東西。而那個，說不定跟悅子有關。而且從那之後，小操被某件事吸去注意力，或是占去時間，所以無法再打電話到永無島聊太久……？

是我想太多嗎？

悅子把記事本放到一旁，將通話紀錄的影本挪到面前。七月十四日前後，她和小操交談的內容有沒有出現什麼變化呢？

影本頂多只有十五、六張。悅子反覆檢閱了無數次。這段期間三明治送來了，可是她把盤子往桌角一推，專心埋首看紀錄。

她不禁後悔，當初應該紀錄得更詳細才對。

紀錄中關於小操主動表示「跟父母處不好」或是「上學很無聊」後，兩人針對這方面所做的討論寫了很多長篇大論的報告。因爲當時她認爲這種事很重要，可是，小操談論日常行動時，她幾乎完全沒紀錄，因爲當時她以爲這只是閒聊用不著紀錄。

歸根究柢，她連小操打工地方的店名都沒問過。

（噢？妳在做什麼樣的工作？）

（很簡單，就像賣東西的店員一樣。）

（做得愉快嗎？）

（嗯。可是，校規禁止學生打工，所以我也瞞著家裡，費了好大的工夫耶。）

就只有這樣。眞是的，當初她爲什麼沒有繼續追問下去呢？

她嘆了一口氣。懷著怒火，開始咬起已經變乾的三明治，這時隔著狹窄走道的隔壁桌，有兩個年輕女孩一邊吱吱喳喳地交談一邊坐下。她們的零星對話，飄入悅子的耳中。

「眞是煩死了。要找到還算滿意的美髮院眞的很難，對吧？好不容易找到一家合適的店，偏偏又倒了。」

「可是，這樣不是很丟臉嗎？居然跑去那種技術爛到會倒閉的美髮院做頭髮。」

美髮院。

這個字眼打動了悅子的心，美髮院。

小操向來對髮型相當挑剔。原本，按照她口中「規定得異常瑣碎，可是根本沒人遵守」的校規，應該是嚴禁燙髮的，但小操看起來卻毫不在乎，光是悅子知道的，她就已經燙過兩次頭髮。

那間店的名稱叫什麼來著。記得曾和小操聊過美髮院的事……

（我的頭髮啊，是在一家據說田中美奈子常去的美髮院做的。我在雜誌上看到，就專程跑去。還有人說，我跟那個明星長得很像呢。）

悅子猛然站起，彎木椅子順勢翻倒。

她要去打電話。不是打給報社或雜誌社，是打給由佳里。

「媽媽？怎麼了？」

「由佳里，妳曾說妳的同學裡有人的哥哥是田中美奈子的超級影迷，是哪個同學來著？」

「是亞紀啦，她大哥是個追星族。」

「如果問她，妳想能問出田中美奈子常去的美髮院嗎？」

由佳里考慮了一下，自信滿滿地說：「媽媽，妳把妳那邊的電話號碼告訴我，我幫妳問了以後再打去給妳。」

五分鐘後，店員叫她聽電話，悅子連忙奔向電話。

「跟妳說喔，媽媽，有兩家耶。不同的雜誌上分別各介紹了一家。」

由佳里念出兩家美髮院的地點與店名，悅子連忙抄下。

「由佳里，謝謝妳。午餐吃過了沒？」

「我正在跟外公煎鬆餅。」

「那妳要多吃點喔。」

一衝出咖啡店，悅子立刻趕往東京車站。兩家美髮院，一家在原宿，另一家在澀谷。她決定先回家一趟，拿了小操的照片再去。

十八

「我是透過你們的客人貝原操小姐的介紹才來的。」

過了下午兩點半，悅子站在位於澀谷的美髮院「玫瑰沙龍」磨得光亮的地板上，如此說道。

在原宿那間店，毫無收穫。如果在這裡再沒有斬獲，就表示美髮師這邊也沒有線索。悅子盡量裝出若無其事的樣子，心裡卻十分緊張。

櫃檯小姐的頭上噴了一大堆髮膠，在那即使有人掉在上面也不會塌陷的僵硬頭髮上，還灑了粉末般的東西。當她低頭查閱檔案時，粉末就發出金光。

「貝原操小姐——啊，對，她來過很多次，是還在念高中的小姐吧？」櫃檯小姐微笑著回答。霎時，對悅子來說，她頭上粉末的光芒，簡直像神佛菩薩腦後的光環。

「妳知道替她做頭髮的美髮師是哪位嗎？」

那名美髮師名叫網野桐子，乍看之下非常年輕，看起來頂多二十歲。不過，既然能在這麼大的美髮院接受客人指名，她的年紀說不定應該再大一點。

「承蒙您指名，眞是謝謝您。」她有禮地鞠躬。散發著光澤的黑髮剪得短短的，露出形狀優美的耳朵。白襯衫配上黑背心、黑長褲。背心的胸口別著銀色安全別針似的東西，襯著黑色格外顯眼。猶如少年般的纖細體型，看起來充滿活力。

「我是從貝原操小姐那裡聽說的。」

桐子一聽，臉上立刻綻出笑容。「是小操嗎？聽了眞開心，她前不久才來過呢。」

悅子差點跳起來，這個人不僅認識小操，而且還喊她「小操」！

悅子說要洗髮和吹頭髮。然而，洗髮有另外的專門美髮師，桐子又跑去別的客人那裡了。悅子無奈之下，只好一邊讓年輕的男美髮師替她洗頭，一邊思考著該怎麼開口。

隨著店內播放的古典音樂，耳邊傳來美髮師與顧客的對話。桐子的聲音清晰可聞，她還不時和客人一起同聲大笑。眞是個勤快伶俐的人，悅子想。

濕髮裹在毛巾中，被安排坐在一面大得令人害臊的鏡子前，悅子又苦等了一陣子。雖然隨意翻著雜誌，但她的神經卻都集中在桐子身上。

「讓您久等了。」桐子輕快地來到悅子身後，立刻取下毛巾說。她稍微檢查了一下悅子長及肩膀的頭髮：「要不要剪一剪？如果要吹出形狀，先剪齊一點會吹得更漂亮。」

悅子有點語塞。看電影和電視時，刑警和偵探——即便是外行的大學女生玩偵探遊戲——總是順利地刺探到情報。從來沒看過在進入正題前，還要先回答「要不要剪頭髮」這種問題的場面。親身一試，才知道每一行都是學問。

「呃……也好，那就麻煩妳吧。」悅子曖昧一笑。桐子面帶笑容地湊近注視悅子映在鏡中的臉。

「……小操她都是怎麼弄頭髮的？」

「她呀，上次是來燙平板燙。因爲她有自然鬈。您最近沒見過她嗎？」

悅子終於鼓起勇氣說：「小操她離家出走了。」

桐子原本撫著悅子頭髮的手停住了。她保持那個姿勢，凝視著鏡中的悅子。她的臉上滿是問號。

悅子對著那張臉，點了點頭。

桐子小巧的舌頭迅速舔了一下嘴唇，這才問：「眞的嗎？什麼時候？」

「從她失蹤，今天已是第五天了。八月八日晚上她離家後就失去消息了。」

「天吶，」桐子用指尖撩起自己的瀏海。「她眞的做了。」

「小操之前說過什麼暗示要蹺家的話嗎？」

「對……說過好多次了，她說待在家裡也很無聊……」

「那妳知道小操可能會去哪裡嗎？我想找到她。」

桐子的手往悅子雙肩一擱，放低了音量：「小姐……您是眞行寺小姐對吧，您就是爲了這件事才來的？特地來找我？」

悅子點點頭。

桐子把手伸進背心胸前的口袋，拉出懷表。剛才看似別針的銀色裝飾，原來是懷表的部分。

「眞行寺小姐，我先幫妳把頭髮吹好吧。頭髮就別剪了，可以嗎？」

「好，可是……」

「再過十分鐘，就到了我的休息時間，到時我們再慢慢說。」

桐子帶她去的，是一家就開在玫瑰沙龍後面的蛋糕店，店內瀰漫著香草甜蜜的香氣。

「我也帶小操來過這裡，同樣是趁我休息的時間。」

「網野小姐，妳跟小操的關係很親密吧。」

桐子點燃一根維珍妮淡菸，輕輕笑了。

「我啊，算是跟顧客都處得很好，甚至還會一起出去玩——雖然店長總是臉色很難看。反正將來我想自己開店，所以算是趁現在開始練習挖客人吧，否則就算存夠了自行開業的資金，沒有客人跟來還是行不通。」

「不好意思喔，問個失禮的問題。妳今年多大了？」

「我今年要滿二十四了。」

她好能幹，悅子想。桐子替悅子吹的頭髮，把她的臉烘托得光采照人，她的技術相當不錯。她聽見「眞行寺」這個姓名時並沒有特別的反應，由此可見，小操應該沒對桐子提過永無島的事。就算說過，想必也沒深入到連悅子的姓名都說出來。於是，悅子說明自己是小操的親戚。說謊雖然有點心虛，可是這樣比較省事。

「出去五天都沒回來，家裡的人一定非常擔心吧。」

桐子有條不紊地表示，小操第一次光顧玫瑰沙龍是在今年春天。一開始就是桐子替她整理頭髮，後來也一直指名捧場至今。最近一次來店裡是八月四日，當時她的舉止非常開朗。

「她是什麼時候跟妳提到蹺家的？」

「剛認識時就說了。在她那個年紀，誰都會這麼想，對吧？我也有過那種經驗，我很了解。」

叫的紅茶和蛋白霜檸檬派送來了。

「小操最愛吃這個了。」桐子說。

「八月四日她來找妳時，談了些什麼？看樣子小操好像有在打工。」

「對，這個我倒是聽說過。是在哪兒來著……好像是新宿吧。她說是在冰淇淋吧檯當店員。」

「那家店叫什麼，妳還記得嗎？」

桐子一臉抱歉地聳聳肩。「對不起。」

「沒關係，妳每天要聽這麼多人說話嘛。」

「妳也知道，小操是個美女。我第一次看到她時，也覺得好久沒見識到這樣的美少女了。所以，聽說她好像成了那個冰淇淋攤子的活招牌。」

可以想像得到，悅子想。

「她有沒有提過要去橫濱？我接到消息說，她正在馬車道的餐廳打工。」

桐子瞪大了眼睛。「沒有，我第一次聽說。這是真的嗎？」

「我還沒有確認。聽說她是爲了存錢出國旅行，所以跟朋友一起去打工。」

「四日那天她來時，完全沒提過這回事。我問她『冰淇淋賣得怎麼樣？』，她說『雖然非常忙，不過很開心』，一句話也沒提到要換地方打工。」桐子說著機械性地把蛋白霜檸檬派往嘴裡送。「不過，既然是要蹺家，她刻意不向任何人透露行蹤，或許也是理所當然的。」

「可是，至少總該會提到『打算出國旅行』吧？」

桐子點頭同意。「對。她跟我也常談到這種事。她還問過我，去過的第一個國家是哪裡。小操很想去西班牙。她還說，其實她本來在奧運之前就想去了，可是高中生無法隨意出國。」

悅子換個方向問：「小操跟妳聊過她的朋友嗎？比方說學校同學，或是男朋友的事。」

桐子搖頭：「幾乎沒聽她提過學校的事，她只說過很無聊。男朋友的事也一樣——她只告訴我，剛才提到的那家冰淇淋店有個很帥的男生，沒說過名字。」

接著，她也說了幾小時前悅子想過的同樣感想。

「小操說的內容總是很抽象。不，談話內容是很具體啦，可是該怎麼說……」

「都沒提到個人姓名。」

「對，沒錯！感覺上好像不是她親身體驗，只是把電視或收音機聽來的資訊直接說出來。有時她讓我覺得，說不定她其實過著非常自閉的生活。她長得那麼美，這麼說或許有點意外，但其實這種情形多的是。我每次看到來我們店裡的客人都在想，縱使外表看起來花枝招展、很豔麗奪目的女生，也不見得就過著都會女孩的時髦生活。」

「更何況，小操還是個高中生。」

悅子這麼一說，桐子哈哈大笑。「這跟是學生或社會人士無關。現在大家都很自由，身上也都有錢。現在啊，是年輕女孩的黃金時代，什麼都做得到，一般願望也都能實現。」

眞的是這樣嗎？悅子想。由佳里將來也會變成這樣嗎？

她會因爲時代如此，就跟著染上世俗色彩嗎？

「小操還說過什麼呢……」

桐子撐著下巴，似乎在努力回想。悅子試著說：「她跟我聊天時，曾經提過將來想當空姐。」

「小操將來的志願可多了，她還說當美髮師也不錯呢。」

這時，桐子眼睛一亮。

「對了，四日那天她來時，還說要買這種懷表。」

她從背心口袋拿出剛才那個懷表。表固定在胸前口袋，用短短的鍊子吊著，仔細一看，表面的數字是反過來的。

「很好玩吧。這是故意設計成倒反的，好讓人吊在胸前也能看清楚時間。聽說本來是護士用的表，當作飾品也很有趣，又很方便，所以我在店裡總是隨身掛著。小操看了很喜歡，問我在哪買的。我就把地方告訴她了。她說剛領到打工的工資，所以她也買得起了。」

這很像年輕女孩的作風。不過，光是這樣依然不足以構成線索。

「在玫瑰沙龍還有誰跟小操比較熟嗎？不管是美髮師或客人都可以。」

桐子陷入沉思。「不會吧……小操向來很內向，也不會主動跟別人說話，除非我們先招呼她。」

「我也這麼想，她好像有點膽小。」

「對。妳也知道我的個性，所以有一次，我曾經問她要不要一起出去玩，結果碰了釘子。雖然我自以爲我們已經混得很熟了，可是好像還是隔著一道牆。」

這點，悅子也有事到如今才醒悟的同感。

「或許她並不只是因爲正值青春期才如此，說不定還有什麼沉重的煩惱。」

「她跟妳具體地談過在煩惱什麼嗎？」

桐子搖頭：「完全沒有。」

小操和悅子見面時，曾坦白招認「我很不擅長交朋友」，那也許就是小操唯一一次吐露心聲。如果能繼續建立良好的信賴關係，小操說不定會把內心更深處的話也告訴她。

然而，現實正好相反。小操打來永無島的通話時間愈來愈短。而這個現象，都是從日記上出現Level那個字眼開始的……

「網野小姐，妳有沒有聽小操說過Level這個名字？Level後面還附帶某個數字，比方說Level 7。看樣子，好像指的是某個場所。」

桐子回答毫無印象。

「會不會是什麼迪斯可舞廳的名稱？不過我實在無法想像小操會出入那種場所。」

分手時，桐子把家裡的電話號碼告訴她。

「如果有我能幫忙的地方，隨時告訴我，但願能早日找到小操就好了，我也會多多留意。」

謝謝，悅子說，心情也變得堅強點了。

十九

366—12

剩下的兩個號碼，各有從0到9的十個可能，加起來總共是一百種組合。

他和三枝分工，各自用房間的電話，逐一打過去試探。

「如果是傳眞用的號碼，電話接通後，會響起嗶的一聲。那就表示沒打錯。你幫著確認一下。就算接通後有人接電話，也要問問看那是不是傳眞機的號碼。因爲雖然不常見，偶爾還是會碰上一支電話線同時切換使用的情形。」

這是項需要相當耐心的工作，但他絲毫不覺辛苦。爲了謹愼起見，三枝已經先替他在紙上寫好具體上該說些什麼，所以不用擔心，而且他也很慶幸能有件事情讓他集中精神。更何況，這說不定會是重要線索。

開始打電話。對方接電話，進行交談。

「對不起，我好像搞錯客戶的傳眞號碼了，請問這個號碼不是傳眞機嗎？」

就這麼不斷重複。他負責的五十個號碼已消化一半，還是沒聽到三枝說的那種「嗶——」的聲音。她守在他身邊，一直豎著耳朵聽。當他確認過第二十七個號碼掛上電話後，她小聲說：「眞的會是傳眞機嗎？」

他一邊按著下一個號碼的按鍵一邊回答：「起碼值得試試看。」

「是這樣沒錯啦……」

電話通了。這次，傳來「這個號碼目前是空號」的語音答錄。他在號碼上打個叉，繼續下一個。

「傳眞機這個名詞的意思，我馬上就理解了，你也是嗎？」

「嗯。記憶並未連這種事情都抹殺。這點昨晚我也說過了，一般知識還好好留在腦中呢。」

電話又通了，這次有人接電話，還是打叉。結果，五十個號碼全部打完，在他分攤的號碼中，確定沒有傳眞機的號碼。眺望著一整排的叉叉，門上響起敲門聲，三枝探頭問：「怎樣？」

「我這邊全部都不對。」

於是，三枝用手掌啪地拍了一下大腿。

「我這邊只有一個，就是那個了！快過來確認一下。」

「只有一個耶。」

「對呀，可是我們還是找到了。」

和亢奮的他正好相反，她微微側首不解。

拖著微跛的右腳，三枝敏捷地回到七〇六號室。他也牽著她的手站起來。

走進七〇六號室，三枝正從靠牆的桌上取下滿布塵埃的罩子。

「你知道這是什麼嗎？」三枝問他。

「當然知道。」

是文字處理機和傳眞機。電線亂七八糟地纏在一起，不像是常常使用，感覺上只是隨手往那一放，不過機器本身倒還算新。

「我要用這個，傳眞給那個號碼。」

「你要傳什麼過去？」

「哎，你等著瞧吧。」

三枝笑著說，在桌子抽屜裡四處亂翻。最後，他咕噥著「找到了」，便取出一張像空白影印紙的紙張，在上面寫了些什麼。接著把傳眞機的電源打開，開始傳眞的作業。

「稍等一下喔。」三枝對他說。然後就兩臂交抱，眺望著紙張一邊發出小小的聲音一邊被機器吸進去。他讓她在唯一一張沙發坐下，自己靠著牆。終於傳眞完畢，三枝把紙張收回，又說了一次「稍等一下，馬上就有結果了。」接著點起香菸，站在窗邊吞雲吐霧。

由於弄不清楚三枝在幹麼，他只能聽命行事，茫然地打量著房間內部。

這間七〇六號室比七〇七略小一些。寬度較窄，格局倒一樣，有一個廚房，裡面還有一個房間，可以當臥室兼起居室。雖然有陽臺，但只有正面有窗，採光不太好。只有早晨才能照射到陽光。

昨晚在這個屋子過夜時，他是睡在沙發床上。由於當時太累了，早上腦袋又還沒完全清醒，所以現在才頭一次認眞觀察屋子內部。

是個和七〇七不相上下的冷清房間。廚房擺設的電器用品的種類與數量也大同小異。裡面那個房間，有床鋪、小型書櫃，迷你音響用的收納櫃裡放著手提式電視和卡式收錄音機，房間中央有張玻璃桌和沙發床，還有就是現在這張桌子了。

「三枝先生，你是什麼時候搬進這間屋子的？」

被他這麼一問，三枝依然保持背對他的姿勢回答：「大約一個月前。」

既然如此，那應該就不是因爲才剛搬來所以來不及買家具了。也許純粹只是喜歡簡單的房間吧。

這間屋子裡的東西，能夠令人感到符合「記者」這份職業的，似乎只有文字處理機和傳眞機。書櫃裡也空蕩蕩的，只有幾份報紙的縮印版、字典和幾本小說，還放了一些傳記隨筆。柳田邦男、澤木耕太郎、杜斯昌代……當他察覺自己對這些作者名稱有印象時，他感到現實已逐步地——雖然速度極爲緩慢——回到他的身邊。

書櫃裡的書並沒有什麼特別能夠表明屋主個性或志向的書籍。唯有一本有點特別的，看起來像是大型寫眞集，上面的標題是《ＳＦＸ　特殊攝影的技術與實踐》。封面使用的照片，是飄浮在宇宙外太空，雖然製作精巧但看起來就是很沒分量的火箭——不，也許是某種戰鬥機吧。他知道，是電影。

不過話說回來，他完全沒找到三枝隆男這個作者寫的書，看來果然只是「自稱」記者——他一邊這麼想，一邊離開書櫃。

雖然開著空調，屋內空氣還是很悶。三枝大概也感覺到了，手拿著香菸把窗子一開，就走出陽臺。跨過鋁門門檻時，有毛病的那隻腳有點行動艱難。

「哇塞，今天太陽也好毒。」

就在三枝邊說著邊邁步走向陽臺時——

「危險！」他不由自主地大喊。

三枝愣了一下隨即止步，轉身看著他。她也驚訝地彈起上半身。

「幹麼？」

「怎麼了？」

縱使兩人緊張地反問，他還是無法回答。

在他腦中，那場夢中之雨又出現了。就是那種水果從天而降的幻影般情景。當他在冰箱找到蘋果時，曾經突兀出現的相同景色，現在又在腦海深處如同薄紗飛揚般倏忽出現，又悄然消失。

「怎麼回事？」三枝就像每人聽見「危險！」的反應一樣，動也不敢動，腳還跨著便僵立在地。

「對不起……怎麼會這樣……我自己也不知道。」

三枝一直從陽臺凝視著他。他把手放在額頭，頻頻眨眼睛。

三枝佇立不動。站在陽臺——不，是站在裝設在陽臺角落、面積約小型桌那麼大的四角形空地。

他走近陽臺。仔細一看，那塊四角形空地其實是金屬製、厚約五公分左右的蓋子，可以看到上面印刷著許多字。大字寫著「緊急逃生梯」，下面還有幾行小字：

「此爲緊急逃生用梯子，火災等情況時可從此下樓逃生。將此蓋上部用力往下踏，蓋子踏落的同時梯子也會下降。僅限緊急逃生時使用，請勿在上面堆疊物品。」

「用力往下踏」的地方，還用紅字特別強調。

三枝明顯露出擔心的表情，又問了他一次「怎麼了？」。

他搖頭，解釋腦海出現的「夢境幻雨」。三枝一臉認眞地聽著，聽完卻笑著說：「眞像童話。」

這時，放在音響櫃上的電話響起。三枝鑽過他腋下回到屋內，急忙拿起話筒。

「喂？東京通訊系統客服中心您好。」三枝用幹練的聲音說。這是怎麼回事？他不禁看著她的臉。如果她的視力完好，兩人就會帶著狐疑的表情面面相覷了。

「啊？眞的嗎？」三枝露出驚訝的表情。「那眞是不好意思。請問您那邊的傳眞號碼是？是……是……奇怪，號碼明明是對的呀。您那裡不是三好製作所嗎？是醫院？啊？您是『榊診所』啊？根據號碼看來，地點在新宿是吧——我懂了，這樣啊，哎，眞是不好意思，我會再確認一次。」

三枝掛上電話，轉身朝兩人，嘻嘻一笑。

「查出來了。用來影印的那份傳眞，是榊診所傳送出來的。」

「是家醫院嗎？」

「不曉得是哪種醫院。」

「哎，你們先等一下嘛。這個我正要調查。先打一〇四，問出新宿的榊診所的電話號碼，然後你再打電話過去。」三枝說著指向他。

「對方如果聽出我的聲音，那就糟了。你就問對方說你想過去，不知道該怎麼走。新宿這個地方，你知道嗎？」

他把那個地名在腦中反芻，說：「好像知道。」

三支從書櫃抽出地圖，在東京都全域的地圖中，翻開有電車路線圖縱橫交錯的那一頁給他看。

「在哪一帶？你找出來指給我看看。」

幾乎是立刻，他就找到了位於山手線那個大圈上ＪＲ新宿車站的位置。如果說東京的形狀像一條斜躺的魚，那麼新宿正好位於腹部。

「現在我們在這裡。在山手線的圈外，跟新宿是反方向。」

三枝的手動著，逐一指給他看。

「是，我知道。」

「你覺得自己本來就知道東京的地理位置嗎？」

他慢慢考慮。「在走廊看到東京鐵塔時，我一看就知道了，可是……」

這時突然間，腦中浮現「高田馬場」這個字眼。他試著說出口，三枝嚇了一跳。

「高田馬場就在新宿的隔壁而已，你以前去過嗎？」

「……也許吧。」

一直沉默不語的她，這時插嘴說：「三枝先生，我總覺得，我們兩個好像不是東京本地人。你不覺得嗎？」

最後的問句，是針對他的。他朝三枝點點頭。

「是啊。剛才我也跟她說過，一般知識還是好好的留在腦中。所以既可以跟瓦斯公司的人交談，也能夠打電話。也知道傳眞機是什麼樣的東西。一聽到『診所』，也知道那是類似醫院的醫療機構。可是，我們對東京的地理環境卻只有模糊的知識，我認爲這表示我們在失去記憶前，可能就只有這點程度的了解。」

三枝輕輕攤開雙手。「很有可能。我想這應該是妥切的解釋。一般來說，即使住在其他地方，起碼也知道東京鐵塔和新宿、原宿。所以，反過來說，如果檢視在你們腦中留下鮮明印象的地名，應該也可以追蹤到你們住過的地方。」

三枝滿意地笑了。「不過現在，話題還是先回到榊診所吧。你可以打電話吧？」

「ＯＫ。不過，請你告訴我。你剛才是怎麼讓對方打電話過來的？」

「就用這個。」三枝把剛才傳眞的紙張給他看。大小各有不同的文字與記號、粗細濃淡參差不齊的線條，填滿了整張紙。

「這是裝設這臺傳眞機時，業者使用的測試方式。」

紙張的欄外，還印著較大的文字——

「檢修後的測試傳眞。收到之後請立刻回電。東京通訊系統客服中心　出租業務部。」

下方，寫著這間屋子的電話號碼。

「原來如此。」

「一般人啊，」三枝笑著說：「通常都很有責任感，一旦發現你傳錯地方，都會打來提醒你。」

打一〇四，立刻就查到了榊診所的電話號碼。查號臺給的是代表號，所以不是那種社區小診所。這次打電話，和之前的情況大不相同。他忍不住有點緊張，喉嚨乾涸難耐。會是什麼樣的對手接電話，又會發現什麼樣的事實呢？一想到這裡，汗水濕透了他的背。本想喝點水讓自己鎭定一些，可是從廚房水龍頭接的水，不但溫溫的，還帶著很重的金屬味，反而令他更不舒服了。

「振作一點。」三枝拍拍他的肩膀說。

「好像要打開驚奇箱時的心情喔。」

他試著打去，才剛響了一聲，就有女性的聲音應答。他詢問該怎麼走，對方親切地告訴他。三枝按下電話的免持聽筒鍵讓聲音傳出來，在一旁記錄。

他本想問那是間什麼樣的醫院，但他知道一旦問了對方必然會起疑。道個謝正想掛電話時，對方反過來問他：「您說要來我們這邊，請問有介紹信嗎？」

他彷彿出奇不意地挨了一拳。「啊？」

「門診病人如果沒有介紹信，通常我們是不看的。您那邊的病人是急診？是您自己要看病嗎？」

「不——不是我，是我的家人。」

他說完，看看三枝的臉色。三枝以眼神示意，鼓勵他繼續敷衍對方。

電話中的女性繼續說：「該不會是酒精中毒？如果是那樣，我們倒可以介紹您別家醫院就診。」

酒精中毒？

「喂？您有在聽嗎？」

「啊，有，對不起。」

「我是說，如果不是酒精中毒，又沒有介紹信的話，你們就算來了也是白跑一趟。不曉得是什麼樣的病人？」

看他愣著啞口無言，三枝立刻踏前一步，想接過電話。他搖頭表示拒絕，潤了潤嘴唇後，說：

「呃——我們也不太清楚。」

「是晚上睡不著？還是拒絕上班或上學？」

三枝點點頭。

「啊，說是睡不著。」

他一邊附和對方說的話，一邊開始心跳加速。

「啊，這樣啊。失眠啊。還有什麼症狀？具體上說過怎樣的話？會不會說話顛三倒四？」

三枝挑起眉頭，緩緩動著嘴唇無聲地說：「每天心神不安緊張得要命，也許是心理壓力過大造成神經衰弱。」他一邊向三枝點頭，一邊對著電話重述一遍。

「說是每天心神不安緊張得要命……我想也許是心理壓力過大造成神經衰弱。」

三枝大大點頭。

心理壓力、精神衰弱，彷彿逐漸對焦，他終於回想起這些字眼的意思。理所當然地，最後就連他也隱約察覺到榊診所是間什麼醫院了。他的喉嚨乾得要命。

電話中的小姐語帶同情地說：「實在很抱歉，我們恐怕無法診治。您完全沒別家醫院可找嗎？」

「對。我是聽說你們這家醫院不錯，所以才打來的。」
「您住在哪邊？東京都內嗎？」
「是的。就方位來說，是在新宿的反方向。」
「噢。如果是江東區或江戶川區，可以去墨東醫院。因爲那邊有精神科的急診部門，您何不打去問問看？」
他殷勤地道謝後放下話筒。由於太出乎意料，手心都冒汗了。
三枝扯著下巴。「精神科啊。」
「說不定，我們兩個也該去掛個號。」她低聲說。

二十

坐上三枝那輛保險桿凹陷的愛車，沿著對方指示的路線去榊診所的路上，他仔細觀察從車窗看到的景色，留意有無足以刺激記憶的事物。
從小松川交流道進入首都高速公路，筆直朝西走。三枝像個稱職的導遊，不時加上旁白註解。
「關於這條惡名昭彰、收費也特別昂貴的首都高速公路，有沒有印象？」
「看到那張地圖影本時，我立刻看出小松川交流道，也馬上想到，那是首都高的出入口之一。」
「喂，你會不會開車？現在看我開車，怎樣？記得自己開過嗎？」
方向盤、離合器、油門、煞車；後視鏡中映現的後續車輛、超車用的車道、窗外飛馳而過的各種標誌。
「我想我應該會開車。對，我曾經開過，我覺得好像連自己的車子都有。」
這點幾近肯定。坐車這種狀況，這種輕快的震動，開始搖醒他那沉睡的記憶。

他沒頭沒腦冒出一句「是自排」，嚇了三枝一跳。

「啊？」

「我的車子是自排的。看你頻頻換檔，我就想起來了。」

「你開自排啊，那是女人開的玩意兒。能不能順便想起車種和車體顏色？能想起車牌號碼更好。要是知道那個，就能立刻查出你的身分了。」

他把手放在頭上，努力集中意識。可是，彷彿在輕飄飄無處可抓的窗簾汪洋中泅泳，即使不停地拂了又拂，惱人的迷霧依然糾纏不去。

一旦刻意回想就完全失效，或許還是任由記憶隨意浮現比較好吧。這就像小別針掉在家具的縫隙時一樣。越是伸進手指想掏出來，別針卻偏卡得更深。

「是河。」她突然說。他聽了往窗外一看。

一點也沒錯，車子正經過一條寬闊的河川上頭。大樓綿延直至水泥築成的堅固堤防邊，河水整片都是灰的，彷彿被人亂塗一氣。

「妳怎麼知道？」三枝問她。

「聽聲音。感覺好像來到寬廣的地方，而且風又濕濕的。」

「妳的直覺眞靈。」

他又想到了她的過去。或許對她來說，身陷失明這種狀態，不是第一次經驗。

又或者，純粹只是她的適應力較強？

「剛才橫越的是隅田川。有印象嗎？」

他對「隅田川」毫無認識，不過，倒是看過類似的景象。他頻頻產生這種感覺。

「除了開車，搭乘其他交通工具也可以橫越這條河吧？」

「那當然。搭乘ＪＲ的總武線也看得見，公車也有經過，因爲河上有很多座橋。」

又走了一會兒，路上開始嚴重塞車。走走停停，停停走走。

「看吧，所以才會惡名昭彰。根本一點也不高速，對吧？我們從箱崎下交流道好了。盡量多走一些路線，也許比較能刺激你們的記憶。」

三枝說著改走一般街道。雖說每個紅綠燈都得停車，但這樣感覺還比較舒服。他一直凝視著飛逝而過的街景。

「雖然印象很模糊，不過……」

「嗯？」

「記憶中好像待過綠意更濃的地方。」

「鄉下嗎？」

「不，是都市。不過，不是這種到處都是柏油路和高樓大廈的景色，綠地和行道樹比較多，而且……」

他集中精神把焦點對準腦中映現的那片淡色光景。

「而且什麼？」

「街道的另一頭，好像還看得到山。」

三枝手扶著方向盤，迅速抬眼，看著他映在後視鏡中的臉。

「眞的嗎？」

「對，妳覺得呢？」

她本來茫然地眺望著窗外，這時轉過眼來，輕輕搖頭。

「我也不太清楚……要是我也能看到景色，或許就不一樣了。」

三枝把注意力放回前面，愼重地說：「最近吶，有些地方雖說是偏遠，但其實大都市的街景都和東京差不多了。頂多只是保留了比較多的自然環境，而且還比這裡容易生活。比方說札幌啦、盛岡、新瀉、仙台……」

他彷彿突然被人扯了一把似地跳了起來。

「仙台！」

「這個地名很熟嗎？」

三枝轉身，車子立時晃了一下，差點和隔壁車道的大卡車擦撞，三枝連忙打回方向盤。她因此失去平衡身子一歪，幾乎整個人跌入他的懷抱。

「仙台？」她半抱著他大聲說，「我也記得，我知道！」

三枝放慢速度，重新調整好姿勢，吐了一口大氣。

「這是大收穫耶。情況順利的話，說不定明天就可以讓你們坐上新幹線了。」

他努力冷卻亢奮的心情說：「可是，只知道『仙台』，豈不是跟只知道『東京』差不多。」

前方出現幾棟超高層大樓，如同一群巨人，向著煙霧籠罩的天空並肩聳立。三枝單手揮向彼端。

「那是新宿副都心的超高層大樓。有住友的三角大樓啦，中央大樓啦。後方看起來比較矮胖的，是世紀凱悅大飯店。怎樣？」

「毫無感覺。不過，不是第一次看到，我有印象。」

「哎，嚴格說來，其實也等於是觀光區嘛。」

三枝的視線轉向放在儀表板上的道路地圖。

「電話中，對方叫我們開進小瀧橋路是吧。這條路平時也很會塞車，不過花不了多少時間，馬上就到了。」

榊診所位於北新宿一丁目，小瀧橋路和大久保路的交叉口前左轉，沿著蜿蜒曲折的小巷大約走過兩個街區就到了。

那是一棟貼著白磁磚的四層樓建築。外型看起來就像兩顆骰子並列，上面又堆了一顆。上面的骰子正中央掛著時鐘，因此，看起來又像是小型學校。

建築物建在道路稍微內縮的位置，前院的部分當作專用停車場。

「非本院相關車輛請勿停車」這個斗大的警語，架設在從馬路也清晰可見的地方。而現在，停車場已經客滿，大概是因爲正值診療時間吧。

四周並未特意用圍牆之類的東西圍起來，左右兩鄰的商家屋簷一直延伸到診所的旁邊。

才想在路上暫停一下，後方立刻傳來刺耳的喇叭聲。這條路不僅狹小，路邊停放的車子也很多，來往行人更不少，在這裡停車恐怕會立刻將街道堵住吧。

三枝咋舌。「不管怎樣，先找個可以停車的地方再說。」

在周圍繞了幾圈後，最後三枝把車停在比較不顯眼的附近民宅邊。引擎熄火後，三枝問她。

「怎麼樣？要一起進去嗎？」

他迅速看了她的臉一眼。

「帶她一起去會不方便嗎？」

三枝皺起臉。「你不也看到醫院前面那條路了？路又窄、車子開得又快，還有腳踏車鑽來鑽去。如果走路不小心點，就連我們都有可能出車禍。讓她走那邊實在太危險了。」

他還沒開口，她就先說了：「我在這裡等你們。」

「在車子裡？」

「對，你們兩個去吧。」

把門鎖好後，他和三枝離開車子。

「你要小心一點喔。還有，千萬別開口。就算想起什麼，發現那間診所是你熟悉的地方，在我沒開口之前也絕對不能說話。」

「即使就算那間診所的醫生或護士一看到我的臉，就說『咦，眞難得，歡迎你來』也不行嗎？」

三枝一臉無趣地哼了一聲。「要是有這種田園牧歌式的美好結局在等著，那就太棒了。」

「我只是隨口說說啦。」他笑了，心裡一邊想，只要保持輕鬆愉快的表情，應該就不會被人發現他害怕得要死吧。

二十一

榊診所的前院鋪設得非常漂亮。停了五輛車子，其中就有三輛是方向盤在左邊（註）的車子。

「看來好像是有錢人專用的診所喔。」三枝說。

正面大門是單邊開啓的自動門，他和三枝一走近，門就悄無聲息地向內開啓。一進去是個非常狹小的大廳，有一組簡單的沙發，左邊有掛號的窗口，正面有扇門，病人大概就是進入那裡面就診吧。

三枝環顧了大廳一圈，輕敲掛號處的小窗。毛玻璃的另一頭，才剛看白色人影晃動，就露出一張女性的臉。

「哪位？」

「對不起，剛才我曾打電話詢問過來這裡該怎麼走。」

三枝用超乎意料的客氣聲音說。說不定是爲了這種時刻，特意深藏不露的聲音。

「電話？」掛號處的小姐歪著頭。白制服的胸口掛著「安西」這個名牌。

「對，承蒙你們親切的指點。」

霎時，安西的臉不悅地扭曲。

「哎呀老天爺……這麼說，你是帶了病人來？」

「不，病人今天沒跟來，我是想說能不能先商量一下……」

安西一邊用小指搔著太陽穴，一邊抬眼看著三枝和他的臉。

「我們原則上不替沒有介紹信的病人看病喔，因爲我們只有一位醫生，而且大學醫院那邊還會轉介病人過來，接電話的人沒把這點跟你解釋清楚嗎？」

「有，我們聽說了。」他忍不住插嘴。因爲他覺得像傻瓜似地杵在一旁也沒意思。三枝的眼中雖然閃過憤慨之情，但他決定不予理會。

「可是，我們以爲來了或許自有辦法，而且你們又把走法都告訴我們了。」

「眞是傷腦筋。」

安西忽地往後面一轉，她大概是坐在旋轉椅上。

「太田小姐，剛才有人打電話來詢問，是妳接的嗎？」

「啊？電話啊？」對方用毫不客氣的口吻回答。安西從椅子站起往裡走，視界也隨之豁然開朗。掛號處的窗口高度必須要稍微彎腰，才能一窺內部究竟。三枝和他的身材都算比較高，所以幾乎是弓著背才能看到裡面的情況。

事務室裡面，比外觀給人的感覺來得寬敞，大概是房間比較深的緣故。中央有四張辦公桌、兩臺電話，牆邊放著一整排櫃子。房間的另一頭，紅、藍、黃三色的檔案夾以外人無法得知的整理方式，密密麻麻地塞滿整面牆壁。

同時，在那檔案櫃的旁邊，放著一臺米白色的傳眞機。

看樣子，裡面似乎有三個人：安西和一個穿西裝的年輕男性——他正面向桌子，背對著這邊——另外就是剛才被稱爲太田小姐，同樣穿著白制服的女性——她躲在安西後面，看不見長相，兩人正細聲地快速交談。

註：日本是靠左行駛，車輛的方向盤在右邊，方向盤在左的多爲進口車。

這時穿西裝的男人站起身，瞄了三枝他們一眼後，對兩位白衣女性說：

「那我也該告辭了。請替我問候榊醫生。等貨一到，我會立刻把芳必坦（註）送來。」

安西略微扭過頭來，對年輕男人點點頭。「辛苦你了。」

「是製藥公司的掮客。」三枝壓低音量說。

「掮客？」

「就是外務員，業務代表啦。」

穿西裝的男人從兩人的視野中消失，不久立刻從大廳那扇門出來。他拎著大型手提包，瞧也不瞧他們一眼，穿過自動門走到前院，鑽進夾在兩台進口車之間的白色國產車裡，一下子發動引擎後，立刻倉皇而去。三枝他們瞥見車體旁邊寫著的公司名稱爲「矢部製藥　東京西營業處」。

終於，安西回來了。剎那間，在她身後，名換「太田」的小姐的臉驚鴻一瞥——是個圓臉戴眼鏡，但比安西年輕的女性，她正氣呼呼地鼓著臉。

安西的眼中雖也有怒意，但臉上還是努力地勉強擺出笑容。

「對不起喔。」

「結果還是不行嗎？榊醫生不能替我們看病嗎？」

三枝發出失望的聲音，並很精明地順勢提到醫師的姓名。

「對，就是啊。對不起，你是從哪知道我們醫生的？」

「有個熟人以前曾經接受過治療。」

「在這裡？」

「不，是在大學醫院那邊。」

「我想也是……你們兩位最好也去那邊試試，或許會更快。」

「這樣嗎？雖然很遺憾，不過好像也沒辦法了。」

「對不起喔。」安西又說了一次，便把掛號窗口關上。啪地一聲，毫不留情。

兩人一走出前院，三枝便扯動單邊嘴角迅速說：「停下來，假裝正在思索接下來該怎麼辦。」

他點頭。「你想做什麼？」

「我要抄下停在這裡的車子車牌號碼。」

三枝抄車牌的期間，他背對著診所入口，兩手插進長褲口袋，駝著背。

「感覺像是吃了閉門羹，每個地方都是這樣嗎？」

「那倒不一定。好，抄完了。」

三枝把抄好的便條紙往夾克的胸前口袋一塞，做出非常遺憾的樣子，轉身回顧榊診所的建築。

「掛號處那兩個小姐，好像不是你認識的人耶。」

「我也毫無印象。」

「我早就知道事情不會這麼簡單了，反正我還是有辦法。」

「你要怎麼做？」

「先去陸運局，找到負責的窗口，在詳細登記事項證明書的申請表上填寫這幾輛車的車牌，只要付出每件七百圓的手續費，就能查出車主的姓名地址。對了，你知道陸運局是幹麼的嗎？」

「我知道。從今以後，除非我們特地提出疑問，你可以當作我們都了解沒問題。」

「那就好。在這五輛車當中，很可能就有那位姓『榊』的醫生本人的車，就算沒有，能查出在診所工作的其他人員或病人也好。不管怎樣，總之可以增加情報。」

他看著反射盛夏陽光的車體。

「感覺上好像很迂迴。」

註：強力鎮靜劑。

「還有別的方法啦。可以在附近打聽看看。說不定能問出什麼。」

「那位姓『太田』的小姐呢？」他轉身回顧診所那棟建築。「如果順利搭上關係，也許可以問出裡面的各種消息——」

看他突然住口不語，三枝立刻抬起臉。

「怎麼了？」

「有人正從四樓的窗子窺探我們。」

他的眼睛還沒離開那扇窗子。四樓一共有四扇窗，是最左邊那一扇。百葉窗像鐵捲門一樣關得緊緊的。可是就在前一秒，那片百葉窗的正中央還被拉成く字形，從那裡探出一張臉。

「你確定沒看錯？」

「對。我看得很清楚。一發現被我看到，立刻就消失了。不過，我的確看到了。」

三枝也仰望窗子，彷彿嫌陽光刺眼地瞇起眼睛。四樓的窗玻璃，正好照進陽光。

「搞不好是住院病人。」

「有人會在大白天把百葉窗關得那麼緊？」

「也許是日光恐懼症吧？」

「怎麼可能。」

「開玩笑的啦。我們該走囉，老是在這裡磨蹭會引起對方懷疑。」

在三枝催促下一邊邁步，他忍不住再次仰頭回顧榊診所那棟白色建築物。

「搞不好是住院病人。」

「怎麼了？」

他回過神一看，三枝正盯著他。他擦拭額頭的汗水。

「沒事，沒有什麼。」

二十二

「您那邊是榊診所吧？請問太田小姐在嗎？」

她緊握話筒，用略帶緊張的語氣說。看不見的眼睛，眺望著數字按鍵。

他和她，正在榊診所附近的公用電話亭裡。由於這個電話亭就在加油站旁邊，四周很吵，再加上他還用腳抵著推門不讓門關上，所以雜音也源源湧入。她把話筒緊貼在耳邊。

「對方接電話後，妳隨便應付幾句就交給我。」

她點點頭。「對方是個親切的人吧？這樣好像在騙人，不太好耶。」

「沒辦法，顧得了前就顧不了後。」

過了一會兒，好像是太田接電話了。她弓著背，抱歉之至地開始說話。

「您是太田小姐嗎？敝姓橋口。」

「橋口」是馬路對面某間五金行的店名，橋口商店。

他想親自跟這位太田小姐說說話，現在正好有機會。

首先，他向三枝表示他們兩人跟去陸運局也派不上用場，不如分道而行。三枝起先不願和兩人分開行動，但他保證「我們會搭計程車回去」，又說「她已經累了」，三枝這才不甘不願地離去。

等到只剩下他們兩人時，他便把原委告訴她，找她一起擬定計畫。他主張不該把一切都委託三枝，只要是自己做得到的也該盡量試試，對此她也表示同意。

「我打電話來，呃，是想向您道歉……剛才，我兩個哥哥去過你們醫院吧？明知貿然跑去醫生不會答應看診，他們還偏要去……我聽哥哥們說，好像還害太田小姐挨罵，真的是很不好意思。」

假裝三枝和他是她的哥哥，捏造出一個因爲壓力過大導致精神衰弱的父親，說不定會有辦法接近太田小姐——這就是他們的計畫。

「對……對……就是啊，我那兩個哥哥眞的很不懂事。給您添麻煩了。我本來一直勸他們不要去……因爲我眼睛看不見，被哥哥撇下，一個人也沒辦法去追他們。」

太田小姐說了些什麼，她頻頻接腔。

「就是啊。像這種時候，我們也不知道該去哪種醫院才好……啊？對，我父親任職的公司是有特約醫院啦，可是他本人不願意去……對，他怕別人發現。」

說到這裡，由他接過電話。

「喂？啊，剛才眞不好意思，我們不是故意要給您惹麻煩的，實在是沒有別的醫院可去，而且眞的很想給榊醫生診治……」

根據指點路線時的情況研判，對方應該是個打從心底待人親切的女性。因此，他認爲只要談得順利，對方一定會答應見面。

結果，他的直覺正確。太田小姐說，下班後可以抽空見面。地點她指定，是間位於新宿車站東口附近的炭燒咖啡專賣店，「那就六點見。」雙方約好時間掛斷電話後，他摟著她的肩，輕輕搖晃。

「進行得很順利，謝謝妳。」

「我還是覺得很心虛。」

「妳可別忘了，我們現在爲什麼要做這種事。」

不過，現在的心情倒不壞。有一種靠自己的雙腳站立、走路的踏實感。

然而，現在才剛過四點，還得打發這段空檔時間。

「怎麼辦？想做什麼？」

她陷入沉思。兩人一起擠在電話亭裡大概很惹眼吧，有一個加油站的服務員正在遠眺他們——主要是盯著她看，露出「啐，算你這小子豔福不淺」的表情。如果這時他說「要跟我交換嗎？」，對方想必會高興地飛奔而至吧。

「隨便做什麼都行？你身上有錢嗎？」她問道。

三枝這個男人，別看他那樣，其實有些地方還挺正派的，他碰也不碰皮箱裡的鈔票，還說生活費及行動資金暫時由他出，事實上三枝也眞的這麼做了。剛才分手的時候，還交給他一個裝有數張萬圓大鈔的護照夾——在東京，沒有錢可是寸步難行。

所以，即使加上和太田小姐見面的開銷，戰備資金應該也綽綽有餘吧。

「那我想看電影。」她說。「雖然看不見，還是想看，最好是那種愉快開朗的片子。看什麼都行，你來選好嗎？」

「好啊。」

「不過，一定要選國片。」

「爲什麼？」

「這樣才能從片中的角色找一個喜歡的名字呀。待會跟那個太田小姐見面，總不能連個名字都沒有。對吧，哥哥？」

太田是個非常守時的人。她身穿無袖馬球衫和格子裙，肩上掛著一個大布包，一手還抓著手帕頻頻按著鼻頭走來。大概是有點胖，所以比較會流汗吧。

「這樣反而是我不好意思了。」往兩人面前一坐，太田開口便如此說。

「雖然我大概幫不上忙，不過倒是知道兩三家可能適合令尊的醫院。我們能認識也算是緣分，我就告訴你們吧。」

看來倒是個非常爽快的女性。仔細一看，她其實不太年輕了。大約三十……五歲左右吧，一頭短髮，再加上沒化妝的臉頰光滑豐潤，所以看起來比較年輕。

「我重新自我介紹，我叫做太田明美。」

至於他和她，報上的名字是橋口紀夫和秀美。這是剛才看的電影中某對情侶的名字。他很緊張，甚至開始後悔把明美找出來。既然已經謊稱父親神經衰弱，就得把這個謊扯到底才行。然而不管是他或她，都沒想到要先做點事前準備的功課。

可是，明美幾乎完全沒問起兩人的「父親」的症狀。

她說：「我只是個事務員，對疾病的事情不懂。」相對的，針對現實需求，她倒是舉出各家醫院名稱、費用大概是在哪個程度、醫院對治療的方式各有什麼不同，一一加以說明。

「令尊應該有加入健保囉？」

「啊？啊，有。」

「既然這樣，即使必須住院，花費的金額也跟其他疾病差不多。除非是住進那種病床有差額的醫院，否則不用太擔心。不過，剛才在電話裡，妳說令尊不想去公司指定的醫院，換成別家醫院他會願意就診嗎？」

「我想……應該會吧。」

要維持一個捏造的父親形象，還眞不容易。

「這樣嗎……不是啦，因爲像這種神經衰弱的病人，有時即使旁觀者都看得出來已經很不正常了，家人也都勸他去看醫生，但當事人自己還是堅持『沒這個必要！』像這種人，勉強讓他住院反而會變得更糟糕。如果家人肯陪在身邊，耐心地看護他，按時掛門診接受治療其實更好。」

「原來是這樣啊？」

「對。像人家美國就不會有這種情形，可是在日本，還是有很多人只要一聽到『去看精神科醫生』，就覺得好像丟臉得要命，大概是以爲『被社會淘汰了』吧。不過這點，也許應該怪目前這個社會，對於罹患精神疾病治癒後的人，既沒有度量也沒有設備好好加以接納吧。這怎麼行呢。不管是身體再怎麼健康的人，也不保證一輩子都不會生病，對吧?同樣的道理，精神當然也會生病，這其實沒什麼特別的。」

「噢。」

對於牢騷滿腹的明美，他只能曖昧地表示同意。

「那位榊醫生，應該是個好醫生吧。」現在化身爲橋口秀美的她說。

「對，好得沒話說。」明美猛地傾身向前，手肘順勢撞到桌上的咖啡杯，琥珀色的液體潑灑出來，明美那杯咖啡連碰都沒碰過。

「他總是設身處地替病人診療，眞的是很好的醫生。即使病人已經治好了，還會替病人找工作、關心病人住的地方。」

明美一口氣說完後，有點不好意思地垂下眼。

「也因爲這樣，沒辦法診療太多病人，有時就會像今天這樣讓病人吃閉門羹。對不起喔。」

「哪裡，沒關係。我們一點也不在意。」

「相對的，如果是要問他別處還有什麼醫院，他絕對是知無不言、言無不盡。所以我才會這樣來見你們。榊醫生也常常說，如果有這種幫得上忙的地方，縱使是不相干的病人也要盡力協助。你們千萬別誤會醫生，以爲他很冷酷喔。」

「我知道。」

雖然身處在演戲的緊張心情，他忽然對明美有種溫馨的感覺。這個人，大概愛上那位榊醫生吧。

「他是位年輕醫生嗎？」她問道。明美點點頭。

「才三十八歲而已。」

「聽說大學醫院那邊也有病人過來，是吧？」這次輪到他問。

「對。因爲醫生每週有兩天會去那邊看病。」

「又要上班又要自己開業，一定很辛苦吧。」

「是啊，不過，擁有自己的診所一直是他的夢想，所以也沒辦法……」

明美說到最後有點呑呑吐吐。「沒辦法」這個說法，也令他感到有點起疑。

「榊診所中，沒有住院病人嗎？」

「原則上，大家都是來看門診。不過，偶爾也會破例，暫時由我們照顧病人。」

「現在呢？呃，因爲我白天去診所時，看到四樓窗口有人探頭窺視。」

「四樓？」明美歪著腦袋。「啊，對，有啊，是個年輕女孩。上週末掛急診進來的，據說是醫生某位朋友的女兒。這種事，純粹是特例喲。」

口氣聽來好似在辯解。

「原來還有這種事啊。那，榊診所也有護士小姐嗎？」

這次，明美終於露出略帶狐疑的表情。

「你爲什麼要打聽這種事？」

「不是啦，因爲就我今天所見，感覺上好像完全沒有護士。我以爲精神科這種地方不需要護士，另外有類似心理諮商師那種人在。」

明美噗哧笑了出來。「才沒那回事咧，照樣也有護士。我們診所的護士才可怕了，她們專門負責監視榊醫生。」

「負責監視？」

明美吐了一下舌頭。「糟糕，我說得太過分了。總之，我的意思是說，資歷老到的護士啦。」

彷彿要轉移話題，明美伸手拿起杯子。該是退場的時候了，他想。

「謝謝妳指點這麼多。我會去妳說的醫院問問看。不過，最後還有個問題。太田小姐，妳在電話中說過，『如果是酒精中毒的病人，可以介紹別家醫院』，對不對？那又是什麼意思？」

「噢，那個啊，就是字面上的意思呀。」

「有特別好的醫院嗎？」

「到底好不好我也不知道啦，不過就連別家醫院不太願意收容的重度酒精依存症病人，那家醫院也肯收。那種病，對於一起生活的家人來說眞的很痛苦，所以當家人不管怎樣都要送病人住院時，有個地方願意收留這個燙手山芋，不是等於得救了嗎？」

明美的話，似乎帶有之前沒有的刺耳感覺，他不禁默然。然後，明美稍微壓低音量又繼續說。

「不過，哎，我是不太推薦啦。榊醫生也不想把病人轉介到那裡。可是，像你們今天這種新病人來詢問時，基本上，我還是得問一下。要不然，我會被安西小姐罵。」

安西就是掛號處那位小姐。

「爲什麼妳會挨罵呢？」

明美遲疑了一下，才苦笑著回答。「因爲安西小姐也和剛才提到的護士一樣，是專門負責監視的。她們都是從大醫生那邊派來的人。」

「大醫生？」

「對，就是榊醫生的岳父。那家喜歡收留酒精中毒者的醫院，就是由那位大醫生擔任院長。」

一直扮演傾聽者的她，總算又開了口。

「太田小姐，妳好像不太喜歡那位大醫生。」

明美笑了。「對，我是不喜歡。他很噁心。不，他看起來是個體面的紳士啦。問題是他的眼神看起來就很好色，我也聽到不少謠傳。不過，他對我這種胖妹毫無興趣，所以倒是不用擔心。」

怎麼，原來是這麼回事啊，他在心底苦笑。雖說是精神科診所，對待在裡面的人來說卻純粹只是個工作場所。就算有各種牢騷也沒什麼稀奇。

沒想到，明美略微傾身向前，放低了聲音，又繼續這麼說：「如果我說出名字，說不定連你們也知道。」

「妳說那位大醫生嗎？」

「對。已經是去年的事了，當時他捲入一場非常可怕的案件。」

「是怎樣的案件？」

明美著實吊了他們一番胃口才說：「是殺人命案。」

他幾乎動也沒動，她卻似乎抖了一下。

「你們兩位，還記得嗎？幸山莊命案。那個凶手就是大醫生的兒子。不過嚴格說來，其實沒有血緣關係啦。」

啊？真的嗎？——明美大概期待他們出現這樣的反應吧。兩眼閃閃發亮。可是，他對「幸山莊命案」是什麼案件一無所知，就他斜眼一瞥所見，她似乎也一樣。

「那個……是那麼轟動的大案子嗎？」

聽他這麼一問，明美顯然非常失望。

「天吶，你們都不知道嗎？這個案子當時可轟動了。因爲眞的很慘。你們居然連這麼大的案子都不知道，眞奇怪。」

他有點慌。沒有三枝在旁邊出主意，這時候只能一個人設法應付了。

這時，她開口了：「在我們家，因爲我的眼睛這樣，所以既沒有訂報紙，也很少看什麼電視。因爲家人怕我跟不上話題，而且這樣一家人反而聊得更起勁。」

這次換成明美驚慌失措，肥嘟嘟的手頻頻在臉前揮舞：「哎喲，原來是這樣啊，說得也是，你們一家人感情眞好。哪像我，到了這把年紀還獨身，所以成天巴著電視不放。」

他在桌子底下輕拍她的手背，表達感謝之意。然後才問道：「那個『幸山莊命案』，請說給我們聽聽。」

明美重新打起精神，換個坐姿挺直了背。

「被殺死的，是我們大醫生的兩個朋友，還有其中一個人的太太，和另一個人的女兒。名字我現在已經有點忘了……」

「四個人？」他大吃一驚。「一口氣殺了這麼多人？」

「對。凶手——就是大醫生的兒子啦，叫做阿孝，聽說後來好像變成小混混。還跟黑道流氓有來往，連手槍都有，他就是用那把槍打死人家的。」

霎時，他停止呼吸。手槍？

她咄咄逼人地朝著明美傾身追問：「到底是爲什麼？怎麼會發生這種事？」

明美撩起頭髮，抓抓頭。「聽說，那孩子本來就桀驁不馴，大醫生也傷透了腦筋。」

「就算是這樣，只不過是粗魯粗暴，也不可能一口氣殺死四個父親的朋友和家人吧？」

明美皺起臉。

「據說阿孝這孩子，原本好像打算追求被他殺死的那個女孩。可是對方完全沒把他看在眼裡，所以他才……」

「太過分了。」她說著垂下眼睛。

「是啊，說來眞的很過分。所以雖說是沒有血緣關係的兒子，大醫生還是在接受電視採訪時當眾下跪謝罪。不過，哎，這樣反而贏得社會大眾的同情，讓他順利挽回了聲譽吧。而且，阿孝這個孩子本來就沒跟醫生住在一起，因爲他很早就離家出走不知去向了。」

「還有這種事啊？」

明美若無其事地說：「因爲大醫生結了三次婚，阿孝那個孩子是第二任老婆的拖油瓶。第二任太太跟大醫生結婚一年左右就死了，所以才又娶了現在的太太。總之他們家複雜得很，聽說他還有包養情婦咧。」

他把視線從明美臉上轉開，陷入思索。

那份傳眞來源榊診所的相關者，牽扯上這麼悲慘的命案。而且，還是以手槍爲凶器的殺人命案。倘若跟我們兩人也有關係該怎麼辦？萬一，眞的是這樣……

他猛然仰起臉。「請問……」

「啊？」

「那個案件是在哪裡發生的？幸山莊在什麼地方？」

明美立刻回答。她舉出某個縣名，「就在當地一個叫瀉戶的小鎭。大醫生的醫院也在同一個鎭上。幸山莊的位置，是在比醫院更靠近海邊的別墅區。」

「那裡離仙台很遠嗎？」

「你說哪？仙台？」明美瞪大眼睛。「怎麼會冒出仙台？」

因爲在他和她的記憶中，這是勉強還殘留的地名。他繼續努力：「請妳告訴我，拜託。」

明美似乎被他的氣勢壓倒，身體稍微離開桌子，仔細打量了他的臉才回答：「呃，開車應該到得了吧，反正有道路可通。」

「還有一個問題。」

「什麼？」

「那個案件是什麼時候發生的？」

到這個地步，明美已變得惶惑不安。她眨了眨眼睛才回答：「去年的平安夜。」

在他的腦海中，又浮現第一個早晨，即將睡醒前作的那個夢。

（因爲今天是平安夜……）

二十三

回到新開橋皇宮時已是夜幕低垂。他們才在建築物前下計程車，待在大廳的三枝就出來迎接。

「到底是怎麼回事？你們搞什麼？出了什麼事嗎？啊？」

三枝眞的臉色都變了，所以他有點意外。照理說三枝應該是爲了皮箱裡的鈔票，才用手槍要脅他簽下僱用契約，可是三枝狼狽的模樣分明是眞的很關心他們。他不禁脫口而出：「對不起。」

「用不著道歉，我只是很擔心。」

「的確發生了令人擔心的事。」

他凝視著三枝問道：「有個幸山莊命案，你知道嗎？」

整整有數秒鐘，三枝一直呆立著回看他。在開口說話前，喉結聳動得好厲害。

「你怎麼知道那個？難道說，你已經恢復記憶了？」

他對後面那個問題搖搖頭。

「這件事說來話長。」

「先進去吧。」三枝抬了抬下顎指著門那邊。「拜託你不要嚇我好不好。我這邊調查了停在榊診所前的車子，在那當中發現那起命案相關者的車子，已經夠震驚的了。」

七〇六號室的桌子上，攤滿了從報章雜誌剪下的報導，通通都是和幸山莊命案有關的內容。

三枝想先聽聽他和她的報告。在他說明的過程中，三枝的SHORT HOPE一支接一支抽個不停。

聽完之後，三枝低聲說：「不過，眞虧你們有勇氣做這種事。」

「因爲太田明美那個人好像很親切。」

「而且，統統交給我也有點不放心，對吧？」

被三枝一語道破，他無話可說。

「算了，無所謂。不過，我只有一個問題。你們兩人聽到太田明美說那件事時，有沒有直覺想到幸山莊命案或許跟你們有關係？」

她睜大眼睛望著他的方向。他點點頭。

「有，我就是這麼想的。呃……再加上有那把手槍。那不是隨便弄得到的東西。跟唾手可得的刀子不一樣。」

三枝一直盯著兩人，猛然把才剛點燃的香菸用力摁熄。

「知道了。那，接著該輪到我說了。」說著拉過椅子。

「榊診所前院停了五輛車，其中一輛是矢部製藥的對吧。我調查了剩下四輛，這是車主名單。」

三枝把申請到的詳細登記事項證明書拿給她和他看，指著車主的姓名地址欄說：「四輛中，唯一一輛國產車的車主，是安西裕子。應該就是掛號處那個女的，看樣子她是自己開車上班。剩下三輛全都是進口車對吧？最裡面不是有一輛白色賓士嗎？車主是村下猛藏。他是『瀉戶友愛醫院』這家規模在日本首屈一指的精神科專門醫院的院長。」

她驚訝得仰起臉說：「那個人，就是太田小姐提到的大醫生嗎？」

三枝點點頭。「這麼推論應該沒錯。因爲榊診所的院長榊達彥，就是村下猛藏的女婿。賓士隔壁銀灰色的龐迪亞克是他的車。然後，第三輛車——」

三枝用手指著第三張登記證。

「是輛保時捷，這是猛藏的長子村下一樹的車。看樣子，今天我們去造訪的時候，村下一家人好像正在榊診所開家族會議呢。」

三枝從散落一桌的剪報底下取出備忘錄。

「在進入幸山莊命案的正題前，我要先說明一下村下家的家族成員。如果不先了解這個，我怕你們毫無頭緒。」

備忘錄上，畫著簡單的系譜。

「括弧裡寫的是案發當時的年齡。三位夫人名字前面的數字，是她們和猛藏結婚的先後順序。」

看了圖之後，連他也能理解太田明美爲什麼會說「大醫生很噁心」了。這個男人不斷地離婚、再婚，現在又娶了一個比自己女兒還年輕的老婆。

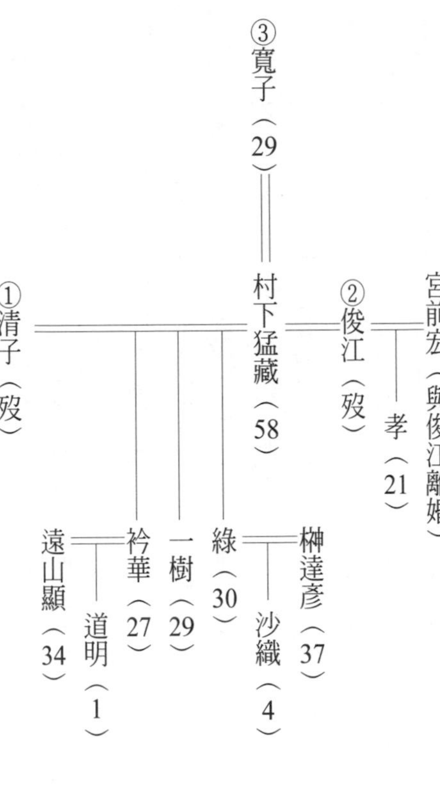

至於她，他盡量把村下家的家族關係用淺顯易懂的方式說給她聽。經過頻頻反問確認後，她似乎也理解了。

「村下猛藏，正如我剛才所說，經營瀉戸友愛醫院這家大醫院。他本人也是精神科醫師，目前也親自診察病患。兩個女兒雖然不是醫生，不過都嫁給了精神科醫生。長女綠的老公就是榊診所的榊達彥，次女衿華的老公遠山顯是瀉戸友愛醫院的副院長。到此爲止沒問題吧？」

「對，我懂。」

「接下來是長子一樹，他沒當成醫生。他在東京，命案報導當時，好像是在經營酒吧。」

「綠、一樹、衿華三個人，都是跟第一任夫人清子生的小孩吧？猛藏跟第二任的俊江，還有現在的夫人寬子之間，都沒有生小孩。」

「一點也沒錯。然後，就輪到幸山莊命案的凶手，問題人物宮前孝出場了。」

三枝取出數張用釘書機釘在一起的剪報，好像是雜誌的專題報導。「幸山莊命案凶殘殺手的過去」這個大標題橫切過整頁，躍入眼簾。

「俊江之所以會和猛藏認識，就是因爲阿孝。他十六歲的時候——也就是距今六年前——因爲毆打他的高中老師遭到停學處分。後來還是不斷出現暴力行爲，俊江無奈之下，就去當時積極收留拒絕上學以及有家庭暴力行爲的小孩，並加以治療的瀉戸友愛醫院商談。後來，阿孝住院，做母親的俊江不時會去看他，商談今後的問題，就這麼談著談著，和當院長的猛藏熟了起來。當時，猛藏的第一任老婆清子早已去世。至於宮前俊江，好像也跟丈夫處得不太好。可能是爲了阿孝，總之原因大概很多吧。就因爲這樣，俊江和丈夫離婚，再嫁猛藏，自然也就沒有太大障礙。反正綠、一樹、衿華三個人也都已長大成人了。」

「瀉戸友愛醫院早在六年前已是日本首屈一指的大醫院了。全體住院人數多達八百多人，很厲害吧？那裡的院長要結婚，自然非同小可，雖說是再婚，他跟俊江的婚禮還是很盛大。聽說當時在東京的大飯店舉行婚禮，國會議員去了一大票呢。」

「可是，他不是醫院的醫生嗎？」她眨著眼睛不解。

「對啦。可是，村下猛藏這個人與其說是醫生，還不如說是企業家。有一段時期，他甚至還在東京插手經營飯店。不過雖說如此，他只在背後操控並未公然出面就是了。到現在，猛藏在東京都還有別墅。他雖在瀉戶打穩根基，但還是沒放棄進軍東京的野心。」

三枝又拿起另一份剪報。

「他的出身地——」三枝說著突然打量了他們兩人一眼，「這點和接下來的故事有關，你們最好記清楚。猛藏的故鄉是在宮城縣松檮郡的松代這個地方。家裡務農，他是次男，從小就是優等生，可說是全族期待的明日之星。他不但一次就考取醫大，當然連國家資格考試也是如此。」

「考取醫師執照後，他在大學附屬醫院工作了四年左右，二十七歲的時候和第一任老婆清子相親結婚，兩年後，搬遷到她的娘家瀉戶町。至於說到詳細的位置嘛——」三枝攤開關東地區的地圖。

「算是在房總半島的東北吧。你看，有個地方的等高線距離海平面很近吧？這裡有個叫做『瀉戶』的車站。氣候好，海景又漂亮，的確是塊很有魅力的土地喔。」

三枝闔起地圖，繼續說：「他的姓氏雖然沒變，依舊是『村下』，可是對猛藏來說這樁婚事其實等於是入贅。清子的父親在瀉戶町開了一間小型內科診所。就是那種五個病人就能擠爆候診室的社區小醫生。可是，這個寒酸的小診所後來卻成了瀉戶友愛醫院的前身。這一切，都是靠村下猛藏一個人的力量。」

他一邊聽著三枝的聲音，隨手拿起旁邊剪報。那好像從畫報雜誌剪下，登著大幅黑白照片。

照片中有一個身材瘦小、體型有點像女人的男人，頭髮已經很稀薄，削瘦的脖子周圍，皮膚似乎已枯焦乾涸。大概是他正從飯店之類的場所走出來時拍下的吧，背後還可以看到飯店的門僮。與後者修長的身影比起來，中央這個男人看起來就是一臉窮酸樣。

可是，中央這個男人就是村下猛藏。

腦海深處好像有什麼暗影般的東西，倏地浮現又消失。他感覺得到，他見過這個男人，在某個地方見過。

他的眼睛無法離開照片。

「乍看之下，不像是那麼厲害的大人物吧？」三枝說。「可是，村下猛藏對瀉戶町的人來說，卻像是勵志傳記中的人物。因爲不僅是他個人成功的方式很輝煌，對瀉戶町的貢獻也很了不起。對於除了農業之外毫無任何經濟產業的瀉戶町來說，友愛醫院這種大型機構，等於是點石成金的魔杖。以醫院爲中心，帶動了食物與日用品的需求。來探望住院者的人也需要旅館，說不定還會用到計程車。爲了自行開車前來的人，需要設停車場和加油站。當然，友愛醫院本身也需要各方面的人手，一旦這些受雇者群聚在此，自然也就出現了娛樂設施和酒館等行業。一旦整個城鎮這樣活絡起來，銀行也會設置分行。還可以鼓動政府建設道路，連車站都蓋得起來。如此一來，不動產也會跟著動起來，房地產價格上揚，簡直是好處多多，這樣如果還不會發展才奇怪。實際上，這個地方也的確繁榮起來了。剛才我說『瀉戶町』，其實當地的人口已經可以稱得上瀉戶市了。這一切，全都是拜村下猛藏所賜。」

「於是，城鎮繁榮起來後，村下家也跟著更加興旺？」

「沒錯。他們收到了驚人回饋。現在的村下一族，除了醫院，還經營房地產公司和停車場、飯店、餐廳，成了小小的財團。在鎮議會選舉時，保守派和革新派發生激烈衝突。可是，不管是哪一邊的陣營，都是由猛藏提供選舉資金——就是這樣。」

三枝苦笑。

「村下家的豪宅和瀉戶友愛醫院的雄偉建築，聳立在瀉戶町最高的地方，位於鎮的西邊。從那裡睥睨山下，太陽也在那沉落。我曾實地去過，感覺上那很像是一種象徵。」

「你去過瀉戶町？」

「那當然。我不是說過我好歹也是個三流小記者？發生這起幸山莊命案時，凡是掛得上記者名號的，可說是傾巢而出，大家都忙著跑新聞。」

原本茫然看著牆壁的她，這時轉身朝著三枝聲音傳來的方向：「村下家既然那麼有勢力，幸山莊命案應該是很大的醜聞吧？雖說沒有血緣關係，畢竟是村下猛藏的小孩犯下的殺人命案。」

「一點也沒錯，」三枝說。「不過，猛藏這個人實在很了不起。他面對這起繼子犯下的命案，堂堂正正，毫不迴避，不但召開了記者會，也上了電視。他清楚表明：『雖說是孩子犯下的錯，但我必須負責任。』甚至還當眾下跪。當然，對遇害者的遺族更是致上最深歉意，在金錢方面也付出了足夠的賠償。」

他感到三枝對村下猛藏這個男人似乎特別偏袒。三枝對某個特定人物用「了不起」這麼直接的字眼來形容，總讓他覺得有點怪怪的。

「說不定他只是在演戲。」他隨口這麼一說，三枝立刻用力搖頭。

「猛藏不是那麼會演戲的人，他是眞的很關心阿孝。」

「即使沒有血緣關係？」

「正因爲沒有血緣關係，所以更關心。」三枝強調。「當然啦，由於猛藏毫不迴避的態度，讓社會對村下一家的批評出乎意料的溫和。就命案的殘忍程度來考慮，簡直是不可思議。不過，撇開這些不談，最重要的是，我認爲猛藏眞的很愛阿孝，也許是對他覺得內疚吧。」

這次又用了「愛」，實在不像三枝會說的話。

「內疚？」

「對。俊江和猛藏婚後一年便因爲車禍死了。他們婚姻生活很短暫。那時阿孝才十七歲，母親一死他就離家出走。也許是因爲親生母親死後，沒把握再和名義上的家人繼續生活。猛藏似乎一直很後悔，把阿孝逼到那種地步。正因如此，幸山莊命案發生後，才能立刻採取那種明確態度負起責任。」

他一邊聽著三枝的話，一邊瀏覽了幾則報導和照片。其中也有猛藏下跪的鏡頭。頂上光禿的腦袋，抵著地板垂得低低的。

「原本，猛藏和俊江的再婚就不太和諧。這也是因爲阿孝太會惹禍。短短一年中他就打傷了兩次人，兩次都是猛藏出面設法和對方和解。要不然，阿孝早就被關進少年輔育院了。」

面對這樣的繼子，眞的能眞心疼愛嗎——他陷入沉思。

「猛藏想必也以他的方式，試著努力和阿孝建立父子關係吧。可是俊江一死，一切都完了。阿孝離家後，幾乎和村下家斷絕了關係。唯有一年一次母親忌日時，才會回瀉戶町的墓地獻花，不論是名義上的父親，或是沒有血緣關係的兄姊，他一概不見，回去了之後又立刻不知去向。他就是過著那樣的生活。即使如此，猛藏似乎還是對他抱著一線希望，找了阿孝很多次，甚至還僱用徵信社。就我看來，猛藏已經盡力而爲了。如果爲了阿孝的事責怪猛藏，那他未免太可憐了。」

她的臉轉向他，彷彿在徵求他的意見。他從村下猛藏的照片抬起眼，看著三枝。

「怎麼了？」三枝問。

「我以前見過村下猛藏這個人。」

她微微吸了一口氣，摸索著找到他的手肘，把手掌放上去，隨之傳來一陣暖意。

「你確定？」

「對，應該是吧。」

三枝的手伸向SHORT HOPE的菸盒，急躁地點火。吐了兩、三口煙後，才說：

「其實，打從發現榊診所和幸山莊命案的村下家有關後，我也猜想過有這種可能性。」

他緊握一下她的手，放開之後，他說：「請你把命案本身始末告訴我們。」

三枝又拿起另一份剪報。

「命案發生在去年的平安夜。」他用比之前略低的音量開始說。

「這個幸山莊是前年開始著手的瀉戶町開發事業之一。瀉戶町不僅面積遼闊，而且東西狹長。因此，鎮的東端面海。可是，由於地勢傾斜，崇山峻嶺筆直落入海中，所以無法游泳。浪濤也很洶湧。

因此，自古以來大家一直以為沒有發展觀光的利用價值。」

「可是，這年頭，海邊的休閒不僅限游泳了。瀉戶町整個城鎮逐漸富裕起來，總算把腦筋轉到這上頭，想到還有一塊尚未開發、沒有荒廢的土地，位於東京可以當天往返的距離，而且景色絕佳。」

「問題是這項再開發事業，村下猛藏並未參與。那一帶的土地山林全都屬於個人私有地，地主和東京的業者訂定契約開始大舉建設。他們首先直接利用地形起伏建設高爾夫球場。鋪上不畏海風的草皮，請來夙負權威的外國設計師量身打造了特別球道，球場俱樂部也砸下大筆銀子。蓋好之後，接著就是時髦的度假飯店、附有夜間照明設備的網球場、天頂可以隨意開啓，整年都可使用的室內泳池……可說是該有的都有了。隨後就開始正式銷售別墅區。幸山莊就是這樣精心打造、推出銷售的第一批物件之一。」

三枝把一份薄薄的廣告簡介扔給他，上面印著「氣候溫暖風景絕佳的勝地，何不來瀉戶度假」。

「去年九月第一期推出的十二戶短短一個月就銷售一空了。那裡距離東京又近，物件本身又的確物超所值，這是當然的結果。出事的幸山莊就是那十二戶之中的一戶，蓋在最靠海邊的位置。從後院翻過一道柵欄，再繼續走上一陣子，就會看到令人目眩的險峻岸壁。就這個角度來說，如果帶著幼童是滿危險的，不過相對的，景色也是最棒的。」

他隨手翻開簡介。正如三枝所說，依山傍海的翠綠大地上有著蔚藍天空。

「買下幸山莊的是三好一夫和緒方秀滿這兩個男人，他們算是合購。兩人是從小一起長大的同學，來往一直很親密。而且，他們的故鄉都在宮城縣松檮郡，這跟某人一樣對不對？」

這就是剛才三枝叫他們「記清楚」的事。

「村下猛藏。」

「沒錯，三好跟緒方都認識猛藏，小學和中學時代還是並肩而坐的同窗。可是，由於高中和大學念不同學校，長大後便少有機會聯絡，因為猛藏離開故鄉了。兩人都是買下幸山莊後，才知道當地的有力人士中，有村下猛藏這麼一號人物，這才發現有機會跟幾十年前的舊友重逢。眞的很巧。」

這個巧合，卻鑄成了這場悲劇。

「他們很高興能重逢。猛藏邀請兩人下次帶著家人來別墅時，一定要去他家坐坐。於是，三好家和緒方家在去年聖誕節第一次前往幸山莊度假，猛藏就邀請他們到家中作客。」

「三好家和緒方家一行人接受了猛藏的招待，」三枝說著嘆了一口氣。「就是去年的十二月二十三日。」

也許是因爲故事的內容逐漸沉重起來吧。三枝停了好一段時間，才繼續說。

「三好帶了一個女兒來。他是鰥夫，一個大男人獨力養大兩個女兒。跟他一起來的是小女兒，名字叫雪惠，當時二十歲。」

「至於緒方，帶了夫人來。夫人叫育子，當時五十歲。他們膝下有個兒子，不過沒一起來。」

「受邀至村下家作客的，就是這四個人。結果，正巧在這同時，阿孝也回到瀉戶町。一開始我應該就說過了吧？阿孝每逢母親忌日會回來掃墓。他母親的忌日就是十二月二十三日。」

接下來都和剪報上寫的內容一致——三枝先如此聲明，才說：「村下家的菩提寺（註）和墓地都在距離村下宅稍遠的山坡上。阿孝去了之後，回程下山時，發現繼父家中來了幾個陌生的客人。而且，其中一個還是年輕可愛的女孩。事實上，三好雪惠是個很漂亮的女孩，美得令人忍不住驚豔回眸。

「阿孝立刻看上了雪惠。原本他跟繼父就處得不好，自然不會顧忌對方是父親客人的千金。爲了設法接近雪惠，阿孝那天難得地在村下家露面了，令全家人嚇了一跳。」

聽到這裡，再加上傍晚太田明美的敘述，他已經可以大致想像出幸山莊命案的發生經過了。

「阿孝爲了占有雪惠，最後是不是做出令父親蒙羞的行爲？」他這麼一問，三枝用力點頭。

「命案發生後，據說警方偵訊時，村下猛藏立刻就提到這件事。阿孝趁著家中眾人不注意，企圖強行帶走雪惠。由於她驚慌大叫，所以沒有得逞。」

「那，翌日的幸山莊命案，是他做出的報復嗎？」

「那是在平安夜十二點左右發生的。」三枝說著，拿起邊緣略微泛黃的剪報，擋住了臉。

「警方表示，阿孝帶著槍，一開始應該只是打算威脅而已——在他看來，只要能把雪惠單獨拐出去就行了。沒想到，卻被三好和緒方夫妻發現，遭到出乎意料的激烈抵抗，所以才會開槍射擊。事情就是這樣。」

他立刻說：「可是，阿孝剪斷了幸山莊的電話線。不是嗎？」

三枝瞪大眼睛。「你怎麼知道？」

「我夢見過。」

「電話線被切斷了。」

「還有一點。阿孝使用的手槍，是不是跟我們房間藏的那把槍很像？不，說不定是同一把。」

三枝立刻起身，走進裡面的房間。

「怎麼了？你想說什麼？」她貼近他身邊低語。

這時，拿著手槍的三枝回來了。

「這玩意是私造的土槍。」三枝說著右手做出輕拍的動作，簡直像打開盒蓋一樣輕鬆，就把彈匣轉了出來。

裡面沒裝子彈。六個彈孔，彷彿猛獸拔掉獠牙後的血盆大口。

「現在沒裝子彈。不過，你們交給我保管時，裡面裝了整整六發，沒錯吧？」

「對，是這樣沒錯。」

三枝把手往長褲屁股口袋一伸，好像要開始愉快的遊戲般綻放出笑容。手從口袋抽出時，赫然握著子彈。他嚇了一跳。子彈是什麼時候被拿走的？

「子彈應該是由我保管的。」

「別這麼斤斤計較嘛。」

三枝一發一發地檢視後裝塡。在他緊盯不放的眼中看來，塡塞彈匣的這項作業，就彷彿是在破解塡字遊戲，以便找到無路可退、通往毀滅的關鍵字。

三枝一邊動著手指一邊說：「我也無法判斷，這把槍是不是宮前孝用來殺人的槍。可能是，也可能不是。阿孝用的那把槍，只知道是四五口徑，彈道稍微偏左，是把非常危險的槍。可能是私造土槍吧。根據研判，可能是仿造目前警官使用——或者該說攜帶——的警用手槍『新南部』。」

三枝把彈匣轉回去，發出陷阱關閉時的聲音。

「目前只能用推測的，因爲射殺四人的那把槍已經下落不明了。阿孝來往的那批人——主要是在東京——之中，的確有隸屬黑道、走私進口菲律賓等地私造手槍的人。不過，就算朝這個方向追查，也沒辦法確定阿孝弄到的究竟是什麼槍。」

「阿孝他人呢？沒有被逮捕嗎？」

三枝沒有立刻回答，緩緩抬眼凝視著他。他也毫不退縮地對視。

他感到，一秒又一秒，時間凝重得連呼吸都難。緊貼身邊的她，呼吸聲彷彿從遙遠彼端傳來。

三枝把手槍槍口對著他，兩手牢牢包覆著槍。

「現在，如果從這個距離射擊你，」三枝用單眼瞄準目標說。「你會被轟到後面牆上，背上還會開個像咖啡杯那麼大的洞。」

「你在說什麼？」

她的聲音略帶一點慌亂，尾音嘶啞。

他把她的手緩緩從自己手肘上拿開，然後說：「下落不明的不只是阿孝的手槍。阿孝本人也一樣吧？換句話說，幸山莊命案的凶手尙未遭到逮捕。」

她用雙手蒙住嘴。

「宮前孝該不會是我的名字吧？」他說。「逃亡途中因爲某種意外喪失了記憶。於是，我的繼父村下猛藏和他的女婿榊達彥把我藏匿起來——是這樣嗎？」

三枝的嘴角緩緩地扭曲笑開。

「別急著下結論嘛。」三枝突然失去興致似地垂下手腕，猛地轉身背對他。

這時，裡面房間的電話響起。鈴聲響了一次、兩次，就停了。取而代之的，是某種咻咻作響的摩擦聲微微傳來。

三枝發表宣言似地清楚表示：「宮前孝已經死了。」

「死了……」

「從幸山莊逃離的途中，摔落懸崖。大概是半夜認錯了路。等到天亮後，搜山的人從崖上發現了屍體，可是屍體在斷崖絕壁下，據說當時一半泡在海裡，一半癱在岩石上。大家正在猶豫該怎麼拉上來時，屍體就被海浪捲走了。因此，阿孝的屍體和他的手槍才會至今不知去向。」

她戰慄地吐出一口大氣，靠在椅背上。

可是他一邊聽著三枝說話，卻忍不住爲裡屋傳來的雜音分神。那是什麼？那種嘰——的聲音。是傳眞機。

大概是看出他的表情吧，三枝說：「當我發現榊診所和幸山莊命案有關時，我把那起命案的相關報導全都重看了一遍。不僅如此，我還找比我更清楚那件命案的人問過。」

嘰嘰作響的聲音停止了。

「剛才，我故意略過一件事沒提。那四個人是在半夜遭到槍殺，而且附近杳無人跡。即便如此警方仍能立刻出動，是因爲四人才剛遭到槍殺就有人抵達幸山莊，發現了屍體。」

註：一家代代皈依、舉行葬禮、納骨祭祀的佛寺。

「究竟是……」她低語著，然後便像失聲般陷入沉默。

三枝站起身，走向裡面的房間。

「遲到一步因此撿回性命的有兩個人，是三好一夫的長女和緒方夫婦的獨生子。他們兩人事先約好了偷偷來訪，打算給父母和妹妹一個驚喜。」

在他的腦海深處，記憶的扉頁正颯然有聲地翻開——

（像聖誕老公公一樣給他們一個驚喜。）

（他們一定不會生氣的因爲今天是平安夜。）

三枝拿著收到的傳眞走回來。

「那兩個人，一下子失去了全部家人。兩人都還很年輕，命案又發生得這麼慘，衝擊也很大。雖然傳播媒體拚命挖新聞，但警方和兩人身邊的人都拚命保護他們，不讓他們成爲媒體搶新聞的焦點。因此關於這兩個倖存遺屬，既沒有公開姓名，也沒有登出照片。兩人也沒有召開記者會。因此，只有當地人才知道他們的長相。」

和之前截然不同的冷汗從他的背上滑落。

「不過，我的老朋友當中，有人擁有他們的照片。剛才，就是他傳眞過來給我。」

遞過來的白色傳眞紙上，並列著兩張大頭照，顯然是他和她的臉。

「幸會。」三枝說。

二十四

一回到位於吉祥寺的家，悅子連衣服也沒換，就一屁股坐在客廳的椅子上，打電話到從職業介紹所查來的「位於馬車道的餐廳」。

「不，我們店裡沒有這樣的女孩來打工。」聽到這樣的答覆，悅子便將名單上的號碼打叉劃掉，但其中也有店家表示：「有，暑假期間，是有女孩子來上班。」可是等她緊張興奮地請那個女孩來接電話，傳來的卻是跟小操不同的聲音。

這項作業很單純，但每打一個新號碼就要緊張一下，所以還是打從心底感到疲憊。打了十五通左右後，喉嚨已經乾渴難耐，她站在冰箱前，拿出盒裝牛奶直接對嘴牛飲，然後又回到電話旁。要是由佳里看到了，一定會生氣地說：「媽媽眞是的，還警告我不准做那麼沒規矩的舉動咧。」

名單上的電話號碼全都打完後，還是沒找到貝原操。

（眞行寺小姐——救……）

那通電話的聲音，再次在耳邊復甦。每想起一次就愈添一份迫切，甚至彷彿逐漸帶有悲痛的口吻。悅子一邊祈禱，但願這純粹只是錯覺和自己的多心，一邊忍不住顫抖。

過了晚間八點，她終於去接由佳里。

「媽媽，怎麼樣？」由佳里飛奔而出。義夫也一臉擔憂地走到玄關迎接。

她將今天發生的事一一報告，表明目前爲止尚未發現有利線索——說話的期間，由佳里一直毛毛躁躁。起先，悅子以爲她是急著早點回家，逐漸地，她發現女兒的小嘴角在抖動，這是她有事情隱瞞時的習慣動作。

「由佳里，妳怎麼了？」

被她這麼一問，由佳里仰望義夫鬼祟地笑了。

「可以了嗎，外公？」

十歲女孩的鬼祟笑容後面隱藏的，不外乎是偷偷買了零食啦、忘了帶東西被老師罰站走廊啦，或是在公園角落把人家遺棄的小貓藏在紙箱裡啦，應該不出這樣的範圍。可是，聽到義夫回答「可以」後，由佳里拿給她看的東西卻是——

「這個……不是小操的日記嗎？」

由佳里得意地笑了。不過，眼中還有一絲窺探母親心情的憂慮。

「妳是怎麼拿來的？」

對於悅子的問題，義夫咳嗽了一聲才回答。「我和由佳里，跑去貝原家道歉了。」

悅子一下子說不出話來。「什麼時候？爲什麼？」

「接到媽媽的電話後立刻就去了，地址是我告訴外公的。」由佳里說著，又加了一句：「做得太過火了嗎？」

「不是啦，呃，因爲妳和貝原太太吵了一架嘛。」義夫不自主地把手放在領口，這也是父親尷尬的時候會出現的習慣動作，悅子一看就知道。

「也許是因爲我們態度很客氣，也或許是看我是個老頭子，對方倒是沒怎麼生氣就答應跟我談了，還請我們進客廳呢。」

「結果……」悅子目瞪口呆。「你們就把日記摸回來了？」

由佳里嘿嘿笑。「做得太過分了嗎？」

「是我唆使的啦。」義夫說。「客廳有個大書架，日記就隨手插在裡面。」

「所以，那個阿姨都沒發現少了這本。沒事的啦，媽媽。」

「你們一開始就打這個主意才跑去的？」悅子來回看著兩人的臉。「被我說對了吧？」

「現在是非常時期嘛，悅子。」

悅子抿緊了嘴唇。「你們兩個眞是……」

義夫不停搔著脖子，由佳里的腳動來動去。

「你們兩個眞是……」悅子又重複了一次，不禁噗哧一笑。「讓我愛死了！」

哄由佳里上床睡覺後，悅子這次慢條斯理、好好地重新翻閱小操的日記。從八月七日開始，往前推回日期較早的記載。

凡是有Level那個字眼出現的部分，她特別繃緊了神經仔細重讀，可是並沒有比白天檢討時多發現什麼。關於那句「眞行寺小姐♡」也一樣。別的日期的內容中，並沒有加註心形記號，也沒有解釋爲什麼會給悅子加上一個心形記號。

悅子自己沒有寫日記的習慣，即使是在比較浪漫的少女時代，對於寫文章吐露自己的心情也還是有點抗拒。一寫出來，就會變成謊言——也許當時是這麼想的吧。

看樣子，小操也一樣。她在這本小巧精緻的日記簿中，只留下斷簡殘篇似的備忘記載。有很多時候甚至連續十天以上什麼都沒寫。這根本不是能夠輕易追蹤的足跡，簡直像是只有在急轉彎、猛踩煞車的地方才留下的輪胎摩擦痕跡。

正因爲如此，小操特地空出一行寫上「眞行寺小姐♡」才會令她耿耿於懷。

心形記號，就常識來判斷應該意味著戀愛或情人，因此用在悅子這個女性的名字後面，首先就讓人感到怪異。就算是因爲跟悅子見了面，想表達「她是個好人」、「喜歡上了她」，畫上一顆心還是有點怪怪的。

那麼，這裡的眞行寺難道指的不是悅子，而是某個同姓的別人？可是，這也不大可能。這個姓氏相當罕見。在小操的身邊，這麼短的時期當中，連續出現兩個眞行寺的可能性簡直幾近於零。

悅子翻閱著日記，就像由佳里把最討厭吃的胡蘿蔔推到盤子角落一樣，暫時把這句話趕到腦海角落。Level這個字眼也一樣，目前姑且置之不理吧。

網野桐子形容得很恰當，看來小操的確過著「出乎意料的自閉生活」，因爲日記中很少有外出的記載。如果眞如母親貝原好子所說，小操三不五時會夜遊不歸的話，至少應該會多提到一點類似的字眼才對。

這時，她突然想到。小操自己形容的「排瓦斯」時，她都是去了什麼地方呢？會是在澀谷或新宿那種年輕人聚集的地方，有一間常去的店嗎？如果是這樣，起碼該提到一、兩次那間店的名稱吧？

她滿懷期待翻閱著日記，卻有了別的發現。

七月四日那一頁，只寫了「三周年忌日」這幾個字。

換言之，某個跟小操很親近的人，在前年的這一天去世了。會是家人嗎？以小操的年齡來推斷，很可能是祖父母或伯父、伯母。她和那個人的關係，親密到足以把那個人的忌日寫在日記上——

悅子搖搖頭，繼續看下一頁。光是這點發現毫無作用，還是繼續下去吧。

可是，直到讀完一月一日，還是沒有什麼新發現。不過，日記的前面，有兩、三頁可以當作通訊錄使用。隨手一翻，整片空白什麼都沒寫，可是最前面一頁的欄外，用鉛筆草草寫了幾個字——

「佛蘭珈」。同時，下面還有十個數字的電話號碼。

應該是念「BURANKO」，音譯得很時髦，好像在哪聽過……想到這裡，她猛然醒悟。

職業介紹所告訴她的「馬車道餐廳」名單中，就有這麼一家叫做「BURANKO」的店。因為當時是用聽的，所以她寫成羅馬拼音。

可是，電話號碼一模一樣！

悅子連忙拿起電話。一邊按數字鍵一邊迅速動腦。之前檢閱名單時，她也曾打到「BURANKO」這家餐廳。對方說沒有叫做貝原操的女孩來打工，也沒有外貌形似小操的女孩。那還有什麼別的可能性？

小操又不是有錢的粉領族，應該不會以美食家自居到處上館子吧。就算是和某人約了見面，從小操位於東京東中野的家，一下子跑去橫濱的馬車道，這也未免太遠了。

電話響了兩聲。「喂？BURANKO您好。」是個男性的聲音。

「喂？我傍晚曾經打電話跟店長談過，我叫做眞行寺。」

要求和店長再次通話後，電話暫時保留，響起了維瓦第〈四季〉的旋律。等待的期間，悅子也在拚命思考，有什麼可能的理由把小操和「佛蘭珈」扯到一塊兒？

（我在馬車道的餐廳跟朋友一起打工。）

打去貝原家的那通電話是騙人的，這點她有把握。那是某個藏匿小操的人，爲了欺騙小操的父母，用某種方式扯的謊言。

不過，會連謊話的內容都是憑空瞎掰的嗎？「跟朋友一起在馬車道的餐廳——」這句話也全都是編出來的嗎？

好不容易店長接起電話，悅子立刻咄咄逼人地說：「對不起，實在很抱歉，能否請你再查一下？你們店裡的確有在徵求工讀生，這是事實吧？」

店長的聲音帶著困惑，「妳是之前那一位小姐吧？」確認之後店長說：「我不是說過了嗎？店裡沒有貝原小姐這樣的員工，而且我們也不用工讀生。四月招募的是正式職員，不但得接受在職訓練，也有單身員工宿舍。」

「是，這個我知道。我想請教的是，在招募職員時，有沒有『貝原操』這樣的女孩去過。應徵者的履歷表你還留著嗎？起碼會留份影本吧？」

「小姐，妳爲什麼想知道這些？妳之前說是要找離家出走的女孩——」

「沒錯，拜託。請你務必告訴我，這是重要線索。你會懷疑是理所當然的，不過我絕非可疑人物。我把我這邊的電話號碼給你，你可以用對方付費的方式重新打來。」

悅子說出電話號碼後，店長說：「那我就掛斷重打。」不到一分鐘電話就響了，不是對方付費的電話。

「喂？我是眞行寺！」

店長嘆了一口氣。「我答應妳就是了，請等一下，我現在去查。」

再次聽著〈四季〉，悅子有耐心地等著。

「正如妳所說。四月三日，有一位貝原操小姐來面試。」聽到店長的聲音時，悅子不禁閉上眼睛。初春正是小操吐露打算休學的時候。就算被這份附有宿舍的工作吸引也不足爲奇。

「可是，雖然她外表看起來比較成熟，畢竟還是高中生，所以我拒絕了。」

「那時，她是一個人去的嗎？有沒有跟朋友一起？這種事你還記得嗎？」

她只能默默祈禱。

店長似乎是徹底投降了，他說：「是跟朋友一起，也是高中生。我把兩人都訓了一頓才讓她們回去，所以我還記得。」

那個朋友叫做久野桃子，十七歲。雖然就讀的學校和小操不同，但同樣住在中野區。問到她的電話號碼後，悅子大喊：「改天我一定好好道謝，謝謝你！」說著掛上了話筒。

二十五

雖然時鐘的指針已過了十一點，久野家的電話還是立刻有人接起。由於對方嗓音沙啞，悅子本以爲是久野桃子的母親，沒想到接電話的就是桃子本人。家有青少年的家庭，晚上十點以後的電話不讓父母接，這或許已經成了不成文的規矩。

桃子立刻就理解悅子說的內容。如果光聽聲音，她給人的感覺很成熟，幾乎令悅子錯覺是在和永無島的同事對話。

「所以，妳不知道小操現在在哪裡？」

「對，桃子，妳知道她可能在哪嗎？」

「她沒來找我耶。最近也沒去『圍場』（PADDOCK）露過臉。」

「什麼『圍場』？」

「就是我和小操有時候會去的電玩遊樂場啦。在新宿，通宵營業，因爲我認識那裡的店長，所以讓我們用優惠價去玩。」

「小操『排瓦斯』的時候，都是去那裡跟妳在一起嗎？」

桃子笑了，遠遠傳來喀擦一聲，大概是打火機吧。

「小操也跟妳用『排瓦斯』來形容啊？都是她老媽啦，眞的太恐怖了。」

「妳最近是什麼時候跟小操見面的？」

桃子一邊嘀嘀咕咕一邊思索。「已經滿久了。六月的……嗯？應該是七月吧。對對對，好像是七月中旬剛過的那個禮拜六。一大早……我想想，大概是五點左右吧，她突然晃來圍場。至於我，週末固定都會在那裡混。」

「妳說中旬剛過的週六，應該是二十一日吧？」

「是嗎？嗯，是吧。」

「小操在那種時間去圍場很稀奇嗎？」

「就只有那麼一次。而且，樣子還怪怪的。」

「怎麼個怪法？」

「好像喝醉似地兩眼惺忪，可是又顯得特別開朗，還說了很奇怪的話。說什麼：『我啊，正在尋找我自己，我找到了所以才能來這裡。』」

「那是眞的嗎？」

這句話太奇怪了吧？我在尋找我自己，我找到了。

「對呀。我男朋友──就是圍場的店長啦──他組了一個樂團，還自己作曲。後來，他說小操講的那句話很有意思，還把它寫成歌詞咧，所以我絕對沒記錯。」

悅子握著話筒，瞪著牆壁苦思。

「小操還有講什麼別的嗎？」

「細節我就不清楚了，早就忘光了。不過，小操好像很high，我還想她是不是嗑藥了咧。」

嗑藥，也就是迷幻藥嗎？強力膠和甲苯應該也算在內吧。

「小操以前碰過那種東西？」

「就我所知，她應該沒那麼笨。」桃子斷然表示。「而且，那玩意聽說對美容也不好。」

「就妳所知，最近小操有沒有什麼地方不一樣？再小的事情都可以，妳能告訴我嗎？」

「這個問題太抽象了，我無從答起耶……因爲我向來腦袋不好。」

「比方說她的穿著打扮變了啦，有了什麼新嗜好啦。對了，小操之前不是在打工嗎？」

「啊，這我倒知道。」桃子說著聲音也變大了。

「是在那種類似冰果室的地方。她說時薪很高，還供應一餐。」

「妳知道在哪裡嗎？」

「那間店叫做『小松冰果室』就在新宿小間劇場旁邊。那邊不是有個廣場嗎？店前面還搭著粉紅色的遮陽棚。」

悅子忍不住用力拍膝。「謝謝！」

「不過既然蹺家了，小操搞不好連小松冰果室也沒去了。」

「我猜也是這樣，我明天會去看一下。小操在那間店裡是不是結交到什麼親密朋友？」

這時桃子突然陷入沉默。「妳等一下喔。」匆匆說完後，似乎就用手摀住話筒。傳來物體摩擦的聲音，接著是含糊的說話聲。然後，桃子突然發出怒吼：「就跟妳說妳很煩耶，我待會兒再洗啦！」

悅子嚇了一跳。桃子又恢復普通的音調回到線上。

「不好意思喔，老太婆超囉唆的。」

「妳說的老太婆，是妳母親嗎？」

「對呀。」桃子不當一回事地又回到原來的話題。「小操是說過，她交了個男朋友。說是在小松冰果室一起打工的同事，好像是大學生。名字叫什麼來著的？我已經忘了。」

「總之，的確有這麼一個人吧？太好了，我會去問問看。還有什麼別的呢，我想想喔……」

於是，她試著提起打回貝原家的那通騙人電話的內容。

「比方說，因爲想出國旅行所以才打工存錢，她說過這種話嗎？」

「她是很想去旅行啦，是不是爲了這個才打工我就不知道了。雖然她嘴上說工作時薪很高可以存錢，不過她花起錢來倒是小氣得很。所以，也許是另有什麼目的吧，我是沒問過她啦。因爲小操就跟鐵蛋一樣。」

「鐵蛋？」

「嗯，她從來不談自己的事。雖然我跟她打從國中就是朋友了，可是小操的事，我還是有很多地方不了解。她小時候怎樣我是不知道啦，不過，她會變得跟滷鐵蛋一樣硬邦邦的，也許是因爲發生了郁惠的事吧。」

「什麼郁惠的事？」

這次換成桃子訝異了。「咦，妳不知道嗎？小操沒把東海林郁惠的事告訴妳？妳是永無島的眞行寺小姐沒錯吧？小操一直說妳是個非常可靠的大姊姊，所以我還以爲她告訴妳了。」

「沒有，我沒聽說，妳能告訴我嗎？」

桃子有點猶豫。「既然小操沒說，我講出來好像不太好吧……」

這句話立刻使悅子心中的天秤大幅倒向桃子。雖然她說話無禮，而且小小年紀就菸不離手，但這個女孩還是有誠實重義的一面。

「小操那邊我會負責道歉，現在爲了找到她，不管是什麼瑣事我都想知道，拜託。」

打火機再次鏗然響起，桃子呼地吐了一口煙後，才說：「好吧，我告訴妳。」

這個東海林郁惠是小操和桃子以前的同學。升國三時重新分班後三人才第一次變成同班同學。

「她雖然成績好又長得可愛，但我一直不喜歡她，因爲她老是自以爲是女王。」

郁惠當時有個男朋友。他和郁惠一直同班，從國一、國二就是有名的「最佳班對」。

沒想到，國三的新學期才開始沒多久，郁惠的男朋友就和小操要好起來。

「即使我們冷眼旁觀，也看得出他們相處融洽。那個男生分明是愛上小操了，因爲小操是個美女嘛。長得還算不錯的女生是很多啦，但是小操比她們美多了。」

兩人一旦親密起來，郁惠自然很不是滋味，她表現出強烈的妒意。

「她簡直就像老公被別的女人勾引似地鬧得雞飛狗跳。郁惠找小操挑釁出氣的時候，我都不曉得介入阻止過多少次了。郁惠甚至還破口大罵：『妳這隻偷腥貓！』」

霎時，悅子放鬆了緊張，感到有點好笑。在女學生彼此的來往互動中，竟然會出現「偷腥貓」和「勾引」這種字眼，這種中學生活到底是什麼狀況？原來這些小朋友一邊上國文和數學課，私底下卻在演那種灑狗血的連續劇戲碼？

「小操這邊當然很困擾，可是她好像也很喜歡那個男生，不打算分手。這本來就不能怪她嘛，又不是小操搶來的，是那個男生自己變心了。哎，反正男生都是很花心的。我們大家那時還年幼無知，所以特別認眞。一旦變成情侶的關係，就等於認定對方一輩子了。」

這次，悅子眞的忍不住苦笑了。那椿戀愛糾紛發生時，相關者全都才十四、五歲。而現在，回顧當時的事用「年幼無知」來形容的桃子，也不過才十七歲。

「妳別笑嘛，這一點都不好笑。」桃子說。「這場糾紛鬧到無法收拾，最後郁惠自殺了。」

悅子不禁抽了一口氣。

「自殺？」

「對，她從自家公寓的頂樓跳下去。聽說還留了一封超長的遺書。大人是沒給我們看啦，也不知道寫了什麼內容，不過，聽說好像對小操百般指責。據說還寫了什麼『我的愛情遭到背叛，孤單在世，我已活不下去』之類的話，眞是太小題大作了。」

何止小題大作，這種反應簡直是偏激。國中生的虛擬戀愛，怎麼會演變成這種尋死覓活的結果呢？在那個年紀，對於「愛情」與「背叛」，恐怕連該怎麼拼寫都還不太會呢。

「郁惠她……到底是個怎樣的女孩？」

「我也不知道，到現在都還是個謎。哎，我是不太想批評死掉的人啦，但她的自尊心強得嚇人，或許是因爲這樣才無法忍受失戀吧。她好像也在煩惱升學的事。總之，對小操來說眞是無妄之災。人家說死就死了，卻把責任都怪到她頭上，好像都是她的錯。從那之後，小操就變得很膽小，開始跟朋友保持距離。以前的她不是那樣的，她還是班上的偶像咧。」

悅子的腦中浮現「我這人向來很不會交朋友」這句話。那時，悅子一邊看著小操端整的容貌一邊想，這個女孩爲什麼會這麼膽怯呢？當時悅子感到非常不可思議。

然而，這也難怪，因爲小操一直沒從東海林郁惠自殺的陰影中走出來。

怎麼可能走得出來？這就好像才剛考取駕照，第一次開車就突然被撞，而且對方還死掉了。就道理來說自己當然毫無過錯，可是就是會讓人鑽進牛角尖，覺得自己必須心懷愧疚，如果不擺出「對不起，都是我害的」的表情就活不下去似的。

原來小操背負著那麼沉重的包袱啊。一想到這裡，悅子不禁有點憎恨那個素未謀面、如今已不在人世的東海林郁惠。但她不過是個孩子罷了，其實只是個根本還沒嘗過孤獨在世的滋味，尚未體會過眞正活不下去是什麼感受的孩子。

「我啊，現在想想，」桃子說。「郁惠的死，也許就像是突然發作，等於是一種歇斯底里。妳看，小小孩在不如意的時候，不是都會哇哇大哭、暴跳如雷嗎？就像那樣。可是，在那當時，家長會裡還有那種豬頭說什麼『小孩純眞的情感令人心痛』咧，小操眞的很可憐。」

悅子閉上眼睛。

「容貌的美醜，就算努力也無能爲力，妳說是吧？喜歡上一個人也是一樣的。郁惠就是不肯承認有些事不是道理可以解釋，也不是光靠努力就能解決的。因此，她只能竭力憎恨小操，用那種方式把小操的未來也一起拉去陪葬了。我啊，要是能夠再見到郁惠——就算是她的鬼魂也好——我一定要好好臭罵她一頓。她那麼一死，活著的人就輸定了。誰能贏得了一個死人？那樣贏了就跑太卑鄙了。」

好一陣子，悅子只能啞口無言地緊握話筒。

「喂？妳還在聽嗎？」

「在……我在聽。欸，郁惠是七月四日那天死的嗎？」

「啊？我也不確定。好像是七月左右，至於日期就不記得了。」

小操日記中的「三周年忌日」，是爲了東海林郁惠而寫，小操並沒有忘記，她忘不了。郁惠不是用臨死前的死亡車票砍傷小操，她是讓小操遭到烈火紋身，好讓那片傷痕變成醜陋的蟹足腫留在身上，繼續折磨小操……

「眞是謝謝妳，能跟妳聊聊太好了。」悅子說。

「就妳一個人找小操？她家裡的人呢？」

悅子臨時扯了一個謊。「當然也很擔心，所以我也來幫忙。」

「噢，有我能做的儘管說。不過，我腦袋很笨，也許幫不上什麼忙。」

「桃子，妳一點也不笨呀。」

「啊？可是，我就是成績太爛才被退學的耶。」

「那只是表示妳不擅長念書，腦袋聰明與否學校根本看不出來。」

「嗯……是這樣嗎？這種說法我倒是第一次聽到。」

說著，桃子第一次發出十七歲女孩該有的吃吃笑聲。

「小操啊，說到妳的事情時，曾說妳是個很會一語驚人的人，還說妳會講那種從來沒有人說過的好話。」

這句話，深深打動了悅子的心。

「那是因爲我對妳們沒有責任吧。一定是因爲我們純粹只是朋友，只是認識吧，我想。」

「是這樣嗎？」

「對呀。所以，就算妳再怎麼嫌妳媽媽嘮叨，也不可以喊媽媽『老太婆』，好嗎？」

桃子笑了。「我會考慮。小操曾經說，眞行寺小姐不曉得是怎樣的人，沒跟我見面時的眞行寺小姐不知是什麼表情，會不會罵小孩。」

「當然會罵囉，還會打屁股。」

「小操她呀，是個很在意別人怎麼看她的女孩。這也不能怪她啦。所以，她有個怪癖喜歡打探別人的事。不過，她不是拐彎抹角的纏著當事人猛問，比較像是那種迂迴刺探消息……」

這時，桃子突然「啊！」了一聲。

「怎麼了？」

「欸，眞行寺小姐，妳有男朋友嗎？」

悅子大吃一驚。「什麼？」

「我聽小操說，妳先生已經死掉了。可是男朋友呢？妳現在在跟誰交往嗎？」

「妳爲什麼要問這個？」

桃子慌了。「我沒有別的意思啦。因爲小操曾經說，眞行寺小姐好像有個祕密情人。」

悅子毫無印象。自從敏之死後，她甚至沒有跟男人並肩漫步過街頭。

「我根本沒有什麼情人。」

「眞的？那，這是怎麼回事呢？」

這時，悅子想起「眞行寺小姐♡」那行記述。那個，是意味著「眞行寺小姐的情人」嗎？難道她見過一個自稱是悅子情人的男人？

「小操還說，希望眞行寺小姐得到幸福。可是，如果妳根本沒有男朋友，那未免太扯了，那傢伙不曉得是哪裡誤會了。」

那晚，悅子作了一個夢，是關於小操的夢。

她和悅子並肩走路。可是眼前出現叉岔路，她對悅子揮手說「拜拜」。悅子雖然不想分手，小操卻漸行漸遠，背影隱沒在霧中消失不見。

小操不是一個人，在她的前方，還走著另一個人。悅子明知「那個人」會造成危險，明明想警告小操，卻發不出聲音，連動都動不了。

然後，她聽到時鐘的聲音。指針劃過時間，毫不留情的聲音。那個鐘的文字盤是倒反的，秒針是紅色的，鮮紅如血。只要能拿到那個鐘，讓時間倒轉回來，悅子就能夠追上小操了，可是她卻不知鐘在哪裡……

二十六

那個鐘，現在在貝原操的手中。

在隔離她的這個房間裡，無法得知時間。要是沒有這個去網野桐子說的女用精品店買的懷表，恐怕連白天與黑夜都無法區別了吧。

現在，倒反的文字盤上，顯示時間是午夜十二點二十分。小操確認之後，輕輕把表放回床邊的桌子上。身體好重。裝腦漿的地方好像被木屑堵住了，腦袋無法運轉。

從那間店——「黑豹」（La Panther）被帶來這裡，不曉得已經過了幾天了。三天？四天？就小操記憶所及，從那次「冒險」回來是八月十一日的晚上，十點左右……不，比那更晚……

回來之後，最先映入眼簾的是村下一樹的臉。他是黑豹的店長，卻總是喝得醉醺醺、懶洋洋地癱在店內角落。可是，那晚他很清醒。

「我回來了耶。」

「對呀，大家都回得來。」

「可是，不是說到了Level 7就不用再回來了嗎？」

「妳並沒有到達Level 7。」

「爲什麼？我不是說過了，我想到達Level 7，你沒替我做到？你騙我？」

小操露出自己的右手腕，對一樹說。

「你看，這裡明明寫著Level 7，你欺騙了我，是嗎？」

一樹那雙彷彿褪色般淺淡的眼中，微微流露出一抹畏懼，他說：「如果眞的到了Level 7，根本沒有人能回來。不是不用回來，是回不來。一旦到達Level 7，只會永遠變成廢人——」

結果，小操自己回來時幾乎站立不穩，頭也很痛。因此，就在黑豹後面一樹的房間暫時休息——她睡著了——因爲口渴而醒來——然後——

她聽到慘叫，好可怕的聲音，是個撕裂的女人聲音。

「不要，不要，你想幹什麼？求求你不要不要不要。」

這時，聲音突然斷了。同時，房間的燈光也暗了一下，下一秒，又閃著光恢復正常。

小操陷入恐慌，起身想離開房間。可是房門卻上了鎖。她好怕好怕，怕得都快瘋了，掄起拳頭拚命敲門後，一樹終於來了。

不，不止一樹一個人。還有另一個，比一樹稍微年長的男人。一看到小操，那人就嘴角僵硬，差點衝上去揍一樹。

「渾蛋！爲什麼帶人來這裡？你這樣違反了約定！」

一樹連忙緊緊抱住小操，大聲反駁：「你憑什麼來命令我！這個女孩不一樣，她是我的馬子。」

小操很想從一樹身邊掙脫。這傢伙沒這個資格喊她「馬子」，這種人她才不喜歡，討厭、討厭死了，放開我……

就在這掙扎的過程中，她逐漸失去意識。後來，等她回過神時已在這個房間裡。

室內面積跟小操自己的房間差不多，牆壁和地板都是雪白的，窗簾是白的，床也是白的，把臉埋在枕頭上會聞到一股藥味。

她立刻猜到，這是病房。

撐著枕頭試著坐起來，頭還有點痛。不是整個頭痛，是頭的右側，耳後的部位。那裡，好像有人從內側拿針不停地刺。

床邊有張小桌子，上面放著小操的皮包。打開裡面一看，就知道並沒有少什麼東西。跟昏倒時唯一不同的只有服裝。從紅色連身洋裝，變成洗得泛白的白色睡衣。

在這個時候，她還不明白到底是怎麼回事，不管怎樣還是先搜尋一樹。「村下先生！」她試著喊。使不上力氣，光是發出聲音就感到異常疲憊。

喊了又喊，還是無人出現，也沒人應答，甚至找不到病房裡該有的護士呼叫鈴。小操決定下床。

這時，她察覺自己的左臂不能動。

正確說來，並非完全不能動。只是像麻掉似的，有麻痺的感覺，無法靈活運轉。她試著捏手肘，也沒有疼痛的感覺。她甚至懷疑，那裡的皮膚變得像大象的皮一樣厚，所以感覺才會變得遲鈍。

這個發現又讓小操渾身顫抖，到底是怎麼了？自己做錯了什麼？這種痲痺會逐漸蔓延全身，最後無法動彈嗎？

小操掀起睡衣袖子，露出手臂，檢查有無受傷。毫無異常。只不過，右臂上的編號消失了。

「去冒險的時候，萬一發生意外必須去看醫生，為了讓妳能立刻被送往指定醫院，必須先寫上這個。」一樹是這麼解釋那個編號的。

滑下病床，往地板一坐，突然響起輕輕敲門的聲音。然後，昏迷前看到的那個男人探頭進來。不是一樹，是另一個男人，身穿白袍，胸前露出打得筆挺的領帶結，白袍下端露出的兩條腿，包覆在鐵灰色長褲中。

「妳醒了啊。」那個男人說。接著，又問她有沒有哪裡不舒服，還說「我是醫生妳不用擔心」，他的聲音低沉悅耳。

男人讓小操躺回床上，替她把脈，又掀開眼皮檢查一下眼睛裡面。小操雖然乖乖躺著，卻說：「為了證明你眞的是個醫生，拿證據給我看。」令男人嚇了一跳。

「我不會騙妳的。」

「我不相信你，拿出證據來。」

男人雙手垂在身側，一臉困惑地盯著小操。然後，用右手的小指頭搔搔嘴角，笑說：「傷腦筋。」

「醫師執照上面又沒有貼照片，給妳看了也沒用……」

小操還是閉著嘴，凝視男人的臉。落到這種狀況下，誰都會有這種反應，受到「必須保護自己」的本能驅使，變得極端多疑。

「好吧，那，妳等我一下。」

男人說著一個轉身走出房間。打開門，關上，然後傳來喀嚓一聲，他是在鎖門。發現這點，小操又害怕起來。

等了沒多久，男人就回來了，手上還拿著小型相框。

「這是我掛在候診室的畢業證書。」

小操看著框中的獎狀。是一所著名的私立醫大頒發的。男人的名字是榊達彥。假設他沒有浪費什麼時間就順利入學、畢業的話，依獎狀的日期判斷，現在應該頂多四十歲。

「如果妳說這還不能當證據，那我就眞的沒轍了，也沒別的東西可證明了。這既不是僞造的，也不是偷來的。」

「好吧，算了。」小操說著把證書還給男人。「稱呼你榊醫生可以嗎？」

「可以呀。妳是貝原操小姐，對吧？」

小操點點頭。「你是哪一科的醫生？」

「說是心理學家，可能更容易理解吧。」

看到小操迷惑的樣子，醫生微微笑了。左邊犬齒的地方，假牙橋的金屬閃著光。

「或者，應該說是大腦和心理的醫生，這是妳現在最需要的。這是我的診所，妳是住院病人。」

「我現在住院了？」

「據我判斷，有這個必要。」

「爲什麼？」

「這個理由，妳應該最清楚才對。」

被榊醫師這麼一說，小操垂下頭。床邊雖然有凳子，醫生卻毫無坐下的意思，一直站著俯視她。

如果這是在表明小操和他之間的強弱關係，那他已經成功了。

榊醫師說的是什麼，小操很清楚——就是「冒險」。

「那非常危險。」醫師訓誡她。「我不知道妳怎麼被一樹哄騙的，但那是危險行爲，妳懂嗎？」

「村下先生說，那不會有危險。」

「他是個騙子。」

這句話說得很肯定。小操已經無話可說。

「醫生，你是村下先生的朋友？」

「不，他是我內人的弟弟，是我的親戚。說來眞丟臉。」

小操又抿緊嘴巴。該問什麼？怎麼問？從哪談起？

於是，她垂著頭低聲說：「我現在覺得，我好像做了一件蠢事。」

醫師聽了立刻拉過凳子坐下，彷彿在表示「既然這樣就好談了」。他沉吟似地嘆了一口氣，仰起臉。

「妳必須暫時住院，把藥完全排出身體才行，也需要好好休息，妳懂吧？」

小操老實地點頭。

「我會盡力而爲，妳放心，妳會完全復原的。不過，我在意的是妳的家人。聽一樹的說法，妳好像說過妳父母根本不會擔心，這是眞的嗎？」

「我也不知道。不過……醫生，今天幾號？」

「八月十二日，週日。現在快要下午兩點了。」

小操的眼光移向窗邊。白色的百葉窗關得緊緊的，連外面的陽光都一絲不露。

「我是八號晚上從家裡溜出來的。到今天已經四天了。說不定，我家已經開始爲我多日不歸引起騷動了。不過，我想依我老媽的個性應該不會去報警。」

「那妳想怎麼做？」醫師蹺起修長的腿。從薄如絲襪的襪子和長褲之間，隱約露出一截白得驚人的皮膚。這位醫生大概忙得連休閒或運動的時間都沒有吧，小操想。不說還沒發現，他的臉色也有點蒼白，姿勢也不太良好。父親出差回來時，常常也是用這種姿勢坐著。彷彿全身都在吶喊「累死了」。

「妳會跟家裡聯絡，和盤托出嗎？」

「你是在問我，會不會說出全部的眞相？」

醫師點了點下顎。小操搖搖頭。

「我才不要。」

「因爲那樣會挨罵，對吧。」

「嗯。不過，挨罵其實無所謂。只是我媽鐵定又會搞不清楚狀況亂生氣，所以我才不願意。」

小操爲什麼會想做那種「冒險」，即使再怎麼解釋，父母恐怕也無法理解。如果能理解，就算把她罵到耳膜震破也沒關係。問題是，他們暴跳如雷，只是因爲小操做出了丟人現眼、不合常規的事。

「那，妳要說謊嗎？」

小操一直盯著榊醫師的臉。心裡一邊在想：一旦說出口，大概再也欣賞不到他的假牙橋了吧。

「醫生，你最好也不要知道眞相，對吧？」

醫師默然，乾燥的嘴唇抿成一線。

「不是嗎？那種『冒險』是違法的吧？」

「那當然。」

「我在『黑豹』也見過醫生吧。」

「嗯。」

「那時，我聽到慘叫，那是怎麼回事？」

醫生沉默不語。

「是我最好別知道的事？」

醫生點點頭。

「發出那種慘叫的人，你也會救她嗎？就像救我一樣？」

隔了比剛才略久的時間，醫師再次點頭。

小操勉強露出一丁點笑容。「那，我就說謊。讓我打個電話，我會找個藉口蒙混過去。」

醫生答應了。

「不過，能不能晚上再打電話？白天恐怕……」

「會被這裡的其他人發現？」

對於小操的搶先接話，醫生面不改色。

「沒錯。」

「好吧。」小操恢復正經表情。「醫生？」

「什麼事？」

「我左手怪怪的，麻痺了。」

榊醫師瞪大眼睛。「妳怎麼不早說。」

他向小操詢問詳細的症狀，一會兒碰觸她的左手掌一會兒緊握，又命她試著握緊原先插在他白袍口袋的原子筆——榊醫生叫她做出各種動作，眉頭皺得緊緊地思索。

「沒做更詳細的檢查前我也不敢斷言。明天進行檢查吧，今天技師沒來，也不能照X光。」

醫生走了以後，又剩下小操一個人。再次傳來鎖門的聲音，即使走近門邊用力搖晃，門也文風不動。我被隔離了，她想。

即使如此，心情還算是比較冷靜。因爲直覺上——或許只是過度樂觀的直覺吧——榊醫生並不是什麼壞人，應該會好好替她解決「冒險」留下的麻煩吧。

八日深夜開始「冒險」，陷入一片空白、茫昧徘徊的三天之間發生的事，她已經不太記得。正如一樹事前所說，一旦醒來就會變成這樣。

唯一知道的，就是自己又變回了「貝原操」這個人。

「冒險」的期間，起先一樹遵守約定，一直陪在身邊。兩人一起去各種地方，做了各種事情。她既不感到害怕，也不覺得痛苦。如果「冒險」都是那樣，也就難怪會有這麼多人想要試試看。

可是，這一類的人，全都很厭惡自己。

十二日下午，躺在病床上度過。左手的麻痺雖未改善，頭痛卻已消失，心情也還不壞。她曾試著靠近窗邊，透過百葉窗的縫隙向外窺看了一次。由於頂多只能開個五公分的縫隙，看不見什麼東西。只看到鋪著水泥、形似停車場的地方。她本想打開窗戶呼吸外面的空氣，卻找不到鎖頭。沒有把手，也沒有握柄。是一扇釘死的窗戶，而且不是玻璃做的，似乎是什麼強化塑膠，連打都打不破。

到了九點左右，一個看似比榊醫生年長、體型矮小的護士替她送飯來。與其說是醫院伙食，感覺上倒像是家常菜。小操正感飢餓，所以全都吃光了。

護士來收盤子的時候，她懇求護士：待在這裡太無聊了，能否讓她看看雜誌——結果護士卻輕蔑地說：「刺激的東西妳不是已經體驗得夠多了？這次就稍微無聊一下吧。」

「呃……那，妳知道我為什麼會在這裡囉？」

護士並未回答這個問題。她檢查了一下窗戶的百葉窗，調整了一下空調開關，然後才說：「不要說廢話，給我安靜點。要不然，小心永遠出不去喔。」

好冷的聲音，好冷的眼神。態度不像是對待病人，倒像是在看管囚犯。她離去後，小操才鬆了一口氣。

十點左右，榊醫生和護士再次出現，把她帶出房間。搭乘小型電梯到一樓。這下子，她才知道自己的房間是在四樓。

打回家的電話是在榊醫生的診療室打的。她謊稱正在以前去應徵過的橫濱某家餐廳工作。雖然她沒提店名，母親倒是立刻就相信了。不過，那可能是因為除了小操的描述，還有護士偽裝成小操朋友的母親替她掩飾謊話吧。

再次被帶回四樓時，事務室的門半掩，可以看見室內。整整齊齊的桌子、櫃子、色彩鮮豔的大量檔案夾。那幅景象令小操安下心來。因為看起來就跟她常去的醫院事務室一樣，是極為普通的光景。

醫生跟著她回房間。他要走的時候，小操鼓起勇氣懇求他：「拜託不要鎖門。」

「我根本不可能逃，對吧？這裡窗子也打不開，一想到萬一失火了怎麼辦，我就睡不著。」

「這我不能答應。」

「為什麼。」

「沒有理由。我只能說，很危險。」

「你是說我自己有危險性？還是說，會有某個危險的人從外面闖入？」

醫生緊咬著嘴唇，然後才回答：「是後者。」

「那，醫生，請把鑰匙留下，拜託。你有備用鑰匙吧？我不會亂用的，好嗎？我只是想讓自己安心一點。」

醫生遲疑了一下，結果，還是從口袋取出的鑰匙圈拆下一把鑰匙交給她。

「那妳要藏好喔，知道嗎？千萬不能讓任何人發現。」

小操把鑰匙塞在枕頭底下睡覺。一躺下來，立刻就被拉入夢鄉。

可是，這安詳的睡眠立刻就被打斷了。因為門外，正傳來某人爭吵的聲音。

她蒙著毛毯窺伺情況，這時病房的門突然開了。燈光一亮，令小操目眩。

「就是她啊。」

一個既非榊醫生或護士，也不是村下一樹的聲音如此說。

一個身材矮小的男人，兩腿張得開開地站在門前，年紀應該比小操的父親還大吧。眼神銳利，抿著嘴似乎動氣很急躁。雖然穿著西裝，外套前面卻敞開著，露出鑲有大型扣環的皮帶。

榊醫生就站在這個男人身後，抓著男人手臂，看來之前爭吵的就是他們。小操坐起上半身。

「醫生，請你別這樣。」

榊醫生扯高了音量，兩眼暴睜。

「我不會對她怎樣的啦，只是想看看長相。」被榊醫生稱爲「醫生」的這個男人說。

「長得滿漂亮的嘛，啊？」

一看到那個男人，小操就想起約兩年前那次不愉快的經驗。那是父親上司來家裡徹夜飲酒時發生的事。打從一開始，那個上司就令人討厭。小操勉強打個招呼，就自行離開躲回自己的房間。

可是，當她下樓上廁所時，卻不幸跟他碰個正著。對方正好剛從廁所出來，已經醉得腳步踉蹌，褲子前面的拉鍊都沒拉好。小操不禁別開臉。

沒想到，那個上司竟然噴著酒氣湊過來。小操想逃，反而被逼到牆邊死角。父親的上司一把抱住小操，涎著臉幾乎把沾滿口水的嘴巴貼到小操臉上，用渾濁的聲音說：「眞可愛，貝原有妳這樣的女兒，眞是歹竹出好筍。」

然後，便不由分說地突然攫住小操的胸部。她想推開他，可是對方用驚人的力量抓著她，令她無法動彈，連叫都叫不出聲。

「妳討厭伯伯嗎？啊？不可以這麼說喔。伯伯可是大人物耶，比妳爸偉大，妳應該盡點孝道幫幫妳爸。」

說著就把下體往小操的大腿蹭過來。

這次終於發得出聲音了。她尖聲大叫，叫個不停，直到父母衝來走廊，她還在叫。父親的上司立刻離開小操，對著跑過來的兩人若無其事地說：「沒事，我喝多了有點站不穩，不小心撞到小妹妹。」可是，小操永遠忘不了，在他回到客廳前，用猥褻的眼神上下打量小操的那一幕。

一想起那時的事，至今都還感到噁心。而現在，她馬上察覺，堵在門邊的男人跟那時的上司是同類。都是那種一看到女人，立刻在腦中把女人剝個精光的男人。

被稱爲「醫生」的男人仔細觀察著小操。不起眼的容貌，配上狡猾的眼神恰到好處。如果說，不跟這傢伙睡覺就要殺了我，那我寧願咬舌自盡，小操想。

「好吧，那你自己好好搞定。達彥，這丫頭應該是你喜歡的那一型吧？」

被稱爲「醫生」的男人，說話的語氣像流氓一樣。

「用不著替她做什麼治療，別讓她礙事就行了。」

說著大步走近床邊，後面還陰魂不散地緊跟著那個護士，而且她的手上拿著銀色托盤，上面放著針筒和小小的玻璃瓶。

小操想逃，可惜卻遲了一秒。

「醫生」用他瘦弱的體格難以想像的蠻力按住小操，也許他很了解剝奪別人自由的訣竅。趁著「醫生」按住小操的時候，護士把針筒戳進玻璃瓶，汲取透明的液體。

「醫生，沒那個必要！」

榊醫生抓住「醫生」的手臂。可是，被瞪了一眼後，霎時有點退縮。

「乖乖照我的話去做，萬一失敗了怎麼辦。」

「醫生」對榊醫生這麼說。榊醫生的肩膀立刻頹然下垂，鬆開了手。

這次換成護士按住小操。「醫生」拿起針筒，小操又哭又叫，針頭還是毫不留情地刺進右臂。

把空針筒放回盤子後，「醫生」說：「在事情解決前，最好用藥物讓她睡覺。反正芳必坦多的是，沒關係。」接著，他又看了一眼榊醫生後說：「只要別讓人發現，就算偷腥也沒關係。我不會告訴小綠的，你不用顧忌我。」

然後，他在護士的陪同下走出房間。

「那是誰？」小操顫抖著問。

「是村下醫生。」榊醫生說到最後也聲音嘶啞。跟小操不同的是，他是因爲怒火中燒——不，不對。說不定，醫生他也畏懼那個「醫生」。

「他是醫生？」

「沒錯。」榊醫生點點頭，用手背擦拭額頭。「對不起嚇到妳了，以後不會再有這樣的事了。」

「他那樣也配當醫生？」

「一點也沒錯。」

「他說『萬一失敗了』，指的是什麼？」

榊沒有回答。

「小綠又是誰？」

榊醫生的視線從小操臉上轉開。

「是內人，所以那位村下醫生就是我的岳父。」

然後，他的手扶著門。「晚安，妳眞的什麼都不用擔心。」

小操卻不這麼認爲。她瞪大了眼睛盯著榊，醫生似乎鼓起了勇氣才轉個方向，又回到病床邊，一手放在毛毯上，急切地低語：「相信我，我一定會保護妳的。再忍一下，只要幾天就好，請妳將就著留在這裡。」

不等小操回答，醫生就出去了。

在黑暗與寂靜中，小操開始搖頭。

不，不，不，我不能留在這裡。

也許是藥效發作了吧，視野變得狹窄，思緒逐漸呆滯。不行，我不能睡著。

她下了床，抓起皮包，用鑰匙開鎖，走出房間，躡手躡腳地穿過彷彿沉澱在黑暗底層的白色走廊。途中多次踉蹌，必須用手撐著牆。

她搭電梯下樓。四下無人，赤腳踩著油氈布的觸感好冷，白色的牆壁不停旋轉。

因爲不曉得房間是怎麼分配的，總之，她決定不管三七二十一，看到門窗就打開試試。可是，門窗全都鎖著，她還是出不去。

汗水與淚水濡濕了臉頰，她抓著睡衣領口，四下張望。怎麼辦？到底該怎麼辦？

她開始暈眩，再也站不住腳，蹲在地上手撐著地板。

電話，打電話求救吧，我必須通知別人我在這裡。

診療室的門沒有鎖。她朝著事務室爬過去。這裡雖然沒有鎖，卻找不到燈光開關。

她就像即將溺斃的人尋找可抓的東西般胡亂揮手，撞到桌角。劇痛使她瞬間清醒，桌上有電話。

救我，救我。她只有這個念頭。該找誰？該找誰？

幾乎是在無意識中，她撥起眞行寺家的電話號碼。嘟聲開始響起時，天花板開始轉呀轉，小操倒在地上。

悅子的聲音傳來。在半夢半醒之間，小操拚命呼喚她。眞行寺小姐——救我。

悅子在喊她。她聽得到聲音，可是已經無法開口。小操最後的記憶就是房裡突然大放光明，穿著護士鞋的腳走近，從她手裡拿起話筒，然後只留下一句：「這丫頭還眞難纏……」

而現在，小操完全被監禁在這個房間裡。鑰匙也被沒收了，根本無處可逃。也許是因爲拿鑰匙給小操的事被拆穿了，榊醫生也失去蹤影，說不定連他也被村下醫生關起來了——小操這麼想。

那個護士每次出現都會給小操打針，就只有她一個人來。可是，由於都是趁著前一次的藥效未退就再補一針，小操一直處於酒醉般的狀態。就連最清醒的時候，都得費好大的力氣才能站起來上廁所，根本無力抵抗，對時間的感覺也逐漸變得不正常了。

有時她也會勉強起身，忍著暈眩從窗口向外窺探。然而，無力的手指甚至無法順利撥開百葉窗。百葉窗像鐵捲門般關得緊緊的。

好不容易從稍微撥開的縫隙往下看時，她覺得好像有人站在那裡。可是，就算她大喊對方也聽不見，而且才站一下就撐不住了。

現在，也是這樣靠著病床上的枕頭，看著表，確認一天的結束——就只有這樣。大約兩小時前打的那一針，藥效還未退盡。一天將要過去，然而，是哪一天？從第一次接受注射開始，已經過了幾天？一天？兩天？

好睏，快要睡著了。這樣就不用再去想任何事……

這時，響起敲門的聲音。

聲音壓得很低。也許不是用拳頭，是用掌心拍門。這時聲音停了，門下閃過一道手電筒的光線。

小操雖然聽到了，也看到了，卻無法採取行動。她心跳加快，甚至喘不過氣來，但是卻全身無力，甚至連動都不能動。

從門底下塞入看似紙張的東西，發出沙沙的聲響。

手電筒的光線又閃了一次，似乎是在暗示她：看看上面寫的東西。

光線消失了。豎起耳朵靜聽，好像聽到腳步聲逐漸從門前遠去。

小操踉蹌了好幾次才下了床。她一時忘記左手的麻痺，用左手支撐體重，立刻摔倒在枕上。麻痺的情形比起剛在這個房間清醒時更嚴重了。

她幾乎是用爬的爬到門邊。躺在地上的紙條，是很普通的便條紙，一端被撕破扯下來。

上面，潦草的大字寫著：「妳被注射的藥物是一種叫做芳必坦的強力鎮靜劑。雖說只要排出體外就不會留下後遺症，可是長期接受高單位注射，會對心臟造成負荷。我已經把他們替妳準備的芳必坦，都用生理食鹽水掉包了。護士不知情。因此，從明天開始，打針之後妳要像打了芳必坦一樣裝出呆滯的樣子。只要僞裝得好，絕對不會被發現。這張便條紙，看完了記得撕碎丟進馬桶沖掉。」

空了一行，又補這麼一句：「讓妳捲入這種事，眞的很抱歉。近日內，我保證會讓妳回家。」

讀完便條紙，小操不禁抬眼看著門。這扇把她隔離在現實之外的門，只是一片平板與雪白。

要按照紙上的指示撕碎紙條，是一項艱難作業。她放棄行動困難的左手，最後乾脆用牙齒咬碎扔進馬桶。

這一定——是榊醫生傳的話。那位醫生，也怕那個「大醫生」，可是，他還是努力想要救我……

用盡全力回到床上，躺平之後，小操閉上眼睛。

睡吧。睡一覺，養足精神。擺脫藥物後，她就可以再次恢復思考了。思考之後，便能採取行動。

爲了那一刻，她必須儲存戰力……

八月十四日　星期二

第三日

二十七

緒方祐司，二十四歲；三好明惠，二十二歲。這就是他們。

在三枝的陪同下，他們搭乘上午的東北新幹線前往仙台。把他們的時鐘倒轉回去的作業開始了。

三枝對於該去找誰，早已擬好計畫。

「幸山莊命案發生時，有一個人代表遇害者兩家，從應付新聞記者到舉辦聯合葬禮的手續都是他一手包辦的。你不記得了嗎？」

祐司靠著椅背搖搖頭。

「毫無印象。」

「找回固有名詞的感覺如何？」

「感覺還不太眞實……好像被取了一個藝名似的。」

說不定，這也是一種逃避行爲，他想。查出身分一看，原來他們兩個都是在那場難以置信的災難中失去所有家人……也許在下意識中，還是不想承認這一點吧。

明惠坐在他旁邊，雙手規矩地放在膝上看著窗戶的方向。每次一進入隧道，窗玻璃便映出她白皙的臉。車內位子全部坐滿了，大多是攜家帶眷的旅客。隔著走道坐在旁邊的兩個旅客，正在談論爲了買到指定席車票徹夜排隊的事，祐司聽著忽然想起現在正是大家返鄉過節的時期。

「三枝先生。」

「什麼事？」

「你在旅行社也有人脈嗎？」

三枝把臉轉向他。「怎麼說？」

「因爲你好像輕而易舉就弄到車票。」

「是我運氣好。」

「眞的嗎？」

三枝站起身，也許是要上廁所吧，眼看他跛著右腳走過走道，附近乘客紛紛用好奇的眼神瞄了一眼。大概是累了吧，今天的三枝步伐似乎比平常沉重，右腳也跛得更嚴重了。

關於三枝右腳的事，他一次也沒問過，可能是舊傷吧。

三枝大概洗了臉，回座時頭髮有點濕。他一坐下就靠著椅背閉上眼睛，祐司也不便再多問。

昨晚他忙著閱讀三枝手邊的幸山莊命案相關報導，幾乎完全沒闔眼。光是這樣還嫌不夠，去車站之前，他又整理了一些隨身帶著。祐司現在正把那些報導攤在膝上。

緒方夫婦，三好一夫、雪惠父女——遇害者的人頭照，不論是哪家報章雜誌，刊登的都大同小異。大概是因爲死者倖存的遺屬與親友，只提供了最低限度的照片吧。唯一的例外，是某份女性週刊的剪報，上面登著雪惠成人式時身穿漂亮禮服的照片，還加上「她的美貌引來野獸」這麼一句標題。現在回顧起來，不禁令人懷疑提供那種照片給那種雜誌的人到底有沒有人格。

倖存的遺屬——想到這裡，祐司再次在心底告訴自己，我們就是那所謂的「遺屬」。不願相信的情感衝擊，和明知如果不承認就無法有進展的理智想法，在腦中來回穿梭玩著捉迷藏。

照片中的雪惠，面貌和現在坐在隔壁的明惠非常相像，眉眼之間更是一模一樣。而且兩個女兒的輪廓——尤其是削瘦的下顎線條，看來應該是得自父親三好一夫的遺傳。

緒方夫婦的照片——也就是自己父母的照片，祐司從昨晚就看了不下數十遍——五官稜角分明，頭髮花白的父親；臉蛋圓潤，和年齡相稱的魚尾紋反而更顯高雅的母親……

知道事實，承認事實，還沒有帶來衝擊。感覺上就像待在窗子緊閉的屋子裡，聽著強風呼嘯而過幾乎吹翻屋瓦的聲音。風就算再強、再可怕，終究是在玻璃的另一邊。或許打開窗子伸出手會有更清晰的感受，但他還不知道該如何打開那扇窗。

強烈吸引他的，反而是幸山莊命案的嫌疑犯，宮前孝的照片。

關於他，連照片都很五花八門。長大成人之後的固然不用說，連過七五三節（註）時的照片都登出來了。

可是，就是沒有命案當時的照片。根據三枝的解釋，命案發生時阿孝二十一歲。然而，在媒體刊登出來的照片中，出現得最頻繁的是他十七歲高二那年的照片。他穿著學生服。那年母親過世，也許阿孝離開村下家後，就再也沒有拍照的機會，也沒有人會替他拍照，甚至沒有這個必要了吧。

高中時的阿孝，嚴格說來算是體型偏瘦，可說是個體弱多病的少年。肩膀雖然很寬，卻是削肩，明明身高不算太高，看起來卻似彪形大漢。五官乖巧斯文，打個突兀的比喻吧，他的眼鼻輪廓如果男扮女裝應該會很適合。

也有阿孝和他的母親——已故的村下俊江——一起拍攝的照片。是專門報導八卦新聞的畫報雜誌刊登的，母子倆站在樹籬圍繞的家門前。根據照片旁邊的報導，那棟屋子是村下猛藏和俊江再婚時，爲了她特地在同一塊土地上蓋的新居。

越過低矮的樹籬，可看到車頂。三枝說村下俊江死於車禍，說不定就是這輛車子造成的。

會這樣想，是因爲這張照片上的阿孝表情顯得特別陰沉。

父母離婚，母親緊接著再婚，對小孩說來絕非愉快的成長經驗，更何況是個正值青春期的男孩。據說早在俊江認識猛藏前，宮前夫婦就已婚姻失和。這件事說不定是阿孝 遭受停學處分的導火線。

對阿孝來說，這是惡性循環的開始。動手打人，被束手無策的父母親手送進精神病院，母親因此和那間醫院的院長熟識，最後和丈夫離婚再嫁院長——出院之後的阿孝所面臨的，是和住院前截然不同的環境，以及身爲一個女性正打算重新出發、作著幸福美夢的母親……

是因爲這樣，阿孝的眼中才會蒙著陰影嗎？

祐司一直盯著照片，偷偷地想：不只是這樣。

這張臉、這雙眼睛，他有印象。這種表情他太熟悉了，那是祐司自己在這幾天當中，每次面對鏡子就會發現的表情。

他在害怕。

宮前孝在害怕，充滿了戒心。雖然不知道是怕什麼，但這張照片上當時年僅十七的少年，似乎已經領悟到前面正有不得不怕的事情等著他。

爲什麼——祐司只有這個念頭。爲什麼他會那樣盯著鏡頭？爲什麼會那樣雙手貼著身體兩側，緊握拳頭？爲什麼會那樣兩腳使勁站穩，好像是要作勢擋在母親前面？

還有——爲什麼他會被人指指點點當成殺人犯？

「她的美貌引來野獸」。

眞的是因爲三好雪惠嗎？只因爲她不肯順從，就這麼簡單？或者，是因爲你在十七歲時看到的「不得不害怕的某種東西」又在幸山莊出現了嗎……？

從別的報導剪下的剪報中有一則提到，在命案發生的兩年前，阿孝在東京捲入黑道幫派私造、私賣手槍的案件，曾經被警方找去偵訊。大概是獨家新聞，篇幅登得特別大。據那篇報導說，阿孝不僅有機會弄到手槍，射擊技術也是一流的。

「有一陣子，他就像瘋了般拚命練習射擊。他可以拋出五百圓銅板當場擊落。」文中還加上這麼一段阿孝彼時友人的說辭。

兩年前的私造手槍案件本身大概就相當轟動。關於那起案件，已經泛黃的雜誌報導也用釘書機釘在一起。祐司也看了那篇報導，執筆的「S」記者寫道——

註：男童在三歲及五歲，女童在三歲及七歲那年的十一月十五日，盛裝去神社參拜祖靈的日子。

「就連打從拓荒時代便一直注重『自我保護』這種思想的美國，現在也開始出現要求管制私有槍械的呼聲。更何況，在日本這種在歷史上向來『自衛』意識薄弱的國家，說到槍砲的任意流通，往往會直接聯想到影響治安。可是，最近幾年，不只是黑道幫派分子，就連部分青少年，也開始認爲這些武器極有魅力，此點已是不爭的事實。我們呼籲警方嚴正重視。」看到這裡，他不禁嘆了一口氣。

「……如果，宮前孝不是拿手槍，而是身懷菜刀來偷襲，爸爸他們應該還有機會反擊。」

這時，三枝啪地睜開眼，反應快得簡直不像是一直在睡覺。

隨著輕快的音樂，響起車內廣播：「謝謝各位今天的搭乘，我們即將抵達仙台車站……」

三枝雙手牢牢握緊座椅的扶手。連祐司也知道，他有多麼緊張。

列車開始緩緩減速，朝向那片毫無所知的未來——不，是過去——正在等待他的土地。祐司無意間低頭一看，赫然發現自己的手上起了雞皮疙瘩。

抵達仙台車站，並未戲劇性地讓一切眞相大白。

他只有一個模糊的印象——這裡我以前來過。明惠也一樣，看起來似乎只是從一個渾沌轉移到另一個渾沌中。

祐司一直摟著她的肩，配合她的步調走路。該轉彎、該停下以及升降樓梯時，一定會出聲提醒。自己和這個女孩原本就認識，至於熟到什麼程度，目前還不知道。但是至少，他們有一個共通點，都是孤苦伶仃的唯一倖存者。他必須守在這個女孩身邊。懷著和之前摸索的過程中，一路互相扶持截然不同的意味，他深深感受到這一點。

在車站前攔下計程車，三枝把飯店名稱告訴司機。祐司事前已聽他說過，爲了避免不小心撞見熟人節外生枝，他特地選了一間遠離市區的飯店。

三枝請司機盡量開慢一點。

「我們想體會觀光氣氛。」

「沒關係。」中年的司機笑了。「先生，你們從東京來？」

「對呀，猜得出來？」三枝說。

「當然猜得出來，是聽講話的腔調啦。」

「是嗎？我倒是沒感覺。司機先生，你自己講話也沒有鄉音呀。」

「眞的嗎？哎，也許從我們這一代都已經變成這樣了吧。我們接受的都是標準國語教育。」

「方言會逐漸消滅吧。」

「對對對。是好是壞就不知道了，因爲這也等於是失去一種特色嘛。現在的年輕人，看起來和東京人簡直沒兩樣，大概只剩下大阪腔還健在了吧。」

三枝瞟一眼祐司。他稍微點頭。聽本地人說話並未喚醒任何記憶，正如司機所說，和東京一樣。

然而，從車窗看到的景色就不一樣了。

遠方可看到山脈稜線，綠意盎然，雖然陽光熾烈，風卻清爽吹過。司機也沒開冷氣，窗子開著。

「這裡跟東京不同，夏天舒服多了，沒那麼悶濕。」司機笑著說。

大樓很多，街景和東京毫無差異，是個繁華的大都市。這個城市、這片景色，他曾經看過。不，不只是看過。他第一次湧起一種明確感覺：我以前就是住在這裡。記憶宛如負片變成正片，逐漸從腦海最深處湧起。

明惠一直坐著不動，祐司輕拍她的手小聲說：「我們回到家了。」

她把看不見的眼睛轉向他，遲疑地略歪著頭，低聲說：「應該是吧。」三枝保持沉默。

抵達飯店，三枝讓兩人在大廳等著，自己跑去打電話。「如果是要打給我的親友，不如讓我自己說比較省事……」祐司這麼一說。

三枝的反應是：「你又不知道跟你講話的人是誰，這樣反而會造成混亂。我會好好解釋，請對方過來一趟。」

由於已經看過幸山莊命案的相關剪報，祐司和明惠大致都已知道自己的生長家庭，以及自己原先從事什麼工作。

祐司的父親緒方秀滿，在站前大樓經營一家大型土產店，另外還有鄉土料理餐廳。兩間店以公司組織的形式管理，由他擔任董事長。祐司這個獨生子照理說就是繼承人。在目前的狀況下，他很清楚，他這個繼承人，回到員工群集的地方，絕不能一開口就說自己已經失去記憶。

根據報導，祐司自己並未待在父親公司，好像是在東北地區規模最大的一間地方銀行上班。至於他是被派到哪家分行、有沒有跟家人住在一起……這些詳情，三枝手邊的剪報並未提及。

明惠的父親三好一夫，是市內某所公立高中的教務主任。據說那是一所升學率很高的明星學校，運動風氣也很盛。至於妹妹雪惠，是市內某所短大英文系的二年級學生。明惠好像沒工作，待在家裡負責照顧兩人生活。

大廳人很多。祐司再次想到現在正是觀光旺季，正在放暑假。

自己應該是個上班族，跑去東京做什麼？銀行的工作怎麼辦？難道也是在休夏季休假嗎？

明惠突然動了一下，兩手蒙著臉，祐司頓時從沉思中清醒。

「是不是不舒服？」

「嗯……頭有點痛。」

坐在大廳鬆軟的沙發上，她纖細的身體整個沉下去。

他離開座位走近她，探頭一看，明惠的臉色很蒼白。

「我也不知道，總之突然覺得很冷。」

「是不是想起了什麼？」

「不知道。不過，我覺得以前好像也曾這樣，在這種地方等待某個人。那件事——好像不是什麼愉快的回憶。」

她拚命搖頭像是要甩開什麼似的。

「啊，眞氣人，要是我也看得見就好了！」

「妳說在等某人，就妳一個人？」

「對，應該是。」

那個留下不愉快回憶的約會，到底是什麼呢？

祐司突然靈光一閃，問道：「妳在等的人，該不會是我吧？」

明惠眨眨眼。「你爲什麼會這麼想？」

「呃——其實也沒什麼根據啦。」

今早以來第一次，終於看到明惠睽違已久的微笑。

「不。好像不是你，如果是你，印象應該會更清晰……」

她突然住口，垂下眼睛彷彿在窺探腦中記憶，「說不定……也許是我妹妹。」

「妳說雪惠？」

「我妹妹是叫這個名字沒錯吧，我有個妹妹……不，曾經有過。」

這時，三枝回來了。

「對方說馬上過來。他很驚訝，說要瞞著其他人，偷偷溜出來。」

「你跟他透露了多少？」

「我只說因爲某些緣故，你們兩人現在失去記憶了。待會要來的，是多年來在你老爸手下擔任掌櫃的人，名字叫做廣瀨耕吉。」

又等了二十分鐘左右吧。祐司眺望大門口進出人群的眼中，出現了一個穿過自動門走來的男人。

那人身材矮胖結實，邁著短腿匆匆走來，樸素的開襟襯衫腋下，被汗水濡濕變色。他一邊用手帕頻頻擦拭已經禿得很厲害的寬闊前額，一邊環顧了大廳一圈——

然後，他的視線停在祐司臉上。

那張看來就像個老好人的圓臉上，兩眼和嘴巴都張得開開的，愣在原地不動。幾乎是同時，祐司也湧起一種直覺，知道這是自己認識的人。

小矮子快步跑來。祐司站起身，三枝發現後也跟著站起。

「少爺，」滿身大汗的小矮子咕噥。「還有明惠小姐。」

對她，耕吉也這麼喊道。

「你們到底是怎麼了？」

二十八

廣瀨耕吉是開著自用車來的。讓三人上車後，就帶他們回自己的住處。

耕吉的開車技術很差。車子動不動就左搖右晃，每次發動起步都會猛地往前衝一下。他每次都一邊擦汗，一邊頻頻說「對不起，對不起」、「因爲太驚訝了，到現在還無法鎮定下來」。

三枝大概是認爲這種反應很正常吧，他一路上都沒說話。祐司也沒開口。

耕吉家是位於市區外圍的一棟小房子。旁邊就有竹葉魚板（註）的工廠，寫著「產地直銷　可送達各地」的廣告旗幟迎風招展。

「在這裡最安心。因爲就我一個光棍獨居，不會有人打擾。」

對三枝如此解釋後，他來回審視祐司和明惠的臉。

「你們二位，連這種事也忘了嗎？」

「好像是。」祐司回答。

「還有，明惠小姐的眼睛又失明了嗎？」

這話令三人都吃了一驚，明惠更是差點沒跳起來。

「我以前也曾經失明過嗎？」

這次換耕吉驚訝了，「您忘記了嗎？一旦喪失記憶，連這種事都想不起來了嗎？」

「全都消失了。就連名字，也是經過調查才知道的，不是自己想起來的。」

祐司的話，令耕吉張著嘴啞口無言。他們在收拾得很整潔的榻榻米上，圍著小小的矮桌坐下，三枝詳細解釋這段期間的種種經過時，耕吉一直來回看著祐司和明惠的臉。

三枝雖然連細節都條理分明地娓娓道出，卻省略了在兩人住的新開橋皇宮的公寓中，發現手槍和一皮箱鈔票的那一段，就連他自己的身分，也只說是住在隔壁的鄰居。

聽完之後，耕吉垂下了頭。

「對不起。」祐司向他道歉。他覺得如果不這麼說眞的很過意不去。

「您用不著道歉。看到您平安無事——呃，也許不算眞的平安無事，總之您能回來眞是太好了。」

耕吉說著頻頻搖頭。

「早知道會變成這樣，當初少爺您說要去東京時，我就會更堅持勸阻您了，都是我不好。」

「是我主動說要去東京的嗎？」

「是的，也沒告訴我們目的地就不告而別……起先，您連明惠小姐都瞞著。想去找您都無從找起。您大約每隔十天會打一次電話回來，我們也只能藉此知道至少您平安無事。」

祐司和三枝面面相覷。

「起先……連我也瞞著？」明惠低語，抬起眼。「這是什麼意思？」

註：做成竹葉形狀的魚板，是仙台名產。

耕吉臉一垮，幾乎就要哭出來了。

「您連這個也忘了嗎？明惠小姐，我們董事長和夫人，還有令尊、令妹的喪禮辦完後，明惠小姐本來應該成爲我們的少夫人，您和少爺已經說好要結婚了，我們大家都很期待這場婚禮。」

驚愕之下，好一陣子無人出聲。

「眞的？」祐司好不容易才問道，耕吉聽了頻頻點頭。

「發生了那種事，一定很痛苦。所以，周遭的人都很贊成，並認爲您二位如果能夠結婚，那是再好不過，私底下也早已訂婚納聘了，是五月的時候辦的。您不記得了嗎？爲了早日從那場悲劇走出，振作起來重新出發，最好盡快成婚，所以才那樣做。」

明惠摀著嘴，瞪大了圓圓的眼睛。看到那隻手，耕吉說：「明惠小姐，您的戒指到哪去了？」

「戒指？」

「訂婚戒指。那時您來找我，說要去少爺那邊看看時明明還戴著的。那是明惠小姐的誕生石……叫什麼來著的，是一種綠色很漂亮的寶石……」大概是思緒混亂吧，耕吉一時說不上來。

「祖母綠嗎？」

三枝幫了他一把，耕吉立刻用力點頭。

「沒錯，沒錯，是少爺從事設計的朋友精心訂製的，一看就知道。祖母綠雕成花瓣形狀。」

明惠摩挲著左手手指。「沒有呀……是掉了吧……」

「不是掉了，是被偷了。」祐司這句話，三枝也很同意。

「也許是怕那個會刺激你們恢復記憶吧，你們隨身穿的、用的東西全都不見了。」

耕吉粗壯的脖子猛然嚥一口口水。「聽您這麼說，簡直像有誰故意讓他們二位失去記憶似的。」

三枝陰沉地說：「事實似乎正是如此。」

「這種事怎麼可能做得到！」

「我也這麼想，可是……」

祐司捲起襯衫袖子，露出那行神祕的文字和數字給耕吉看。

「醒來的時候，就有這玩意了。」

耕吉只看了一眼就臉色發青，彷彿有誰偷偷靠近他，把他的身體活塞拔開洩了氣。

「耕吉先生？」

即使喊他，耕吉依然直視著祐司的手腕不回答。

「這個你曾經看過吧？你知道這是什麼嗎？」

耕吉好不容易才仰起臉搖搖頭，額頭又冒出汗珠。

「這個我沒看過。呃，我只是聽說過有這樣的東西。」

「聽誰說的？」

「董事長。」

「就是我那遇害的爸爸？」

「是的，他曾經跟我提過。」

「說他看到這種東西？」

耕吉點頭。「那是剛買下幸山莊的時候，他和夫人爲了要添置家具裝潢內部，去了一趟當地，就是在那邊看到的。當時，幸山莊本身雖然已經完工了，但整個別墅區還在進行整地和建築工程，來了很多工人。」

「在那些工人之中，也有人的手臂上有這種記號？」

「是的。不過，不是正規的工人，是那種按日臨時僱用的，聽說負責在別墅區入口架設圍籬。」

「不是正規的工人……那是從某處派過來的囉？」

「是的。那些人的手臂上寫著編號——董事長說他看了嚇一跳。至於是只有數字，還是像少爺手上一樣的東西，這我就不知道了，因爲董事長也沒講那麼詳細。」

一直保持沉默的明惠，捲起自己袖子，伸長了手臂露出編號說：「我也有同樣的東西。那些臨時僱用的工人，是從哪裡來的？」

耕吉拭去額頭的冷汗，答道：「瀉戶友愛醫院。」

空氣當場凝結。

「聽說那間醫院，會在住院病人的手臂寫上編號——在別墅區工作的，就是以接受作業療法的名義派去的病人。」

二十九

耕吉說：「董事長和夫人，開始考慮買別墅是兩、三年前的事了。起先只是爲了節稅，漸漸的，他們開始計畫退休後搬到比仙台更暖和的地方生活，於是開始認眞尋找適合的地點。我想夫人的風濕痛，可能也是一個原因。仙台市內雖然不常下雪，但畢竟還是很冷。」

「最後選定幸山莊，有什麼特別理由嗎？」

「我想應該有。是個很像董事長作風，有點傷感的理由。」

緒方秀滿說他就是愛上了瀉戶這片土地的景觀。

「董事長靠著白手起家開了現在的店，工作幾乎就是他的嗜好，其實他也很喜歡攝影。打從年輕時，唯一的興趣就是那個，現在的少爺大概連這個也忘記了吧。」

耕吉一臉寂寞地微笑。

「瀉戶這塊土地，對董事長或夫人來說，都沒有什麼特別的關聯。不過，兩人新婚時，曾把行李往董事長車上一放，也沒決定目的地，就隨興開車出發做了一趟攝影之旅。董事長後來告訴我，當時，他們曾經在無意中經過一個留下深刻印象的地方，也拍了很多照片。這是他們年輕時的故事，距今已有二十年以上了。據說當時瀉戶一帶還沒有開發，是個非常美好的地方。我聽說從崖上放眼眺望，更是絕佳美景。」

祐司啊地叫了一聲。

「廣瀨先生，我也……」

「少爺以前向來都是喊我耕叔。」

「那，耕叔。我是不是也被帶去過？在我還很小的時候……」

「的確有，您還記得嗎？」

耕吉臉上一亮。祐司把那個夢告訴他和皺著眉的三枝。

「我在新開橋皇宮醒來前，作了一個站在崖邊眺望大海的夢。夢中我跟老爸在一起，我想那的確是我爸沒錯。」

耕吉精神一振。伸出手抓起祐司的手腕，邊搖晃邊說：「沒錯，沒錯！仙台雖然不是離海很遠的城市，但也不是隨便就能在海邊戲水的地方。如果跑到松島當然可以遊船，可是董事長不太喜歡那邊的景色。他嫌那裡已經太觀光化了——董事長也笑著說，自己就是靠去松島觀光的遊客做生意的，還說這種話很可笑吧。因此，當他第一次帶少爺見識大海時，就特地帶您遠赴瀉戶。那時少爺大概才三歲左右吧，由此可見董事長有多麼喜愛那片土地的景色。」

正因爲這樣，當他在找地方供夫妻倆退休後共度餘生時，一聽說瀉戶開始開發度假設施，推出了別墅區要賣，立刻就去看了。

「回來之後，董事長高興地說，那裡並未被開發得一塌糊塗，景觀還是一樣。所以，立刻就決定在那裡買間別墅了。幸山莊這個名字，也是董事長取的。」

仔細咀嚼這番話之後，祐司問：「我爸遇害時幾歲？既然他跟村下猛藏是同學，應該是五十八吧。這麼年輕，就已經打算退休了？」

耕吉咳了一聲挺起背，又縮起下顎。

「董事長常常說，將來把公司交給少爺時，自己要完全抽身。身邊留點養老用的存款，剩下就由您自由發揮。要不然，如果等您當了董事長還跟在您身邊，董事長認為這樣對彼此都沒好處。」

「原來如此。」三枝點點頭。「眞是個剛毅的父親。」

「他總說，不能蕭規曹隨，他只是把工具交給祐司，生意要靠祐司自己。董事長當年是靠著一間跟路邊攤差不多大的土產店起家的。他希望兒子能繼承自己創下的事業，可是自己不能因為這樣就留戀不捨，必須盡量讓少爺自由發揮。相對的，一旦出了問題也不會插手幫忙，這就是他的方針。」

您不記得了嗎？耕吉求助似地看著祐司，他承受不了只好轉開眼睛。

「五十八歲就退休，就一個自營業的經營者來說的確是太早了。不過，正如我剛才提到的，一方面是擔心夫人的風濕痛，而董事長自己打從十五歲起就不眠不休地工作，或許也覺得已經夠了吧。所以，我也很贊成。」

「我都明白了。」祐司說。「而且，我爸決定退休，也就同時決定了由我來繼承吧？」

耕吉有點困窘地結巴起來。「沒有那麼順利啦。」

「是誰反對嗎？」

「是少爺您自己。當初不顧董事長反對，跑去銀行上班的也是您。」

三枝噢了一聲。「第二代鬧革命啊？」

「您說不想按照人家安排好的路子走。因為大學也是在本地念的，您說想多見見世面，自己去找了工作。銀行的工作誰也說不準會調職去哪裡，所以社長很生氣。」

其實老爸也一樣過於保護小孩嘛。想到這，祐司不禁有點好笑。

同時，在這一刻，他首次意識到緒方秀滿是自己的父親，也是在消失的記憶中占據重要地位的一部分，刺痛心扉的感覺隨之湧來。

記憶的一部分，伴隨著極度鮮明的影像重新浮現。跟老爸爭論、演變成吵架，離家時，抱著再也不回來的打算，把所有的行李都打包裝箱，以致借來搬家的廂型車塞都塞不下……

「我離開家了吧。命案沒發生前，就和父母分開生活了，對不對？」

耕吉急急點頭。「對，您一去報到就被派到石卷的分行，住進了單身宿舍。您想起來了嗎？」

「那份工作現在不曉得怎樣了。」

「您已經辭職了，少爺。」

耕吉的臉上，眼看著愈來愈陰沉。

「幸山莊命案發生後過了一個月左右您就辭職了，您說需要時間。」

「時間？」

「是的。少爺宣稱要重新調查那起命案，還說凶手宮前孝沒有死，還在哪兒活得好好的。」

明惠猛地抽了一口氣。

宮前孝還活著——

他的屍體沒被找到，因此，這的確有可能。

那雙眼睛，那緊握的拳頭。

「那，我就是爲了這個去東京？」

「不，您沒有立刻去。您在一月中旬辭去銀行的工作，回到仙台這裡的老家，每天都不曉得在調查什麼。有時甚至跑出去好幾天都不回來，看起來簡直像中邪似的。」

耕吉用憂懼的眼神看著他，似乎擔心祐司到現在仍處於那種狀態，兩手摸索著不知該往哪放。

「就因爲有這種情形，我們大家才認爲您最好盡快跟明惠小姐成婚。可是少爺完全置之不理。堅稱宮前孝還活著，一定被人藏在某處，整天只顧著調查。就在這個當口，明惠小姐的眼睛失明了。」

祐司轉頭看明惠。耕吉彷彿要責備祐司的行爲，連聲音都氣急敗壞起來：「人家明惠小姐也一樣突然失去父親和妹妹，光是這樣就已經令人發狂了，結果連少爺也變得跟瘋子一樣。都是這樣的心理負擔造成的，醫生說，人一旦鑽起牛角尖，不想再看到任何東西，有時候就會眞的失明，明惠小姐就是這樣。」

「這是歇斯底里反應。」三枝說，接著又連忙辯解似地加了一句：「不，我不是指一般說的那種意思，是眞的有這種病名。」

明惠的視線落在矮桌上，宛如變成人偶般動也不動。

另一方面，祐司倒是恍然大悟。這段日子，明惠之所以能輕易適應「眼睛看不見」這種狀態，果然是因爲以前有過相同的經驗，並非只因爲她的直覺比較靈敏。

最後，明惠終於抖著聲音問：「那麼，我是什麼時候治好的？還是說，我去東京找祐司的時候尙未治好？」

「已經治好了。」耕吉回答，他的音調彷彿在鼓勵她：所以這次一定也沒問題。

「一方面當然是因爲去看了醫生，不過更重要的因素，我想應該是少爺終於回心轉意，回到明惠小姐的身邊。」

「那，我放棄調查了？」

祐司這麼一說，耕吉帶著依然沒原諒他的神情點頭。

「嗯，那時候是啦。」

明惠的眼疾好轉，婚事也有進展，也正式訂了婚，兩人看起來似乎終於定下來了。

「那是五月初的事。」

沒想到——

「我到現在還記得很清楚。那天是五月十日，少爺突然說要去東京，什麼原因我並不清楚。明惠小姐當時也說不知道。總之，少爺又為了命案重提舊事，丟下明惠小姐就去東京了。」

三枝抓抓頭。「問題是，他為什麼會做那種事，總應該有個導火線吧。」

耕吉聳起肩膀一臉惶恐。

「對不起，眞的很抱歉，我什麼都不知道。就算想知道，少爺也全都一個人藏在心裡不肯說。」

祐司恨不得抱頭。把重要的東西愼重藏起來不讓任何人知道是無所謂啦，問題是現在連自己都忘了藏在哪裡。

不，不是自己忘了，是被迫忘記。

「讓你們兩人喪失記憶的人——」三枝認眞地說：「大概就是想讓你們忘記那個只有你們才知道的東西吧。」

也只能這麼想。

「是誰做出這種事的？」明惠低語。祐司感到，明惠倒不如說更像是提出一個命題。

「我倒覺得有跡可循。」三枝緩緩開口。「萬一宮前孝還活著，誰想把他藏起來、保護他？」

祐司的耳中迴響起一段話，是三枝手邊那些剪報上寫的。現在，這段話聽起來好似從活人的喉頭眞眞實實地發出來。

「請原諒我兒子。他已經死了，要怪就怪我……」

「那個人，一旦發現你……」三枝指著祐司，「正在到處打聽阿孝，想把他找出來，或許會採取強硬的手段。」

「可是，有這種方法可以讓一個好好的人失去記憶嗎？」

面對耕吉慘叫般的質問，三枝掉開視線看著小小的庭院點頭。

「說出來是有點難聽啦——」他轉頭看著三人。「你們聽過電療這個名詞嗎？」

無人應答。

「也就是電流震撼療法，也稱爲ECT。以前有段時期曾經流行用在精神分裂或酒精中毒的病人身上。到現在，雖然據說治療效果其實值得懷疑，還是有醫院基於某種懲罰的意圖用在病人身上。當然，這種醫院很少，屬於壓倒性的少數。不過，實際上還是找得到。這種黑心醫院把賺錢擺第一，根本不打算眞心治療病人。」

榊診所的太田明美說過：「如果是酒精中毒的病人，我們可以介紹別家醫院。不過，榊醫生好像不太想把病人送去那家醫院……」

三枝繼續說。「而且啊，一旦被這樣電過，記憶力就會減退。我就知道有個病人，由於被電得太頻繁了，過去一兩年的記憶全都消失了。」

潟戶友愛醫院是日本首屈一指的大型精神科專門醫院，入院病人總數高達八百人。即使是別的醫院不願收留的重度酒精中毒病人，他們也照收不誤——

「有這個消除你們記憶的動機，又能實行這種方法的，恐怕就只有一個人了。」

三枝的話，祐司能夠理解。他看著手臂上的號碼，然後回答：「我想——應該不會錯，就是村下猛藏。」

三十

出現了一線希望。

一切的根源都在幸山莊命案，在宮前孝和那個爲了他在電視上下跪的繼父村下猛藏身上。

那個村下猛藏，和遇害的緒方秀滿與三好一夫兩人，在同一個地方長大。這三人會在潟戶町湊在一起，就結果來說，只能說是一種不幸的偶然。

有必要知道，必須把消失的記憶找回來。

「耕叔，你是哪裡人？跟我爸和三好先生是什麼時候認識的？村下猛藏的事你清楚嗎？」

耕吉看似萎靡地垂落肩膀。每次發現祐司不記得某件事，他就又多了一分沮喪。

「我是在這個市內出生長大的。打從二十歲起，在董事長的提拔下追隨董事長工作。因此，關於村下猛藏的事，我是在命案發生前，社長決定買下幸山莊時才知道的。」

「這樣啊……」

「不過，我知道董事長和三好先生從小一起長大，關係一直很密切。雖然兩人選擇了不同的方向，可是意氣非常投合。」

明惠看著耕吉的方向。耕吉察覺到她的視線，擦了擦眼睛周圍才繼續說。

「三好先生這個人我也很喜歡。他一邊在學校教書一邊做自己的研究……他太太很早就過世了，一直沒有再婚，唯一的指望就是明惠小姐和雪惠小姐的成長。」

由於聲音逐漸嘶啞，耕吉乾乾地大聲咳嗽。

「是董事長主動邀三好先生合資購買幸山莊的。如果實地看過就知道，幸山莊相當於給親子兩個家庭共用的大型別墅。兩棟建築間有一條短短的走廊連接。由於位在斜坡，雖是兩層樓，從路上看來卻是四層樓的高度。因此，景色可說是棒極了，早上還可以看到太陽緩緩升起，染紅海平面。」

祐司浮想聯翩，那片令父親滿懷憧憬的海景。

「話說回來，光給一個家庭住不僅浪費，也不安全。所以，董事長就邀了同樣也是老早就宣稱退休後要找個安靜的地方隱居，專心做自己研究的三好先生。他們是多年老友，默契十足。我也覺得如果眞能這樣，那就太完美了。」

明惠和雪惠都已長大。等雪惠短大畢業開始工作，就可以獨立生活了。到那時候，明惠也不用再被綁在家裡照顧家人，可以自由地做她想做的事。自己就算離開這塊土地，女兒們也能夠好好生活——據說三好一夫曾如此表示。

「而且那時，三好先生也正考慮再婚。對方是跟他同校的老師，對三好先生的研究也很了解。如果真的再婚了，即使搬到瀉戶和兩位千金分開，也不會寂寞。這樣或許反而更理想。總之不管怎樣，三好先生還有兩年才退休，還有充分的時間可以考慮。」

明惠戰戰兢兢地問道：「我……我和妹妹，是怎麼看待父親再婚的事？這您知道嗎？」

耕吉像要叫她放心似地微笑。

「三好先生曾經說，其實女兒們都很贊成——他遲遲難以下決定，是顧慮到雙方的年紀。」

可是，如今這一切都已化爲泡影。

他們逐漸感受到這場悲劇的沉重。一點、又一點，就像在堆石頭，或是溫度一度一度地上升，又好似在等待負面能量逐漸囤積，抵達臨界點。

「到現在，我還無法相信董事長和夫人已經去世了。」

耕吉渾圓的肩膀顫抖，在他的這個居所——應該是追隨秀滿工作，跟他一起胼手胝足建立起來的這間屋子裡，像個逃回家來的大小孩般一邊發抖，一邊用手抹著臉。

「我的心情也跟少爺一樣。不希望宮前孝死掉，我希望他還活著。然後，我要親手殺了他，我就是這麼想的。只要能實現這個心願，我自己怎樣都無所謂，問題是少爺……」

他仰望著祐司，懇求著說：「那只是個夢，是個惡夢。宮前孝已經死了，那個像瘋狗一樣的男人已經死掉了。對我來說，唯一的安慰就是那小子殺害董事長他們後，很快就掉落懸崖摔死了。您現在既然已經平安回來，過去的事您就忘了吧。至於記憶，只要好好找大夫治療，很快就會復原，一定沒問題的。」

耕吉現在說的話，失去記憶前的自己大概聽過幾百次了吧。即使如此，爲什麼在這樣的懇求下，自己仍然不屈不撓，堅持繼續調查那起命案呢？

想必一定是有特別重大，或是明確的理由吧。

而現在，記憶已被某人抹殺——這點，正是最好的證據，證明祐司追查那個「理由」是正確的。對於那個抹殺他和明惠記憶的人來說，或許沒有比這個更諷刺的結果了。

「耕叔。」

祐司再次看著手臂上詭異的號碼，喊他。

「我爸和三好先生是怎麼形容村下猛藏的？他們是怎麼談論他的？」

耕吉有點遲疑。

「董事長向來不會隨便在背後說別人壞話。」

祐司微笑了，這等於已經得到了答案。

「對於猛藏，他沒什麼好印象是吧？對於這次偶遇，照理說舊友重逢本來應該欣喜萬分，可是他並不高興。」

耕吉看著明惠、三枝，最後再看看祐司的臉，這才像是被人強迫似地點點頭。強迫他點頭的也許是老爸的手，祐司想。

「董事長曾經說，在病人手上寫編號這種作法，的確很像那個男人的作風。」

他的額頭冒出汗珠——

「董事長還說過，那個男人，向來為達目的不擇手段……」

三十一

三好一家住在沿河而建的雅緻公寓，半路上還看到附有小教堂的學校。那條河叫做廣瀨川，小教堂是聖多米尼克學院的，耕吉解釋道。看來他總算逐漸習慣眼前這個腦中幾近一張白紙的祐司了。

三〇三號室的信箱上，貼著「三好一夫　明惠　雪惠」的名牌，字跡很漂亮。緊貼著下方，還貼了一張紙條：「郵差先生辛苦了。」

女管理員還記得明惠，主動招呼她說：「妳終於回來了啊。」

「妳這回可出去得眞久，」說到一半，她似乎察覺明惠的視線朝著另一個方向。抬起手指著眼睛說：「緒方先生，三好家的小姐，這裡又不行了嗎？」

被對方指名道姓地這麼一問，祐司不太自然地點點頭。管理員連他的名字和長相都記得，還坦然自若地主動跟他說話，可見自己以前應該常來這裡吧。

「去東京之後好像又復發了。」聽他這麼回答，管理員一臉同情地搖頭。

他們表示鑰匙掉了，請管理員幫忙開門，四人進入屋內。

玄關入口鋪著玫瑰圖案的腳墊，腳一踩上去，感覺有點潮濕，空氣也很悶濁。

「我是什麼時候去東京的？」

對於明惠的問題，耕吉考慮了一下才回答：「應該是五月二十日左右，明惠小姐走的時候似乎也很倉卒。」

「沒交代要去哪裡……」

「對，您只說知道少爺在哪裡。」

明惠本來是抓著祐司襯衫背後一起走，這時突然放開手，用左手摸著牆壁開始前進。祐司提高戒備在旁盯著，以防她一旦絆倒可以隨時抱住她，她跨過一扇隔間門，左轉之後，撞上小書櫃。她雙手摸索著表面，找到抽屜的握把。

「這裡……我想應該是在這裡，你打開看看。」

他照著做了，抽屜裡放著一些信。

「明惠小姐，您恢復記憶了嗎？」

耕吉問話的臉泛起紅潮。可是，明惠搖搖頭。

「不知道。不過，我突然想起，在什麼也看不見、一片漆黑中，我曾經這樣踩著玄關踏墊走進來，進入自己的房間。而且，寄來的郵件都是這樣收在抽屜裡。」

抽屜中的郵件全都拆開過，也夾雜著幾張明信片。其中，有一張的寄信人寫著「祐司」二字。

「抱歉讓妳擔心了。我已經找到落腳的地方，所以通知妳一個人，千萬別讓我家的人知道。別擔心，安心等我就好。」

郵戳是今年的五月十八日。三枝讀出內容後，明惠微笑了。

「我就知道，我怎麼可能毫無頭緒就跑去東京嘛，我這人最膽小了。」

祐司寫的「落腳的地方」，是在高田馬場。

「這下說得通了。」三枝說：「我們回東京吧。說不定你在那邊還留有幸山莊命案的調查資料。」

「如果村下猛藏沒有搶先找到的話。」

明惠啓程去東京之際，似乎把家裡都收拾妥當了。三枝說聲「電話也被停掉了」就出去了。他小跑步離去，說是要去打點新幹線的回程車票。

「才剛回來又要走啊。」耕吉佇立在玄關入口，落寞地說。

「您不打算交給警方處理嗎？少爺。」

「現在還不行。」

「那，有什麼我能做的嗎？」

祐司勉強一笑。「你有這份心意就夠了。而且，店裡不是一直交給你掌管嗎？光是那樣已經夠麻煩你了。」

耕吉的下顎顫抖。祐司知道，耕吉是在咬緊牙根不讓自己哭出來，不禁一陣心痛。

明惠一邊摸索著牆壁四處走動，一邊探索著屋內。突然喀噹一聲，祐司連忙走過去一探究竟。

她站在小小的佛壇前。花瓶當然是空的，也沒點著線香，只有兩個嶄新的牌位，和一個相當老舊的牌位並排放著。

是明惠的雙親和妹妹。

唯有這一刻，祐司慶幸明惠已經雙目失明。帶著空白的記憶，突然面對這幅景象未免太殘酷。

佛壇裡面還放著照片。因爲已看過許多次，他一眼就認出三好一夫和雪惠的臉。至於那張三十出頭的女性照片，應該是明惠的母親吧。她很年輕就過世了。

這時，他發現在相框旁邊，供奉著一盒沒開封的SHORT HOPE。

愛抽這種菸的，原來是明惠的父親三好一夫。祐司再次感謝她看不見這一幕。父親的菸味，父親喜愛的香菸。

（明惠，我的菸抽完了，幫我出去買一包好嗎？）

聽見父親如此拜託，孩提時期的明惠飛奔而出——他腦中甚至浮現出這樣的景象。

明惠又用手摸索著，移往佛壇旁邊的置物櫃。她的手摸到矮櫃的邊，手那麼一碰，順勢撞到了放在櫃子上的兔子布偶。

絨毛布偶翻倒，滾到地上。於是，大概是碰到什麼開關吧，開始流瀉出美妙的音樂。兔子配合著音樂的旋律擺動耳朵，不停抽動鼻子嗚叫。原來還有音樂盒的功能。

明惠的雙手仍舉在身前，一直專心聆聽。好半天，她才小聲說：「是我妹妹的。」

「啊？」

「小時候，爸爸給我們兩人買了同樣的玩具。我的已經壞了，妹妹的一直保管得好好的。她很珍惜，非常珍惜。」

那背後藏著什麼樣的回憶，祐司無從得知。他只是默默撿起還在抽動鼻子的兔子，交給明惠。她緊緊抱住它。

「是她的，」明惠把臉埋進毛茸茸的兔子裡。「是雪惠的。」

距離三枝訂到的新幹線列車發車時間，還有兩個小時。耕吉利用這個空檔，帶三人去鄉土料理餐廳。那是一間位於山上，可以俯瞰街景、很安靜的店。

「這是董事長以前很喜歡來的店，而且食物說不定能幫您想起什麼。」

遺憾的是，新鮮的海產對於恢復記憶毫無幫助，不過他還是很感激耕吉的心意。

從餐廳回到停車的地方必須穿過青葉城遺址公園。帶領著觀光團的導遊，正一手拿著麥克風，對著聚攏呈半圓形的人群講解著當地典故。

「豎立在青葉城遺址的伊達政宗騎馬雕像，至今仍俯視著酒都仙台，護衛眾生……」

聽著滔滔不絕的流暢話語，明惠突然說：「這是哪裡？」

「青葉城遺址。」

她仰望著祐司的臉說：「我曾經來過，跟你一起。」

「跟我？」

一旁的耕吉凝視著兩人：「一開始，本來是董事長和三好先生提議撮合二位締結良緣的。」

「眞的？」

「對。兩家的父母雖然關係密切，可是孩子們卻不太熟，頂多只是見了面會打個招呼。長大之後，少爺又搬到石卷，所以變得更疏遠。因此，當初董事長問您要不要跟明惠小姐正式相個親時，少爺還發了好大的脾氣。」

祐司茫然地眨眼睛，耕吉略微笑了。

「您說結婚對象您會自己找。沒想到休假回來這裡時，好像是在街上巧遇明惠小姐，從那之後就開始了。」

原來如此，如果是這樣，就不算是奉父母之命成婚了，雖說結果其實都一樣。

「因爲您發現才一陣子不見，明惠小姐已出落得美麗動人。可是，大概還是覺得有點尷尬吧，您二位交往的事一直瞞著雙方家長。我在少爺偷偷告訴我之前，也是毫無所悉。」

「耕叔，我是什麼時候告訴你的？」

「您二位要去幸山莊之前。董事長夫婦和三好先生、雪惠小姐，很早就決定要去那邊歡度聖誕節。也邀了少爺你們。可是您拒絕了，說要晚一點再偷偷跟明惠小姐一起去，給大家一個驚喜，我當時聽了哈哈大笑。」

原來是這樣。所以隨後趕到的他們，才會成爲幸山莊命案的第一發現者。

「您二位是瞞著所有人偷偷跑去的。」

大概是想起等在那裡的是什麼吧，耕吉閉緊了嘴巴。

在車站分手時，耕吉看起來分外瘦小，他悲哀地垂著眉，一直目送他們遠去。

回程的列車上，誰也沒有開口。三枝雖然一直在睡覺，表情卻很嚴肅，似乎在考慮什麼。明惠把那隻兔子從仙台的家裡帶來。她抱在胸前，用臉頰摩挲。沒有哭，眼睛卻泛著淚光。

我們等於是二度面臨家人遇害——祐司想。

第一次，是在幸山莊被槍殺。然後，倖存的祐司和明惠記憶遭人抹殺，再次回想起來時，家人又被殺了一次。不管是什麼悲劇，照理說只需痛苦一次。縱使再怎麼悲慟，應該只在內心最深處某個地方痛過就夠了。

可是，我們不同。只因爲喪失了記憶，就得把同樣的悲傷用同樣的深度再體驗一次。

光是這點，就令人無法原諒。凝視著明惠面對窗戶的蒼白臉頰，祐司想——單是衝著這個舉動，也得讓對方付出應有的代價。

三十二

眞行寺悅子的一天是從一通電話開始的。

悅子不小心睡過頭了。沉溺在模糊夢境之間的睡意，令她忘了時間。

「媽媽，媽媽妳的電話。」被由佳里叫醒時，枕畔的鬧鐘已指向上午十點半。悅子跳了起來。現在正是分秒必爭、急著尋人的關頭，還睡成這樣？難怪人家說外行人不中用，她打從心底感到可恥。如果昨天才忙個一天就被擺平，還有什麼臉面對小操。

「是誰打來的電話？」

「那個人說只要說是桐子妳就知道了，還說我好聰明。」

是美髮院「玫瑰沙龍」的網野桐子，悅子衝下樓梯抓起話筒。

「喂？」

「眞行寺小姐嗎？是我，桐子。」

桐子似乎是從外面打來的，還聽得見背後人聲鼎沸。

「關於小操，能不能幫上忙我是不曉得啦，不過我得到一個消息，妳能否出來見個面？」

「謝謝！那我去找妳。桐子，妳現在在哪裡？」

桐子詳細說明。她在四谷的某間健身中心。悅子把那間名叫「LIFE SWEAT」的健身中心地址記在腦海後，連忙換衣服，這時由佳里跑來了。

「媽媽，妳很忙？」

「對不起，我又得出門了。」

「連把我送去外公那裡的時間都沒有了吧。」

那怎麼會呢——才說到一半，由佳里已經笑嘻嘻地走掉了。雖然覺得女兒有點可憐，但這也是無可奈何。著裝完畢檢查皮包裡的東西時，才發現車鑰匙不見了，也沒找到皮夾。正在狼狽之際，外面響起喇叭聲。走出玄關探頭一看，由佳里好端端地坐在悅子愛車的駕駛座上。

「媽媽！」由佳里說著還揮起雙手，右手拿著鑰匙，左手抓著皮夾。

「今天人家也要跟去。」

「由佳里！」

「沒關係啦。媽媽，我看妳錢包沒錢了，還特地去銀行幫妳領錢，補充戰備資金。有我在比較方便喔，對吧？」

悅子雖然裝出凶巴巴的表情，可是想像由佳里像脫兔般衝往大馬路上的銀行自動提款機，再狂奔而回的模樣，不禁笑了出來。

「好啦，我們快走吧。Let's go!」

LIFE SWEAT位於一棟雄偉嶄新的大樓內，大樓面向從ＪＲ車站往紀尾井町方向的馬路。樓頂還有像溫室一樣的半圓形巨蛋，裡面可能有室內游泳池。

在櫃檯一報上網野桐子的名字，身穿鮮黃色運動服的櫃檯小姐就指著裡面說：「請妳搭那臺電梯到七樓。正面是游泳池入口，往左轉有一個果汁吧，她說在那邊等妳。」

悅子和由佳里都是第一次踏進這種地方，這裡相較於她有時帶由佳里去的住家附近某間公立健身中心，簡直有天壤之別。

黃色運動服似乎是這裡的工作人員制服。每當錯身而過時，工作人員都會開朗地打聲招呼說「您好」。大家都曬得很勻稱，看起來很健康。

七樓是最頂樓，正如她所料，巨蛋裡面有游泳池。裡頭貼著大片玻璃，碧波蕩漾的泳池全景一覽無遺。果汁吧位於俯瞰泳池的位置，悅子她們一出電梯，桐子立刻發現她們主動揮手。

一律以木紋和白色裝潢的室內，排列著高腳椅。桐子坐在靠近泳池的那一桌。

她並非一個人，身旁還有另一個年紀相仿的女孩。兩人都穿著顏色亮麗的運動服和短褲。桐子額頭綁著頭巾，另一個女孩把長髮編成辮子垂在背上。

「不好意思，今天還拖著一個小跟班。」

悅子這麼一說，由佳里嘿嘿笑了。「我是小跟班由佳里，謝謝妳照顧我媽媽。」

兩個女孩開心地笑了。

「我來介紹一下。這位是我高中就認識的朋友，蓮見加代子小姐。」

桐子說完，長髮女孩站起來略微鞠躬。是個身材修長，引人注目的美女，給人的印象比桐子還要成熟優雅。正因爲如此，當桐子介紹她的職業時，悅子不禁驚訝得「啊」了一聲。

「偵探事務所？妳嗎？」

蓮見加代子似乎已對這種反應司空見慣，她微微一笑。

「家父經營事務所，所以，我也跟著幫忙。」

「也等於是家庭手工業啦。」桐子也笑了。「由佳里，妳要喝什麼？這裡的芭樂汁很好喝喲。」

「嗯！」

淺粉紅色的果汁立刻送來。同樣身穿黃色運動衣的女服務生離去後，桐子這才切入正題。

「關於小操的消息，其實是加代子告訴我的。我們今天來這裡打壁球，兩人聊著聊著，我就提到小操蹺家的事，加代子聽了大吃一驚。」

悅子看著那個完全不符合一般人印象中的「偵探」的女孩。

「蓮見小姐也認識小操嗎？」

加代子點頭。「我也是去玫瑰沙龍請桐子幫我做頭髮，我跟小操就是在那裡認識的。」

她說是四個月前的事了，所以應該是四月中旬吧。

「我去玫瑰沙龍時小操已經先到了。她大概是看桐子跟我打招呼，知道我們是朋友。過了一會兒，我正巧坐在她隔壁，她就主動跟我聊起來了。」

「以小操的個性來說很難得，對吧？」桐子說。「那是有原因的。」

小操聽說加代子在偵探事務所上班，似乎對她產生好奇。

桐子吐了一下嬌小的舌頭。「是我太大嘴巴了。雖然加代子每次都叮嚀我不要隨便把她的工作性質說出去，我還是脫口而出。所以，那天也是，我一邊上卷子，一邊就順口跟小操說了：『那個人外表雖然看不出來，其實是我的朋友之中最怪的，因爲她是個偵探。』」

「結果呢？」悅子傾身向前。「小操委託妳做什麼？」

加代子雙手放在膝上，重新坐正。

「她先聲明，那是她在電視上看到的，問我是眞是假——」

小操問的是，據說最近有愈來愈多人找偵探社和徵信社調查自己，是否是眞的。

「調查自己？」

「對，最近偶爾會有這種案例。」

會要求做這種調查的，據說通常都是大企業主管階層的男性。

「這些人都是中間管理階層，也就是所謂的『夾心餅乾』。總之就是特別吃苦受罪，累得跟狗一樣，突然間，不知道自己究竟是爲誰辛苦爲誰忙。自己這麼賣力工作，眞的會得到回報嗎？別人到底是怎麼看待自己呢——然後就陷入這種恐慌，搞得自己坐立難安。」

原來如此……悅子想。所以才會有這種念頭，特地花錢僱人來調查自己——不，評價自己吧。

「說來還眞可笑。」桐子聳聳纖細的肩膀。「跟老婆的感情如何啦，和小孩能否溝通啦，是否得上司寵信啦，有沒有部下崇拜自己啦，這種事，自己不是應該最清楚嗎？」

「光是自己知道沒有用，問題在於別人是怎麼個看法。」加代子輕輕張開雙手。「即使自認爲有這麼多的東西，客觀看來不見得就是如此。因此，才會想請人確認一下。」

「太扯了吧，這根本是在浪費時間。」

悅子低聲冒出一句：「我倒是多少可以理解。」

兩個女孩盯著悅子。桐子嚇了一跳，加代子則不慌不忙以眼神示意她繼續說。也許是因爲工作的關係，或是源於個性吧，蓮見加代子這個年輕女孩的視線中，常有一種彷彿正對人伸出援手的暖意。

「那是一年前的事了，當時，我先生死了，是過勞死。」

悅子對著他們微微一笑。

「身爲妻子，沒有比這種死法更令人懊悔的了。連我自己都會想，我怎麼會放任事情演變到這種地步，周遭的人當然也這麼批評。」

「對不起。」桐子突然說。害妳提起這個眞抱歉——是這個意思吧。悅子對她又多一分好感。

「我一直走不出這個打擊——到現在都還是。因此，我可以理解。因爲失去丈夫的我，也非常膽戰心驚。罪惡感當然是一定會有，可是，我根本無能爲力，雖然我很想爲他做點什麼，卻不知道該怎麼做，這種心情大概無人能夠理解吧，周遭的人不曉得是怎麼看我的——有一段時間我滿腦子只在意這個。甚至還開始懷疑，自己這些年的人生到底算什麼。」

「那段日子一定很不好受吧。」加代子平靜地說。

由佳里坐在旁邊瞪圓了眼睛。桐子也許是察覺到了吧，她用開朗的聲音問：「欸，由佳里，要不要玩玩看有氧拳擊？」

「那是什麼？」

「很簡單，只要用力打沙袋就行了，會很痛快喔。跟大姊姊去玩玩看嘛，好嗎？」

悅子點頭答應後，由佳里立刻彈起身，牽著桐子的手，一邊說著「像拳王泰森那樣嗎？」一邊逐漸走遠。

加代子不禁微笑。「妳女兒好可愛。」

「小管家婆，害我傷透腦筋。」

所以——加代子回到原來的話題。

「我告訴她，最近像這種委託調查自己的案子的確增加了，小操就問我，如果她委託我們事務所，我們會不會答應。」

她伸出食指抵著鼻頭，換上沉思的表情說：「那時，我壓根沒想到她是在說眞的。本來就只是在美髮院趁著燙髮的時候隨便閒聊嘛。於是我就隨口回答我也不確定，但是費用很昂貴喔。由於小操表示想知道我們事務所在哪裡，我還是照慣例給了她一張名片。」

結果，過了一週，小操眞的去事務所找她了。

「她來委託妳調查她自己嗎？」

加代子緩緩點頭。

「具體上大約要多少費用，期間有多久，能調查到什麼程度，這些她都問得很詳細。所以，連我也嚇了一跳。」

蓮見偵探事務所對於自身調查，原則上要收取基本費用二十萬。

「實際上，通常得花更多錢，所以至少得準備個三十萬才夠。我就勸她別傻了，聽我這麼一說，她回答說：『我會打工存錢。』我就想，這下子麻煩了。」

悅子想起小操的朋友桃子曾經說過：「小操雖然在打工，花錢卻很小氣。」

加代子又繼續說。「原則上，我們不接受未成年者的委託。而且，向來也不接這種調查委託人自己的案子。這是我父親——也就是所長，他的方針。」

這話勾起了悅子的興趣。「爲什麼？」

「因爲自我調查不算是調查。」加代子斷然表示。「那是騙人的。就算認眞調查，最後也會變成騙局。我這麼說的理由是：像這種要求調查別人怎麼看待自己，想確認自己到底過著什麼樣人生，眞的跑來找我們的人，就算有程度上的輕重差異，其實全都有病，他們的精神過勞生病了。唯一能夠拯救他們、治癒他們的，我認爲只有醫生。」

「妳是指，所謂的精神衰弱嗎？」

「不只是那個——我想想看喔，也可以說是『準』精神衰弱吧。因此，最好還是去找專門的醫生、心理諮商顧問或心理治療師。要不然，光是挪出空檔好好休息也可以。與其花三十萬請人調查，還不如拿這筆錢跟家人去旅行。總之，要求我們調查根本就是錯的。」

「是這樣嗎……」

「是這樣。因爲，要求調查自己的人，縱使看了調查結果，也絕不會滿足。」

加代子苦笑。

「他們都會說，想要個客觀答案，對吧。可是，面對一個活生生的人『是什麼樣的人』這種問題，眞有客觀的答案嗎？一週前夫妻吵架了，但你不能因爲這樣就說夫妻感情不好吧？不，有些夫妻雖然常常吵架，其實應該還是很恩愛。假設去找附近鄰居打聽好了，最後答案一定是各說各話。如果問一個正在煩惱老公外遇的女人，她會回答，隔壁家的先生好像也在外遇喔。正在苦惱父子關係不佳的人，會說那是因爲隔壁家的小孩也很叛逆。我說的這些都是眞的，到頭來大家只是透過自己的眼睛去詮釋，所以自然會有這種結果。」

加代子的言外之意，悅子也逐漸了解了。

「這又不是學校的考試，不可能得出一份結果說：你的人生有百分之八十成功，上司寵信度有百分之六十九，部下支持度是百分之七十四。成功或失敗、滿足或不滿足，都只有自己才能夠決定。這點，大家應該都很清楚。」

加代子搖頭。

「一旦無法理解這點，想藉由調查的形式得到他人評價，這表示他眞的有什麼地方出了問題，不安到了極點，心理出了毛病。因此，就算做了一次調查，也不會就此滿足的。他一定會說：『我想知道得更詳細。』或是說：『不，眞正的我不是這樣，你們再好好調查清楚。』他們尋求的是一個讓自己滿足的結果，可是歸根究柢，當初就是因爲不知道自己想對什麼滿足才會委託調查，以致根本沒完沒了，只是在重複惡性循環，讓自己愈陷愈深罷了。」

悅子深深點頭。

「倘若眞的理解這種委託人的心情，最好是勸告他打消調查的念頭去度個假，或是去找值得信賴的醫生談談。可是實際上往往並非如此——黑心一點的徵信社甚至會捏造令委託人高興的結果。因爲只要說點好聽的，委託人就會很高興，想聽到更多，自然會再來委託調查。」

「是啊，這種心理我很了解。」

「如果做調查，或許暫時能解除委託人的不安，可是這並非根本的解決之道。這就好像不治療負傷的地方，只塗上遮瑕膏掩蓋起來。」

加代子喝了一口玻璃杯裡的水，表情稍微緩和。

「我父親常掛在嘴邊的一句話：從事調查這項工作時，我們就成了machine，也就是機器，徹底調查眞相的機器。因此，既不能爲錯誤的目的使用，也不能因爲『請調查我是個什麼樣的人』這種模糊的目標啓動開關。」

說著，她笑了一下。「當然，如果是失去記憶的人，想知道自己之前過著怎樣的生活，這我們倒是可以答應調查。」

「那完全是另一回事了。」悅子笑著說。

「所以……」加代子喘了一口氣，「我也把這套說法跟小操解釋過，拒絕了她的委託。妳也知道，她正處於那種多愁善感的年紀，即使沒什麼煩惱也會懷疑自己是怎樣的人。所以當我父親說，十幾歲的時候，每個人都會對自己喪失自信，自卑的情結也很強，因而不接受委託調查時，我也是笑著接受了。」

「原來還有這樣的事啊。」

小操在想什麼，抱著什麼煩惱，悅子逐漸了解。她遲遲無法從中學時期朋友自殺的打擊中振作起來，一直在摸索著前進。

「不過，」加代子抬起臉。「小操的態度有種令人害怕的執著。當時我自認已經盡力說服她了，但後來我還是跟父親討論，看她那個樣子，說不定會再去找別的偵探事務所。我也想過，像她這樣年僅十七歲又貌美如花的女孩，會說出『我不知道別人是怎麼看我的』這種話，應該是有具體而深刻的理由吧。可是，站在我的立場，不方便問得太深入，她大概也不可能會告訴我。」

悅子在心底深處偷偷地想：「那是因爲妳們年紀相仿，而且妳和小操都是年輕貌美的女孩。」打從東海林郁惠自殺以來，小操就再也不知道如何接近同年齡的年輕女孩——還有圍繞在她們身邊的男性。因此，不論是面對開朗活潑的桐子，或是看似粗魯其實善良體貼的桃子，乃至這個應該最有可能幫助她的加代子，她都無法坦然打開心房。

「對不起，這些話對於現在急著要找小操的妳，大概沒什麼幫助吧。」

「不，沒這回事，我本來就很想揣測小操在想什麼。這麼一來，說不定能猜出她怎麼行動。」

加代子鬆一口氣地笑了。「有我做得到的，請儘管告訴我。當然，這不算是工作，純粹是幫忙。」

悅子向她道謝。

目前爲止，數不清已有多少人跟她說過同樣的話了。大家都很關心小操，而這點不就是最好的證據，表明了「小操是個怎樣的人」嗎？

分手之際，悅子隨口問道：「這個健身中心很棒，妳和桐子都是會員嗎？」

加代子吃吃笑。「入會要繳一百五十萬，每個月再繳會費二十萬。我們怎麼可能付得起？我們兩個都只是訪客，是跟著桐子一位有會員卡的客人進來的。」

下面的泳池中，有一個穿著亮麗泳裝的女性，正在水上悠然划過。加代子一邊眺望一邊低聲說：「有時候在這種地方，也會遇上新的委託人。」

她轉過頭來微微露出笑容。

「就連這種地方的會員，也照樣有人有煩惱——光看外表，他們好像都衣食無缺沒有任何不滿。」

「其實大家都一樣。」悅子說。

三十三

悅子輕而易舉就找到了「小松冰果室」。正如桃子所說，巨大的粉紅色遮陽棚遠遠看來很顯眼。

她把車子停進新宿車站南口LUMINE購物商場的停車場，一邊牽著由佳里前行，一邊開始後悔。歌舞伎町不是十歲女孩該來的地方，想想還是該把由佳里留在家裡才對。

「由佳里，不可以東張西望喔。」

聽她嚴格警告，由佳里不當一回事地說：「沒問題啦，媽媽。我不會迷路的，我知道怎麼走。」

悅子不由得停下腳。「妳說什麼？」

「討厭，妳都忘了嗎？去年夏天，外公不是帶我來看過《彼得潘》？那就是在小間劇場演的。」

「光是這樣妳就會認路了？」

「嗯。看完戲後，我還跟外公在這附近探險。外公說：『由佳里，妳仔細看。這一帶是很可怕的地方喔。就算朋友邀妳到新宿玩，妳也不能傻傻地跟去喔。』」

義夫是個奉行實地教育的人。悅子半是無奈，半是感佩，再也說不出任何話。

「貝原小姐？啊，她怎麼了？」小松冰果室的店長一聽到小操的名字立刻這麼說。

他的年紀大概和悅子差不多吧，穿著打扮像個久遠以前的流行樂手。由於冰果店本身的主要客層是青少年，感覺上只有他一個人格格不入。

店面一半是冰淇淋吧檯，一半當作冰果室，令人驚訝的是冰果室那邊還擺著老舊的太空侵略者電玩遊戲機。令人懷念又有點可悲的電子音效不絕於耳，兩個看似學生的客人正玩得起勁。

「我正傷腦筋呢。她週六、週日都曠職沒來，是生病還是怎麼了？」

「不……發生了一點事情。她只有每週六、日才來上班嗎？」

「對。週六下午兩點到五點，週日一整天，從滿久以前就這樣了，大概快半年了吧。目前爲止，她從來不會這樣不假曠職。」

上個星期的週六、週日，是十一、十二日。小操是八日晚上離家的，她既然沒通知打工的地方，這是表示當時她認爲還會回來嗎？又或者是她腦中只想著某件重大的事，讓她連打工的事都忘了？

「我聽說小操在這邊交了個好朋友，好像是來打工的大學生，你知道是哪一位嗎？」

店長歪著腦袋，玩弄著脖子上沙沙作響的鍊子。在他身後，有個身穿白底彩色條紋制服的女服務生一邊喊著「店長，讓一下」一邊鑽過去。

「大概是小安吧。」店長依舊對著天花板說。

「小安？」

「是個姓安藤的男生。妳也知道，貝原小姐是個美女嘛。那小子好像很迷戀她。」

「那個人今天會來嗎？」

「會啊，今天是週二……」說著他看看貼在收銀台後面的值班表，「他兩點開始上班。」

現在才剛過十二點半，悅子說聲「我待會再來」就走出店外。外面熱得令人窒息，可能是因爲柏油路面反射陽光，再加上櫛比鱗次的大樓冷氣室外機噴吐出來的熱風吧。

她們逃命似地加快腳步，衝進伊勢丹百貨，在裡面的餐廳吃完午餐後，一點五十五分回到小松冰果室一看，店面的後方停著一輛中午沒看到的大型摩托車。

再次和店長打照面，他立刻朝著後面廚房揚聲大喊：「小安！」

隨著呼喚出現的，是個圓臉、圓眼睛、圓鼻子、膚色白皙的男孩。都已經是大學生了，還說是「男孩」或許有點失禮，不過，這張娃娃臉就算到了四十歲，大概還是很適合「小安」這個稱呼吧。

「我是安藤光男。」說著有點惶恐地鞠個躬。悅子報上姓名，一提到貝原操的名字，那張柔和的臉立刻僵硬起來。他用恨不得抓住悅子手腕的驚人氣勢問道：「她怎麼了？出了什麼事？」把小操蹺家的事告訴他後，他大概是很震驚吧，頹然地垂下雙臂。

雖然手肘粗壯得出現青筋，看起來並不像是愛運動的人。他眞的是小操的「男朋友」嗎？悅子閃過這個疑問。

「她的事，你應該很了解吧？你知不知道她蹺家會去哪裡？什麼線索都可以。」

光男右手抓著臉，眼睛惶然四下游移。「那當然——可是我並不知道她會去哪裡。」

「講一下她最近的言行舉止也可以，有沒有什麼改變？」

雖只有稀稀落落的客人進來，光男不曉得是否在擔心工作，一直畏畏縮縮地注意店長那邊。悅子忍不住大喊：「店長！」

成串的鍊子從收銀台的暗影內出現。「什麼事？」

「對不起，我想跟你借一下安藤先生，我該付多少錢補償你的損失？」

店長就像漫畫電影中的大野狼一樣，挑起嘴角嘻嘻一笑。

「我如果叫妳拿五十萬來妳也付不起吧。算了，免費借妳。唯一條件是，妳要叫點吃的。」

悅子點兩杯冰淇淋蘇打，又替由佳里點冰果汁。搞不好待會由佳里會拉肚子，不過也沒辦法。

至於由佳里，從剛才就一直頻頻注意那臺電玩遊戲。悅子說「妳去玩沒關係」後，由佳里立刻高興地往機器前面一屁股坐下。這時，親自端冰淇淋蘇打過來的店長「噢」了一聲。

「小妹妹，妳從來沒見識過這玩意吧？」

「嗯，要怎麼玩？」

「把目標擊落就行了。讓開，先看我玩一下，叔叔表演『名古屋射擊法』給妳看。」

周遭安靜下來後，光男一跟悅子面對面，立刻抓抓頭說：「對不起。我剛才難以啓齒，並不是因為在意時間。」

「不然是為了什麼？」

「妳是眞行寺小姐吧？」

悅子點頭。光男露出眞的很抱歉的表情。

「我在小操的拜託下，曾經跟蹤過妳的情人……」

悅子驚訝得嘴巴半開。出現了，「眞行寺小姐♡」。

「那到底是怎麼回事？我也知道小操似乎認定我有情人。可是，我根本就沒有什麼情人。」

光男像搖頭人偶一樣頻頻點頭。「小操後來好像也發現了。所謂的『眞行寺小姐的情人』，該怎麼說呢，其實只是個綽號，是小操給那個男人取了這樣的綽號。」

小操第一次發現那個「悅子的情人」，是七月十四日的事——也就是日記上留有「眞行寺小姐♡」這行記述的那天。

「那個星期六，我們一起工作到五點後，我邀她找個地方喝酒。在那之前，雖然打工的一票同事曾經一起出去過，一對一的邀約這還是頭一次。」

他隨手抹一抹鼻子下面冒出的汗珠。

「我也知道自己毫無希望。原本，小操就不太跟人來往。就算同事們邀她出去，三次當中她頂多答應個一次。可是，我就是喜歡她。明知她那樣的美女不可能對我這種人有興趣，可是，我還是無法馬上死心。所以那時候，她說『今天有別的約會』，我就說『那我送妳過去』。即使當『腳伕』也無妨，總之我只想陪在她身邊。」

悅子打斷他的話：「對不起，『腳伕』是什麼意思？」

光男脹紅了臉。「自己說這種話實在有點尷尬。簡而言之，不是眞正的男朋友，只是在逛街出遊時專門負責接送，替她跑腿的男朋友。我雖然沒別的長處，至少會騎摩托車。」

門口停的那輛摩托車，原來是光男的。

「結果，小操去了哪裡？」

「丸之內，她說那邊有眞行寺小姐這位朋友。」

七月十四日，小操爲了見悅子，曾經來到附近。

當然，她們並未約好要見面。四天前才首次見面，邀請她到家裡。

即使如此，小操還是又跑來見悅子了。對於這份友誼，她顯然並不打算疏遠，也沒有嫌煩。

然而，對小操來說，要她輕鬆邀約別人，說出「我正好經過附近就順便過來找妳」，或是「欸，難得週六放假，要不要一起出去玩」這種話，應該需要極大的勇氣。

七月十四日，是悅子輪值的週六。關於她的班表，她也告訴過小操。所以小操應該知道悅子會在永無島待到五點半，但她難道不擔心看到她突然來訪，悅子會有什麼反應嗎？

悅子想：要眞是這樣我倒很高興。這時光男又說：「可是小操到了她指定的地點，反而一臉不知所措。我就想：啊，她爲了拒絕我的邀約臨時說謊，現在下不了台了，其實她根本沒有任何約會。」

這是很可能的，悅子點點頭。既然對光男說了謊，就得找個地方去。結果，臨時想到的大概就是永無島和悅子。可是一旦來到附近，又提不起勇氣去找悅子——事情就是這樣。

「她跟我說：『謝謝，你可以先回去了。』可是我實在忍不住，就脫口而出：『其實妳根本沒約會吧，如果不想跟我出去，妳可以直截了當地告訴我。妳不用再說謊了。』」

「結果呢？」

「起先，她嚇了一大跳，然後就把臉一皺，我還以爲她哭了——結果根本不是，她是在笑。」

她跟他說：

（對不起，沒錯，我根本沒約會。）

（妳說有朋友在這邊，也是騙人的？）

（不，這是眞的。可是，我不知道那個人看到我突然出現會不會高興。）

光男聽了就告訴她：

（可是那個人是妳的朋友沒錯吧？）

（也許只是我一廂情願地以爲是朋友。）

（妳眞傻。爲什麼要這麼想？既然妳覺得是朋友，對方一定也是這麼想。所謂的朋友，本來就是這樣。又不是要等誰宣布「從今天起我們是朋友了」才能變成朋友。）

「小操聽了很驚訝。還問我：『眞的嗎？我眞的可以想得這麼樂觀嗎？』」

「小安，你這話講得太好了——」悅子不禁微笑。「到目前爲止，從來沒人這樣清楚告訴過她。」

「不會吧。」

光男喝著冰淇淋溶化、已經變成白色的蘇打水。

「然後，我就替她出了一個主意。如果不好意思直接找上門，那就守在大樓出入口，等那個人出來好了。等那個人一出現，只要假裝是湊巧遇上，再過去打招呼就行了。這樣的話，對方就算沒空，必須當場說拜拜，也不會覺得很尷尬了，不是嗎？」

直到那時，光男都還以爲小操的「朋友」是個男的。

「所以，當我聽說是叫做眞行寺小姐的女人，而且是在永無島這種電話諮商機構認識的人，我又吃一驚。像小操這麼漂亮、有男人緣的女孩，連對女人都這麼退縮，眞的讓我感到很不可思議。」

「小操很多人追嗎？」

「多得不得了。可是，該說她完全不放在眼裡嗎？總之就是不給任何人機會。」

後來兩人就倚著停在路肩的摩托車，裝作若無其事地等悅子出來。

「像這種狀況下，不是都會注意周遭的反應？所以，我們才會發現，在離我們不遠的地方，有個人正跟我們一樣眺望著出入口。那是個男人……四十歲左右吧。雖然規矩地穿著白襯衫打領帶，可是西裝外套脫下來搭在肩上。就是那樣瀟灑打扮的人。」

（欸，你看。那個人好像也在等人耶。）

（好像是耶。）

「就在那時候，眞行寺小姐，妳走出來了。跟別的女人一起。妳好像完全沒注意到我們，朝著車站的方向逕自走去。這正是讓小操故作巧遇跟妳打招呼的最佳時機。可是，她並未這麼做。」

悅子也不記得小操有喊住她。「爲什麼？」

「之前那個男的，一看到妳，表情猛地一驚，原來他在等的人也是妳。不只是這樣，那個男的還開始邁步跟蹤妳。」

三十四

悅子雙手抱肘，呆了好一會兒。這到底是怎麼回事？她完全不記得曾被男人跟蹤過。

「那個人，眞的是在跟蹤我嗎？」

「絕不會錯，妳想不出會是誰嗎？」

「毫無頭緒。」

也許是錯覺吧，她覺得光男好像鬆了一口氣。

「太好了，不是妳的朋友啊。」

「如果是朋友怎麼會跟蹤？那個人眞的四十歲左右？」

「對。」

「不是再老一點？頭也沒有禿？」

她本來想，也許是義夫，說不定他想給悅子一個驚喜。可是，光男忍不住笑了出來。

「我的記憶不可能錯得這麼離譜啦。他沒有禿頭，雖然身材很瘦，看起來還是滿帥的。哪像我，就算殺了我也不可能變成那樣。」

悅子抓著吸管，不停攪動蘇打，被別人跟蹤並不是什麼愉快的經驗。

「到底會是誰呢？」

「小操也說『那不曉得是誰』，所以——說來眞的很丟臉，我們也跟上去了。」

「你們也開始跟蹤？」

光男的手放在後腦勺。「對。」

他們丟下摩托車，用走的。由於路上行人很多，費好大的工夫才沒把人跟丟——他笑著說。

「走了一陣子，眞行寺小姐，妳不是和同行的女人進了咖啡店嗎？妳不記得了？」

悅子思索著。那是一個月前某個週六的事了，她已經不太記得。不過，她的確常和永無島的同事，去某間位於地下鐵車站附近的店裡喝咖啡。

「我也許去了吧。」

「不會錯的。結果，那個男的也進同一間店，妳們坐沙發位，他就坐在可以看到你們的吧檯。」

小操看到之後，據說很緊張。

（不對勁。你不覺得奇怪嗎？如果是熟人，照理說應該會出聲打招呼。）

（說得也是。）

（我倒有個想法。）

（什麼？）

（那個男的一定是打電話到永無島跟眞行寺小姐說話的人。所以，光聽聲音已經不滿足，才會跑來找她。）

（不會吧。如果是那樣，他直接喊她不就好了。）

事實上，那個男的也的確多次作勢要喊悅子。可是，他還是沒採取行動，只是隔著一段距離一直盯著瞧。

小操拜託光男去把摩托車牽來。（幹麼？）

（我想跟蹤那個人，看他接下來要去哪裡。你快牽車，這樣他坐上車也不怕跟丟了。拜託。）

光男彷彿是要辯解，語調也熱切起來。「小操會這麼說，並非只是基於好奇，她是在擔心妳。被一個男人盯著瞧，感覺多恐怖啊。所以，小操才會想調查那傢伙的底細。」

「是啊，我知道，我也是這麼想。」

那是小操對悅子表達親愛之情的一種方式。

悅子雖然毫無印象，不過據說那天她在那家咖啡店待了四十分鐘左右，買了蛋糕才離開。隨後就目不斜視地走下地下鐵的大手町車站。

「那個問題人物一直跟蹤妳到車站階梯。等妳走下去後，他停在那裡，好像考慮了一陣子，最後還是下去了。我們也繼續跟著。」

「那個男人看起來像是發現你們了嗎？」

「沒有，他應該作夢也沒想到會被人跟蹤吧。」

悅子通勤的時候，總是走大手町車站的聯絡通道抵達ＪＲ的東京車站。從那裡可以直接搭快速電車回吉祥寺的家。

跟蹤的男人在那裡就離開悅子，搭上往荻窪的丸之內線。小操和光男也搭上同一班車，同樣在新宿車站下車。

「結果，那個人去了哪裡？」

光男隨手往北新宿的方向一指。

「小瀧橋路的附近，一家叫做榊診所的小醫院。招牌上只有這樣寫，所以不知道是看哪一科的診所，後來我們問附近的人，才知道是專門看精神科的。」

精神科。一下子冒出了太多事實，令悅子快要腦筋混亂。

「跟蹤之旅就到此結束？」

「別提了，還有下文。」光男擦把汗。「小操把那個男人去找精神科醫生的事看得非常嚴重。她還說：『怎麼辦，不曉得到底是個什麼樣的人。』」

光男勸誡小操，就算那個男人眞的在看精神科醫生，也不該立刻驚慌失措，這是偏見。

「像我爸，以前也曾因爲心理壓力拒絕上班。那時找的醫生是個非常好的人。那個人告訴我們，不論是誰都會有精神不安定的時候，這種時候就當作是看內科一樣來精神科掛號就行了。一點也沒什麼可恥的，絕不會比看牙醫恐怖。」

光男不好意思地笑了。

「更何況，當時只是看到那個男人走進醫院，其他什麼都不知道。說不定他就是那裡醫生。」

過了一個小時，男人又走出榊診所。這次也是徒步，沿著小瀧橋路大步走去。小操顯然激起了牛脾氣，不管光男怎麼勸都堅持要繼續跟蹤。

男人走到小瀧橋路和早稻田街交會的三岔路口就右轉。然後，推開了一間在住宅區中落寞亮著藍色霓虹燈的店門。

「有塊招牌寫著『黑豹酒吧』，是間乍看之下像是普通住家的小店。我們等那男的進去一會兒後才試著推開門。裡面也很窄，有個吧檯，用威士忌酒桶當椅子，瀰漫著香菸的白霧。雖然看起來不像有什麼客人，店裡的人卻不讓我們進去。一個醉得很厲害的男人出來——我想那個人大概是老闆——他說已經有人預約客滿了。也許是只做老客人的生意，不接受陌生客人吧。」

「你們跟蹤的男人在哪裡？」

「找不到。可能是在比較裡面，我也不知道。」

小操和光男後來又在外面奮鬥了一個小時左右，但男人還是沒出來。

「小操看起來很遺憾，但我還是勸她回家，而且我的摩托車還丟在丸之內呢。最後她才不甘不願地跟我走。」

悅子一邊在腦中整理聽到的內容和目前為止查出來的事實，一邊緩緩問道：「安藤先生。你認爲，小操會這樣就放棄打探那個男人的身分嗎？」

光男搖頭。「我想，她應該會繼續調查。說不定那晚我送她回家後，她立刻又跑回黑豹了。」

「可是，關於這件事，她沒告訴你？」

「對，她大概是認爲，如果告訴我，我一定會阻止她吧。」

七月十四日，就是發生了這樣的事。

然而，關於這些事，小操一個字也沒和悅子提起過。甚至沒有問過她：我發現一個可疑男子。眞行寺小姐，妳知道會是誰嗎？接著，她打到永無島的電話時間愈來愈短。很顯然的，關於某件牽涉到悅子的事，小操有意瞞著悅子。

「那你主動問過小操那件事的後續發展嗎？」

「我問過呀。」

（妳還在擔心那件事嗎？要不然，乾脆直接問眞行寺小姐算了？）

結果，小操笑了，她告訴我說她早就忘了那回事了。

「安藤先生，你認爲這是眞話嗎？」

光男又搖搖頭。

「可是——後來過了一陣子，小操變得比較開朗了。該說是比較不像以前那麼有戒心，或是比較沒那麼鑽牛角尖吧。所以我也很高興，就假裝相信了她的話。」

光男垂著頭。然後，又落寞地加上一句：「我怕她討厭我。」

「我能夠理解，你別那副表情。安藤先生，可以再請教一件事嗎？」

「什麼事？」

「你聽小操用過Level這個名詞嗎？Level後面還接了數字。」

光男陷入沉思。大概是習慣吧，他不停搓著鼻子下面。

這時，店長的聲音傳了過來。

「我倒是聽她提過那玩意。」

悅子轉身面對他。「什麼時候？」

「什麼時候啊……應該沒多久，頂多兩個星期以前吧。」

店長的手往由佳里正玩得全神貫注的遊戲機一揮。

「妳也看到了，我們店裡只有這玩意，有次我說再不弄臺新機器進來是不行了，打工的女服務生當中愛打電動的，就七嘴八舌地討論該買這個還是那個好。我是完全一竅不通，只能當聽眾，貝原小姐也一臉茫然。有人問她：『妳都不玩電動遊戲嗎？』」

結果小操是這麼回答的：

「我正要挑戰Level 7這個非常有趣的遊戲。」

是遊戲嗎？悅子自問。那麼，「到Level 7會回不來嗎？」這句話又是什麼意思呢？

她想起小操對桃子說過的話。

（我啊，在找我自己，因爲找到了所以才能來這裡。）

「安藤先生，能否把你剛才提到的診所和酒吧地點畫張地圖給我？」

趁著光男畫圖的時候，悅子付了帳，催促由佳里。

依依不捨的由佳里說：「店長叔叔，invader是在說什麼？」

「就是指來自外太空的侵略者。」

由佳里笑了出來。「眞是的，那不就跟visitor的意思一樣嘛。」

「眞行寺小姐，」光男畫完地圖說：「有件事，我差點忘了告訴妳，是關於跟蹤妳的男人。」

「什麼事？」

光男站起身，做出右腳略微跛行的姿勢。

「那個人看起來就像這樣。雖然不明顯，右腳看起來還是有點行動不便。」

三十五

悅子先前往榊診所。那間醫院突兀聳立在擁擠雜沓的住宅區中，顯得格格不入。

時間是下午三點四十分。應該是診療時間吧，悅子牽著由佳里，正隔著鋪有水泥的前院仰望建築物時，正面大門開啓，走出一個人。

還沒走近前，完全看不出是個成年的年輕女性。因爲她瘦得可怕，全身似乎都萎縮了。她的臉令人聯想到經過長期乾燥後變得皺巴巴的洋李乾。

大概是厭食症吧，悅子邊這麼猜想邊叫住那個女人。

「對不起，請問妳是這裡的病人嗎？」

對方嚇得全身緊繃，不過也許看她是個帶著小孩的女人吧，總算停下腳步沒有拔腿就逃。

「不好意思，老實說，我正打算帶這孩子看病。可是第一次很不安……不曉得是什麼醫生？」

枯瘦女子仔細觀察悅子和由佳里後，才忸怩不安地回答：「醫生還不錯。」

「是嗎，那我就放心了，謝謝。」

「不過，沒預約不能看診喔。如果是初診，一定要有介紹信。」

她匆匆說完立刻背過身去。悅子追上去說：「請問，那位榊醫生，該不會有點行動不便吧？」

「沒那回事。」

女人撂下這句話，就朝著大久保街的方向連走帶跑地離去了。

悅子一邊用腳尖有節奏地踏得咯咯響，一邊想了一下。該怎麼接近呢？

「由佳里。」

「幹麼？」

「妳肚子很痛吧？」

「不痛呀。」

「不，妳應該很痛。快，用手按著肚子。」

由佳里起先驚訝地仰望悅子，最後嘻嘻一笑。

「嗯，好痛。我吃太多冰的東西了。」

「那我們走吧。」

由佳里的演技相當逼真。悅子則扮演小孩急病慌了手腳的母親，帶著弓起身體痛苦呻吟的由佳里，走進榊診所的正面玄關。

站在櫃檯，她喊：「小孩突然肚子痛得難受，能不能給她看一下？」話聲一落，玻璃窗開了，探出一張女人的臉，白制服的胸前，掛著「安西」的名牌。她看到由佳里不停呻吟，「哎喲」一聲張大了嘴巴。

「對不起，能不能給她看一下？」

「不好意思，我們這裡……是精神科醫院。」

悅子立刻故作憤慨：「什麼！你們外面明明只寫著是診所。」

「妳跟我說這個也沒用……」安西結巴起來。她一邊撩起耳上的頭髮，一邊凝視蹲著的由佳里。

「從這邊再往新宿走一小段路，就有一家『春山外科醫院』，那裡是急診指定醫院……」

「妳忍心叫這孩子走路嗎！」

命運之神顯然看到了悅子的努力，一個圓臉女人推開安西走出來，幹練地說：「請等一下，榊醫生應該會答應看診，正好現在沒病人，妳們在那等一下。」

「謝謝妳。」

悅子抱起由佳里，很久沒做這種事了，由佳里好重。

正面的門立刻打開，剛才那位圓臉小姐說聲「請進」讓他們進去。這一位，胸前掛著「太田」的名牌。一走進看似準備室的房間，一位白袍醫師正用手按著診療室打開的門站著。五官端正，應該才三十幾歲吧，打著品味優雅的領帶。

「請把她帶過來。」醫生率先走進裡面，右腳並未跛行。悅子抱著開始哭鬧的「女演員由佳里」也跟著進去。

與其說是診療室，感覺倒像是會客室。可能是刻意如此裝潢吧，會令人聯想到辦公室的金屬及塑膠製品並不多，頂多只有小型檔案櫃和旋轉式目錄夾、多功能電話。其他的東西，甚至沙發組及醫師的桌子，都讓人感到原木的溫馨和沉靜。窗子很大，雖然垂著百葉窗，陽光還是從縫隙照射進來。

醫生讓由佳里躺在沙發上，露出肚子，四處按壓。在這過程中，還用低沉溫和的聲音，詢問她今天一早至今吃了些什麼。

「應該只是受涼了吧。喝了芭樂汁又喝凍果汁、吃冰淇淋。」吩咐由佳里蓋上肚子後，醫生一邊直起身子一邊這麼說。

「啊，太好了，剛才嚇死我了。」

悅子手拍著胸口，然後跟由佳里說：「我不是早就警告過妳嗎，妳吃太多了。」

由佳里不服地嘟起嘴。

醫生笑著說：「我開點治療腹痛很有效的藥給妳。不過，只是普通的成藥，因爲這裡沒有一般的藥物。」

「不好意思。聽說您是精神科醫生，太爲難您了。不過，幸虧有您幫忙。」

醫生拉開桌子抽屜，取出普通的醫藥箱，拿起裝有藥丸的瓶子，在手心倒出一粒，交給由佳里。

「打開那扇門就有洗手間，妳去那邊倒水吃藥。」

由佳里乖乖照著做了。悅子堆起一臉笑容面對醫生。

「您是榊醫生吧。」

「是的。」

「眞的很謝謝您。那孩子不舒服時，我們居然正巧經過您的診所，眞是不可思議。天底下就是有這麼巧的事。」

榊醫生似乎摸不透這句話的意味，一邊繞過桌子朝椅子走去，一邊輕輕挑起眉頭。

「我有個朋友，以前也給您看過病。所以，我早就久仰您的大名。」

「噢？是哪位？」

「您的病人這麼多，一定不記得名字了。」

悅子在心中做好準備，視線定著在醫生臉上說：「那個朋友是四十幾歲的男人，右腳有點跛。」

醫生的表情立刻一動。

悅子想像著打擊者揮棒擊出的那一瞬間。一定就是這種感覺吧。喀鏘！

「您不記得了？」

榊醫生雙手撐著桌子，略微仰起臉，裝出正在回想的樣子。雖然他裝作若無其事，但他的演技比由佳里還差。

可是，爲什麼一個據說跟蹤我的跛腳男子，會讓他這麼驚慌呢？

「這個嘛……我不太有印象了。」醫生的嘴角勉強一笑。「也許是別的『榊醫生』吧。」

「哎呀，這樣啊，那眞是可惜。」

由佳里回來了。「醫生，我用了你的廁所。對不起。」

醫生像得救似地轉向由佳里。「沒關係。這下子，應該比較不痛了吧。」

「嗯，該拉的拉出來以後就不太痛了。」

「天哪，妳眞沒規矩。醫生，對不起。」悅子一邊陪笑一邊把由佳里拉到身邊。

「好了，那我們告辭了。請問，該付多少錢……」

榊醫生彷彿巴不得悅子早點離開，立刻大手一揮。「不，不用了。這點小事，別放在心上。」

悅子再次深深鞠躬，這才去抓門把，然後，做出臨時想起的模樣轉身回頭。

「醫生，還有一個人，我還有一個朋友也給您看過。」

醫生皺起臉彷彿在問「是誰？」。

悅子說：「是個叫做貝原操的十七歲女孩。」

悅子的球棒擊中的球，這次狠狠飛到了看台那邊。

醫生的臉色一變。他手忙腳亂地掏著白袍口袋，取出七星淡菸的菸盒和閃著金光的打火機。就像笨演員藉著吸菸的動作來掩飾拙劣的演技一樣，醫生把濾嘴塞進嘴唇之間，摩擦打火機。可是火一直點不起來。

「呃……我不記得。」

光聽到這句話就夠了。悅子走出門。

打開掛號處的窗子，這次只有太田一個人，她正在裡面寫東西。

「太田小姐，謝謝妳。」

她這麼一喊，太田走了過來。笑嘻嘻地說：「小妹妹沒事了？」

「嗯。」

悅子把臉湊近她，小聲問道：「對不起，我以爲我朋友給榊醫生看過病，隨口這麼一說，結果好像是搞錯人了。」

「醫生不會爲這種事生氣的。」

「是個右腳微跛的中年男人，和一個年輕女孩。不曉得妳有沒有看過。」

太田茫然眨著眼，回答：「不知道，有這樣的病人嗎？光說是年輕女孩，這樣的人太多了……」

接著，突然想起什麼似地看著她。「可是，如果是跛腳的男人，昨天倒是來過一個，可惜他沒有介紹信不能替他診療。」

悅子冒出一個問號。

這是怎麼回事？安藤光男明明說看到那個男人走進這裡。而且是一個月前，可是掛號小姐竟然不知道……

啊，她想到了，因爲是週六。

「你們這裡週六、週日不開吧？」

「對，沒錯呀。」

所以，太田才會不知道。那個問題男子，是背著這間診所的其他人偷偷來找榊醫生的。

然後昨天——就在昨天，他又僞裝成病人來訪——

「昨天，那個人是一個人來的嗎？」

「不是。有個年輕男人跟他一起來，長得還滿英俊的。」

這到底是怎麼回事？

這個姓太田的小姐，似乎不太有警覺心。悅子決定趁著那位安西小姐沒回來前，再多問一點。

「你們這裡有病房可以住院嗎？不是啦，因爲我還是不相信弄錯人了。我朋友找的醫生，應該就是這位榊醫生。我那個朋友還住過院呢。」

太田連忙搖手。「哎呀，那妳果然弄錯人了。我們這裡很少讓病人住院，除非有特殊情況。」

「噢……這樣子啊，可是這棟建築看起來很大耶。」

「那是因爲醫生就住在這裡，不過他的眷屬住在別的地方。」

太田的嘴巴滔滔不絕動個不停。這應該也是因爲悅子帶著小孩吧。像這種母子檔，任誰看了都不會起戒心。

「哎呀，這樣子啊。欸，回到剛才的話題，妳眞的沒看過嗎？一個年輕女孩。長得非常漂亮，名字叫做貝原操。」

對方想了一下，搖搖頭。

「我沒印象耶。現在，我們這裡破例收留的病人雖然好像也是個年輕女孩，可是聽說她是醫生朋友的女兒……」

悅子差點停止呼吸。她把牽著由佳里的手用力握緊。

「那妳看過那個人的長相嗎？」

太田終於開始警覺。「妳爲什麼要問這個？」

這時，由佳里大喊：「媽媽！」轉頭一看，眼前就站著一個護士。不，是堵著。

「妳是什麼人？」護士逼問。宛如用鋼刷和洗潔精刷洗過的牆壁一樣清潔、冰冷、單薄的嘴唇，像刀子般抿成一直線。

「哎呀……不好意思，我太多話了。」

她正感膽怯，由佳里突然放聲大哭。

「媽媽，媽媽，我們走了啦，我討厭醫院啦我不要打針。」

悅子推開護士。「是啊，我們該走了，抱歉打擾了！」

匆匆出門，走了五六步，她停下腳，沒有任何人追來。

悅子仰望榊診所的窗子。有的窗子把百葉窗關得緊緊的，也有的毫無遮掩。

悅子壓低聲音說：「由佳里，拜託再幫個忙。」

「這次要幹麼？」

「哭鬧使性子，媽媽會大聲罵妳，知道嗎？」

彷彿心領神會，由佳里當下就開始跺腳耍賴。

「不管，不管，說好要帶人家去逛東寶漫畫展，還說要去看哆啦A夢的，媽媽是大騙子！」

「妳拉肚子不可以去！」

悅子大聲說。接著深吸一口氣，身體半轉向榊診所的建築物，用盡丹田的力氣怒吼：「小操！不可以這樣無理取鬧！」

她的聲音響徹附近，引起路人側目。

「媽媽最討厭了！」

「媽媽以後再也不管小操了！」

「小操死給妳看！」

「妳再敢頂嘴，我就把妳扔在這裡！我不要妳囉，小操！」

連呼小操、小操之後，悅子迅速仰望榊診所。如果小操眞的在這裡，一定聽得見。拜託聽到我的聲音，一定要發現是我，給我個暗號，小操……

這時，四樓最邊上那扇窗子的百葉窗微微動了一下。有雙眼睛在窺看，還露出指尖。

「小操嗎？」

正面大門開了，剛才的護士衝出來，不由分說就抓住悅子手腕，悅子也不甘示弱地甩開手。

「妳在幹什麼！」

「小孩子不聽話，我也沒辦法呀！」

彷彿是接到暗號，由佳里停止哭鬧拔腿就跑。悅子也跟著追去，橫越過前院，出了馬路，悅子追上由佳里，牽著她的手一起跑。出了小瀧橋路，一直跑到新宿西口的小田急HALC大樓遙遙在望，這才終於停下腳。此時兩人都已汗水淋漓。

「媽媽，妳好厲害。」由佳里感嘆道。

「打電話給外公吧。」

悅子一邊像男人似地用手臂抹去下顎汗水，一邊大聲說。

「我要請他來監視那間診所，小操一定在那裡。」

由佳里跑向公用電話。「說到監視，外公可是專家。啊，該說是曾任專家嗎？」

三十六

義夫是現役專家。

報社汽車部員工的工作，並非只是載著記者們到處跑。不但要跟蹤，也伴隨著監視的任務，義夫幹這行整整幹了四十年。他一趕來，首先便擬定好步驟。看起來沉著冷靜，只不過亢奮時的老毛病又出現了，聲音變得特別大。

「白天這段期間，不可能混進去把小操救出來。在太陽下山前，我會在這裡盯著，妳們先去換件衣服、塡飽肚子、備好車子，記得要把汽油加滿喔。」

「爲什麼？」

「妳去這麼一鬧，那裡面的人說不定會打算把小操移往別處。萬一眞的這樣，對方應該也會考慮我們會有什麼行動，所以不是立刻遷移，就是等到晚上行動，二者擇一吧。」

然而，義夫在附近晃蕩監視的期間，榊診所毫無動靜，也沒有病人出入，連百葉窗都沒再動過。

悅子爲了便於隨時發動車子，特意做好準備，把車停在榊診所附近的民宅旁。

由佳里躲在後座睡了一會兒。悅子也休息了一個小時，在車中束起頭髮綁在腦後。從附近洋貨店替自己和由佳里買來衣服換上。她特意選擇便於行動的馬球衫和長褲。衣服跟髮型這麼一換，榊診所的人只見過她一次，光是遠看絕對認不出是悅子。

這樣做好準備後，從傍晚起，她和義夫輪班監視。

時間點滴流逝，卻沒有任何變化。傍晚出來買菜的家庭主婦愈來愈多，夕陽西沉夜幕低垂後，身穿西裝或白襯衫、急著返家的男性特別顯眼。

榊診所還是沒動靜。

到了晚間十點，建築物正面玄關的燈熄了。義夫和悅子躲在電線桿後面，或是站在香菸攤前假裝打電話，或是在路上走來走去，一直繼續觀察。過了十點半，到了十一點，到了十一點二十分。

然後……先發現的是悅子。

她不禁抓緊身上馬球衫的領子，對著躲在馬路對面的義夫打暗號。

一個男人略跛著右腳朝這邊走來。身材高眺、體型削瘦，背著路燈的燈光，拖著長長的影子。

義夫察覺悅子的暗號，看著那個男人。男人當然沒注意到他們，他略駝著背，低頭走近他們。

一直凝神細看的義夫，下巴猛然下垂。

右腳有毛病的男人，正要一步跨進榊診所的前院——

當著驚愕注視的悅子面前，義夫突然衝向男人，接近他。男人仰起臉認出義夫，接著他的表情也被驚愕凍結了。

義夫一把抓住男人的前襟。被矮小略胖的義夫這麼一抓，男人往前傾。悅子穿越馬路跑向兩人，她以為義夫要揍那個男人。

可是義夫沒打他。他拉著男人往旁邊的小巷走，氣勢驚人得令人懷疑他是哪來這麼大的力氣。兩個男人都悶不吭聲，扭成一團一直走到小巷中央，這才停下腳。追來的悅子喊「爸爸！」時，義夫緊抓男人領口的手這才放開。

義夫像要吃人般看著男人。至於男人，一邊用手撫平被扯裂的襯衫領子，一邊看著義夫，又看看悅子。這張臉她毫無印象，一次也沒見過。悅子只知道，安藤光男的描述顯然很正確，如此而已。

男人的視線回到義夫身上，帶著難以置信的表情說：「眞行寺先生。」

悅子當下愣住。

義夫緩緩說：「好久不見，應該隔了十幾年了吧，你還記得我啊？」

男人表情像個被人撫著背的小孩，突然變得很無助，良久幽幽吐出一句：「我怎麼可能忘記。」

義夫轉身看著悅子。「這個人，是三枝隆男先生，是我的老朋友。」

男人沒看悅子，他略垂下眼，接著鼓起勇氣抬起臉說：「眞行寺先生，這麼晚了你在這種地方做什麼？該不會是……」

三枝這個男人，這次終於正眼凝視悅子。「該不會是……來找貝原操的吧？」

義夫把三枝推進悅子的車上。

「不管怎樣，先解釋給我聽，到底是怎麼回事？你怎麼會認識貝原操？」

三枝對悅子和由佳里一直盯著他的視線視若無睹，只凝視著義夫的臉。他很認眞。

「現在，我沒時間詳細說明，請你諒解。」

「你怎麼會認識小操？你想做什麼？」

三枝猛烈搖頭。「我不能說，現在還不行。」

「小操在榊診所吧？」

悅子這麼一問，他撇開眼睛點點頭。

「她爲什麼會被囚禁？爲什麼？她做錯了什麼？」

三枝亂抓頭髮。「她什麼也沒做，純粹是池魚之殃，不小心被捲進來。」

「被捲進來？」

「對，捲進我——和我的夥伴正在進行的計畫。其實，我也沒想到她會出現。」

「小操會被捲進來，是因爲跟蹤你嗎？」

彷彿突然被悅子打了一耳光，三枝跳了起來。「妳怎麼知道？」

「你不把小操的事告訴我，我就不告訴你。」

三枝說：「眞行寺先生。」求助似地轉向義夫。「拜託。請你們聽我的，照我的話做。第一，立刻離開這裡。第二，我保證會平安把貝原操救出來，請你們不要插手。放心，明天就能把她救出來了，明天一切都會結束。現在，她雖然還受到監禁，但並沒有危險，這是我們計畫好的。第三，總之目前請你們什麼也別追問。可以嗎？」

悅子追問：「爲什麼要等到明天？請你現在就把她救出來！」

「不行。如果現在這樣做，只會令人起疑，反而對她造成危險。」

義夫也立刻回話：「悅子去過之後，榊診所的人也許會把小操移往他處。即使如此，你也能保證一定會救出她嗎？」

三枝嘆了一口氣。「沒問題，絕對會，請相信我，我怎麼可能對您的朋友見死不救。」

這次換成義夫撇開視線。

「請相信我。」三枝又說了一次。

義夫瞟了悅子一眼，意思是說：這裡就交給爸爸處置。

「三枝先生，好，我知道了，就照你說的。」

「爸爸！」

「外公？」

義夫抬手制止悅子和由佳里。「沒關係，這個人可以信任。所以，沒關係。不過三枝先生，我有個條件。你現在既然敢打包票，說就算小操被送到別處也有把握救出她，那她會被送到哪裡，你心裡應該大致有個譜吧？」

「只有一個地方有可能。」

「是嗎，那，請把那個地方告訴我。」

接著義夫挨到三枝身邊，壓低聲音：「你現在正要去榊診所吧？」

三枝點點頭。

「那，你去跟他們談談，如果他們決定把小操送去你猜的那個地方，就給我打個暗號，把正面玄關的燈開關兩次就行了。你做得到嗎？」

「你打聽這個想做什麼？」

「我們要去那邊等小操。明天，你一把她救出來，就帶她來找我們。我們會開這輛車去，你應該可以立刻認出我們。」

三枝用勉強擠出的聲音懇求：「你們不能牽扯進來。」

「我們已經牽扯進去了。」悅子說。

三枝面向窗子地考慮一陣子。最後，筋疲力竭地喘口氣，才說：「知道了，就照你意思做吧。」

接著，他在義夫遞過來的記事本上，寫上小操可能被送去的唯一地點。頗費了一點時間，還不時停筆思索。把寫好的紙條交給義夫時，三枝再次強調：「沒問題吧？請你務必遵守約定。只要忍到明天就行了，不管發生什麼事都別插手。」

他下車時，義夫問：「你現在打算做什麼？」

三枝遲疑了一下，才回答：「我要報仇，找敵人算帳。」

他遵守了約定。榊診所的門燈，當著虎視眈眈的悅子和義夫面前，閃了兩次。

義夫看了之後，催促悅子：「我們先回家做準備吧，目的地有點遠，在房總半島的角落。」

「到底是哪？」

「一個叫做瀉戶友愛醫院的地方。」

「爸，你爲什麼那麼輕易就相信那個人的話？」

義夫微微露出笑意。「這個故事，等抵達瀉戶時再慢慢說。」

八月十五日　星期三

第四日

三十七

「你昨晚到哪去了？」上午九點，他們鑽上車，準備前往寄給明惠的明信片上寫的，位於高田馬場的住址時，祐司彷彿突然想到似地隨口問道。

昨晚夜色尚淺時，他們就從仙台回來了。祐司和明惠本想立刻趕往高田馬場，三枝卻表示反對。

「你自己姑且不論，她最好先休息一下，她氣色很糟。」

「可是……」

「別說了，總之今天已經太晚了。我這是爲你們好，先休息一下吧。」

他畢竟還是沒這個勇氣撇下三枝，在夜晚走上街頭。結果只好聽三枝的，提早上床睡覺。或許正如三枝所說，眞的累壞了吧，他立刻就睡著了。

沒想到，快要十一點時，他發現三枝一個人偷偷溜出屋子。

他本來想喊他。可是卻臨時改變心意，決定悄悄尾隨在後。他走逃生梯，一邊保持適當距離，盡量不讓三枝發現，一邊跟蹤。沒想到，三枝走到新開橋路，就攔下一輛正好轉彎過來的計程車，鑽上了車子，所以祐司的跟蹤之旅，僅僅走了一公尺就宣告結束。

對於祐司的質問，三枝嚇了一跳——至少看起來是。本來總是一次就順利啓動的引擎，今天偏偏不合作，他生氣地又扭了一次車鑰匙，帶著露骨的不悅說：「你沒睡嗎？」

「是被你吵醒，我才醒過來的。那麼晚你跑到哪去了？」

坐在旁邊的明惠，臉上寫著：怎麼回事？

「我連一點小小的隱私都不能有嗎？」

「你現在受僱於我們。」

「晚上是自由時間。」三枝把車子開出去，看也不看他一眼。「我只是散個步，我睡不著。」

搭計程車去？祐司本想這麼說，終究沒開口。但是，他再次在心中重複明惠說的那句話：「最好別讓這個人離開視線。」

令他懷疑的事情還有很多。雖然每一件都是小事，拼湊在一起卻足以產生意義。

再一次，他們開車從東向西橫越東京。不過，今天沒受到塞車影響，車子走得很順。首都高速公路也名副其實，得以高速奔馳。

「因爲今天是十五日(註)嘛，所以東京都內成了空城。」三枝說。

高田馬場，據說是學生街。雖然三枝解釋這是因爲附近有早稻田大學，但光聽的還是想像不出。

「有很多專門租給學生的木造公寓和大樓。你之前住的房子，我猜應該也是屬於那一類吧。」

那張明信片上，寫著「新宿區高田馬場四丁目四十一之六　上田公寓一〇二」。爲了調查幸山莊命案，竟然還特地租房子，可見應該是下定決心要長期抗戰吧。

自己眞的是孑然一身，毫無任何線索，到處打聽嗎——他想。沒有任何人協助嗎？到底是什麼原因，讓我離開仙台的家，來到東京呢？

他們在車站前下了車，剩下的路用走的。

「雖然有點距離，不過在附近走走，說不定能想起很多事。」三枝看著分區地圖說。「站前大概就是這樣，怎麼樣？」

只見狹小的公車站，以及黃色電車發車的車站。似乎也有地下鐵經過，階梯一直通往地下。背對車站的右手邊，有一棟叫做「BIG BOX」的大型建築。

「我好像來過。」

註：八月十五日爲中元節返鄉假期。

祐司說完立刻窺探三枝的表情。對方只是瞇起眼睛似乎嫌陽光刺眼，看不出任何表情。自己的確在這附近待過，應該也利用過這個車站吧。既然明信片上這麼寫，那就絕對不會有錯——可是，另一方面，他又覺得不能老實地全盤相信。

也許這全部都是計畫、安排好的——不，就算並非全部，至少也是受到某人的某種意圖操縱，他有這種感覺。

在一年之中人潮最擁擠的時期，為什麼那麼輕易就買到新幹線的車票？三枝為什麼一次也沒猶豫，連找都沒找就能順利抵達「榊診所」？那裡明明夾處於小街陋巷之間很難找。

基本上，就連三枝說的「因為有前科，所以不能報警」，都很難判斷有多少可信度。他反倒覺得，如果眞的是一個這麼容易受警方注意的人，不是應該盡量避免牽扯上這種事情才對？

在明惠房間發現的明信片，也不見得就是祐司寫的。因為他現在已經分辨不出自己的筆跡。也許只是故意設計成這樣讓他們相信——

對。從週日開始的一切，說不定都是從頭就設計好的。也許就是為了要讓他們跟著計畫走，他和明惠才會被抹殺記憶。

「你怎麼了？」

被這麼一喊，他才連忙跨步邁出。明惠和昨天一樣，緊緊抓著他的手腕。

不管他們會被帶去什麼地方，現在也只能聽命行事了。走到無路可走的地步，或許自然就會峰迴路轉——他如此相信。

上田公寓一〇二號室門口並未掛著名牌。看來我不管到哪兒都是個無名氏啊，祐司想。

他們當然沒鑰匙，這裡也沒有管理員。出入口的門鎖不怎麼堅固，乾脆破門而入吧，他想。

三枝轉身四下觀察了一圈。

「和新開橋皇宮比起來，房租換算之下應該便宜個兩、三萬吧。」他笑著說。門是三夾板做的，走廊的牆壁也四處都有霉斑。門旁邊有扇窗子，裡面大概是廚房，面向這邊的抽風機，排氣口的罩子上黏答答地沾滿厚厚的油污和灰塵。

「怎麼辦？要破門而入嗎？」

「你先別急嘛。入口階梯那邊不是有信箱嗎？你去看看那裡面，有些人會把備用鑰匙用膠帶黏在信箱蓋子的內側。」

祐司讓明惠抓著走廊的扶手，照他說的去看。沒藏著鑰匙的信箱裡，只有一張寫著「掛號領取通知」的細長明信片回函，日期是八月十三日。

祐司拿著那個回來時，三枝正好挺起了身子，把手伸到釘在走廊牆壁的電表上。

「找到了。」三枝說，沾滿灰塵的指尖夾著鑰匙，朝他亮了一下。

「不論是誰，藏鑰匙的地方，都不可能有太大的創意。信箱裡放了什麼？」

祐司把掛號通知單給他看，三枝側首不解。

「會是什麼呢？管他的，待會去領領看。」

三枝打開門鎖，三人踏進屋內。

很亮。而且，悶熱得令人窒息，因爲正面窗子的窗簾全被扯開了。

只有四帖塌塌米大的廚房，和一間六帖大的房間。廚房裡有小型冰箱、紅色熱水瓶、烤麵包機，另外，小推車上還放了電鍋。和之前在新開橋皇宮看到的光景極爲相似。廚房的瀝水籃中放著兩個盤子、兩個玻璃杯。拿起來一看，全都乾燥得刮手。

裡面房間的正面是窗子，左手邊是壁櫥。旁邊有衣架，掛著男用和女用的外套與襯衫。

六帖房間的中央，擺著一張可以把桌腳摺起的桌子，上面什麼也沒放。右手邊的牆上掛著月曆，沒有電視，電話則放在窗邊的箱型收納櫃上。

「怎樣?想起什麼了嗎?」

聽著三枝的聲音，祐司眺望著隔開兩個房間的玻璃拉門。

星期天早上，當他環顧新開橋皇宮的屋內時，看到那間屋子的玻璃隔間門，曾經突然閃過一個念頭：破裂的玻璃。

這間屋子的拉門在木框中，鑲了三片長方形的毛玻璃。走近仔細一看，只有第二格和第三格的玻璃看似嶄新。接合處的膠泥也還沒弄髒。摸起來有點軟，可以用指甲摳出痕跡。

(對不起，這不是強化玻璃嘛——)

原來那是這裡的拉門撞破時的記憶，他想。應該是電器行或搬家公司的人，搬東西進這間屋子時，一不小心撞破的吧。

如此說來，自己的確在這住過一陣子——這點，應該可以相信。

屋內整體上比起光看公寓外表時所想像的要清潔舒適多了。一走動就掀起塵埃，飄浮在從窗口射入的金色陽光中。可是，在這個塵埃滿天的夏季時節，只要一天不打掃就會變成這樣。祐司和明惠到今天爲止，至少已經四天沒回來這裡了，也難怪會有灰塵。

明惠摸索著找到廚房的水槽。這裡沒有熱水器，只有一台古典的壁掛式瞬間沸水器。那台沸水器和水槽邊緣，乃至雙嘴瓦斯爐，全都擦得亮晶晶。

一定是她打掃的，他想。她想必相當有規律。這是爲了讓狹小的房間住得更舒服。想到這裡，他突然很心疼明惠。

「這是新婚夫妻的住處嘛。」三枝笑了一下。他摸摸衣架上掛的衣物，對廚房的明惠說：「小姐，看樣子，妳好像很會做家事喔。衣服燙得漂漂亮亮的，就像送去乾洗過一樣。」

雖然沒有戲劇性的恢復記憶，但是站在房間裡，他可以感到，這裡是安全的。

「好，那就開始動手吧。」

三枝說。又要搜尋了，可是祐司並未抱著太大期望。

「如果，我們兩個眞的打聽到什麼幸山莊命案的新發現，那種證據一定也早就被搶走了。連記憶都被消除了，怎麼可能還會讓那種東西留著？」

於是，三枝站在窗邊，面向著太陽說：「老弟，你有這麼笨嗎？」

「啊？」

「聽著，我們先來整理一下好了。」三枝轉身面對他。「你之所以會重新調查幸山莊命案，一定是針對一般新聞報導無法說明的某個疑點，掌握了可以查出眞相的某種線索。要不然你不可能特地從仙台跑來。而且，你根據那個線索，在這裡落腳繼續調查。」

三枝大手一揮指著屋內。

「你想想看，你又不是忍者，在你調查的過程中，你的舉動當然也會傳到村下家的耳裡。就算再怎麼小心，他們還是會發現你好像在搞什麼鬼。於是，基於這樣對村下家的人很不利的考量下，你們被消去了記憶。這個推論，昨天我們不是已經討論很久了？」

「對。」

「你當初也沒料到會被抹消記憶。假設我站在同樣的立場，一定也不會料想那麼多吧。可是，你應該會設想到，寫下來的東西會被偷——足以成爲紀錄或證據的東西可能被搶走。這樣一來，你應該會以某種方式，把東西藏在什麼地方才對，是吧？」

祐司靠著牆。原來如此，說的很有道理。

「可是，實際上怎麼找？假設是租用保險箱，那找到鑰匙，也不知道是在哪裡的哪家銀行。」

「老弟，你有印象是放進保險箱嗎？」

祐司搖頭。

「那，也許就不是這樣，我們還是快點開始吧。」

由於房間沒冷氣，趴著找東西很辛苦。要不了十分鐘，祐司和三枝都已經大汗淋漓。

壁櫥裡有點雜亂。上面那層規矩地疊放著被子，兩個防蟲收納盒也排得整整齊齊的，可是下層的紙袋和盒子東倒西歪。彷彿有人知道某個東西藏在裡面，卻不知道放在哪裡，所以乾脆亂翻一氣。

下面那層放了一個布製小型旅行袋，裡面是空的，塞著一團報紙，上面放了一包除蟲劑。可能是明惠從仙台帶來的吧。在這住下後，行李都拿出來了，所以把旅行袋妥善收進櫥中。

爲了謹愼起見，他們把被褥全都拉出來，徹頭徹尾地拍了一遍。本以爲棉被套裡可能有東西，結果拍出來的全是灰塵。不過，至少發現被子都是租來的。邊上縫著業者的標籤。這件事，似乎象徵著「只要事情解決了就能凱旋歸家」的心情，祐司不禁一陣心痛。不是爲了自己，而是爲明惠。

他反覆檢查堆在廚房角落的舊報紙。什麼也沒找到。牆上用圖釘釘著的布製收納袋也看過了。只有幾張開給「緒方祐司」的瓦斯、電費收據，自己大概也沒那個時間和別人通信吧。

掀起壁櫥頂上的板子、拉開鋪在廚房地板的塑膠墊，想得到的地方全都鉅細靡遺地搜遍了，結果還是零。將近中午時，祐司和三枝都累慘了，一屁股坐倒在地。

「沒希望嗎？」在廚房安分等候的明惠，怯怯地開口問。

「妳用不著擔心。」祐司回答。

收納櫃的抽屜裡，有兩包沒開封的七星淡菸。菸灰缸在廚房櫃子裡。祐司和三枝倚著牆壁吸菸，在廚房接水喝。

「廚房也看過了嗎？」

「嗯。」

「蔬果櫃和冷凍庫也看了？」

「嗯，什麼都沒找到。」

是嗎——明惠垂下頭。

「到這個地步，只好鋌而走險了。」三枝擦著脖子的汗說。

「鋌而走險？」

「對。假裝握有紀錄或證據，然後先去找榊達彥。」

「他不會老實招認吧。」

「那就威脅他，我們這邊還有手槍，你忘了嗎？」

祐司嚇了一跳。他的確忘了，自從交給三枝保管後，他就盡量避免再去想那把手槍。

「三枝先生。」

「幹麼？」

「如果照你剛才的推論，那把手槍和現金又要怎麼解釋？」

三枝一邊呻吟一邊伸懶腰，活動著僵硬的肌肉。

「的確，那個很難解釋。不過，我是這麼想的：村下家的人抹消你們的記憶後，可能是爲了防止你們跑去警局或醫院，才會留下那些東西吧。實際上，就因爲有那兩樣東西——不，加上染血的毛巾應該是三樣——你們才會變得寸步難行。不是嗎？」

「只爲了那個原因就留下五千萬？」

「如果是村下猛藏，這點錢根本不算屁大的事。」他笑著說。「如果這樣就能打發你們，那還算是便宜的咧。」

「可是手槍呢？那可不是隨便就弄得到的東西。」

「只要有錢，簡單得很。而且據說猛藏和當地的黑道組織也有勾結……」

明惠仰起臉。「那又是怎麼回事？」

「這也不是只有潟戶町才有的情形。總之，在那種已經變得一黨獨裁，金錢和權力都被一家掌控的地方，上下左右四面八方，自然會有各種組織主動來投靠。」

雖然不是刻意要問出什麼，祐司突然想起問道：「猛藏自己會開槍嗎？」

三枝笑開了。「應該會吧？要開槍的話誰都會。問題是，擊出去的子彈能否打中目標。」

說完又恢復一臉正經——

「尤其是考慮到像幸山莊命案這種極有效率的射殺方式，要說他能否做到，那就另當別論了。我想猛藏應該做不到。至於阿孝，可能性要高多了。在我蒐集的剪報中，不是也有人提到這點嗎？」

三枝把菸熄掉。

「言歸正傳，對方可能很有把握，以爲你們兩個的記憶絕不可能再恢復。假設眞是這樣，那他們只要留下那三樣東西，你們就再也不能怎樣了。」

「你是說我們只能身分不明地苟且偷生？」

「沒錯。一邊害怕著自己失去記憶前是不是犯了什麼大罪，遲早會離開新開橋皇宮。就算有親友——例如仙台的廣瀨耕吉——看你們失去音訊不放心，來東京找你們，頂多也只能找到高田馬場的這間屋子，你們兩個將會變成失蹤人口。」

「那樣的話，不會有人覺得奇怪嗎？我們是幸山莊命案遇害者的遺屬耶。」

「頂多只會認爲，你們無法走出命案的打擊，所以偷偷離開故鄉從人間蒸發，或是自殺了吧。」

祐司猛然搖頭。「怎麼可能！」

「可惜，偏偏就是這麼回事。警方對你們這種有自殺可能的失蹤人口，也不會積極搜尋。更別說這裡是東京，失蹤的人多得數不清。就算廣瀨耕吉再怎麼堅持『少爺正在重新調查幸山莊命案』，那畢竟是發生在瀉戶町的案子。跟警視廳無關。何況，就官方說法這個案子早已結案了。我敢跟你打賭，警視廳連一根大拇趾都懶得動。」

明惠渾身發抖。「可是，既然這樣，乾脆把我們殺了再把屍體藏在某處，不就跟失蹤了沒兩樣嗎？他們爲什麼不這樣做，反而要大費周章搞得這麼複雜？」

「沒有人能保證屍體將來絕對不會被發現，而且萬一被發現，麻煩就大了。現在鑑定個人身分的技術相當發達。就算只剩下骨頭，也查得出是哪裡的哪個人。把你們殺了，當然暫時是可以安心，可是萬一屍體被發現，連身分都查了出來——那豈不是完蛋嗎？」

三枝傾身向前。「另一方面，如果讓你們失去記憶，而且不敢向公家機關求助，再把你們放逐出去，就毫無危險了。就算運氣好，廣瀨耕吉眞的在這遼闊的東京奇蹟式地遇上你們，只要看到手槍、五千萬現金和染血的毛巾，也絕對不敢吭氣，根本不能怎樣。畢竟耕吉只要一想到你們可能做了什麼可怕的事，一定會嚇得發抖。爲了保護你們，他只會守口如瓶，默默帶你們回仙台，重新過起以前那種安靜的生活。就這個角度而言，那五千萬其實也等於是一種封口費吧。」

祐司緩緩說：「這麼說村下猛藏很大方囉。」

「可以這麼說吧。」

祐司閉緊眼睛思考了一會兒，站起來說：「好吧，去威脅榊達彥試試。這似乎是最好的辦法。」

他和三枝開始收拾凌亂得就像才剛搬進來的房間。明惠又縮回廚房，看起來有點落寞，也許是在難過自己幫不上忙吧。

三枝把郵件插回收納袋說：「電費收據是從五月份開始算的，也沒有房租的催繳通知。看來你們倒是好房客，沒有信件——」

說到這，三枝的手停住了。「喂，剛才有張掛號通知單吧？」

「對，那又怎樣？」祐司從口袋取出給他看。

三枝一把搶過來。「是郵件耶。」他啪地拍了自己腦袋一掌。

「我也眞笨，線索等於就在眼前晃嘛。你想想看，還有誰會寄郵件給你們？還有誰會知道這裡的住址？」

他對著沉默的祐司和明惠大聲說：「這應該是你們自己寄的郵件被退回來了。你看，這張通知單的日期是八月十三日，是星期一耶。那時你們已經不在這裡了，所以郵件又被退回郵局去了。」

「那個郵件爲什麼這麼重要？如果那眞是我們在找的重要資料，我應該會寄到不會被退回的地點才對吧？」

「不，這可不見得。如果我的判斷沒錯，你應該是個相當謹愼的人。」

他和三枝兩人匆匆奔往通知單上指定的本區郵局。由於需要證明住址的文件和印章，他帶著電費收據和臨時刻的便宜圖章。

櫃檯交給他們的是一個小小的包裹，大小塞不進信箱。收信人是「仙台市中央郵局代轉　三好明惠小姐」，寄信人是緒方祐司，地址寫的是這間公寓。

打開一看，裡面有一疊厚厚的影印資料和一卷錄音帶，包裹包裝得很仔細，刻意讓人無法從外觀看出是什麼東西。

那疊影印資料裡面，貼著幸山莊命案相關報導的剪報。

「就是這個。」祐司說。「可是，怎麼會是寄給她？」

「你眞聰明。」三枝用感嘆的眼神凝視著他。「這種情況下，收信人是誰都無所謂。明惠在這邊跟你在一起，對你來說，只要能把這個寄到仙台郵局讓郵局代收就行了，反正沒有人會來領取。只要沒人領——像這種郵局代收的情況，我記得郵局應該會代爲保管十天吧，然後就會退還給寄信人。退回來之後，再寄去就行了。這麼一來，這份資料就可得到安全保管。即使你出了什麼意外，公寓被人闖入搜查，郵差剛好在那時送信來的機率也低到不能再低。這樣就能保住資料了。」

回到公寓，三人一起閱讀。爲了明惠，祐司把內容大聲念出來——

三十八

耕叔。

當你拿到這些資料影本和錄音帶時，我和明惠應該已經失去音信，你在擔心之下，一路找到這上田公寓的一〇二號室吧。我寄給明惠的明信片上，寫了這裡的地址，要找到這裡應該不難。

我們一旦失蹤，要找出我們下落的線索恐怕非常少。因爲我一直刻意不向你透露任何消息，我不想讓你受到牽連。所以這個寄給明惠的包裹，將會成爲寥寥可數的線索之一，到那時候，我想你一定會拆開。

我把這些資料寄去仙台的中央郵局，因爲無人領取遭到退回——用這種方式保存至今。當作預防萬一的一種保險，這份是副本。

不過，我還是希望這些東西最好不要派上用場。所以現在，寫給耕叔的這封信，我也祈求你沒這個機會看到。

說眞的，我本來不想把明惠牽扯進來。可是，她頑固得出乎意料，說什麼也不肯回仙台，她說要跟我一起堅持到最後一刻。

她的理由是這樣的：假使我單獨行動，結果失敗了，爲了繼承遺志，她也會獨自向我試圖完成的目標挑戰。她一定會，可是，她不見得能成功。萬一她也失敗了，那就眞的毫無希望了。既然這樣，還不如一開始就同心協力，成功的機率不是比較高嗎……？

看到我寫什麼「遺志」，你一定很驚訝吧。可是，我們接下來要做的事，的確非常危險。

我們想去抓宮前孝。我打算抓到他後，把他押到東京的報社。我無法指望瀉戶的警察，那邊的縣警也很危險。爲什麼說危險？這我後面再解釋，總之警方根本靠不住。由於管轄範圍的關係，就算我闖入警視廳求救，恐怕也只會被送回瀉戶。我認爲，還是找新聞媒體最好。

沒錯，宮前孝還活著。

他現在躲在繼父村下猛藏經營的瀉戶友愛醫院裡。不，也許該說是被關在裡面。當然，這是猛藏下的命令。

事情怎麼會變成這樣，還是讓我從頭說起吧。

案發的去年平安夜，我和明惠爲了給雙方家人一個驚喜，先拒絕了邀請，再一起偷偷前往幸山莊。到此爲止的經過，你也都知道。

我和明惠在晚間十點左右才抵達幸山莊，因爲我們在半路上迷路了。不過，老爸他們早就說好了那天要通宵暢飲，所以我們倒不擔心，而且幸山莊也還亮著燈。

沒想到，屋裡空無一人。我們敲了半天門都無人回應，也沒看到車子。後來我才知道，老爸他們當時一起去鎮中心的教堂，參加平安夜的望彌撒去了。

我和明惠在外面等了一會兒，雖然那晚很冷，但我們兩人都是第一次來幸山莊，繞著房子周圍東逛西瞧，倒也打發了不少時間。

沒想到這時，突然有個水果籃從天而降。

我抬頭一看，二樓陽臺——因爲地勢傾斜，高度等於是四樓——的地板開了一個四方形的洞。而且，我才剛喘口氣，緊接著連梯子也降下來了，是緊急逃生梯打開了。

我立刻察覺是怎麼回事。因爲這很像老媽一貫的作風，她在仙台也常這樣做。冰箱塞滿時，她就把酒類和水果放在陽臺上冷卻。在幸山莊也用這招是無所謂啦，可是她將東西放在緊急逃生梯的蓋子上，所以水果的重量讓逃生梯的蓋子打開了。

明惠把水果一一撿起，我沿著梯子爬上陽臺。那邊的窗子沒鎖，所以我就爬進去，開門讓明惠進來。我們兩人把梯子收回原位，水果籃也放到不會再掉落的位置。那個逃生梯的勾子勾得很淺，我還心想：這樣很危險，應該修理一下，否則難保誰會一不小心踩上去。現在回想起來，眞是太天眞了。

就這樣，我們大概在屋裡等了一個小時。可是還是沒人回來。我們等得不耐煩，決定去鎭上找找看。我們在屋內找到備用鑰匙，明惠向來對這方面很神經質，所以還特地把門窗都鎖好。二樓陽臺的窗子也關緊。正因爲這樣，案發之後，警方才會做出結論，認爲凶手只能僞裝成訪客哄騙他們開門，再闖入行凶。（不過這件事並未報導出來。聽說發生這種案子時往往會這樣，當有人抱著惡作劇的心情宣稱「其實是我幹的」時，警方就會問他幸山莊的門窗有無關好、是從哪裡侵入的？對方如果回答「陽臺的窗子開著」，立刻就能知道是瞎掰的。）

我們一路走到鎭上，似乎反而和老爸他們錯過了，因爲我們不太清楚路徑。

我和明惠一心只想讓大家嚇一跳，那天也是我送她戒指的日子。我想先嚇唬大家，然後再一五一十地報告。雖然這麼做很孩子氣，但我想這樣也無妨，反正是聖誕節嘛。

結果，到了十二點左右，我們又回到幸山莊。

燈仍亮著、香檳還排列在走廊上，我以爲他們還沒回來，決定從窗口一探究竟。可是這次和一個小時前不同，窗簾拉上了。換句話說，這表示大家已經回來了。

明惠打開門，門沒有鎖。

然後我們發現了屍體。

我至今仍忘不了，作夢都會夢到，先進入屋裡的明惠那彷彿撕裂喉嚨般的尖叫也依然縈繞在耳邊。她在踉蹌之下撞倒花瓶，瓶中的玫瑰花散落地板的景象也歷歷在目。

屋內，簡直是一片血海。首先映入眼簾的，是頭朝著陽臺、仰臥在地的老爸，腦袋一半都被轟掉了。我記得他好像還打著領帶、穿著開襟外套，只有一隻腳穿著拖鞋。

老爸旁邊的沙發靠背上，插著一把從廚房拿來的菜刀。明知不能碰現場的東西，我還是在瞬間失去理智拔出那把刀，甩到地上。我覺得……那好像是非常討厭的象徵。不過，這把菜刀，並不是凶手阿孝用過的，而是某個遇害者，爲了自衛拿出來的。刀柄據說還留有疑似三好先生的模糊指紋。

三好先生，就倒在隔開客廳和廚房的地方。他半坐著，彷彿要擋住通往樓梯的走廊，雙手張開。至於理由，到走廊一看就明白了。因爲老媽就倒在樓梯口。三好先生應該是爲了讓老媽和雪惠逃到樓上，才擋在凶手面前吧。結果，他遭到射殺。後來刑警告訴我，他胸部中了一槍，貫穿心臟。

老媽是背後遭到射擊，倒下後又從後腦補了一發子彈。這樣已經四發了。

雪惠是一槍斃命，頭部中彈。她只差一步就逃到樓上陽臺了。她的手指前方十公分處，就是落地窗的軌道。

我想我當時已經失去了感覺。不管怎樣，就算是還有一個人活著也好——我當時只有這個念頭。可是，這個希望落空了。

我想打一一〇，才發現電話線斷了，被一刀剪斷。我就是在那時明白，這樁慘案是計畫好的。

明惠在樓下，幾乎已心神恍惚。她想抱起三好先生的身體，雖然那模樣很讓人心疼，但我還是阻止了她，我說警方還要採指紋。然後，我們兩人就開車直奔鎮上的警局。

瀉戶的警局並不大，負責調查本案的也不是瀉戶警局的人。他們只是在縣警局派出的機動調查小組趕到前，把現場加以封鎖。

在森嚴的氣氛中，我們受到各種質問。明惠的狀況根本無法承受這些，很快地就被送去醫院。我主要是和縣警局搜查課派來的小宮山刑警談話。他是個體格結實、看起來很凶悍的人。

我們一衝進瀉戶警局，整個鎮就響起警報。好像是這種情況下的規定措施，發動緊急集合。集合而來的人全是男的，以義消和青年團成員爲主。這些人在瀉戶警局的刑警指揮下，展開搜山行動。

結果，清晨七點三十分左右，有人發現宮前孝陳屍在距離幸山莊不到一公里的斷崖下——事情據說是這樣。

發現的人既然在幸山莊附近，顯然沒參加搜山。兩人年紀都是三十幾歲，在村下猛藏經營的不動產公司上班，是猛藏從東京挖角過來的男人。他們怕如果輕率參與搜山，自己反而會迷路。據說他們一聽說命案發生，立刻就趕來幸山莊。

他們表示：「因爲是老闆的朋友出事，所以我們想說也許能幫點忙。」

可是，待在命案現場也不能做什麼，等到天亮他們回鎮上的途中，就發現了阿孝。

他們說發現阿孝「好像卡在岩石之間載浮載沉」。光靠他們當然無法把人拉起來。因爲斷崖很險峻，而且浪濤洶湧。兩人遂拚命跑回幸山莊。後來，等他們帶著警官重回原地時，阿孝的身體似乎已經被沖走，消失不見了——這就是他們的說法。

我從剛才就用這種語帶保留的寫法，所以想必你也已經察覺了。我認爲，這兩個人的話根本是鬼扯！事實上，他們兩個什麼也沒看到，因爲宮前孝根本就沒墜崖。

可是，在現實狀況中，由於這個謊言，以及當天從崖下找到阿孝的鞋子，使得一般人都認同了「宮前孝已死」這個說法。然而，大家都被騙了，因爲阿孝還活著。

說起來，就連我自己，也是案發一個月之後才開始懷疑他們兩人的說辭。一旦頭腦冷靜下來，我不由得這麼想。

那時，我並非因爲有什麼明確證據才這麼認爲。不過，在推理小說中，「沒有屍體」往往有重大意義，對吧？我認爲實際上辦案調查時也一樣。一想到警方怎會那麼輕易就做出阿孝已死的結論，就感到不可思議。

在進入那個主題前，我要先解釋一下，警方爲何斷定阿孝就是凶手。因爲關於這點，耕叔想必沒有我了解得那麼詳細。

第一，幸山莊樓下的房間，留有阿孝的大量指紋。也有和他的血型ＡＢ型相符合的短髮掉落。在老爸他們這幾個遇害者當中沒有AB型的人。樓上房間雖然沒指紋，樓梯扶手上卻有。除了屋主三好家和緒方家之外，沒有人進入過幸山莊。如果說還有第三者留下指紋，頂多只有蓋房子的業者，所以這是很重要的證據。

阿孝用來和山莊找到的指紋做比對的指紋樣本，來自瀉戶友愛醫院的檔案。他以前曾在未來的繼父經營的醫院住過一陣子，這點耕叔你應該也知道。聽說在這間醫院，所有的住院病人都要留下指紋樣本。在醫院占了壓倒性多數的酒精中毒患者當中，有的出院或是逃走後又開始沉溺酒精，甚至死在路邊的病人也不少。據說就是爲了在這種情況下能夠立刻查明身分，才會有這項規定。

第二，在命案的前一天，老爸他們去村下家作客時，他企圖帶走雪惠結果失敗了。當時他被猛藏怒罵落荒而逃，但他有機會知道老爸他們暫居幸山莊，所以就算翌日跑去也不足爲奇。

案發的前一天二十三日，阿孝到底對雪惠說了什麼，企圖做些什麼，現在只能付諸想像。當時聽到雪惠害怕的求救聲，最先趕到的是三好先生，而他也已經去世了。

雪惠那時候站在村下家的院子裡，聽說院子大得不像私人庭院，所以阿孝才能偷偷襲擊她吧。

而且實際上，以他的經歷，的確可能做出那種事。關於這點媒體已經報導了很多，所以你應該也很清楚。光是重大傷害案件他就犯過兩次，一次是毆打猛藏投保的壽險公司業務員，使得對方傷重住院；第二次是攻擊村下一樹帶回來的女人，造成她手臂骨折。這個女人是一樹店裡的熟客，也是一樹當時的女友。據她表示，她正在庭院散步便突然遭到攻擊，在逃脫的過程中跌倒導致骨折。要不是家人聽到她的尖叫及時趕到，事情還不知會嚴重到什麼地步。後面這個例子，就和雪惠的情況一樣。

至於第三個理由，是二十三日入夜後——也就是他和雪惠發生糾紛，從村下家消失後——阿孝就行蹤不定。換言之，他沒有不在場證明。

（可是，如果要這樣說，其實村下家全都缺少不在場證明。案發當時位於瀉戶的村下宅中，有猛藏夫妻、兩個女兒及其家屬，還有猛藏的長子一樹。他們都分別表示，案發當時正待在村下宅內，但是並沒有第三者的證詞可以證明這一點。親人之間的證詞，無法當作不在場證明。這點多少令我覺得有點荒謬。）

這三點，就是警方斷定阿孝是凶手的理由。

遺憾的是，警方並未找到任何可能的目擊者。幸山莊所在的別墅區尚未完工，沒有別的屋主計畫在那裡度過聖誕節，所以老爸他們事實上等於遭到孤立，就像在荒島上一樣。

只有一個證人，表示曾在別墅區入口看到疑似阿孝的人影，可是再仔細一問，才發現這是前一天，二十三日晚上的事。不過，站在警方的立場，他們認爲這證明阿孝前一天就先去探勘過，二十四日才會去行凶。

也沒有證詞表示在幸山莊附近聽過槍聲。僅有人通報，在命案發生的同一時間，靠近那個斷崖的方向，曾經傳來響亮的爆炸聲，可是這點也尚存疑問，因爲對方並未肯定表示是槍聲。

對了，我還忘了一件事，就是車子。

宮前孝似乎是開車抵達幸山莊的。村下家的車庫裡，有一輛很久以前一樹開的老福斯車。依猛藏的說法，前一天也就是二十三日的晚上，阿孝跑來說明天要用車，所以就把這輛車的鑰匙給他了。

案發後，幸山莊的周圍發現了和這輛福斯完全一致的車輪痕跡，這也成爲證據之一，車子被人發現丟棄在通往他墜崖現場的小路前。車內找到了幾根阿孝的頭髮，還有一個和幸山莊命案使用的相同口徑彈匣。

接下來的問題是，阿孝用的那把槍——

他怎麼會有槍，這我不大清楚。比較合理的解釋是，村下猛藏的現任夫人寬子，以前去阿孝的母親俊江墳前祭拜時偶然遇上阿孝，雙方爭執時，他曾威脅說：「我在東京和黑道有來往，身上也有槍喔。」——證據可說是相當單薄。

不過，警視廳的搜查資料中發現，幸山莊命案的兩年前，東京曾一舉收押了五十把私造手槍。在那次搜查行動中，阿孝曾以參考人的身分遭到警方偵訊。當時他十九歲，和兩個朋友住在池袋的公寓，沒有工作。

那時阿孝和私造手槍的案件雖然無關，但他承認去馬尼拉時曾射擊過手槍。同樣以參考人身分接受調查的友人，也同意阿孝是個手槍玩家，而且射擊技術一流——

幸山莊命案使用的作案槍枝，最後還是沒找到。

警方表示，起先他可能只是想恐嚇。後來一氣之下憤而開槍，既然已經殺了一個人，再多殺幾個也一樣——這就是警方的推論。爲了清除目擊者，乾脆全部殺光。

可是，我不相信就只有這麼簡單。我認爲，阿孝顯然是對幸山莊的遇害者恨之入骨。

當然，我並不是說老爸老媽，還有三好父女做了什麼具體性的行爲觸怒阿孝。不過，我認爲，也許他們光是待在那裡，就已有某種東西足夠激起阿孝的恨意……

阿孝在村下家只住了一年，因爲他母親俊江跟猛藏結婚一年就死了。據說是死於車禍，部分雜誌也報導過。

車禍是在送猛藏抵達友愛醫院後，回家的路上發生的。當時她才剛考取駕照，轉彎時應變不及，就這麼墜落崖下。後來，阿孝就離開了毫無血緣關係的村下一家。不過基本上，早在俊江生前，他似乎就已和其他家人處不來了。關於這些，是小宮山刑警告訴我的。

我很同情阿孝的家庭環境。在他二十一年的人生中，沒有半點好事。被學校趕出來，父母離婚、再婚；才剛建立新家庭親生母親就死了，留下他一個人待在毫不了解、形同陌生人的家庭中。

我認爲，住在幸山莊的老爸他們，擁有阿孝渴求卻得不到的一切東西。而且，他們趕走了想接近他們的阿孝。這當然是因爲阿孝的接近方式太魯莽，但是像他那種人是不會這麼想的。他只知道自己「遭到拒絕」，所以才會恣意報復吧。

老爸他們，在錯誤的地點遇上錯誤的人。

接下來，我就要說明，爲什麼我認爲宮前孝還活著。

前面我也提到過，起先只是很單純的疑問。屍體尚未發現，僅憑兩個人的目擊證詞，就能輕易斷定他已經死亡嗎？隨後發現他的鞋子，更不值一提。光把鞋子丟掉故布疑陣，這誰都會做。

於是我跑去縣警局，拜訪前面提過的小宮山刑警。幸山莊命案的專案小組已在那三天之前解散，他現在負責別的案件。

我坦率地說出我的疑問。他默默聽著，然後向我解釋。

第一，宣稱看到阿孝屍體的那兩個目擊者，跟阿孝很熟。這點警方調查之後也已證實。因此，他們兩人不可能認錯人，落水者的服裝也經過確認，跟阿孝前一天穿的相同。

第二，案發當時，不論是瀉戶町或南北邊的鄰鎮，都沒有人失蹤。因此，不可能是另一個人落海，湊巧被海浪打到那個崖下。如果是更早之前落海的遺體，也不可能在那個早上偶然在那浮起。

第三，假設阿孝在幸山莊殺害四人後，企圖避人耳目伺機逃走，那麼這條發現疑似阿孝遺體的崖上小路，正是他會選擇的最佳路線。這條路未鋪水泥也沒護欄，相當危險，只有當地人才知道。沿著這條路筆直北上，最後會走到環繞鎮北的山嶺，翻過山嶺下去後，就可以抵達隔壁新田町的貨運專用車站。

實際上，搜山時首先搜的就是這條路。可是，當時是深夜，所以大概沒發現阿孝已經墜崖。

小宮山刑警說，這三點就是主要理由。我當時也同意了，我以爲警方出馬應該不可能有錯。

可是——

當事人——也就是向我解釋的小宮山刑警自己，卻正好和我相反，看起來一臉納悶。他之所以會一邊說明一邊呑吞吐吐，可能也是因爲這個原因吧。

我就問：「刑警先生您個人的看法呢？」

他沉默良久。然後才說：「你問這個做什麼？」

「這不是做不做什麼的問題，我就是想知道。」

「知道了又能怎樣？」

「您無法肯定答覆，是因爲您自己認爲宮前孝已死的可能性很低吧？」

小宮山刑警沒說話，然後緩緩點頭。

我大吃一驚，不敢相信。因爲在我眼中，這位刑警先生看起來應該是搜查小組的核心人物。

「上級說宮前孝已死，那他就是死了。所以上級命令我們找遺體，我們只能全力去找。」

事實上，搜查阿孝遺體的行動規模相當大。耕叔你應該也記得吧？

「雖然還是沒找到，總之應該就在某處，宮前孝已死，這個結論不動如山。只因爲找了這麼久還找不到，就懷疑打從一開始根本沒有遺體，這種念頭是不可原諒的。」

「你口中的上級，是根據什麼做出宮前孝已死的結論？」

小宮山刑警一臉黯然，打啞謎似地說：「因爲村下猛藏這麼說。」

然後，連忙壓低聲音。「對不起，我不該跟你說這些，請你忘了吧。」

——因爲猛藏這麼說。

我起先還不明白這句話的意思。我心裡想：凶手的父親如此主張又怎樣？

解開這個謎底的，不是在案發的瀉戶，而是等我回到仙台看到雜誌時。

那篇報導寫的是村下猛藏這個人物，在瀉戶町擁有莫大的權力。無論是經濟上或人脈關係上，猛藏的地位都穩如泰山。

人脈。對，這就是答案。

負責調查瀉戶町殺人命案的縣警局刑事組長，有個年長三歲的哥哥，原本是律師，現在是保守黨的議員。他在參選的時候，猛藏給過他資金援助。光是按照政治資金規正法公開的金額就有一千萬以上，私底下給的錢，想必更是難以記數的巨額吧。

身爲縣警局的刑事組長，當然可以左右調查方向。就算警視廳有意見，議員也會介入擺平吧。幸山莊命案並非無法查明凶手，凶手早已確定，只不過沒有逮到他。要把案子朝「雖未發現遺體，但確定已經死亡」的方向誘導，應該不是太困難的事。

那樣的話，社會上也不會再議論。

我開始想，小宮山刑警刻意使用「因爲村下猛藏這麼說」這種說法，到底有什麼含意。

我認爲，那也就是說，是猛藏藏匿阿孝——或是把他軟禁起來也不一定。

受到猛藏的請託或施壓的縣警局上級長官，就算是財源捏在猛藏手中，或是要靠他照顧，畢竟不可能把一個揹著四條人命的殺人凶手和凶器一起放任不管。如果那樣做，萬一下次又鬧出案子，必然會萬劫不復。

而且我相信猛藏也不會笨到這樣拜託人家。

所以他很可能在案發後剛開始搜查沒多久就抓到阿孝了，然後再從手下挑兩個可以委任這種差事的人，叫他們謊稱看到阿孝的屍體。

接下來，他再拜託縣警局的刑事組長，或他當哥哥的議員：阿孝已經被軟禁起來，我保證不會再讓他給社會增添麻煩。所以，請採用我部下的目擊證詞，把調查行動朝著阿孝已死的方向進行——

耕叔，你不覺得這極有可能嗎？

自從這個念頭盤據腦海後，我開始過著只在意這件事的生活。所以我把銀行的工作也辭了，有段期間甚至連明惠都忘了。要不是她的眼睛失明，我可能會繼續那樣下去吧。

令我困擾的兩點是，實際上找不到阿孝人在何處的證據。還有，就算這樣藏匿阿孝，對村下家和猛藏來說，也沒有任何好處。

尤其是後者，更是個難題。村下猛藏爲什麼要藏匿阿孝？

縱使把他藏起來，也沒有任何好處。全國都知道阿孝就是幸山莊命案的凶手，就算把他藏起來，也不可能恢復村下家的名譽。

我也不相信這是出於親情。案發後，猛藏雖然擺出一副替阿孝贖罪道歉的姿態，但我總覺得那極可能只是做做樣子。只要堅持這種低姿態，就可以安然躲開社會輿論的矛頭了。

不過——

以下所說的只是旁證，而且不過是謠傳，所以我也不敢斷定，不過這個實例，倒是可以說明村下猛藏這個人爲了保護自家人什麼事都做得出來。

耕叔，十八年前，在東京的麻布，曾經發生一場飯店大火，這你還記得嗎？那間飯店叫做「新日本飯店」。當時投宿的八十三名房客中有四十一人燒死，死傷慘重。

這場火災很明顯是人爲過失。新日本飯店雖然是一間當時才完工半年的嶄新飯店，卻沒有防火門和自動灑水器，也沒有裝設煙霧偵測器。就連滅火器，都沒有放在各個樓層。客房的窗簾也不是防火的，逃生門被堵起來，用來堆置雜物。

更糟的是，這間飯店只求外觀漂亮，八層高的建築物中央是挑空通風的。起火點雖在二樓，但火災一發生，這個通風口頓時成了超大煙囪，濃煙迅速竄往各樓，助長火勢不斷往上燃燒。在罹難者之中，有不少人都是被火逼得從高處跳下才死亡的。

你也許會想：這場火災我倒是知道，可是這跟村下猛藏應該無關吧？

如果這麼想就錯了。

的確，這場火災後來經過審判，飯店業主和經營負責人都被判刑了。但他們其實只是替身，眞正提供資金、訂購設備、把成本壓到最低、命令負責人壓榨員工好讓自己中飽私囊的——

據說就是村下猛藏。

光在瀉戶這個小鎮當名人可能已經無法滿足他了吧，他開始放眼東京。

十八年前，猛藏四十一歲，瀉戶友愛醫院已經躋身成爲大型醫院，收益也愈來愈可觀。於是，他開始考慮去東京發展。而他首先著手的就是經營飯店。之所以要找人當替身，是因爲他認爲在這競爭逐漸激烈的業界，如果讓人知道精神科醫院的院長就是經營者，可能會造成負面影響。

當替身的人之所以會唯唯諾諾地挑起火災的責任認了罪，沒把猛藏的名字抖出來，大概是因爲猛藏砸了大把銀子，承諾照顧他們的家人，還替他們請了最好的律師吧。不管怎樣，總之他們也明白，這只是業務過失致死罪，不會判處太重的刑罰。

這不是我的臆測，是從雜誌的報導中摘錄出來的，那篇報導的影本我夾在這裡——

在調查村下猛藏這個男人的過程中，我發現這篇報導著實嚇了一跳。於是，我找出幾名當時的相關人士，親自去見他們，希望他們能告訴我更多詳情。

其中一人，火災當時在新日本飯店擔任客房服務員，他對我說：那場火災的起火原因你知道是什麼嗎？

據報導，是某個打掃空房間的服務員躲起來抽菸，才會一不小心引起失火，可是那個人搖搖頭。

「眞正的肇事者，是村下猛藏的長子一樹。說是空房的那個房間其實有人住，是猛藏的老婆清子帶著一樹住在那裡。清子是來東京大採購的，不是逛街瞎拼是掃街大採購。每個月一次，爲了在瀉戶炫耀，特地來東京買衣服回去，這是那個女人的習慣。」

「可是，當時一樹應該才十歲左右吧？」

「是清子睡著的時候，那孩子偷偷玩火才引發火災的。而且，清子醒來發現失火後，只顧著自己逃命卻什麼也沒做，帶著小孩就溜之大吉。這種女人跟猛藏還眞是絕配。」

新日本飯店慘劇的眞正原因就是這個。而猛藏爲了湮滅事實，收買了一個客房服務員，叫他出面頂罪——這個說法，據說在飯店相關人員之間廣泛流傳。

「看到一樹這個長子長大之後變成什麼樣子，就覺得猛藏做的一切根本沒有意義。」那個人說。

村下一樹，由父親出資在東京的北新宿經營一間酒吧。不過那純粹只是應付社會眼光，實際上等於一開張就關門大吉，一樹自己嚴重酗酒，程度足以送進他父親的醫院，而且還貪戀女色——關於這點，是我自己調查出來的。

不過，一樹怎樣都不重要。現在的問題是，猛藏曾有這種不擇手段保護家人的「輝煌紀錄」。可是，這點不能原封不動地套用在阿孝身上。

他和一樹不同，不是猛藏的親生子。猛藏和阿孝的母親再婚時，既未辦理手續領養他，也無意這麼做。因此阿孝無權繼承村下家的財產，也仍舊冠著「宮前」的姓氏。照這樣看來，猛藏在案發後強調的「我把阿孝當成親生孩子，一直努力要讓他打開心房」的說辭，就變得難以相信了。

按照一般的解釋，找不出猛藏藏匿阿孝的理由。於是，我開始調查猛藏和村下家的相關背景。

首先發現了一件事。那就是關於阿孝母親的車禍身亡，當時，曾有不利猛藏的謠言。內容大致是說，那是蓄意謀殺，俊江是被猛藏害死的。

據說他也的確有殺人動機。當時，猛藏已經和現任夫人寬子交往，他和俊江之間自然也就齟齬頻生。他們結婚還不到一年呢。

不過，只因爲感情不好、對老婆厭倦了就殺人，這未免有點匪夷所思。用不著鋌而走險，直接離婚就行了。縱使要付贍養費，短短一年的婚姻生活，應該也不需付出多少錢吧。

關於這點，俊江死亡當時，匿名黑函滿天飛。內容指稱是猛藏吩咐熟識的汽車修理廠，在車子上動手腳害死俊江。至於被指名的「服部汽車修理廠」的老闆甚至揚言，他要揪出寫匿名信的人，和猛藏一起控告對方。

眞相究竟如何，我無法置評。就算眞的是猛藏害死俊江，也不能確定這和幸山莊命案的凶手阿孝有什麼關聯性。

而且，還有更驚人的事實出現。

是關於瀉戶友愛醫院。接二連三冒出來的事實，眞的令我驚訝萬分。

瀉戶町的居民嘴巴都很緊。不過等我有耐心地試著接觸之後，我逐漸發現，他們之所以閉口不談，並非出於對猛藏的忠心。

大家其實是在怕他，耕叔。

村下家等於是負責掌管整個組織的黑道家族，猛藏就是黑道頭子。誰敢反抗，就別想再在瀉戶町混下去。不僅如此，連生命都會有危險。警方也對猛藏毫無辦法。地方報社也一樣。因此就連面對大批來採訪幸山莊命案的中央新聞媒體，也沒人敢多說一句。因爲誰也不知道會不會洩漏出去。

因此，瀉戶友愛醫院才可以僞裝成優秀的大型醫院至今。

那些人之所以敢對我鬆口，我想，可能是因爲我是幸山莊命案的受害家屬吧。瀉戶町的居民對那件案子過於迅速解決，感到不滿與不安。

告訴我內幕的不只是當地居民，在同屬該縣的各家福利機構和醫院、飯館、廉價旅館街，還有，我想到友愛醫院酒精中毒的病人特別多，所以也一一走訪戒酒團體、指導戒酒的醫療機構，找到了很多「前友愛醫院的病人」。他們迫不及待地向我傾訴，到目前爲止，他們已經再三訴說過友愛醫院的可怕，但卻沒有人當作一回事。人們總以爲，反正都是些腦袋有毛病的傢伙胡言亂語，反正都是些酒精中毒的人渣在瞎扯，鬼才會相信。

關於那間醫院，有數不清的恐怖故事。光是我聽到的，就有以下這些。

・院內一旦有病人死亡，絕不讓家人看到遺體。更過分的乾脆擅自火化，因爲怕家人發現死因。

・三餐總是吃碎成渣的麥飯或快腐敗的陳米，菜色粗陋難以下嚥。病人明明繳了伙食費，村下一家卻把這筆錢直接侵呑，中飽私囊。

・住院病人攜入的物品在隔壁鎭上的拍賣會上出現。

・只要使用大量藥品，便可申請健保補助，做檢查也可領取費用，所以只要有健保制度在，讓病人住進醫院不放人走，管他需不需要藥品和檢查都給他重覆療程，醫院自然就會有源源不絕的收入。

・以「作業療法」的名義派病人出去當臨時工，工資當然是醫院沒收。

・友愛醫院之所以喜歡收容酒精中毒病患，是因爲他們出院後再度入院的機率很高，是好主顧。酒精中毒者多半遭到家人疏遠，甚至還有人拜託院方：住院費他們照付，只要別讓病人再出院就好。這麼一來，只要把那個病人扣留在院內，就可以狠撈一筆。他們專程派人到東京的山谷和淚橋一帶募集酒精中毒者，也是因爲這個緣故。

・上述患者再次住院時，多半會送去之前住院的地方，所以友愛醫院在住院病人的手臂寫上號碼。只要公告世人他們有這種措施，即使外縣市或東京的病人，一旦病倒路邊被警方發現，警方就會立刻通知友愛醫院，如此便可確保病人人數維持在穩定數量。

・不做任何治療。如果把病人治好就賺不到錢了。表面上雖然洋洋灑灑地列出一堆名醫的名字，實際上除了村下猛藏、女婿榊達彥、遠山顯之外，就沒別的醫生了。

・護士和看護也絕對寥寥無幾。從病患當中擇人監視病人，就像電影中的納粹集中營一樣。

・村下猛藏和當地警察交情頗深。整個鎮既然都在猛藏勢力之下，警方和公家機關當然也不例外。他和最近在東北地方擴大勢力的黑道幫派也有勾結，據說因傷害或殺人罪嫌遭到逮捕的幫派分子，請村下院長捏造個精神分裂之類的病名，刑罰就可以獲得減輕。聽說像這種幫派分子在法院判決下送入友愛醫院後，往往擔任院長的保鑣，或是搖身一變成了「看護」，專門負責監視病人。因此，友愛醫院的病人之中，受到看護持槍威脅的病人也不在少數。

・在友愛醫院，電擊療法是家常便飯……

你有何感想？耕叔。

我聽了之後很想吐，然後，我終於理解老爸生前去幸山莊參觀，第一次和猛藏重逢時，爲何一點也不高興的原因了。

當然老爸他們不可能知道我現在寫的這些情形。不過，他們兩個打從猛藏小時候就認識他了，對吧？而且還肯定地說，在那裡「沒留下任何美好回憶」。

「總之他就是口才流利，而且說謊也面不改色。縱使人家發現他做的壞事逼問他，他也絕對不承認。即便把他壓到現場對質，他也會說：『不是我的錯，是某某人命令我這樣的。』不是把無辜的人拖下水，就是把過錯推卸到別人身上。」

我聽說，老爸小時候是孩子王，所以倒沒怎麼被欺負過，可是三好先生卻因爲猛藏受了不少罪。老爸不是個隨便說別人壞話的人，三好先生也一樣。可是他們兩個，卻用看到蟲豸般的嫌惡眼光來看待他——

說到這裡，我想起明惠以前告訴過我一件事。

三好先生一家在購買幸山莊的過程中，每次除了三好先生，雪惠也會一起跟著。因此，她很早就見到猛藏。

據說，猛藏似乎看上了雪惠，還跟她說什麼他下次要去仙台，到時一起吃個飯。站在雪惠的立場，當然不可能眞的答應。她只當是社交辭令聽過就算了，沒想到猛藏眞的來到仙台，還打電話給她。

由於猛藏糾纏不放，雪惠最後推辭不了，只好拜託明惠陪她一起去。聽說猛藏一開口就指定在他投宿的飯店大廳碰面。

那天，據說明惠和雪惠兩人合力，才勉強擺脫猛藏回到家，明惠嚇壞了。那個人坐過再站起來的地方，好像都泛著一片油光。她說那個男人很討厭，可是不是那種可以當作笑話一笑置之的討厭——

因此我覺得，幸山莊命案的前一天，老爸他們竟然會去村下家作客，未免太不可思議了。如果反過來想，倒有可能是登門聲討跟他劃清界線。總之，總之老爸他們和猛藏的關係，絕非案發後那傢伙宣稱的那種良好關係。

下面這件事，是老爸在考慮要不要購買幸山莊時告訴我的：幸山莊所在的別墅區開發計畫，據說是瀉戶町當地難得一見、態度強硬的「反村下幫」地主，找來東京的業者著手進行的。因此，開發之後就算發展得再繁榮，猛藏也撈不到一毛好處。

瀉戶町的確是靠著村下家族的庇蔭發展起來的。可是，到頭來，變得跟一黨獨裁制的國家沒兩樣。所以，我們應該來組個在野黨——這就是他們的動機。

對猛藏來說，看到這種發展當然不可能高興。可是，開發促進派的作法非常巧妙，他們找遍所有不受猛藏控制，或是光靠猛藏對付不了的銀行及大型房地產公司，讓計畫上了軌道。如此一來，翻臉比翻書還快的猛藏馬上軟化態度，宣稱自己醫院的病人要做「作業療法」，以這個名義派他們到別墅區工作。促進派的人，面對「爲了病人好」這種美化說辭，大概也不好意思拒絕吧。但我實在不相信，這次作業療法的酬勞曾送到任何病人手裡。

我認爲，老爸之所以決定買下幸山莊，是因爲他認爲，這樣可以幫助那些反對猛藏將整個鎭私有化的人。當然，這也是基於他對瀉戶這片土地的喜愛。也許他認爲單是衝著這一點，就不能讓這塊心愛的土地任由猛藏號令。況且老爸個性本來就很耿直好強，最討厭邪門歪道的事。我到現在還記得，當他發現作業療法的病人手臂被寫上號碼時，大發雷霆的模樣。

到這裡，話題要回到前頭。

即使知道了友愛醫院出人意表的眞相，還是解不開猛藏爲什麼要僞稱阿孝已死的謎底。我就是找不出他必須藏匿阿孝的理由。

阿孝在成爲村下家的一分子之前，曾經在瀉戶友愛醫院住過院，因此他對醫院內部的情形，應該有一定程度的了解。

可是，身爲幸山莊命案凶手的他，就算出面告發繼父的醫院是個慘無人道的地方，恐怕也無人相信吧？他是個連奪四命的殺人凶手耶，猛藏不可能是怕阿孝抖出眞相才把他藏起來。不，就算猛藏眞的這麼想，阿孝也不可能投靠他。

你想，難道不是嗎？如果阿孝這樣做，即使暫時獲救，到頭來還是等於落入猛藏的魔爪。反正他已是個新聞媒體公告周知的死人，猛藏可以不費任何風險地消滅阿孝。

我眞的想破了腦袋也百思不解。而明惠的眼睛，正好就在那時候失明了。

撇下她不管，對此我至今仍感愧疚。因此，雖然耕叔你也責備過我，其實我的自責更深，眞的。

幸好，明惠很快就康復了。替她治療的柴田醫生，是個和猛藏差異有如南北兩極的精神科醫生。那時的我，一方面想陪在明惠身邊，另一方面又想繼續調查，兩股意志彷佛在拔河。兩種念頭都同樣強烈，令我動彈不得。

動搖這種狀態的，是一通電話。

打電話來的人叫做「源伯」。照理說他當然應該有個全名，不過本人堅持叫做源伯。至於我，他是用「幸山莊命案的倖存者」來稱呼。

源伯說，他在瀉戶友愛醫院一直住到四月底。不例外的，他也是個酒精中毒者。他說自己本來像流浪漢一樣睡在瀉戶車站，被警方發現後，就把他送進了友愛醫院。

由於他是第一次住院，源伯按了指紋。當時已經是半夜，他跟著値班的護士進了一個看似醫院資料室的地方，十根手指全都被採了指紋。

當時，有一個醫生在場，源伯和護士一進去，他頓時一臉慌張。那時他正拿著病歷。而且就源伯迅速偷瞥所見，那張病歷卡的姓名欄，寫著「宮前孝」這個名字。

「眞的？」我向他確認，源伯自信滿滿地肯定，他說絕對不會錯。而且，他還告訴我，那位醫生名叫榊達彥，是猛藏長女的丈夫。聽說在東京開診所，不過也會常常來友愛醫院幫忙。

猛藏的親人，爲什麼在事過境遷後還要偷偷取出阿孝的病歷？——如果阿孝眞的已死的話。

我再次確信阿孝果然還活著。他需要某種治療，所以要用到病歷。阿孝在瀉戸友愛醫院——一定是這樣沒錯。

源伯說他在東京。另外，還有過去從那裡離院（據說是逃走）的朋友。因此，他說也許可以幫我把阿孝從那裡帶出來。聽到這番話，我什麼也沒準備就倉卒前往東京。那是五月十日的事。

在東京見到源伯和他的朋友後，他們告訴我很多事。友愛醫院一直有人手不足的困擾，尤其是缺乏醫生。這是因爲猛藏的經營方針等於是在踐踏醫生的良心，因此，留在那裡的醫生全是猛藏的親人——聽到這個，我更加肯定了。如果是這樣，就算他藏匿阿孝，也不用擔心會被發現。

最令人毛骨悚然的，就是他們說，在友愛醫院，極爲頻繁地使用「抹消」病人記憶的裝置。

據說本來有個年輕男孩和源伯住在同一間病房。他才剛考取駕照就發生車禍，撞死了一個小孩。從此他一直精神不穩，車禍至今都已經兩年多了依然無法恢復正常生活。他是在家人同意下住院的。有一天，他突然連著消失兩晚，回來時已經失去記憶。而且，手臂上寫的病人號碼也不一樣了。那個年輕男孩的手臂上，寫著Level 7。

失去記憶的男孩幾乎變得跟幼童一樣，源伯必須從怎麼拿筷子開始從頭教起。然而，過了一陣子，源伯才恍然大悟。男孩變得動作遲鈍、笨手笨腳，並不只是因爲失去了記憶，是因爲他的左半身出現麻痺。男孩喪失記憶後沒多久，家人就來接他，辦了出院。源伯一邊發抖一邊笑著說：「那才眞正是名副其實的『不愉快的回憶全都忘光了』。」

不管怎樣，總之接下來我們決定執行把阿孝帶出友愛醫院的計畫。哪天行動雖然還不知道，但我打算全力以赴。

包裹內附上的錄音帶，是和源伯談話的錄音紀錄。如果我們沒回來，請你拿著這份手記的影本和帶子去找東京的報社。

我相信應該不至於有這種情形，我們一定會回來。

所以，我就不說告別的話了。

祐司

祐司念完影本後，周遭陷入沉默。很長一段時間，沒有任何人開口。

最後三枝猛烈地打了一個噴嚏，嚇得另外兩人跳起來。

「抱歉。」他說。「怎樣，謎團解開的心情如何？」

祐司垂眼看著手記影本。「看樣子，我們兩人好像是潛入友愛醫院後被抓到了。」

「應該是吧。」

「爲什麼我們沒有直接被關在醫院裡呢？」

三枝笑了。「或許猛藏也良心發現了吧。」

「不，不對。」祐司搖頭。「站在猛藏的立場，是怕如果隨便把我們扔進去，萬一被誰察覺就糟了。我們不就察覺阿孝在那裡了嗎？就算自以爲防範得滴水不漏，那裡畢竟有八百個活生生的病人，根本不可能完全防止消息走漏。經過那次教訓，他大概發現友愛醫院也不見得安全了吧。」

「好吧，那現在……」三枝站起來。他變得一臉嚴肅，太陽穴的血管都浮起來了，這應該是因爲緊張而非憤怒吧，祐司想。

「我們該去收拾村下猛藏了吧？」

三十九

眞行寺悅子踏上瀉戶這個地方，這才想起這裡就是幸山莊命案的舞臺。在電視上看過無數次的景色，現在就在窗外飛馳而過。

「眞是個可怕的事件。」義夫說。

悅子點著頭，心裡突然有種不祥的預感。小操被移送到發生過那種可怕案件的地方——她身上到底出了什麼事？

不過，從窗口看出去的景色，美得不可方物，甚至刺激她原本疲憊困倦的腦袋清醒過來。由於他們是在天亮抵達的，站在高處俯瞰，正好看到朝陽從水平線彼端升起的景象。她把在後座睡覺的由佳里也叫醒，叫她看窗外。

金色的曙光渲染海面，光芒逐漸匯集，最後形成一彎光輝的弓形。如果天天看著這幅景象，說不定再也不會相信什麼地動說。在這裡看到的太陽，只是照亮天空的裝飾品。

三枝交給義夫的紙條上，用稜角分明的獨特字體，交代了各項事情。

首先，最重要的，是能夠救出小操的時間。上面寫說，應該是今晚十點左右。不過，也許會有點提前或延後，所以從九點半起，就得把車子停在指定地點等候。

他說的「指定地點」，是瀉戶友愛醫院背後的那片雜樹林中。旁邊好像就有醫院的「四號便門」這個出入口，他還附上簡單的地形圖。

地圖的下方，寫著之前見面時他再三叮囑過的話。

「總之，你們什麼也別問，一旦救出小操，就立刻離開那裡，折返東京。詳細情形改天我一定會解釋。」旁邊還劃線特別強調。

如果按照紙條的指示，等到今天下午再來瀉戶町也來得及。可是，悅子早已急得坐立難安，而且白天路上可能會塞車，再加上義夫也表示最好先去瀉戶町和友愛醫院探勘一下，因此眞行寺一家人半夜就從東京出發，來到瀉戶這裡。

瀉戶町整個城鎮似乎都位於斜坡上，坡道特別多。在東西狹長的鎮中央，有座私鐵車站。繁華街也集中在車站四周，可以在一早就開門營業的咖啡店先吃點簡單的早餐。

慵懶地送早餐過來的女服務生出乎意料地親切，告訴他們附近就有不錯的旅館。

「請問瀉戶友愛醫院在哪裡？」

聽到義夫的問題，女服務生打開窗戶，伸出手臂，指向鎮西的高地。

「你看，就是那個。」

朝陽照耀下的那棟建築物，悅子覺得「簡直就像個要塞」。就建築物的大小來說，窗子少得可憐。由於周圍都沒有房子，一眼便可看清醫院圍著高高的警戒網，簡單把高地用推土機推平做成的紅土停車場上，停放著數輛車子。

女服務生告訴他們：「如果要帶病人去，掛號處八點半才開門喔。」語氣就像告訴他們公車發車時間一樣理所當然。

她想起幸山莊命案在報導喧騰之際，常有人說這個鎮是靠友愛醫院支撐的。也曾聽說，發生凶殺案的別墅區本來廣受期待，盼望能因此改變這個鎮的體質。

「案發之後，別墅區怎麼樣了？」

女服務生好像吃到什麼酸東西似地皺起臉。

「別提了，了無生氣。高爾夫球場還算好，度假飯店好像就門可羅雀了。別墅推出後也找不到買主，就連原先訂購的買主，好像也全都退掉了。」

那也難怪，這是人之常情，她想。付出大筆金錢，買下別墅或是來度假飯店住宿，就是想要逃離壓力。既然如此，當然不可能故意選擇一個會造成另一種壓力的場所。

在女服務生推薦的旅館要了房間，一切安頓就緒已是上午十點左右，由佳里立刻又鑽進被窩。

「你答應過的，爸。」悅子深深坐進窗邊的椅子，說：「關於那個三枝的事，快告訴我。」

義夫在床邊坐下，看著由佳里熟睡的模樣點頭。「悅子，十八年前，新日本飯店的火災，妳還記得嗎？」

她略作思索，想了起來。麻布的那場飯店大火，罹難者高達四十人，死傷慘重。

「嗯，我記得。」

「事實上，妳媽也是那場火災的房客之一。」

悅子瞪大了眼睛。

「這我還是第一次聽說，我都不知道。十八年前，我已經十六歲了。媽如果有受傷，我應該會立刻察覺才對。」

「她沒有受傷。因爲她在千鈞一髮之際獲救了。」

「可是……噢，不過，那我爲什麼不知道這件事？」

義夫沉默了一會兒似乎在拿捏時機。彷彿正把回憶放在看不見的天秤上，等待指針停止晃動。

「那個叫做三枝的男人，就是妳媽的救命恩人。」

「是那個人，從飯店大火中把媽救出來？」悅子半開玩笑地笑著說。「那，他是消防隊員？」

義夫微微一笑，搖搖頭。

「火災發生的時候，他和妳媽在同一個房間裡，在那間飯店的最頂樓。」

悅子一邊預期著義夫接下來會說出什麼，一邊啞口無言地坐著。義夫是這麼說的：「那個三枝隆男，十八年前，有一陣子——只有短短一陣子……曾是妳媽的情人。」

十八年前——悅子想。當時，母親織江幾歲？她是二十一歲生下悅子的，所以是三十七歲吧。

「可是那個人……那個叫三枝的，現在頂多才四十歲吧？」

「四十三。十八年前，他是個二十五歲的年輕人。」

織江看起來一直比實際年齡年輕，過世的時候看起來也像是不到五十。三十七的時候，或許看起來頂多也才三十二、三歲吧。

即便如此，織江……母親她，居然和小她整整一輪的男人談戀愛？

不，那不能叫做戀愛，明明就是偷情嘛。

「爸，你早就知道了？」

「當時不知道，直到火災發生。」他的手放在脖子上，來回撫摸。「因爲我忙著工作，家裡的事全都丟給妳媽。」

悅子不禁拔尖了音調。「媽搞外遇，又不是家裡的事！」

「妳這麼大聲幹什麼，悅子。」

悅子從椅子站起，總之她現在不想跟義夫面對面。打開冰箱，拿出兩罐啤酒，遞出一罐給義夫。

「不喝酒就聽不下去嗎？」

「到了三十四歲才知道母親三十七歲時的外遇，當然會想來罐啤酒。」

「這句台詞倒是可以拿來拍廣告。」

兩人幾乎同時拉開拉環，發出響亮的聲音。不知爲什麼突然變得很可笑，悅子不禁笑了出來。

「對不起。」

「幹麼道歉？」

「我笑了，這不是該笑的事。」

「也不見得吧。」義夫喝著啤酒。「至少，我每次想起這件事總會稍微笑一下。只有一下下啦，多了笑不出來。」

「過了多久的時間，你才開始笑得出來？」

「大概五年左右吧……」

五年啊。就一個人從妻子外遇的打擊中振作起來的速度來說，這算是快，還是慢呢？或許也有人永遠都笑不出來吧。

「那個人，是個怎樣的人？」

「當時在東京日報的社會組，他以前是個記者。」

悅子轉過頭，湊近看著義夫的臉。

「那，他是你的朋友囉？」

「對呀。他來我們家跟我和織江三人一起吃過飯，也一起喝過酒。悅子妳不記得了嗎？他還來家裡玩過呢。他替我們煮不過濾的現燒咖啡，大家邊笑邊喝。」

即使追溯記憶，悅子仍然想不起來。義夫的同事或東京日報的記者們常常來家裡玩。哪個是哪個，她根本無法一一鮮明記起。

「我啊，一直很欣賞他。」義夫若無其事地說著，把罐裝啤酒放在邊桌上。

「像這種情形，就叫做養狗反被狗咬吧？」

「悅子，人可不是養的狗。」

「他們兩人，等於是你牽的線囉？」

義夫抓抓太陽穴。「呃……可以這麼說吧。」

「太誇張了。」悅子說著攤開雙手。「我沒想到媽竟然會是這種女人——」

「不可以批評妳媽。」義夫嚴肅地告誡她。悅子放下雙手。

「他們倆是在什麼情況下湊到一起的，這我不知道，我沒問這麼多。老實說，我也不想問。」

那當然，悅子想。

「不過，悅子，我想妳媽那時一定很寂寞。爸爸整天忙著工作不在家，妳又上了高中，已經講話像個大人似的。成天只想著玩的事情和朋友，離她愈來愈遠……」

「那也不能因為這樣就理直氣壯地偷情呀。」

「那時候，她沒有偷情。」

悅子又坐回椅子，身子往後一躺，雙臂交抱，蹺起二郎腿。這還是她第一次當著父親的面，擺出這麼盛氣凌人的態度。

「爸，你太寬大了。」

「那是現在才能這樣。」義夫笑了。

「那，以前呢？你還是原諒了媽吧？」

義夫想了一下。

「說是原諒，好像有點不對。妳媽的心要跑到別人身上，又豈是我能夠原諒或不原諒的？」

「可是……」

「在那當時，我是覺得無可奈何。當然，要說不生氣那是騙人的。不過，悅子。有時候，也只能覺得無可奈何。」

「爲什麼你會覺得無可奈何？」

義夫又沉默了。悅子這才察覺，談這件事其實是很殘酷的。

「算了……別說了。」

「不能算了，悅子。妳不是很想知道我爲什麼會相信他嗎？」

悅子垂著臉，點點頭。

「他在新日本飯店失火時，救了妳媽。火延燒得很快，在這場將近半數房客都不幸罹難的大火中，妳媽住在最頂樓還能逃出來，都是因爲有他在。」

「是怎麼逃出來的？」

「爬上屋頂，最後，妳媽是搭雲梯下來的。」

「那個人呢？」

「他幫著一起爬到屋頂的其他房客全都下去後——那時竄出的火苗和濃煙，已經使得雲梯無法靠近，因此他只好跳樓。」

眞不敢相信。

「從八樓跳下來，虧他還能活著。」

「因爲地上已經鋪好那種像氣墊一樣的東西。可是，他跳下來的途中撞到樓下的凸窗，導致腳部複雜性骨折，是右腳，所以現在還留著那次受傷的後遺症。」

悅子想起三枝拖著右腳跛行的身影。

「那眞的是一場很慘的火災。有些人雖然保住一命，卻留下一輩子也治不好的嚴重燒傷疤痕。也有攜家帶眷的房客，父母都燒死了只有小孩得救。我雖然在新聞界混了這麼多年，那次卻也幾乎快受不了。諷刺的是，那間飯店很忌諱『四』這個數字，沒有四樓也沒有四號房。可惜那種迷信的玩意，根本防止不了眞實的火災。」

義夫閉上嘴，悅子也不發一語，屋內一片寂靜。由佳里翻身夢囈發出雜音。

終於，義夫幽幽地拋出一句：「她說什麼也沒發生……」

悅子看著父親的臉。「什麼東西？」

「妳媽和他。」

悅子不禁屏息。

「據說那天是他們兩人第一次在飯店幽會。不過，妳媽說，什麼也沒發生。到了最後一刻，她說她就是無法越過界線。」

「爸，這你相信？」

「妳媽既然這麼說，一定就是這樣。」

悅子忽然在腦中想像，織江大概會說「都是因爲我想背叛爸爸，才會遇到這場火災」吧。

「結果，他們就那樣分手了？」

義夫點點頭。「他也辭去了報社的工作，因爲這種事紙包不住火。」

大概是因為三枝的同事和上司，也都趕到了兩人捲入的火災現場吧。

「我在公司一向風評很好，和那些記者也真的建立了良好的信賴關係。所以，當大家發現他和我的老婆偷情時，他的處境想必是如坐針氈吧。」

「這是應得的報應。」

義夫笑了出來。「悅子，妳講話怎麼像個有潔癖的十三歲小女生。」

悅子默然。

「三枝先生既沒有逃離那塊針氈，也沒有找藉口推卸責任。至少我認為，他的做法很了不起。」

「那麼了不起的人會跟有夫之婦偷情？」

「戀愛不都是這樣子嗎，悅子。」

因為那時，他已經進報社第三年了嘛……義夫突然低語。

「身為記者，或許在各方面都遇上了瓶頸吧。像這種例子，我已經看過很多，所以我很清楚。他大概是因為那樣才……有點迷惘吧。」

悅子想起織江生前的口頭禪——「小悅，妳爸爸是個了不起的人」、「媽媽能嫁給妳爸爸真的很慶幸」。

那是悅子打從幼年就耳熟能詳的話。

枝江說那些話是什麼意思呢？幾乎只憑一張照片相親，在二十歲結婚，婚後立刻生小孩——或許每當腦中浮現這種疑慮，懷疑自己的選擇時，她就用這句話來說服自己吧。而這句話，在三十七歲的那場意外後，從此變成發自心底的真心話？抑或她的心情仍和之前一樣，只是像念咒般喃喃自語而已？

（爸爸，悅子就拜託你照顧了。）

她突然很想哭，為了掩飾心情，悅子大口猛灌啤酒。她覺得義夫既可憐，又有點可憎，彷彿能理解織江的心情，又很想責備她。

「爸，你爲什麼相信他？那個人現在在做什麼？」

「這個嘛……我也不知道。我只知道他離開報社後，換過不少工作。其實我也一直惦著他。」

「那個人，還跟蹤過我。」

義夫轉頭看著悅子。「妳很生氣吧？」

「現在……倒是不會。不過，他幹麼這樣做？」

「我屆齡退休的時候，報社的人不是替我辦了慰勞餐會嗎？那時，有個以前跟三枝同事，現在在電視臺工作的人也出席了。在三枝離職後，他和三枝好像還一直有來往。我想三枝應該是透過他，得知我們的消息吧。」

「所以就跟蹤我？」

義夫慈藹地說：「我想他大概是去看妳。可是，又不敢開口叫住妳。」

「來看我——」

義夫點點頭，仰望窗外的蔚藍晴空。

「昨天，他說過『要報仇』。雖然這句話的意思我只能用想像的，不過應該是相當危險的事吧。因此他在出征前，跑來看妳我最後一面。」

他到底打算做什麼。

「爸，你還沒回答我呢，你爲什麼相信那個人？」

義夫伸了一個大大的懶腰，往由佳里身邊一躺。然後，面向著天花板說：「新日本飯店失火時，他如果想保住自己記者的身分，大可以丟下妳媽逃走，也沒必要幫助其他客人逃生。這樣的話，他也就不會受傷。」

悅子眼中，浮現昔日在電視上看到的火災現場。逃生無門，只好如同被擊落的鳥兒，從飯店窗口墜下的人們——

「可是他知其不可為而為之，也許是不忍不這麼做。像這種人，妳說不值得信賴嗎？悅子。」

悅子把啤酒罐往旁邊一放，搖頭說：「那可不見得。都過了十八年了，人是會變的。」

「那場火災早已審判終結。受災者也獲得理賠。可是，三枝先生沒拿到理賠金。因為他根本沒提出申請說自己也是受災者。」

「為什麼？」

「他說，因為接受審判的並非那場火災眞正的負責人，眞正的負責人另有其人。他說在沒把那個人用某種形式揪出來，給予正當制裁之前，他絕對不會放棄。」

「那個人是誰？」

對於悅子的問題，義夫緩緩回答。「火災發生當時，幾家雜誌提到村下猛藏這個人的名字。」

悅子皺起臉，因為她覺得好像在別處也聽過這個名字。

義夫對著悅子點點頭。「沒錯，村下猛藏這個人，就是那間潟戶友愛醫院的院長，幸山莊命案凶嫌的父親。」

悅子扭過頭，朝友愛醫院聳立的方向看去，不論在鎮上什麼地方都看得見。那座形似要塞的建築物，似乎隱隱藏著不祥的陰影。

（我要報仇。）

三枝到底打算在那兒做什麼呢？

「我想，一定是要冒很大的風險吧。」

義夫彷彿看出悅子心中的疑問，說：「正因為這樣，三枝先生才會去看妳吧。不，他是透過妳看到跟妳媽的回憶。妳媽去世的事，他應該也知道。」

悅子垂下眼，腦中浮現織江的臉，母親正笑著。

四十

貝原操很害怕。

現在囚禁她的這個房間，糟得簡直無法拿來和榊診所的病房比較。

這是個天花板低矮，只有四帖半榻榻米大小的房間。唯一的照明是從天花板垂下的電燈泡。牆壁和地板都是灰色水泥，緊貼著天花板的地方，開了一個大小約等於大學筆記本橫放的窗子。沒有鑲玻璃，只有鐵柵欄。

室內有的，是一張硬邦邦的床、光是碰到身體就會渾身發癢的毛毯、潮濕得令人悚然的枕頭，以及固定在地板上毫無遮掩的便器。可能是下水道堵塞吧，不時飄來一股令人反胃作嘔的惡臭。

小操每次夢想自己的將來時，如果要她列舉最不希望自己變成怎樣，她總是會舉出當未婚媽媽、不斷地結婚又離婚、變成三流酒吧的酒女這三樣。

可是，這裡卻是現實中的「地獄」。即使在惡夢中她也想像不到，有朝一日竟然會和污穢的便器共處一室。這裡是哪裡？爲什麼我會在這種地方？

——因爲眞行寺小姐來找過我。

一定是這樣。昨天下午，她確信聽見外面頻呼「小操，小操！」那是悅子的聲音。過於高興之餘，小操連忙衝向窗邊，甚至忘了如果眞的受到藥效控制根本不可能做得出這種事。

窗下，是悅子和由佳里兩人正在放聲互吼。接著悅子仰望這邊，小操連忙大聲呼喊，想盡辦法要把窗子打開。

這時，那個「大醫生」走進了房間。

「怎麼，看來藥下得還不夠嘛。」

他以流氓的口吻說。小操只顧著拚命敲窗，然而隔音效果完美的窗子，似乎要封鎖小操，文風不動。然後，她就被大醫生從後面將雙手反剪。雖然她奮力抵抗，可是右手被壓住後，光靠痲痺的左手根本不是對手。

那個可怕的護士已經衝向窗下的悅子和由佳里身邊。當她被強制帶離窗邊時，小操眼中殘留的，是那個護士抓著悅子手臂的情景。眞行寺小姐，快逃，快逃！她不停叫著，右手似乎刺進了針頭，意識逐漸不清……

恢復意識時，已經在這個恐怖的房間裡了。身體下面薄得不能再薄的床墊、枕在後腦的枕頭，摸起來都黏黏的。她不禁彈起。

只有睡衣，還是和這段日子穿的一樣。可是，皮包不見了。沒有表，猜不出時間。窗口雖然有微微的陽光射入，但卻分不清到底是上午還是下午。

這個房間的門塗著品味極糟的綠色油漆，上面傷痕累累。大概是懶得把油漆刮乾淨重新上漆，每次只是直接在剝落的地方補漆吧，表面凹凸不平。試敲一下才發現，門是金屬製的。

門的下方有一個小窗口。說是窗子，其實用的是跟門相同的材質，什麼也看不見。她想起以前家裡養貓時，後門口的拉門上也開了一個和這個相同的「貓咪出入口」。從這頭不論用推的、用拉的都打不開，可見應該是從走廊那頭上了鎖。

水泥和金屬的房間。

這是個不容許逃亡的房間。榊診所封死的窗子雖然也很恐怖，但至少還顧及了房客的感受，不是完全被封鎖。

然而，這裡不同。根本不在乎住在裡面的人會怎樣，一旦被關進來就再也出不去——這個房間只有這種功能。

今後會變成怎樣呢？

待在乾淨的病房，躺在厚實的床上，蓋著舒服的毛毯時感受到的恐怖，相較之下根本不值一提。那時的恐怖，只不過讓小操發抖。現在，在這個地方感受到的恐懼和嫌惡，卻削弱著小操的力氣。

而且，如果在這種狀況下力氣盡失，最後就只有等死。

她不能亂叫消耗體力。到目前爲止，只要藥效差不多快退了，就會有人算準時間進來。她不能陷入恐慌，一定要冷靜。她只能這樣告訴自己。

本想做個深呼吸，可是實在太臭了，她沒辦法深深吸氣。光是照普通方式呼吸，都讓她想吐。實在憋不住只好用嘴巴呼吸，但她覺得這個房間內沉澱的污氣似乎也跟著進入體內，連忙閉上嘴巴。

不經意低頭一看，腳邊正爬過一隻大蟑螂。她尖叫一聲跳到床上，拚命找東西來打蟑螂。這時候，蟑螂已經爬到便器上。

反正這種枕頭，她死也不會再把頭放上去。她思索著該打幾下才有用，右手抓著枕頭，憋住氣，戰戰兢兢地探頭往便器裡面看。

沒有積水，只有一個黑黑的洞。她難以置信地繼續盯著，蟑螂又從那裡爬了出來。

她跳回床上，踮著腳尖。小操第一次流下淚水，淚水源源不絕地順著臉頰滑落。哭著哭著還開始抽搐。每打一次嗝，下巴就抖個不停。抽泣逐漸變得激烈，聲音也愈來愈大。等她回過神時，才發現自己正在喃喃自語：「放我出去，放我出去。」

一旦意識到這點，就再也無法煞車。小操大聲哭叫，跳到地上，用盡全身力量去撞門，右手握拳一陣亂敲。敲到手都痛了，還是既無聲響，也沒人出現。

她用指甲抓門，一邊空虛地刮著油漆，一邊狂亂地繼續嘶喊，腦袋裡逐漸一片空白。也許是缺氧……這樣下去或許會死掉……我不要死在這裡……

回過神時，她正倚著門，癱坐在地上。

大概是昏過去了，四周變得比剛才更暗。電燈泡還沒亮起，黑暗彷彿蹲踞在房間的四個角落。

小操連忙站起來，死命拍打著全身，確認沒有蟲子爬到身上。她用右手抱著身體，努力挺起腰，盡量縮小和地板的接觸面積。

就在這時——

門上響起敲門聲，同時電燈泡也亮了。渾濁的黃色燈光，使得空氣似乎變得更污濁。

敲門聲再次響起。小操求救似地把身體靠近門。

「拜託，我求求你，放我出去，我快要瘋了……」

地板和門的縫隙間滑入一張紙片，她撿起一看，上面寫著：「保持安靜。」

小操用力吞了一口口水，這和她待在榊診所時看過的筆跡神似。

小操壓低聲音迅速低語：「醫生？你是榊醫生？」

隔了一會兒，下一張紙條才塞進來。大概是寫得很急吧，字跡潦草不堪。

「對。不過，周圍房間還有病人，也許有人在偷聽，所以不能出聲交談。知道嗎？」

小操小聲回答：「好。」之前在榊診所時也同樣要提防偷聽，所以才會採取相同的方法吧。

「醫生，要救我出去，對你來說很危險吧？如果是，你就敲一下門。」

她把臉緊貼在門縫間低聲說，門上立刻響起咚的一聲。

「你現在的立場很危險吧，醫生。」

咚。然後，過了一會兒，又塞進一張紙條。上面寫滿了字。

「我知道妳很難受，但現在還不能放妳出去。因爲鎖打不開。不過，忍到晚上就行了，妳要加油。今晚，緊急警報會響。到時，我就能立刻救妳出去。」

小操看了兩次紙條，才低聲說：「我知道了。可是，請你先告訴我，現在幾點？如果知道是幾點，我就能數著時間熬到警報響起爲止了。好嗎？」

隔了一拍呼吸，才第一次聽見說話聲。「晚上七點零五分。」

「謝謝。」小操說。然後把那張紙條摺起來，塞進睡衣胸前口袋，上了床，開始數數。六十秒是一分鐘，六百秒是十分鐘，三千六百秒就是一個小時……

四十一

祐司一行三人，在晚間九點左右抵達瀉戶町。

他們開車沿著瀉戶友愛醫院的四周緩緩繞行一圈。堅固的圍牆上還架著鐵絲網，裡面那棟沒什麼窗戶的建築物，看起來就像是監獄。門雖是開著的，通過那裡進入的人車，似乎都被建築物內部的監視螢幕觀察著。形似外星人頭部的監視器，正緩緩搖著頭。

這裡不是初次見到的地方。不僅如此，還是迄今爲止散發出通往過去最強「磁力」的建築物。

「好像有種討厭的氣息——」後座的明惠皺起臉。

三枝一邊打方向盤一邊回答：「是院長腐敗的劣根性在發臭。」

「要怎麼潛入？」

「用不著偷偷潛入，我們要正大光明地進去。」

離開東京前，他打過電話到榊診所，確認村下猛藏與榊達彥都已來到友愛醫院。

「偷偷潛入萬一又重蹈覆轍失敗，豈不是沒搞頭了。這次我們有手槍，不過你最好小心點，免得她發生危險。」

祐司摟著明惠肩膀，深深點頭。

跟猛藏面對面時，該不該帶明惠一起去，令祐司猶豫良久。然而，三枝肯定地說：「她也同樣有這個權利，知道自己被逼到這種地步的原因。」

在門邊停車，步行走向建築物。走到一半，在建築物旁邊的停車場，發現猛藏的賓士和榊達彥的龐迪亞克停在那裡。

瀉戶友愛醫院的所有窗子都鑲嵌著鐵柵欄。

「凡是穿過這扇門的人，皆須捨棄一切希望。」三枝低語。

「你說什麼？」

「沒什麼。」

正面玄關是令人聯想到老舊校舍的冰冷水泥建築，和學校不同的是，這裡沒有打蠟跟粉筆的氣味，取而代之的是一股藥味和穢物的臭氣。

大廳排列著幾張長椅，但是不見人影。

空調似乎失靈，悶熱異常。轉頭一看，祐司發現剛才走進來的入口，也裝設了能將鐵柵欄放下的機關。身體的某處，大概是心臟附近，體溫似乎驟然下降了十度。

右手邊掛著「夜間掛號」的牌子。三枝走近那邊，殷勤地向埋首在文件堆的護士說：「妳好，請問榊醫生在嗎？」

「請問是哪裡找？」

「說是緒方祐司他就知道了。」

「有事先約好嗎？」

「我們是朋友，正好經過就順道來看看他。只要能打個招呼就行了，能不能幫我喊他一下？」

護士拿起櫃檯上的內線電話，按下兩個號碼鍵。等了一會兒，對著話筒說：「榊醫生嗎？有您的朋友來找您。」

護士一報出緒方祐司的名字，榊醫生似乎很驚訝。護士連喊了好幾聲「喂？醫生？」之後，才點頭說聲「好」，放下話筒。

「醫生說馬上來，他好像非常驚訝。」

三枝咧嘴一笑。「我想也是，我們很久沒見了嘛。」

裡面那臺白色電梯的門開啓，榊醫生出現了。起先是小跑步過來，認出祐司和明惠後，立刻停下腳，手掌心在白袍兩側擦拭。

三枝垂在櫃檯下的右手中握著手槍，槍口正指向掛號處護士的額頭，擺出隨時都可開槍的架勢。

「嗨，打擾你上班不好意思喔。」三枝開朗地打招呼。榊醫生原本表情僵硬地呆立著，三枝一邊留心不讓護士發現，一邊用左手手指一招，他立刻像被拉過去似地踩著不安的步伐走近，而且是用同手同腳的走法。

和醫生只剩下一公尺的距離時，三枝大步上前靠近他，迅速貼近他身邊，把槍口抵著他的側腹。

「好久不見，大醫生還好嗎？」

「噢，他很好。」榊醫生抖著聲音回答。回頭整理文件的護士略微抬眼，輪流審視著兩人，祐司連忙找話跟她說：「這間醫院好氣派。」

護士輕輕向他點頭。「謝謝你的誇獎。」

「如果有時間，我也想跟大醫生打個招呼，現在能見他嗎？」

三枝一邊這樣說，一邊以槍口用力頂著榊醫生。

「這個嘛……我想應該沒問題吧。」醫生回答。他的太陽穴開始流汗發光。

「那，就請你帶路吧。」

他又拿手槍頂了一下，醫生這才跨步邁出。祐司帶著明惠跟在後面，一邊露出笑臉對護士說：

「謝謝。」

護士依舊垂著臉只是點點頭。他們四人走向電梯。

「幾樓？」一鑽進電梯關上門，三枝立刻用判若兩人的嚴峻聲音問。

「五樓最後面，村下醫生現在在辦公室。」

醫院電梯特有的緩慢上升方式，令祐司感到反胃。牆壁和地板都黏滿污垢，還飄散著刺鼻的臭氣。電梯一度在三樓停止。門一開啓，站著一個身穿圓領襯衫、白長褲的看護，嘴上叼著菸，手裡拿著水桶。

看護進電梯後，按下四樓的按鍵。他問榊醫生：「醫生，有客人啊？」語氣一點也沒有對待醫生的尊敬。

「對呀。」榊醫生回答。「是大醫生的朋友。」

三枝緊緊靠在他身邊，臉朝著樓層按鍵的面板。祐司和明惠爲了擋住頂在醫生背上的手槍，不讓看護發現，刻意堵在他的前面。

看護塊頭很大。手臂肌肉虯結。側眼一瞥之下，可以看到他左手臂上有刺青。

抵達四樓之前，似乎有無限的時間流逝。看護隔著嘴上香菸的煙霧，不時朝這邊窺探。他一直凝視著明惠低垂的脖子，也許是錯覺吧，看起來嘴角似乎略帶笑意。

四樓，門緩緩開啓的速度慢得令人生氣。看護大搖大擺地走出電梯，祐司立刻伸手按下「關門」的按鍵。

可是，那隻粗壯的手臂卻比關閉的門早一秒伸進來，「喀鏘」一聲把門壓回去後，轉向榊醫生。

祐司立刻做好戒備，他看到三枝握槍的手指反射性地用力。

「我說醫生啊，」看護大聲說：「我老早就想拜託你，差點都忘了。是四〇一的竹下老爹啦。你能不能把芳必坦再多加一點。他整天嘀嘀咕咕發牢騷，都快把我給煩死了。」

醫生的喉結上下聳動。「可是，那種藥是很強的鎭定劑。不能輕易增加投藥量。」

「你別這麼說嘛，你也要替我設想一下。」

看護的手肘撐著開啓的門，歪著身子用手撐著頭，姿勢就像個混跡街頭的流氓。

「如果增加芳必坦，他一個人連廁所都上不了，到時不是反而更增加你的麻煩嗎？」

看護嗤鼻一笑。「誰理他啊，插根導尿管不就結了。」

「抱歉，」三枝慢條斯理地插嘴。「不好意思，我們現在正要去見大醫生，已經比約定的時間遲到了。」

看護瞪了他一眼。一離開電梯門，就把叼著的菸呸地往走廊一吐。

「不好意思喔。」三枝說。祐司關上門，眼前，就在這層樓的某個遠方，某個不像人類的聲音，正在發出長長的慘叫。

「那就是貴醫院的看護嗎？」三枝嘲諷的話令榊醫生垂下眼。「其實——我不是完全無動於衷。」

五樓的樓面和下面的樓層簡直不像同一棟建築，打掃得乾乾淨淨。窗子雖然同樣圍著柵欄，不過可能是因爲玻璃擦得很亮吧，採光截然不同。

「這裡是？」

「是醫院工作人員使用的樓層。」

三枝笑了。「工作人員啊，既是魔鬼也是地獄的工作人員呢。走哪邊？」

榊醫生在走廊右轉。走到底，出現一扇對開的堅固門扉。

「這裡嗎？」

榊醫生點頭。手槍尖端又頂了他一下，他輕輕敲門。

過了一會兒，有個聲音說：「進來。」

四十二

村下猛藏個子矮小。和照片一樣，體格瘦弱，污黑的臉上眼珠子四處打轉。

和照片不同的是頭髮和眉毛，白髮不見了，變得漆黑，顯然是染過。

猛藏坐在房間最裡頭的辦公桌前，身體對著門的方向。剛才大概正在寫東西，鼻梁上的眼鏡略微滑落，翻著白眼凝視他們這邊。

雙方對看了幾秒鐘。三枝把槍從榊醫生的身體側邊露出，揮了一下槍口，似乎在表明他可以隨時開槍射擊兩人。

「進來把門關上好嗎。」猛藏說。四人踏入屋內，祐司把門關上。

辦公室內部就像高級飯店的客房一樣，整理得清潔美觀。甚至還做了一個壁爐。這裡是接待來客，不讓外人發現瀉戶友愛醫院眞相的僞裝門面。說不定，連電梯都有專用的。

「達彥，你眞是個沒用的飯桶。」猛藏不屑地說。榊醫生臉色變得很蒼白。

「你別責怪寶貝女婿嘛。萬一他辭職了，豈不是又要人手不夠了。」三枝用槍口抵著榊醫生。

「有話坐下來說吧。」猛藏抬起下顎指著室內的沙發組。

三枝回答：「不必了，我們不會待太久，你也站起來吧。站起身走過來，把兩手抬高。我先警告你，我可是常常在玩槍。如果你敢輕舉妄動，我第一個就對你開槍，這個距離對著額頭開一槍就夠了。然後我再死守在這屋裡，打一一〇就行了。」

猛藏乖乖聽命行事，當他走到祐司他們站的位置和桌子的中間時，三枝命他停下。

「就那樣別動，乖乖聽話。」

猛藏在襯衫外面披著白袍。還規矩地打著領帶，可是祐司覺得這似乎是最不適合這個男人的打扮。而且，他感到以前的確見過這個男人。那種聚集粗糙粒子構成一幅畫的感覺再次襲來。

「祐司，把榊醫生的手腳綁起來。手要綁到後面喔。用醫生的領帶就行了。腳就用鞋帶綁在一起。」

祐司讓明惠站到牆邊，立刻聽命行事。

「榊醫生，辛苦你了，請你坐正，就當作是去禪寺打坐。」

榊醫生在鋪滿地毯的地板上端坐。猛藏一直看著，這時他仰起臉，用抱怨的口吻問：「你們到底想幹麼？」

「你應該很清楚，把宮前孝交出來。」

猛藏的臉頰抖了一下。「我想抽根菸。」

「現在是禁菸時間。」

猛藏的桌上，放著HI LIGHT的菸盒和百圓打火機。

祐司忍不住不假思索地說：「這不像你的作風吧。」

猛藏挑起雙眉：「什麼東西？」

「我是說菸。應該是哈瓦那雪茄配純金打火機才對吧？」

他用鼻孔哼了一聲，「工作時間，怎麼可以像暴發戶。那種東西在需要炫耀的時候才會抽。」

「你現在是在工作嗎？」三枝說。

「跟你們見面也是工作項目之一。」

「噢，那你不是暴發戶嗎？」

猛藏粗聲說：「我是個事業家，做出事業後帶來財富。所謂的暴發戶，指的是那種什麼也不做就能撈錢的傢伙，別把我和他們混爲一談。」

祐司抱著一種幾近感慨的心情凝視這個小矮子。

這個男人是個不折不扣的商人。要是沒有當醫生，說不定已經成就了一番令人尊敬的事業。

「好了，那就請你先說明一下吧。」

三枝一切入正題，猛藏立刻回看了他一眼。

「那你得先告訴我，你是誰？」

「我的名字不值一提。我是這兩個人的朋友。」他笑了一下，「放心吧，我不會利用這兩個人來勒索你的。」

祐司不禁看著三枝的臉。他並未回看。

「告訴我，」祐司說。「爲什麼要消除我們兩人的記憶?不過，我們已經大致猜到了。」

猛藏保持沉默。

「宮前孝還活著——對吧?」

祐司這麼一說，猛藏的臉上首度出現僵硬的表情，眼神閃爍。

「對，沒錯。」他回答。

猛藏消去祐司和明惠的記憶，把他們棄置在新開橋皇宮七〇七號室的理由，和之前三枝猜想的完全一致。留下手槍和五千萬，也是爲了封鎖兩人的行動——他如此表示。

「新開橋皇宮那間公寓的屋主就是你嗎?」

猛藏哼了一聲。「整棟大樓都是我的。」

「在那間屋子事先做好準備，好把我們棄置在那的人……」

祐司轉向垂著頭的榊醫生。

「是他吧?他就是備妥家具用品，申請瓦斯和電話的『佐藤一郎』?」

「佐藤一郎」據說是個瀟灑修長的中年男子。

猛藏斜眼瞪著榊達彥。「你選的假名還眞沒創意。」

「在外套口袋留下地圖，又是爲什麼?」

奇怪的是，對於這個問題，猛藏竟然有點遲疑。

「啊，那個被你看到啦。」

「那成了有力線索。」三枝毫不客氣地回答，把他們從地圖上的傳眞號碼追查到榊診所的經過迅速解釋了一遍。

猛藏嘆了一口氣。「原來是這樣啊。我是想說，如果連個自己身在何處的線索也不留給你們兩人未免太可憐，所以才那麼做的。我完全沒注意到上面印出了傳眞號碼。」

他嘀嘀咕咕的，彷彿在喃喃自語。祐司雖然覺得有點不對勁，卻又說不上來該怎麼形容。

「我們兩個是在這裡被抓到的嗎？」

猛藏搖頭。「不，是在東京。要是可以，其實我也不想那麼做。六月中旬，當我發現你們兩人潛入這裡時，我也沒聲張，只把你們趕出去而已。」他的口氣彷彿是叫他們應該知恩圖報。

「換句話說，我們那時候並沒有找到阿孝還活著的證據？」

「因爲我們這裡戒備森嚴。」猛藏得意地誇口。

「沒想到，我都已經客客氣氣地請你們離開了，你們還是陰魂不散地四處打聽。不只是這裡，甚至還在達彥身邊打轉。達彥可不像我這麼鎭定，說不定會露出馬腳。考慮到這點，最後我只好採取非常治療了。」

「在哪裡做的？榊診所嗎？」

「在那做會被診所的人發現。我把器材都搬到一樹店裡，抓到你們後就把你們送去那裡。」

明惠再次緊抓著祐司，小聲問：「到底是怎麼消除記憶的？我還是不相信眞有這種事。」

猛藏唐突地放下雙手，三枝立刻逼近一步。

「我不會怎樣啦。只是手很痠，解釋起來會有點分心嘛。」

如果不是祐司多心，猛藏似乎是帶著某種得意的神情開始說。「我並沒有把你們兩人的記憶『消除』，那是不可能的。只不過是暫時『封鎖起來』，讓記憶無法復甦。」

封鎖起來——

「人類的記憶構造，其實還沒人搞清楚。到底是怎麼記錄、怎麼保存、又怎麼再生，這也就是腦部的資訊處理機能。」

「用不著上課。」三枝立刻說。

「哎，別這麼說嘛。舉個例子，老年人對過去的事記得非常詳細，最近的事卻怎麼都記不住，對吧？一下就忘了。關於那個啊，有一種解釋是：年輕時的記憶，配合腦部的成長、發達，以某種物質的形式被儲存起來，相較之下，最近的——也就是腦部停止成長以後的記憶，只不過是一種電流信號，所以立刻就會消失。因此，愈年輕時記憶力愈好。不過，這終究只是一種假說。例外的情形多的是。比方說，不管是哪個老年人，都會記得孫子的生日。可是子女和自己的生日卻忘了。」

猛藏舉起手抓背。

「像這樣，類似『爲什麼上了年紀後記性就會變差』這種兒童電話專線會問的單純問題，還沒有明確的解答。這就是目前的現狀。」

凝視著猛藏動個不停的嘴唇，祐司心裡想：這個男人的這種氣息、饒舌。帶著罹患精神疾病的家人來這裡的人，大概也是被這張喋喋不休的嘴巴和故弄玄虛的氣氛給騙了吧。因此，即使病人之間把這裡視爲「地獄般的醫院」而怕得要死，但這裡依然能夠生意興隆。

「問題是，」猛藏繼續說。「比方說，像天花這種疾病吧。那個傳染病的原因始終沒有查明。不，我們當然知道病因是來自病毒。但這點雖然知道了，可是這種病毒侵入人體時，是根據什麼機制、怎樣發揮作用、釋出什麼毒素才會引起那種症狀？在這方面，醫學界始終還是無法查明。因此，那種病沒有特效療法，頂多只能對症下藥。」

祐司窺看三枝的側臉。

「沒想到，醫學界吸取經驗法則，創出了種牛痘這種預防方法。因此，天花才能從地球上根絕。換句話說，即使不知道構造還是做得到，這就是我的意思。」

三枝索然無趣地嘆著氣說：「我說大醫生啊，你在這個醫院把病人的記憶『封鎖起來』之前，大概就是在病人家屬面前大肆賣弄剛才這套說辭吧，難怪你口齒這麼流利。」

猛藏哼了一聲，「所以啊，」他舔了一下嘴唇才繼續說。「關於人類的記憶，也發現了某種物質，可以在某種程度上對記憶中樞產生作用，阻止再生。爲什麼會這樣我不知道。雖然不知道，總之就是會這樣。這是一種叫帕基辛頓的物質，是種荷爾蒙。我們醫院已經成功地合成出這種物質。」

明惠不禁屏息，緊抓祐司的襯衫背部。

「是誰做成功的？不可能是你，是榊醫生嗎？」

「哎，算是我兩個女婿的共同研究吧。」

榊小聲說：「我幾乎什麼也沒做。」

「那是因爲你自己笨。」猛藏罵道。「一旦注射這種物質，就會出現記憶障礙。不過，這並不表示今後學東西會記不住，也不用擔心記住後會很快忘記。純粹只是把以前儲存在腦中的記憶，封鎖起來不讓它復甦而已。問題是，這玩意還有個缺點。它既然是合成荷爾蒙，如果注射會造成記憶障礙的足夠分量，也會產生一些副作用。女病人可能會月經停止，男的可能會喪失性功能。如果是小孩，還會妨礙大腦分泌成長荷爾蒙，引發侏儒症。這樣就不能拿來利用了，對吧？」

猛藏大概是懶得再演講下去吧，遣辭用字變得粗魯起來。

「於是，在我們醫院是跟電療法併用。電療是治療精神分裂的方法。如果持續使用，會變成重度健忘症，這點是眾所周知。不過，光靠電療，起碼得做個六十次才會變成那樣。可是，如果和帕基辛頓合併使用，藥的副作用幾乎會完全消失，電療次數也只要原來的十分之一，就能搞出一個喪失記憶的人了。」

眼看猛藏得意地張大鼻孔，祐司不禁愕然。

「就算兩者組合使用，應該還是會有後遺症吧。」

猛藏毫不在乎。「偶爾會啦，偶爾，頂多是輕微的運動麻痺。」

接著斜眼朝明惠一瞥，「那丫頭的眼睛看不見，可不是我這種療法的錯喔。」

明惠撇開眼睛。

「喂，大醫生，」三枝喊他。「你爲什麼會開始研究那個？你的目的是什麼？」

猛藏挺起胸膛。「只要能封鎖記憶，不就可以重新教育酒精中毒者和重度精神衰弱病人了嗎？」

祐司目瞪口呆。

只因爲酒精中毒治不好，只因爲精神衰弱者本人和家人都很痛苦，就把過去的記憶封鎖起來，乾脆給他從頭來過，他是這個意思嗎？

「大醫生，你眞是個笨蛋。」

三枝的話，令猛藏老實地露出不可思議的表情。

「爲什麼？病患的家人之中，還有人高興地說：『這下子總算可以安穩生活了。』而且，雖說封鎖了記憶，又不是眞的完全一片空白。記憶也是有分種類的，大致上，可以分爲陳述性記憶和內隱記憶這兩大類。所謂的陳述性，就是在透過後天學習、體驗而來的記憶中，『知識』、『事實』、『回憶』這類的東西。至於手續性——該怎麼說呢，可以說是『用身體去學習』的記憶吧。比方說只要學會騎腳踏車，就一輩子都會騎，諸如此類。一個喪失記憶的人，只要是以前做過的，全部都能做。不過，他會忘記那是誰教的，是怎麼學會的——基本上就是這樣。」

猛藏的解釋，令榊醫生點頭同意。

「我的療法最有用的，就是針對這種『陳述性記憶』。至於『內隱記憶』，幾乎完全沒有作用。這點對於一般記憶障礙也一樣。因此你們兩人，應該還是可以照樣過著普通生活。更何況只要時間一久，帕基辛頓的藥效消失了，就連『陳述性記憶』也會恢復，記憶又會逐漸恢復。」

祐司可以去買東西，明惠會用菜刀。想到這裡，祐司突然想起一件事。菜刀，「圖騰」……

「就因爲這樣，所以用我的療法『抑制』記憶的病人，只要定期服用帕基辛頓接受電療，絕對不可能因爲偶然打擊便戲劇性地想起一切。相對的，只要藥效退了就會全部想起來，因爲封鎖會解除。」

「那以我們的情況，多久才會恢復？」

祐司捲起襯衫袖子，露出那個神祕的號碼。

「這個Level 7，指的是七天之內帕基辛頓的藥效都不會退嗎？」

猛藏用力點頭。

「原則上是這樣沒錯，我們用這種單位來區分帕基辛頓的施藥階段。不過……」

「有例外嗎？」

猛藏猙獰一笑。「我們如果眞的給你們服藥到Level 7，你們早就回不來了。服藥到那種地步，唯一的下場就是變成廢人。」

他悚然一驚。

「放心吧。你們手臂上的『Level 7』，表示是我這個院長親自診療的病人。如果數字是六，就表示是達彥或另一個女婿阿顯。四或五代表他們兩人以外的特約醫生，三以下表示看護或護士，就是這樣決定的。F和M代表性別。後面的號碼，是登記編號。也就是說，你是我這個院長直接診治的男病人第一百七十五號。在記憶封鎖的期間，你們如果被送去哪家醫院，我就可以用那個號碼當證據，宣稱是『我們醫院的病人』，把你們帶走，所以才事先寫上號碼。」

Level 7，那不但象徵著帕基辛頓打造的不歸路，同時也等於是受到村下猛藏控制的代名詞。凡是手上寫了這個記號的人，不是變成廢人，就是勉強逃走也會被送回「主治醫生」猛藏那裡，永遠逃不出他的掌心——除了這兩條路再無其他選擇。

三枝吐了一口大氣，看著祐司。

「剩下的事情邊走邊問好嗎？先叫他帶我們去找阿孝。」

三枝一靠近猛藏，立刻敏捷地把他的雙手往後一扭，用槍口頂著他的背。

「阿孝在哪裡？」

猛藏歪著臉。不過，完全看不出意氣消沉的樣子，眼睛也閃爍不定。

「他在特別保護室，地下室。」

四十三

三枝先把手槍交給祐司，讓他盯著猛藏，接著把榊醫生關進廁所。

「我把他綁在馬桶上，應該暫時不能動了。好，走吧。」

從祐司手中取回手槍，三枝立刻拿槍口戳猛藏一下。

四人走出走廊。

果然有一臺供猛藏和來賓專用的電梯。利用那臺電梯，這次就不用害怕看護了。

到了一樓，先走出室外。穿越雜草叢生的後院，經過另一個入口，又進入醫院裡面。

那裡看起來像個陰暗的倉庫。下了半階樓梯，有一扇鐵門，天花板結滿了蜘蛛網。

開門一看，長長的走廊右側，並列著五扇同樣的鐵門。走廊盡頭另有樓梯，繼續通往地下。

「阿孝在樓下，這裡是懲罰室。病人這麼多，吵架鬧事的也特別多。」

「這豈不是跟牢房一樣？」

惡臭令祐司不禁皺著臉。

「是跟學校一樣，做錯了事就該接受處罰。」

猛藏的辯解令三枝嗤鼻一笑。「那你自己應該進去。」

話音在陰暗的天花板發出回聲。祐司再次仰起脖子環顧四周，在天花板上發現一個和四周環境格格不入、嶄新閃亮的東西。像是把碗倒扣的塑膠製白色突起，應該是自動灑水器吧。如此看來，被關在這裡的病人，起碼不用擔心被燒死。

三枝轉向祐司，頭歪向裡側。

「我帶大醫生過去。你和她留在這裡監視，以免有人闖進來。」

點頭之後，祐司急忙說：「等一下。有件事，最好先問清楚。」

三枝皺起眉彷彿在問「什麼？」，猛藏微微縮起身子。

「阿孝現在的情形。他怎麼樣了？在這種地方，他就這麼乖乖地讓你監禁嗎？」

祐司凝視猛藏。對方沒有躲開視線，彷彿只要眼神一動，就會有謊言從中溢出。

「如果我站在他的立場，我絕不會想被關在這種地方。交給警方，待遇可能還好一點。」

這裡眞有這麼可怕嗎？站在牆邊的明惠，靠近他身邊彷彿如此問道。

「阿孝現在怎樣了？你爲什麼要把他藏起來。理由是什麼？你爲什麼要把他關在這種地方，不讓世人發現？」

猛藏保持沉默。三枝沒拿槍的那隻手抓抓鼻梁，視線一直凝著在猛藏臉上。

過了一會兒，三枝才開口。

「阿孝瘋了嗎？」

猛藏愕然把臉一抬：「你說什麼？」

「我問你阿孝是不是瘋了。他是不是有精神上的問題？這件事，跟他犯下那種案子，是否有什麼關聯？所以你爲了掩人耳目，才把他關在這裡嗎？啊？」

猛藏急忙點點頭，頻頻嚥口水。

「沒錯，你說對了。他瘋了，根本不正常。我一直很擔心，那小子哪天犯下滔天大禍，眞的。」

三枝接下他的話。「可是，你沒治療阿孝，放任他繼續發瘋。虧你還是醫生，而且是精神科醫生。幸山莊命案發生後，你怕自己在醫療上的失職、道義上的不負責任受到指責，所以才把阿孝關起來。對不對？」

猛藏頻頻點頭，看著祐司的臉。

「光說他不正常我還是無法理解，他到底是哪裡出了毛病？」

三枝搖頭。「現在沒時間追究這個了，先把他帶出來再說。」

「爲什麼？不追究才奇怪。難道你都不擔心，阿孝的狀態是否能讓你一個人帶出來嗎？」

這的確很不可思議。到目前爲止一直很冷靜，從來沒有判斷失誤過的三枝，打從剛才起，突然變得很性急，看起來心浮氣躁。

「就算問了，這位老爹也不見得會說出眞話。不是嗎？」

「我才不會說謊。」猛藏斬釘截鐵地說。

「虧你還敢說咧。」

祐司依然堅持：「到底是哪裡不正常？是怎麼個瘋法？爲什麼會殺死『幸山莊』的四個人？」

「現在沒時間問這些……」

「沒關係，這裡不會有人來，我想聽他解釋。」

猛藏兩手無力下垂，縮著脖子呆站著。保持那個姿勢，滴溜轉動著黑眼珠，開始描述：「平安夜那晚，阿孝在半夜一點左右偷偷回到我家。我當時正在書房，聽到車子開進車庫的聲音，所以猜到是阿孝回來了。」

猛藏說著迅速翻眼偷看三枝的臉。三枝倒是面無表情。

「一直跟我們疏遠的阿孝，爲什麼突然決定回家過夜，這點我猜想得到。你們應該也都聽說了吧？報章雜誌上也都寫得很詳細。因爲他看上雪惠——雪惠小姐這個女孩。前一天，他企圖對她不軌，被我臭罵一頓才逃走。可是，那小子還是不死心。所以才留在我家過夜，想找機會下手。」

猛藏緩緩搖頭。

「這就是阿孝令人頭痛的地方。只要是他想要的，就算不擇手段也要弄到手才甘心。不管是女人也好，車子也罷，什麼都是這樣。我認爲他這種執著很不正常。」

「你該不會連阿孝二十三日晚上去『幸山莊』探勘過的事情也知道吧？」

二十三日，也就是案發的前一天晚上，有人在幸山莊附近看到阿孝的身影。

對於三枝的問題，猛藏迫不及待地點頭。

「我知道。我知道二十三日晚上，那小子也出去過一趟，我還問他到底在想什麼。可是，他只回我一句：『不關你的事。』」

祐司不禁拔高音調：「可是，就在同一個晚上，當他說要借車時，你居然毫不考慮就借他？」

猛藏聳聳肩。「我沒理由不借。不過，我曾特別叮嚀他：『不可以做危險的事。』」

太荒唐了，不負責任也該有個限度，祐司啞口無言。

可是——

同時，卻又感到有點可疑。是什麼？到底是哪裡不對勁？

猛藏額頭冒著汗水繼續說：「二十四日晚上，我聽到阿孝的車子回來，立刻下樓去車庫。結果，那小子衣服沾滿血，還渾身帶著硝煙味。我嚇壞了。因爲我作夢也沒想到，那小子居然有槍。」

他匆匆舔濕嘴唇，朝著祐司走近半步。

「是眞的。槍的事，我眞的不知道，要是知道我一定會沒收。別看我這樣，我也不是那麼不負責任的父親。」

祐司默然。猛藏繼續說。

「我一逼問阿孝，他居然說：『我把幸山莊那票人幹掉了，誰教他們都看不起我，我最討厭不聽話的女人了。』」

他又迅速偷看了三枝一眼。簡直像在提高警覺，擔心說到一半就突然遭到槍擊。

「我覺得我才眞的快瘋了咧。打從很早以前，我就很清楚阿孝衝動起來就不顧後果的脾氣。我甚至還懷疑，這是腦部障礙造成的性格異常。」

「可是，你卻沒替他檢查過？」

聽到三枝苛責的口吻，猛藏重重哼了一聲。

「我沒那個時間。俊江一死，那小子就立刻離開家了。我也很擔心，還到處找他，可是一直沒找到他。」

他一邊抓著脖子後面一邊說：「更何況，我作夢也沒想到阿孝會犯下那種滔天大禍。」

嘆了一口氣後，三枝問：「結果呢？聽到阿孝殺人，你有什麼反應？」

猛藏現在已經滿臉大汗。

「我開始害怕。如果放任不管，不曉得他還會闖什麼禍。他根本不覺得自己有罪，而且，也壓根不打算逃。他甚至還說：『反正也沒人知道是我幹的。老爸，如果你敢報警我可不饒你喔。』還用可怕的眼神瞪著我。我爲了自保，找達彥跟阿顯商量後，叫來兩個院裡看護，把那小子抓起來監禁。」

三枝眉毛一挑：「從此，阿孝就一直待在這裡？」

猛藏點頭。

「剛才在電梯裡，貴醫院可敬的看護，提到『芳必坦』這種藥物。聽說是一種強力鎮定劑。貴醫院好像用量相當驚人是吧。就連榊診所，製藥公司的業務代表都致上最敬禮呢，阿孝也是被那種藥搞得服服貼貼的嗎？」

三枝這麼一說，猛藏露出驚訝的表情，「你又何必連這個都抖出來……」

說到一半，就連忙住口。這次，他的視線像刷毛般唰地掃過祐司的臉，然後才說：「沒錯，不過，我沒用藥物麻醉他。只是讓他的精神狀態保持安定而已。」

「跟一般病人的待遇好像差很多喔。」

「阿孝畢竟是我的孩子，是自家人。」

「病人只是搖錢樹，所以不用當人看嗎？」

猛藏露出憤慨的表情。

「這間醫院沒有錯。社會上那些自命清高的精神科醫生不肯診治的病人，都是我在收留他們、照顧他們耶，就連病人的家屬也都很高興。所以我就算賺點錢當作回報又有什麼關係，要不然豈不是太不公平了。」

祐司簡直無話可說。明惠從剛才就一直拚命啃指甲，這時抬起臉，露出難以置信的表情，視線飄浮在半空中。

三枝看著祐司：「你滿意了嗎？」

祐司自己也弄糊塗了。他曖昧地搖搖頭，回答：「總之，一切先等看到阿孝再說。」

「太好了。否則再這樣說下去，只會浪費時間。」

三枝想起什麼似地拿槍口往猛藏身上一戳：「在哪裡？」

猛藏鬆了一口氣：「在這樓下。」

祐司凝視著三枝和猛藏緩緩遠去的背影。

他還是無法釋懷。雖然說不出哪裡有問題，總之就是有點不對勁。

這時，明惠幽幽冒出一句：「我眞不明白。」

「啊？」

「既然他那麼擔心阿孝，爲什麼沒有早點設法解決。他不是精神科醫生嗎？方法應該多的是。說得極端點，當阿孝想要侵犯雪惠——我的妹妹時，就可以拜託看護把他關進病房裡了。當然啦，我並不是說只要把人關起來就能解決所有問題。」

「嗯，我了解。」祐司陷入思索。

明惠說的話的確也有道理。不過，「基於一家人，實在不忍心做到那種地步。我作夢也沒想到，阿孝竟然會犯下那種滔天大禍。」——猛藏這番辯解之詞，他似乎也能理解。即使一般人不像猛藏那麼自私，一旦牽扯到自己的家人，往往還是會護短到異樣的地步。

而這點和阿孝是否爲猛藏的親生子無關。縱使是沒有血緣關係的父子，依然有信賴關係與親情存在。不能一口斷定，只因爲是繼子，猛藏就不關心阿孝。

可是——

令祐司耿耿於懷的是另一件事。不是明惠說的那種和現實狀況有關的問題，而是更情緒性的——簡而言之，是和現場的氣氛有關。

爲什麼猛藏一邊說話，還一邊那樣偷窺三枝的臉色呢？他是在擔心遭到槍擊嗎？可是，他應該很清楚，在他沒招出阿孝的藏匿地點前，三枝是絕不可能對他開槍的。

還有，他的態度似乎也不像受到武器威脅心懷恐懼的人。的確，猛藏是很緊張，也滿頭大汗，說話結巴。可是，有點不太對勁。他就是覺得不自然。

（是我想太多了嗎？）

祐司緊緊閉上眼。先把腦中化爲白紙，重新思考一遍吧——

然後，在他張開眼的同時，耳邊傳來足以撼動整座污穢建築物的巨響，他聽見警報開始響起。

四十四

警報響起時，小操已經數到一萬一千兩百九十五。

警鈴的聲音把失去感覺的她拉回現實狀態。她驚愕地瞪大眼睛，轉頭看著門。

這時，頭上突然開始強勁地射下水柱。小操被水當頭一澆，什麼都看不見了。

（現在到底是怎樣了？）

她縮起身體，雙手護著臉跳下床，躲到牆邊抬起頭朝天花板一看，這才發現水是從自動灑水器的噴嘴射下來的。

霎時間，她想：失火了？可是，榊醫生塞過字條給她：「警報一響起，我就可以救妳出來。」現在不能慌了手腳。小操跑到門邊，耳朵貼著冰冷的鐵門，豎起耳朵聆聽走廊的動靜。

門的另一側傳來人聲，夾雜在水聲中聽不清楚，總之是男人的聲音。一個人——不，有兩個人。

「快走！」一個人說。雖然壓低了音量，語氣卻很急促。

「計畫真的會成功嗎？」另一個人說。

小操不禁顫抖。是那個大醫生的聲音，絕對不會錯。

「都到這個地步了，沒時間再嘮叨了，快點走！」起先的男人焦躁地說。

這裡到底發生了什麼事？

接下來就什麼也聽不見了。不斷噴下的水柱飛沫，把小操淋得濕透。

突然，水柱停止了。警鈴聲也突然被切斷。

「可惡，讓他跑了！走這邊！」起先的男人大聲叫道。

四十五

警鈴響起的同時，自動灑水器的噴嘴打開，開始噴水。祐司和明惠突然間被水當頭澆下，視線一片模糊。

一時之間無法判斷發生了什麼事。他讓明惠站在牆邊，自己冒著水柱飛沫，幾乎是用游的朝三枝和猛藏消失的樓梯那邊前進。走到最上層樓梯，開始往下走，水流形成小規模瀑布正不斷往下沖，濕透了祐司的腳。祐司弓身向前，手遮在額上，放聲大叫：「三枝先生！」

樓梯上的天花板也有噴嘴，正噴出強勁得氣人的水柱。如果不扶著牆壁緩緩前進，很可能會一腳踩空。好不容易走完階梯，隔著猛烈的人工雨，他發現三枝蹲在牆邊的身影。三枝正在操作扳手之類的東西。

「三枝先生！」

突然間，噴水像開始時一樣唐突地停止了。三枝認出祐司，一邊像被雨淋濕的小狗般甩著頭上水珠，一邊高喊：「可惡，讓他跑了！走這邊！」

祐司跑過去。樓下只有四扇門，相當於樓上第五扇門的地方，蜿蜒著一條小路。小路前面的牆上，有一塊寫著「火災警報器」的紅色面板，玻璃被砸得粉碎掉落一地。祐司一跑過去，腳下就響起玻璃片碎裂的聲音。

警鈴的按鍵旁邊，是「緊急放水用手動閥門」，上面有個握把。

「就是用這個？」

「我們上當了。」

「槍呢？」

「在這裡。」三枝指指外套內側，槍插在皮帶的地方。

沿著小路追去，前面是勉強可容一人鑽過的逃生梯。

祐司對著追在身後的三枝大叫：「先繞到停車場！」

他一衝回樓上，就帶著明惠用最快的速度衝向停車場。明惠是名副其實的盲目，只能跟著他跑。彎過建築物轉角，正好看到猛藏鑽進停在出入口附近的白色賓士。車門開了又關，引擎發動了。

三枝正從建築物對面那頭跑過來。猛藏的車子衝出，朝著正面大門開去。

祐司拉著明惠的手往車子那邊跑。背後建築物的窗子開開關關，燈光亮起，開始人聲紛擾。幾乎是在祐司他們鑽上車的同時，三枝也跳上了駕駛座。猛藏的賓士出了大門，劇烈跳動著轉個彎，上了外面的大馬路。祐司一行人也緊追在後。

白色賓士一路奔馳過俯瞰瀉戶町街燈的道路。看他迂迴穿梭，一邊繞過山路一邊急駛如風，似乎是有明確的目的地。駕駛座上的猛藏，不時回頭看他們一眼，旋即加快車速。距離雖然沒拉開，但也追不上。而且，道路愈變愈窄。

「現在正朝海邊走。」

三枝緊握方向盤說。

「他到底打算去哪？」

「阿孝呢？他在哪裡？不在剛才那裡嗎？」

「不知道。」

車子猛然彈起，明惠發出小小的尖叫。

「這次再讓我抓到他，一定要逼他說實話。」

窗外閃過幽暗的森林，車子猛烈左右晃動。車頭燈才剛照到賓士的後車廂，立刻又被甩開。

祐司終於開始明白賓士正朝哪裡走。晦暗平坦的海面，和比黑夜更黑的森林彼端——是通往幸山莊的方向。

四十六

噴水停止，小操依然用身體壓著門，豎耳靜聽。渾身濕透的睡衣黏著身體，她冷得直發抖。剛才的騷動到底是怎麼回事？

最先逃走的男人一定是大醫生。隨後，喊著「讓他跑了！」的男人——這個和後來趕來的年輕男人匆匆對話的男人，聲音好像也在哪聽過。

對了，沒有錯，就是跟蹤眞行寺小姐的男人，那個右腳微跛的男人。小操就是跟蹤他到榊診所，又去了黑豹，才會認識村下一樹，受到誘惑加入Level 7的冒險。

一樹是怎麼喊他來著的……佐藤什麼……不，不是這種名字——

這時，傳來腳步聲。有人跑來，逐漸接近。然後，小操的房門有鑰匙插入的聲音，隔了一拍呼吸，沉重的鐵門緩緩往外開啓。

榊醫生穿著白袍，帶著同樣蒼白的臉色站在門外。一看到小操，反射性地張開手臂，小操立刻飛入他的懷中。

「對不起。」醫生的聲音嘶啞。「對不起。快，走這邊。」

在催促下跑過通道，爬上樓梯。在通往室外的門前，醫生窺探了一下四周情況。兩個罩著白色衣服的彪形大漢，止大聲嚷嚷著經過。小操縮起身子。

「怎麼會在這種時間測試緊急警報呢？」

「誰知道，大概是院長手癢吧。」

男人離去後，醫生抓著小操手臂開始朝相反方向狂奔。小操光著腳，渾身濕透，已經精疲力竭。可是現在如果不跑，恐怕永遠也逃不出這裡的可怕確信，驅使她拚命踩動雙腳，甚至沒有回頭。

「妳的朋友已經來救妳了。」榊醫生氣喘吁吁地說，小操幾乎以爲聽錯了。

「朋友？」

「對，是個叫眞行寺的人，妳應該知道吧？」

怎麼可能不知道。

悅子來了，她眞的來了，眞的來了。

「可是，醫生你怎麼知道眞行寺小姐？」

「昨天聽我搭檔說的。」

醫生從白袍口袋取出鑰匙打開老舊的鐵門，用穿透黑暗彼端的眼神眺望。

「搭檔？」

「對。當初妳要不是遇到他，就不會跟村下一樹扯上關係，也不會落到這種下場了。」

推開鐵門，醫生把小操拉到外頭。

「醫生，醫生你在幹麼？這樣很危險吧？」

一支手電筒從建築物那邊接近。醫生壓著小操的頭讓她蹲下，自己也伏著身子。

「那是誰？」

出現一個人影，大步經過，手電筒晃動不定。直到遠得看不見了，醫生才讓小操站起來。

「只是巡邏的。放心，只要溜出去的時候沒被發現，就不會有人追來。」

醫生按著小操的肩膀。「快，用跑的，車子應該就停在附近。」

小操拔腿就跑。

四十七

悅子和義夫、由佳里一起，從約定的晚間九點半前，就守在指定的便門旁的雜樹林中待命，已經等了快一個小時。

那個叫做三枝的人，眞的可以信任嗎？正當悅子頻頻自問時，友愛醫院的方向響起尖銳的鈴聲。

「是警鈴。」義夫從駕駛座探出身子。

「媽媽。」由佳里呢喃。

不管發生什麼事都在這等著——對方這麼交代。悅子感到激烈的不安令心跳加速，卻無能爲力。警鈴在很短的時間內就停止了。看來並未失火。不知從哪個遙遠的地方傳來流水的聲音。建築物的窗口一扇接一扇地亮起，正如看門狗睜開眼睛。

想要衝進這片黑暗彼端，找出小操救她出來的念頭，和想要逃走的衝動，在悅子心中糾結撕扯，令她血液加快、膝蓋發抖。她覺得，如果不閉上眼睛，好像反而會看不清現實。

終於——

起先她以爲是錯覺，是自己心中妄想出來的幻聽。

不，不對。

「眞行寺小姐……」

是在喊她。

「眞行寺……小……姐。」

是小操的聲音，悅子瞪大眼睛。

「爸爸！」

義夫下了駕駛座，朝悅子走近。兩人一起豎耳傾聽。

再一次，這次聲音更近了——

「眞行寺小姐！」

黑暗中，彷彿縹緲幽魂般浮現白色人影。一個——不，是兩個。隨著距離拉近，輪廓逐漸清晰。是小操。穿著白色睡衣，甩著亂髮，赤腳跑過來。緊跟在她後面，還有個白袍醫生彷彿在推著她的背，是榊醫生。

悅子邁步跑出。在相隔數公尺的地方，小操跌倒似地衝進她懷中。她哭個不停，聽不懂在說些什麼。不過，是小操沒錯，她平安無事。

「快過來！」義夫打開車門呼喊。悅子依舊摟著小操，仰望榊醫生蒼白的臉。

「醫生，你怎麼會在這裡——爲什麼？」

小操抽泣著回答：「是醫生救我出來的。」

悅子瞪大眼睛。「醫生，你也是三枝先生的同夥嗎？」

醫生軟弱地微笑。「這件事說來話長，以後再解釋。現在最要緊的是趕快離開這裡，否則被巡邏的人發現，事情就麻煩了。」

「三枝？」小操看著悅子。「啊，對了，我想起來了。那個人就是叫做三枝。眞行寺小姐，妳認識他？」

「看來好像是認識。」

「那個人也在這裡。不，本來在這裡，還提到什麼槍的。」

「槍？」

「媽媽，快點啦！」由佳里大叫。

悅子帶著小操鑽進車子後座。這時才終於注意到，她的睡衣濕答答的。

神醫生脫下白袍，一邊讓小操披上，一邊匆匆低語：「我想三枝先生應該也說過了，請你們立刻回東京。知道嗎？」

「那你呢？」

「我要留在醫院。」

突然，小操大叫起來：「不行！」

她猛然抓住醫生的袖子，像瘋了似地拚命搖頭說：「醫生，你不能回去。如果回去了，就會換成你被關在那種地方。醫生，你的處境很危險吧？爲了救我，你背叛了那個大醫生吧？」

「我不要緊。只要計畫一切順利，就再也不用擔心什麼了。」

駕駛座的義夫帶著冷靜的表情說：「可是，萬一不順利會變成怎樣？」

小操拚命懇求：「拜託，醫生，你一定得跟我們一起逃！」

「可是……」

「啊……眞麻煩！」由佳里叫道。「醫生，你就快點上車啦！」

這句話彷彿是個暗號，義夫立刻打開副駕駛座的車門，把榊醫生拉進去。

四十八

別墅區從黑暗彼端如同亡魂般裊裊升起。

既沒有燈光、音樂，也沒有光線，悄無聲息地死在盛夏混濁的黑暗底層。並排而立的幾棟別墅屋頂，像墓碑一樣悄然聳立，似乎遭到所有活生生的生命活動遺棄。

前方的賓士似乎依然想甩掉祐司他們的車子，駕駛座的猛藏不時回頭窺看，每次都使得車尾晃動。當他以高速飛躍別墅區的牆根，橫向打滑衝進門的內側時，車體已經完全失去平衡。就這麼一路滑行，直到快撞上眼前的別墅，才猛然煞車。賓士劃出半圓形緊急停車，幾乎在同一時間，車門打開，猛藏從駕駛座飛奔而出，拔腿就跑。

三枝猛踩油門，緊追在奔跑的猛藏後面。下一瞬間，一陣猛烈的衝擊襲來，彈了起來。車子可能是撞上什麼，突然失去控制，飛出道路，即將一頭撞上旁邊的牆根。

「抓緊了！」

三枝怒吼。霎時間，車子大幅傾斜衝進牆垣中，上下左右天搖地晃。祐司一頭撞上前面的椅子，眼看著毫無防備的明惠身體從椅子上彈起，頭部硬生生撞上窗子，響起尖叫和「碰」的一聲。

車子停下。有那麼短短幾秒鐘，祐司腦袋一片空白。

三枝掙扎著爬出車外，明惠倚著後座的車門無力癱倒，祐司背上一陣涼意。

「妳還好吧？」

出聲招呼後，她睜開眼睛，一臉呆滯，雙眼的瞳孔茫然失焦。

「明惠？」他又喊了一次，她眨著眼睛。然後，茫然地抬眼看著他，愣愣地低聲說：「沒事……我沒事，倒是我……」

她試圖坐起身子，祐司按著她的肩膀阻止她，匆匆說：「妳留在這裡，知道嗎？」

明惠點頭。「那你要小心喔！」

走出車子，三枝就蹲在眼前，還按著胃部，也許是剛才撞到方向盤的緣故。

「走得動嗎？」

被他這麼一問，三枝皺著臉舉起一隻手回答：「不要緊。」

他一邊伸手拉三枝站起來，一邊環顧四周，不見猛藏的人影……

本以爲他已經溜了，沒想到前方的別墅陰影中躲著一個瘦小的人影，正探出頭來窺伺著他們。被祐司一發現，立刻慌張逃走。

祐司和三枝也緊跟在後跑起來。

「那傢伙……？」

「他大概以爲我們都在剛才那場車禍中掛了吧。」

猛藏的身手出乎意料的敏捷，在黑暗中輕快地穿梭，距離遲遲無法縮短。

「你不開槍嗎？」他轉頭對著三枝怒吼。

「殺了他就沒意思了。」

「我是叫你嚇唬他！」

「這是浪費時間！」三枝也回吼道。

前方，出現了一棟特別巨大的別墅。龐大的黑影，彷彿遭到擊沉後長眠海底的軍艦。猛藏朝那個方向跑去。

呼吸急促，背部激烈喘動。祐司逐漸縮短距離，趁著猛藏腳步不穩，速度放慢的當口，不顧一切飛身上前。兩人糾纏著在地上滾成一團。

猛藏已經不再試圖掙扎，他急促地喘著，趴在地上。抓起他的手腕往背後一扭，他立刻大聲尖叫。這時，三枝也追來了。

「用那傢伙的領帶，把他的手綁起來。」

三枝也喘不過氣來，右腳跛得更厲害了。看來，跑步果然還是會增加負擔。

三枝往猛藏頭部的方向一蹲，揪著他的領口讓他抬起臉。

「阿孝在哪裡？」

猛藏不說話，汗水從下顎尖滴落。

「他在哪裡？你把我們引到特別保護室，是因爲你認爲那裡有機會使用自動灑水器趁隙逃走吧？仔細想想，你根本不可能老老實實地帶我們去找阿孝嘛。」

猛藏垂下眼。最後，小聲地說：「在那裡。」

「啊？」

「在那棟別墅。」

祐司和三枝不約而同地轉頭仰望黑暗的別墅。

看起來之所以特別高大，是因爲這棟別墅蓋在斜坡上。大門位於一般建築物二樓的高度，平緩的樓梯通往那裡。左手邊有個圓形陽臺，樓上同樣的位置有凸窗，比下面陽臺更裡面的位置，還有一扇寬闊的落地窗和陽臺。

祐司的體內深處，血液彷彿要倒流，心臟正在一二一地踏步。

「在這裡。」猛藏低聲說。

「你說什麼？」祐司直視著建築物回問：「你說在哪裡？」

「就是這棟別墅！」猛藏提高音量。「俗話說丈八燈台照遠不照近嘛。這裡就跟無人島一樣，新聞媒體不會再接近，誰也不會來。那件案子被遺忘後，這裡就成了最安全的地方。」

「阿孝就在這個別墅區？」

「沒錯。只要規律地讓他服藥，他就很安靜，乖得很，連逃都不想逃。每天過來看他一次就夠了。而且待在這裡，可以過得比關在我們醫院更像個人。」

「哈哈。」三枝如同看熱鬧的路人般揚聲說：「你終於說出眞心話了。」

猛藏深深嘆息。

「這個時候阿孝八成早已睡熟了。我本想帶他逃走，看來是白費力氣了。沒辦法。」

「識時務者爲俊傑嘛。」三枝得意一笑。

猛藏在地上躺平。

「我管不了了，隨便你們吧。既然已找到這裡，你們大概打算把阿孝帶走吧？你們愛怎樣就怎樣，我已經不在乎了。我是可憐他才一直袒護他。就算被拉上法庭，再次被捲入一場騷動，我也會跟他一起奮鬥。」

「眞是好爸爸。」三枝說。

「不過……」猛藏仰望祐司，眼神一變。「如果要打官司，我可會奮戰到底喔。反正，只要一做精神鑑定，就會發現阿孝根本不正常，到那時候我這個當醫生的反正也面子掃地了，破罐子摔破我也沒什麼好怕的了。」

祐司有點困惑。「這是什麼意思？」

「我是說，阿孝大有可能獲得減刑。」猛藏卑鄙地笑了起來。

「雖說不可能無罪開釋，起碼很有可能免除死刑。要知道日本的法院向來寬大，即使判處懲役服刑，通常也會比宣判的刑期提早出獄。就算被強制住院，也不可能關一輩子。說不定因爲你們這樣陰魂不散地尋找阿孝，反而幫了他一個大忙。」

霎時，他感到目眩，說不定還眞的有點踉蹌。幸好三枝用力抓住他的手腕，他才回過神來。

「走吧。」他說。

祐司眨眨眼，俯視躺在地上的猛藏。三枝搖頭。

「就算不管他，他也礙不了事了。」

祐司在催促下緩緩跨步邁出。他感到兩腳似乎掛著腳鐐般沉重。

「他是想讓我們動搖。」他低語。

三枝重重地搖頭。「不，很遺憾，猛藏說的是眞的。」

祐司停下腳。「那，到底該怎麼辦才好？」

三枝沒回答，卻敞開外套前襟，露出手槍握柄。

「殺了他。」

他無話可說，只是默默凝視著三枝取出手槍，確認裝好子彈，重新握緊以便隨時擊發的模樣。

「你做得到的。」他說。

「你是說殺人？」

「那是連奪四條人命的畜生。」

「猛藏不可能保持沉默。」

「是嗎？不見得吧。他已經說隨便我們了。反正不管怎樣，阿孝在官方紀錄上早已是個死人。」

三枝突然轉頭，用沉靜的口吻喊猛藏。

「我們可以自作主張吧？」

猛藏的臉依舊撇向一旁，回答：「我已經不在這裡。」

「別墅的鑰匙呢？」

「你們可以打破玻璃進去。」

祐司一邊緩緩接近建築物一邊思索。

到頭來，原來是這麼回事啊。什麼可憐阿孝，根本是鬼扯。猛藏只是害怕阿孝被逮，接受精神鑑定，被人發現他的異常，自己身爲醫生會顏面盡失罷了……

就算在這裡殺了阿孝，他也毫無意見。不，說不定他還會幫忙掘墓掩埋祕密呢。

三枝率先走出，背靠著牆，然後開始爬樓梯。緩緩地，一階、又一階，悄悄滑步貼到門邊後，對著祐司輕輕搖頭。

「從窗子進去吧。」

祐司站在樓梯下，無法動彈。激烈的緊張與混亂令他開始頭痛。籠罩別墅的闇影文風不動，周遭的整片森林沙沙作響，那個聲音和祐司體內血液騷動的聲音產生共鳴。

要殺他嗎？殺得了嗎？

閉上眼，他告訴自己。照三枝的話去做吧，這樣最好，除此之外別無選擇。

猛藏袒護阿孝至今，接下來到底打什麼主意？難道要讓他接受整型手術，等到友愛醫院某個跟阿孝同齡、沒有家族親人的病患一死，就利用那個病患的戶籍，把他打造成另一個截然不同的人，然後讓他回歸社會……？

這點小事，對猛藏來說應該輕而易舉吧。在潟戶，他就等於是土皇帝。唯一差點形成堅強反對勢力的這個別墅區相關人士，早已隨著幸山莊命案一起葬送。

或者，他會軟禁阿孝一輩子，把他綁在自己手邊，做個毫不浪漫的現代鐵面人。

玻璃破裂的尖銳聲音響起，祐司這才回過神。

「喂，你還好吧？」三枝喊他，祐司茫然仰望他。

「我發現好東西了。」三枝壓低聲音。

「接住！」

話聲方落，某個形似短棒的東西已經飛來。他伸手一接，是手電筒。

「小心一點。」三枝撂下這句話，就握著手槍消失了。這次，傳來破裂的玻璃掉落的聲音。

把手電筒的開關一開，頓時溢出強得出乎意料的光芒。他輕輕地，謹慎地，照亮大門四周。

一頁記憶飄飄然滑落，掉落在心靈的閱覽台上。

（今天是平安夜。）

他記得和明惠兩人，曾經站在這裡。

手電筒的光線照亮了豎立在矮門內側，形似長方形魚板的木製信箱。信箱的側邊，排列著同樣是手工雕刻的三個漂亮文字。

祐司把它們念出來：「幸山莊。」

終於回來了。

四十九

義夫靜靜發動車子，離開友愛醫院。在俯瞰街景的山路半途停車，催促榊醫生下車。悅子趁著兩個男人背過身去，在車中替小操脫下濕透的睡衣，換上她帶來的衣物。

「我的衣服可能嫌大，妳就先將就一下，好嗎？」

小操穿上乾燥的襯衫和裙子，用毛巾擦拭頭髮。然後，彷彿想起什麼，用力抱緊悅子。

「謝謝。」

鬆開悅子後，這次輪到由佳里衝上前。哭得像個孩子的反而是小操，由佳里撫摸著她的頭。義夫回來後，慈祥地拍拍小操的肩膀，鑽進駕駛座。榊醫生一邊打開副駕駛座車門，一邊也略略露出微笑。

「我不知道你冒怎樣的風險，但那個計畫最後究竟成功或失敗，就算在東京應該也會知道吧？」

對於義夫的問題，榊醫生點點頭。「我現在只能祈禱，計畫順利成功。」

悅子雖有幾分顧忌，還是忍不住問道：「對於瀉戶友愛醫院來說，你等於是叛徒嗎？」

醫生苦笑。「是啊，算是反叛軍的一員吧。」

「那種醫院，趁早叛變最好，這樣才符合正義。」

「真有那麼糟嗎？」

小操看著由佳里的臉說：「我怕由佳里妳會作惡夢，所以現在不能說。其實就連我……我怕我自己都會作惡夢。」

悅子再次怵然一驚。

「看起來倒是挺氣派的醫院……」

榊醫生臉朝著前方，用平板的聲音低語：「我等於是當了強盜的女婿。」

悅子正想問這句謎樣的話語究竟是什麼意思，一臺車體偏低的汽車突然從前面半路殺出，差點擦撞到車頭。義夫立刻踩煞車，對方的車子連速度也沒放慢便絕塵而去。是朝著海邊的別墅區方向。

「那是……」

榊醫生目送著遠去的車子低聲說。他還沒說完，小操已搶先大聲說：「那是村下先生的車子！」

「村下？」

「就是我的小舅子一樹。」醫生用僵硬的聲音回答。

「他來做什麼？」

「那個人跑來，也在你們的計畫之中嗎？」

醫生立刻搖頭。「不，他應該在東京才對。」

他的語尾嘶啞。即使是悅子，也看得出醫生心情動搖。

「說不定只是來看看情況的……以他的個性，這很有可能，不過……萬一他掌握了什麼，發現了我們的計畫……」

醫生反覆喃喃自語，迫不及待地想下車。義夫斷然表示：「抓緊扶手，我們要去追那輛車。」

「可是……」

「聽見沒，悅子。小操也是。」

「好。」小操搶先回答。

然後，牢牢握緊悅子的手。

義夫輕快地迴轉車子，尾隨一樹追去。

「小操，妳認識那個叫做一樹的人吧？你們是怎麼認識的？」

在搖晃的車中，小操垂下眼。

「眞行寺小姐，妳知道了多少？」

悅子簡潔地把目前爲止調查到的事情交代一遍。在這過程中，義夫讓一樹的車保持在視線內，放慢車速，緩緩跟蹤。車燈也關掉。

聽完悅子的話，小操慢慢開口。

「我──跟蹤眞行寺小姐的情人──就是那個跟蹤眞行寺小姐的人，起先到了榊診所，後來又去了黑豹酒吧。安藤陪我一起──他叫我別再跟了，我本來放棄了，可是還是很好奇，和安藤分手後就又跑回黑豹。」

那是七月十四日晚上的事。

「第二次造訪時，那個跛腳的人已經不見了，只剩下據說是黑豹店長的男人一個人在。他醉得很厲害，但是很親切——那個人，就是村下一樹。」

小操若無其事地問起跛腳男人的事，一樹把男人的名字告訴她，說他明天傍晚還會來。

「我是不曉得怎麼回事啦，不過如果有興趣就來看看，我介紹三枝給妳認識。」

就這樣聊著聊著，突然又進來另一個客人，是個年輕女人，濃妝豔抹，明明應該沒醉，腳步卻有點跌跌撞撞。

「這樣太輕了，沒意思。」女人一開口就對一樹這麼說，似乎完全不在意小操。

一樹嘻皮笑臉地看著小操，視線回到女人身上說：「因爲這是Level 1嘛，一下就退了。」

「我渾身無力。」

「到裡面休息吧。」

小操又湧起另一股好奇，她問：「Level 1是什麼？」一樹笑著回答：「是一種超好玩、超刺激的遊戲……」

這句話，奇妙地吸引著小操。

小操照一樹的吩咐，在翌日星期天提早結束打工，來到黑豹。由於時值傍晚，店是關著的。她有點不安地在外面徘徊，這時正巧三枝來了。

「他進入店裡——大概一個小時就出來了。我又再次跟蹤他，半路上他只有帶著納悶的表情回過一次頭，不過幸好我隱藏得很好。」

「三枝先生去了哪裡？」

「新宿的百貨公司樓頂，也沒有跟誰約好見面，只是站著發呆。」

小操鼓起勇氣接近他。可是，這個嘗試並不成功，他根本沒理小操就走了。

「我又繼續跟上去，可是在那就跟丟了。於是，第二天——」

這次她等到晚上，又去了黑豹。

「我知道這樣很蠢——可是我就是無法釋懷。一想到那個人到底跟眞行寺小姐有什麼關係，是不是想對眞行寺小姐做什麼舉動……我就好擔心。」

「小傻瓜。」悅子說。不過，她很能夠理解小操的心情，也很高興。

那天晚上，店裡又是只有一樹一個人。即使是沒有這方面經驗的小操，也知道這間店和一般酒吧不同，似乎根本不想做生意。當老闆的一樹總是一個人喝得醉醺醺，旁邊連一個女人也沒有。

「一樹拿出可樂給我——我們稍微聊了一下。他說：『三枝今晚不會來，跟我出去玩吧。』我聽了很害怕，就逃走了。」

後來她好一陣子都沒再接近黑豹。

「我盡量試著忘記。可是，就是沒用。即使打電話給眞行寺小姐，腹部底層似乎也積壓著什麼……讓我分心。所以，我還是又去了黑豹。」

悅子打斷小操的話問道：「那是七月二十日的事嗎？」

「是接下來那週的星期五，所以我想應該是吧……」

一樹似乎正等著小操，立刻表示歡迎，然後說今晚三枝會過來商量事情。

三枝幾乎直到半夜才來。一看到小操，就狐疑地皺起眉頭，然後說：

「這位小姐好像在哪看過。」

小操似乎難以啓齒，頻頻舔著嘴唇，低頭看著膝蓋。

「我——實在忍不住，就統統說出來了。我說：『喂，你到底是眞行寺小姐的什麼人？我一直在跟蹤你』結果，那個三枝先生聽了好生氣，把我臭罵一頓。」

一直靜靜聽著的榊醫生，這時突然插嘴，「那是因爲他不希望把妳牽扯進來。」

小操雖然點點頭，卻還是沒抬起臉。

「那個三枝先生發起脾氣來眞的好恐怖。他說自己是眞行寺小姐的朋友，不是可疑人物。還說我既沒這個資格跟蹤他，也不配來質問他，叫我快滾。」

「結果呢？」

「說完他就大步走進店的後方。我當場掉下眼淚，奪門而出。結果，一樹追上來，好言安慰我。還溫柔地說：『爲了表示歉意，我不但要請妳吃東西，還要帶妳去一個很好玩的地方。』」

小操在震驚之下過於亢奮，根本聽不進一樹的話。後來，等她回過神時，已經跟他面對面坐在附近類似酒吧或酒家的地方了。

「他說：『看起來妳好像不太想回家。』於是我……現在回想起來很可笑，我竟然跟他說了一大堆。我說自己是個怎樣沒用的人，還說這下子要是那個三枝向眞行寺小姐告狀，眞行寺小姐也不理我，我又要變得孤零零了。結果，一樹向我保證，叫我用不著擔心，他說他一定會幫我想辦法。」

悅子又問道：「妳被他灌了酒？」

小操點頭。悅子也跟著點點頭，決定開始好好磨尖爪子，等著和村下一樹碰面。居然心懷不軌地灌小女生喝酒，這種男人太爛了。

車子幾乎是以慢速龜步。四周一片漆黑，不時傳來樹葉嘩嘩作響。遠遠的前方，可以看到村下一樹的車燈。

小操似乎決定趁著還有勇氣的時候全部坦白，愈說愈急：「結果……他就說——」

（我看妳啊，好像還不明白自己的價值。）

（我最討厭自己了。）

（可是，其實妳很想喜歡自己吧？）

然後，一樹是這麼說的。

（怎樣？要不要玩找自己的遊戲？很好玩喲。要不要試試，看能不能喜歡上重新發現的自己？）

小操抬起眼。

「他說，那是『Level某某』的遊戲。」

「於是妳就去玩了？」

小操咬著唇點頭。

「對不起。」

「用不著道歉，妳等於是被騙的嘛。」

一直沉默的由佳里，這時拉拉悅子的衣袖。

「欸欸，那個Level某某是怎樣的遊戲？」

悅子也很想知道，這正是她最想問的，她默默凝視小操的臉。

小操輕輕嘆了一口氣，說：「那個啊……要使用藥物……一樹說，一點也不危險……」

「是啊，是啊，我想也是。」

小操的淚水奪眶而出。

「在短時間內，那種藥物會令人失去記憶。」

悅子不禁閉上眼。

「然後，我就到處玩。腦袋好像變成一張白紙，每到一個地方，就對見到的人報上瞎掰的名字和職業……可是，藥效一旦退了，就會漸漸想起原來的自己。藥效發作的期間，眞正的過去其實還是會點點滴滴地冒出來。我就把這些點點滴滴匯集起來，和虛構的自己比較、串聯——最後，等到藥效完全消失，又恢復正常時，就會有一種找到迷路的自己的感覺。一樹就是這麼說的。」

七月二十日晚上，小操開始進入Level 3。過了深夜，黑豹已經沒人後就偷偷跑回去，接受注射。

「妳別生氣喔。其實，我玩得很開心。因爲有一樹陪我，所以一點也不怕。不過，中途突然開始不舒服，一樹說，可能是因爲喝了酒的關係……後來他就把我帶回店裡了。眞可惜，因爲，那樣眞的很好玩。我還不想立刻回家，就跑去找桃子，我還記得她露出奇怪的表情，還問我是不是嗑藥了。」

彷彿是要鼓勵自己，小操吐了一口大氣。

「後來我又跟一樹見過很多次。我很喜歡那種喪失記憶的遊戲，有得救的感覺。我向來很討厭自己，超級討厭。可是，即使想改變，也改變不了。唯有不愉快的回憶，老是記得特別清楚。」

「其實大家都一樣，小操。」悅子平靜地說。

「可是我……」小操用手蒙著臉。「自從惹火那個三枝後，即使打電話給眞行寺小姐，也只覺得痛苦，根本談不下去。我以爲眞行寺小姐一定已經從三枝先生那邊，聽說了我跟蹤妳的朋友三枝先生，還說話得罪他的事情了。只不過礙於工作，才勉強忍耐繼續跟我說話。」

所以，電話才會愈變愈短。

「於是我就拜託一樹。」

（我想變成另一個人。你幫我消除記憶，讓我永遠變不回來。）

一樹連忙回答這是不可能的。可是，小操還是不放棄。

「結果那個人說：『如果到Level 7，就再也不用回來了。』於是，他答應我，下次幫我這樣做。」

而那就是小操蹺家的八月八日發生的事。日記上寫的「會回不來？」就是因爲這個緣故。

「可是就結果看來，妳還是好好地變回了小操吧？」

聽了悅子的話，小操點點頭。榊醫生也補充說明：「光靠一樹一個人，根本無法讓她到達Level 7。他就算可以打針，也無法做ＥＣＴ。」

「ＥＣＴ？」

醫生黯然微笑。「就是電療，說出來很恐怖。」

小操說：「我清醒後責備一樹騙人，他說：『如果眞到了Level 7，唯一下場就是變成廢人。』」

「一點也沒錯。」醫生點點頭。他轉向悅子，略顯疲憊地垂落肩膀，說：「小操之所以會落到那種下場，歸根究柢都是一樹害的。我們……基於某種目的，把大量的藥品，以及做ECT用的器材都搬進他的店黑豹裡。沒想到他竟然把那種藥品擅自攜出，拿來搞這麼危險的遊戲。」

「你說的那種藥……注射之後就會消失記憶嗎？」

「只是暫時封鎖。那是一種叫做帕基辛頓的合成荷爾蒙——也有副作用。如果大量注射，正如一樹所說，會變成廢人，是很可怕的藥品。小操，妳手臂的麻痺好了嗎？」

小操驚訝地看著左臂。「我都忘了。」

「那，就表示已經好多了。」

雖然事過境遷，但悅子現在反而更害怕了，小操當時是站在怎樣的危險深淵啊。

「小操會捲入我們的計畫，是因爲八月十一日晚上，她和一樹一起回到黑豹，她來的時機非常不巧。而我發現一樹擅自給他人注射藥品，也大爲震驚……」

這時，義夫舉起一隻手制止大家。

「前面的車子停下了。」

五十

祐司終於跨步邁出，腳踩上臺階。

門旁位於陽臺的落地窗是開著的。三枝大概用槍柄擊破玻璃，鎖頭旁邊開了一個破碎的洞。

屋內是名副其實的一片黑暗，籠罩在寧靜中。祐司謹愼地拿起手電筒，照亮室內。

這應該是客廳吧，可以看到罩著碎花椅套的沙發和橢圓形的桌子。屋裡比想像中還整齊。後面似乎是廚房，水槽的邊緣返照著手電筒的黃色光芒。

跨過門檻，祐司踏入室內。

微微有種異味。這大概就是死亡的氣味吧，他想。是鮮血腐敗後的臭味嗎？

案發後，自己和明惠想必無法整理或賣掉這裡吧，一切似乎仍然保持原狀。地毯上一定還留著血跡，牆壁、天花板、家具上，也都有被狙殺的家人留下的痕跡……

在黑暗的室內，記憶如洪水滔滔湧來。在這裡所看到的、經驗到的，牆邊的屍體、破碎的花瓶、散落一地的玫瑰花、四處噴濺的鮮血，還有……還有……

（堆疊在沙發上，吸飽鮮血的椅墊上——圖騰。）

身旁發出聲響，祐司像發條人偶般僵硬地轉頭，是三枝。

「抱歉，是我，你沒事吧？」

祐司一下子無法出聲，只能點點頭。

「阿孝在哪裡？」

三枝仰望樓上。「在二樓，睡得正熟呢。」

祐司回看三枝的臉。彼此手中的手電筒燈光照亮牆壁，藉著那淡淡的反射，可以看見彼此的臉。

這張臉看起來真恐怖，他想。理應看慣的三枝，現在看起來卻像換了一個人似的陌生，變成在聲色場所碰到時一定會迴避視線的那種危險表情。

「走吧，」他低聲說。「還是趁早了事吧。」

三枝說完一個轉身，大步跨出。廚房和客廳之間有扇門，現在是全開，前方是樓梯。

三枝雖然跛著右腳，步伐看起來卻比祐司還穩健。

樓梯踩起來沒有嘎吱作響，這棟別墅很新呢，祐司想。這裡的屋主們，在嶄新的屋內慘遭殺害——甚至來不及定居。說不定還殘留著油漆味，也還沒完全乾燥，可是屋主們卻已遇害，只剩下這棟空蕩蕩、像殭屍一樣的房子……

三枝在距離樓梯最遠的那扇門前駐足。那扇門只開了幾公分，三枝默默無言，以下顎尖略微一指，催促祐司。

祐司深深吸氣。

然後，看到了手。

打開房門。輕輕舉起手電筒一照，可以看到床腳。再舉高一點，是蓬鬆的白色棉被。

他晃動手電筒。看到了肩膀、下顎，然後是臉。是個年輕男人沒錯。可是，看起來不像阿孝的臉。是因爲裡頭太暗了嗎？

不，不對。這個男人的臉——傷痕累累。

祐司一轉頭，三枝用平板的音調說：「看樣子，好像已經做過整型手術了。」

床上的男人似乎在呢喃著什麼，翻身說著夢話。

祐司垂下手電筒。這時，三枝從他手中搶過手電筒。

取而代之遞給他的，是那把手槍。

「仔細想想，還眞諷刺。」他用耳語般的音調說。「這還是猛藏準備的手槍呢。」

祐司接過手槍。就跟在新開橋皇宮的房間初次拿起這玩意時一樣，那種窒息的感覺又回來了。

「縮緊下巴。」三枝說。

「我做不到。」

「沒什麼做不到的。」

祐司搖頭。「不行，這是殺人。」

「你的父母都被殺了。」

「叫警察……」

「那是浪費時間。」

三枝的聲音毫無起伏，幾乎不帶一絲感情。

「交給警察又能怎樣？猛藏不是說過了嗎？那只等於是親手替阿孝獻上逃生之路。」

祐司勉強擠出聲音：「這是殺人。」

「不是，是復仇。」

握槍的右手怎麼都抬不起來。

他無法對一個睡覺的人開槍。

「你自己不動手的話，誰都不會採取行動喔。」

三枝的聲音聽起來好遙遠。

「遇害的人，一定死不瞑目吧。」

這句話令祐司抬起臉。三枝緩緩點頭看著他。

「我幫你照明，你就瞄準胸口。」他低聲耳語。「打左胸，心臟那邊。這樣就算歪了一點，也會死於流血過多。打腦袋就很難了，因爲骨頭出乎意料地堅固。」

再一次，爲了做最後抵抗，祐司搖搖頭。

「我打不中的。」

「會打中的。舉起手腕，縮緊下巴。」

他覺得自己似乎已經喪失自我意志，彷彿變成了機器。

「用雙手穩住槍，因爲會有後座力。」

他照著三枝的話去做。

「兩腳張開與肩同寬，手腕向前伸直。」

他照著做了。

床上的男人發出嘆氣般的聲音。這是安詳睡眠的表徵，活著的表徵。

「扳機要用右手食指扣，指頭放上去。」

他照著做，汗水使得槍幾乎握不穩。

「慢慢勾指頭慜到最後一瞬間再扣扳機。如果一下子就開槍，很容易射歪。」

閉上眼，祐司點點頭。

「我來發號施令。」

三枝說著，關上手電筒，稍微抿緊嘴。過了一會兒，用判若兩人的僵硬聲音喊道：「阿孝。」

床上睡覺的男人沒動靜。

「阿孝，起床了。」

手臂動了，拉緊棉被。

「阿孝，快起來。」

三枝拉高了音調。

一陣衣服窸窣的摩擦聲。從未聽過的聲音，在黑暗中低語：「嗯……是誰？」

是個還沒睡醒的聲音。毫無恐懼，渴望安眠的人類的聲音。

「喂，你就是宮前孝吧？」三枝的聲音響起。

沉默。

「是誰在那邊？」剛才那個聲音，開始帶著緊張。

三枝打開手電筒。強烈的光線，直接照射著床上男人的臉。

對方在床上坐起上半身。用手摀著臉，向後退縮。

「是老爸嗎？」

他叫喊著，試圖逃離光圈。這時，穿著睡衣的胸口，面對著站在門口的祐司。

「開槍！」他聽到三枝的聲音，的確聽到了。可是祐司沒動，也沒扣扳機，甚至無法呼吸，也無法垂下手臂。

「渾蛋！」

床上的男人大叫，在手電筒的燈光中，身子往後一翻，從枕下取出什麼。銀光一閃，是菜刀，等他察覺時，男人已經朝他撲了過來，耳邊同時響起震耳巨響。

他開槍了。不，是被迫開槍。三枝伸出手，抓著祐司握槍的手。在反彈之下，順勢扣動扳機。

「剛才好險。」三枝說著鬆開手。

眞不敢相信，他想。後座力輕得驚人，幾乎沒有感覺。就槍身重量來考量，簡直像唬人的。

可是，的確有火藥味，他清楚感覺到。最重要的是，床上的男人已經沒有動靜——

「如果找得到電力開關，說不定可以把燈打開。」三枝說著走出房間，祐司被遺棄在黑暗中。

不曉得這樣過了多久。終於，燈亮了。突然之間，現實以粗魯突兀的方式回來了。

眼前，是個跟樓下客廳同樣大小的房間。兩張床靠著右邊的牆，正面是窗戶，垂著厚重的窗簾。左手邊有沙發組和小茶几，落地燈靠著窗邊，旁邊還擺著觀葉植物的盆栽。

安詳猶如房地產廣告的景象。

可是，前面這張床上，躺著一個身體扭曲、仰天臥倒、瘦得可憐的年輕男人。他的胸口染成一片血紅，睡衣破裂，散發著刺鼻的焦臭味。

男人雙眼暴睜，高舉雙手彷彿在喊萬歲，右手附近，格格不入地躺著一把長柄菜刀。

（菜刀——圖騰。）

三枝回到房間，走近床鋪，霎時佇立，凝視年輕男人的臉。伸手替他闔上眼皮後，才轉身對祐司說：「如果不開槍，你就中刀了。」

祐司這才垂下手臂。彷彿受到手槍的重量拉扯，就這麼順勢往下滑，一屁股坐倒在地上。

「你們真的動手啦。」

頭上傳來一個聲音，抬頭一看，是猛藏。兩手依然被領帶綁著，褲子上都是泥巴。

「這下子扯平了，你不也因此得救了嗎？」

猛藏無視三枝諷刺的口吻，一逕凝視著床。

「長相不一樣，還有縫合的痕跡，是整過型嗎？」

「才做了一半。」三枝回答。

「是阿孝沒錯吧？」

「我怎麼可能說謊。」

猛藏吐了一口大氣，看著祐司。

「得把他埋起來。你應該也不希望報警吧？」

「那當然。」三枝輕蔑地說。

猛藏帶著既非提議也非勸告的語氣，低聲說：「需要找個東西包起來，用我車子的車罩好了，我去拿。先幫我鬆綁好嗎？現在就算把我綁起來也沒意義了。」

三枝替他解開雙手後，猛藏走出房間，去了很久還沒回來。這段期間三枝抽了一根菸，坐在床邊，一直凝視著祐司。

「你打算這樣癱坐到什麼時候？」

祐司垂首搖頭。

這樣的結局太出乎意料。

就這麼成了殺人兇手。

毫無大仇已報的感覺。現在，還無法有那種心情。

我殺了人——只有這個念頭。

張開手心，鬆開手槍，槍掉在地上發出咚的一聲。

猛藏回來了，雙手抱著一大團灰色的塑膠罩。

「先從床上抬下來吧。否則血滲進去就麻煩了。大醫生，你如果不忍心，不幫忙也沒關係。」

猛藏哼了一聲，臉頰痙攣。

「事情既然已經弄到這個地步，也沒辦法。我必須親手替阿孝收拾。」

「現在變成這樣，阿孝不必接受精神鑑定，也不用解剖了。你安心了吧？」

「你少胡說八道。」

三枝浮現扭曲的笑容，轉身對祐司說：「你何不出去吹吹風？她在車上想必也很擔心，因爲她應該也聽見槍聲了。」

這下子祐司才總算覺得非站起來不可了，他不能扔下明惠不管。

走出房間下樓，穿過開著燈的客廳。即使不想看也全都映入眼簾，即使不願想也想起了一切。地上殘留的血跡已經變成黑色，唯獨那一塊的地毯絨毛消失；牆上飛濺的點點血痕，看起來就像蟲子爬行般醜陋。

同時，罩著花紋椅套的沙發上——

（圖騰。）

祐司用力甩甩頭，爲什麼這個名詞打從剛才就老是浮現呢？

他停下腳，凝視沙發。可是，這麼一集中心神，零星的記憶反而飄飄然逃逸無蹤。

他開始煩躁。祐司打了自己的腦袋一下，穿過窗子走出去。

從出入口的階梯處，可以隱約看見明惠獨自留守的車子車頂。她大概正感害怕吧，但願她就待在那裡不要動，他想。同時他也領悟到，現在反而是自己恨不得向她求救。

走下階梯，穿過大門，他加快腳步。然後，就在他即將經過最前方的樹籬旁之際，某人的手抓住祐司的袖子。

五十一

村下一樹一下車，就警覺地弓身向前，擺出避人耳目的姿勢，悄悄前進。

說到光線，只有他的車頭燈。在那光芒中，一樹化爲剪影前行。

榊、義夫以及悅子，把小操和由佳里留在車上，放輕腳步跟在一樹後面。穿過幾棵樹，來到比較空曠的地方後，那裡已經停了兩輛車。

一輛是看似遭人棄置的車子，駕駛座的車門大大地敞開著，是白色賓士。前面還有一輛白色車身的國產車，車頭撞進牆根——

後座坐著人，看得見頭在動。

一樹似乎也發現了，他緩緩移動企圖接近白車。這時，義夫以快得驚人的動作追上一樹，一下子就從背後勒住他的脖子，把他拖到樹籬後面。

悅子倒抽了一口氣，接著也拔腿跑過去。白車上的人似乎沒發現他們。

「一樹！」榊壓低了聲音喊。被義夫勒住喉頭的一樹睜大雙眼，手腳拚命亂動。

「不准大聲喔。」義夫像哄小孩般說。

「要不然，我就只好對你動粗了。」

「姊夫——你怎麼會在這裡？」一樹直視著榊的臉，榊也一樣。

「那你又怎麼會在這裡？」

「我想來看看情況，看進行得是否順利……」

「你應該待在東京的。」

「可是，還牽涉到那個女孩……」

悅子追問：「哪個女孩？」

一樹再次瞪大眼睛。「姊夫，這到底是怎麼回事啊，這些人是誰？你……」

到這一刻，他那顆除了泡妞之外反應似乎很遲鈍的腦袋，總算有點靈光起來。

「姊夫……你背叛了我們？」

榊沒有回答，但這就等於是回答了。一樹激烈抵抗，企圖推開義夫。義夫雖然動也不動，脖子上卻浮現青筋。

「放手！放開我！不關我的事！」

「什麼叫不關你的事？難道給貝原操這個女孩注射帕基辛頓的事你也忘了嗎？」

被義夫這麼一說，一樹霎時有點退縮。

「那是那個丫頭自己想要的！又不是我的錯！」

悅子一直俯視著一樹丟人現眼地掙扎，他那不負責任的言行，令她霎時血液沸騰。臭小子，你這個花花公子，腦袋空空的空心大老倌，居然勸小操嘗試危險藥品，把她給拖下水。

一樹挺起胸膛，似乎準備放聲大喊。義夫掄起手臂，榊也準備撲上去。可是悅子的動作比他們兩人更快，抬腿就往一樹下體踢去。才一腳，就讓他癱在地上。

榊睜大眼睛轉頭看悅子，義夫也目瞪口呆。

「別這樣看我。」悅子小聲說：「是爸以前教我，說這招最有效果的，你忘了嗎？」

義夫默默點頭，依然張著嘴。

「他說不定五年都醒不過來。」榊說。「不管怎樣，先把他藏在這後面吧。」

這時，不遠處傳來巨大的爆炸聲。

「是槍聲。」義夫說。

三人又蹲下身，從樹叢背後探出頭。

白車後座的車門輕輕開啓，探出一個人頭。頭髮很長，是女的。她一隻腳從車上伸出，一直看著彼端。悅子也看著同樣的方向，那是一棟大型別墅。過了一會兒，別墅的窗口全都大放光明。

「那就是幸山莊。」榊低聲說，阻止正想行動的悅子。「還不行，還不是時候。」

後座的女人也毫無動靜。不過，過了一會兒，她突然挺起背，雙腳著地，遲疑了一下，又鑽回車上，關上車門。

某人正從幸山莊那邊走過來。

悅子凝神細看，來人個子瘦小，是男的，那是……誰？

抬眼朝榊一看，他的嘴抿成一直線。

「那個，就是我岳父，村下猛藏。」

是瀉戶友愛醫院的院長。

悅子屏息凝視猛藏。他正打開白色進口車的行李廂，取出類似塑膠罩的東西。在這過程中，他雖然不時注意前方的國產車，卻沒走過去。國產車後座的女人，也一直頭倚著車窗，文風不動。

這是搞什麼？悅子邊這麼想，邊繼續觀望。

猛藏雙手抱著車罩，再次把臉轉向國產車。這時，在燈光照耀下，悅子看見那張臉上浮現的表情。村下猛藏滿臉是笑。猙獰的笑意，幾乎快從嘴角溢出。悅子從來沒看過這麼露骨，同時又令人感到無藥可救的卑劣笑容。

猛藏抱著車罩，返身折回幸山莊。悅子目送他走遠，才用雙手撩起頭髮。

「剛才那是怎麼回事？」

「是計畫得逞的笑容，」義夫說：「而且，是除了自己以外，對他人毫無好處的詭計得逞的那種表情。」

前方的國產車車門靜靜地打開，女人輕輕放下雙腳，在地上站穩。接著關上車門，同樣朝幸山莊走去。悄悄地，不動聲色地，在樹叢後面躲藏著前進。

「她……」榊低語：「她……」

五十二

抓住祐司袖子的，是明惠。

他幾乎懷疑自己的眼睛。明惠一個人站著，抓住他的手臂，凝視他的臉，然後迅速將手指往嘴唇前一豎，做出「別出聲」的動作。

「妳看得見？」

他好不容易才擠出這句話。

她大大點頭。把祐司往樹叢中一拉，彎下身子。現在幸山莊開了燈，闇影已退到森林深處。

「剛才車子不是撞上牆根嗎？那時候，我撞到頭。」

眞不敢相信。

「就只有這樣？妳就突然看得見了？」

「我起先也不敢相信。可是，你忘啦，聽說我以前不是也發生過這種情形。並不是眞的失明，只是因爲精神上的強大壓力，造時暫時性假性失明。」

那是在仙台發生的事。

「就跟那時候一樣，只不過是失去記憶的打擊讓我看不見。」

祐司手扶著額頭，按著空轉的腦袋思索。或者……或者是帕基幸頓的副作用也不一定。由於藥效逐漸減退，所以視力也許就恢復了。

「我已經不知道這樣是好是壞了。」

「爲什麼？」

「我殺了他，是我殺的，我必須處理遺體，我不想讓妳看到。」

明惠手放在喉頭，微微吸了一口氣。

「是你？」

祐司鞭策自己，說明一切。他無法辯解，扳機的確是自己這隻手扣的。

「所以那個人……那個人是村下猛藏囉，那個來拿車罩的？」

「沒錯，他來拿包裹遺體的車罩。」

明惠的眼睛似乎再次失焦，不過，這次並不是因爲失去視力。

「那個人，他在笑。」

「啊？」

「他在笑。他以爲我的眼睛看不見，所以才敢安心地笑吧。雖然他沒發出聲音，但整張臉都笑開了，他取出車罩時一直在笑。」

祐司無聲地凝視她，周遭的樹叢又開始沙沙作響。

「我無法動彈。雖然已經恢復視力，可是很害怕，我怕說不定哪時候又會失明。這麼一想，就無法下車。後來，那個人走過來的時候，我也無法解釋原因，總之，我覺得還是先假裝失明比較好。最好別讓他知道我已經看得見了。於是，我就倚著窗子看著別處。可是，我清楚看到那個人在笑。」

明惠靠近祐司，用微微顫抖的聲音說：「他爲什麼笑？笑成那樣……好像很開心。在我看來，簡直像是在說『被我唬住了』。」

祐司轉頭仰望幸山莊。

五十三

他牽著明惠的手，回到幸山莊的那個房間。

三枝正拿車罩蓋住床上男人的身體，猛藏坐在旁邊的沙發上，手中一邊把玩著那把菜刀，一邊露出茫然失神的表情。

「要把他搬下床，過來幫忙。」三枝用公事公辦的口吻對著祐司說。

「大醫生就免了，省得閃到腰那就糟了。」

祐司伸手幫忙三枝。車罩中的身體猶有餘溫，很柔軟，感覺上一點也不像屍體。

他覺得手好髒。不但殺了人，還弄髒了手。

「如果要找個地方埋，最好趁著天亮前動手吧？」

對於三枝的問題，猛藏用無所謂的音調回答。

「天黑的時候，進不了山。」

「那要怎麼辦？」

三枝看似疲憊地往床上一坐。

「要休息嗎？」

「就這麼辦吧。」祐司說。

他的音調或許有點啓人疑竇，三枝看著他。

「怎麼了，你沒事吧？」

「我沒事。」

三枝自己也露出極爲疲憊的表情，額頭的皺紋更深了。

明惠縮著肩佇立牆邊。祐司往她的身邊並肩一站，和她的視線對看了一眼，然後也靠著牆。

現在需要的，是重新思考。

到目前爲止的說法，他可以接受。

猛藏說，他認爲阿孝如果遭到警方逮捕，接受精神鑑定發現他的異常，自己身爲醫生會有失立場——所以他窩藏阿孝。一直藏到現在。爲了僞裝阿孝已死，不僅故弄玄虛，還對警方施壓。在這個潟戶，這並非做不到的事。

所以，一直成功地隱瞞到今天。

他還說，他沒殺死阿孝是因爲不忍心。他們是一家人，雖說只是姻親關係，畢竟是曾身爲自己妻子的女人生的小孩，是家中的一員，他下不了手，所以把他藏匿至今。基於人情，這點也可以理解。

可是，猛藏自己最後應該也已經不耐煩了吧。即使把我們趕走，把我們的記憶抹消，我和明惠還是陰魂不散地回來了，來追蹤阿孝。因此，他豁出去了——既然你們非要糾纏不放，那好吧，阿孝就送給你們。我可不管了，隨便你們——他抱著這種念頭，所以甚至懶得阻止我們闖進這裡……

（我本來想幫助他逃走，看來是沒希望了。）

沒錯。到了這個地步，他不可能有辦法讓阿孝自由逃走。如果阿孝在某個無法動手腳替他開脫的地點，被無法關說的人發現，那就完蛋了。祐司和明惠的回來，使得猛藏已無選擇餘地。爲了保護自己，他只好選擇放棄阿孝。

所以，他才會笑？

（看起來好像在說被我唬住了。）

猛藏沒發現明惠的眼睛已經重見光明。因此，才會在她眼前笑得那麼露骨吧。

（洩露了眞心——是這樣嗎？）

這下子，不需弄髒自己的手，就把麻煩解決掉了——他是這麼想的嗎？

也許就是這樣。也許正是如此。可是……

祐司仰望天花板。不對，有什麼地方不對，就是怪怪的，讓人無法信服。

（被我唬住了——）

正好就在這時候，猛藏發出既像嘆氣又似嘆息的聲音，站起身來。隨手就把手上的菜刀往沙發靠背上一戳，粗聲說：「啊，我累死了。」

他挺直腰桿，上下活動肩膀。

（圖騰。）

盤旋不去的耳語又回到祐司腦中。那個意義不明的字眼，圖騰。

大概是他在無意識中脫口說了出來吧。猛藏轉頭看著他，一邊皺著臉，一邊搖頭晃腦：「是啊，那實在是做得太狠了。」

祐司默默回看猛藏的臉。

「連我這個做父親的都覺得阿孝太狠了。事發當時，在場四人當中的某人，大概是試圖抵抗，才會從廚房拿出菜刀吧。結果，他在殺死四人逃走前，把刀這樣戳在沙發靠背上。樓下客廳的沙發還留著那道痕跡呢。他還特地把染血的椅墊都仔細地堆在周圍。實在太過分了。所以我能夠理解，你爲什麼會忍不住抓起刀子往地上一扔。你說得一點也沒錯，簡直像品味低級的印地安圖騰柱一樣，那是殺人的紀念。」

猛藏還在喋喋不休，嘴唇動個不停。

祐司只是一直凝視他。然而，心裡卻正傾聽著腦中的聲音，看著逐漸復甦的記憶。

對——原來如此。沒錯。所以，「菜刀」這個名詞才會和「圖騰」連結在一起。

某種溫暖的東西觸及手臂，是明惠抓著他的手。她睜大了眼睛。

猛藏還在滔滔不絕：「其實，我也覺得很對不起你們。所以這樣正好。這是最好的選擇，我是眞的這麼想——」

現實再次找回焦點，腦袋豁然開朗。

彷彿從泥濘中爬了出來，他看到三枝的臉。他想，到目前為止，這是三枝第一次慌了陣腳。他的兩眼之間和眼皮附近變得一片蒼白。

「大醫生。」三枝說，他的視線仍膠著在祐司身上，文風不動。

「幹麼？」

「你啊，太多嘴了。」

猛藏閉上嘴巴。看看三枝，又看看祐司。

在祐司體內，血液涼透骨髓。心臟每跳動一次，彷彿就引發一次小規模核子爆炸，向全身輸送著冰冷的能量。

爆心投影點（GROUND ZERO）。對，在那裡，一切都昭然若揭了。

「圖騰。」

聽到祐司再次低語，猛藏慌張地說：「對呀，沒錯，所以……」

「不對。」

「啊？」

「不對，你應該不知道那個。」

明惠的雙手按著臉頰，然後用力點頭，點了又點。

「那晚，我看到戳在沙發靠背上的菜刀，的確是想著：『眞是噁心低級的圖騰柱。』所以，我喊了出來並甩開菜刀。這件事，後來我曾經告訴警方，因爲菜刀上有我的指紋。」

猛藏本想說什麼，又作罷。

「可是，這件事並未報導出來。新聞媒體不知道，警方也沒有公開。在直接相關者中，知道這件事的只有我和明惠，就我們兩個。」

三枝緩緩搖頭。

「你怎麼會知道那個？」

沉默。

「我在問你怎麼知道。」

猛藏縮起下顎挪開眼睛。「我聽警方說的。」

「噢？」

「眞的。只要我去問，他們什麼都會告訴我。因爲我有人脈，我是有力人士。」

那把手槍已從地上被撿起，現在擺在床上。在三枝的身邊，不過伸手還是搆得到。

祐司垂下雙手，站在可以均等看到三枝與猛藏的位置。

「你誤會了啦——」

猛藏開始辯解，試圖靠近他。霎時，三枝的注意力也放到那邊。趁這個機會，明惠迅速行動，從床上一把撿起手槍，交給祐司，然後躲到他背後。

三枝的視線仍然定著在祐司臉上，緩緩將雙手高舉至肩。

「別開玩笑了。」

「我沒開玩笑，射擊方法還是你教給我的。」

猛藏還想靠近。祐司立刻把槍口對著他，但視線也沒離開三枝。三枝也很識相，動也不動。

「人畢竟贏不了會飛的槍子兒嘛。」說著看看明惠。「妳恢復視力了？」

「就在不久之前。」

「這是很有可能的。」三枝笑了。「太好了。」

明惠並未回他一笑，她轉頭看著猛藏：「我看到你在外面笑。」

猛藏又嚇得一愣，三枝噗哧笑出來。

「大醫生，看來你好像不小心流露眞情啦？」

聽到三枝的話，猛藏哼了一聲。

「我想麻煩你一件事。」祐司對他說。

「幹麼？」

「走出陽臺。」

猛藏不看祐司反而先看三枝，三枝只是聳聳肩。

「快點。」

猛藏不情願地凝視著槍口勉強移動。拉開窗簾，打開鎖，推開窗子。外面的空氣頓時流瀉進來。

「那邊，應該有緊急逃生梯吧？」

猛藏看著腳邊。「有啊。」

「你站上去，跳跳看好嗎？不必太用力，只要把全身的體重放上去就好。」

猛藏沒動。不，似乎是動不了。

「做不到？」祐司問。

神經一旦緊繃到極限，反而變得幾近冷靜。不，或許應該說是冷酷。

「做不到？」

他再問一次，猛藏呑呑吐吐地回答：「這很危險耶。光是踩上去，立刻就會掉落。」

「一般逃生梯沒這麼容易鬆脫，否則豈不是太危險了。不過，只有這個逃生梯不同。可能是故障了，或是勾子勾得太淺，上面只要放個水果籃都會鬆脫。」

猛藏啐了一聲。

「喂，你連這點也知道吧？」

三枝又搖搖頭，同時還歪著嘴角笑。

祐司把他和明惠怎麼發現那個逃生梯不安全的經過娓娓道出。

「所以，知道這件事的人，也只有我和明惠，還有警方相關人員。」

「我也是從警方那裡聽來的。」

「夠了吧。」祐司放鬆肩膀。到了這個地步，已經沒什麼值得驚訝的了，他想。

「如果不是案發前就在這裡的人，不可能知道逃生梯的事。如果不是案發不久就在現場的人，也不可能知道菜刀的事。」

「就跟你說我都是聽警方說的嘛！」

三枝笑了：「大醫生，你省省吧。」

「而且你在我殺死阿孝後還故意走出去，自以爲沒人看到，躲在外面得意竊笑。」

「你的表情彷彿在說『被我唬住了』。」明惠用顫抖的聲音補上一句。

「夠了，我不想再聽你鬼扯。就算這都只能算是間接的狀況證據，但有這三點已經足夠了。至少，對我來說足夠了。」

就某種角度而言，也許他在下意識中一直在思索這個可能性。說不定直到記憶遭到抹消的前一刻，還在如此推測。

「是你幹的吧？」祐司沉靜地問。

「不是阿孝。猛藏，其實是你。是你槍殺了我老爸他們四人吧？」

猛藏佇立在陽臺上，臉撇向一旁。

最後，他不耐煩地把嘴一抿，方才吐出一句：「沒錯。」

時間靜止。

祐司極力忍耐，找回自己的控制力。

「你殺了四個人，還把罪名栽贓到阿孝身上。」

「沒錯。」

「然後，把阿孝也從崖上推落企圖殺人滅口？」

「你說對了。」

「可惜，這次沒成功，阿孝保住了一命。對吧？」

「要不是這樣，誰要演這種無聊的戲。」

「說得也是。」

祐司看著三枝。

「阿孝還活著。可是，不在猛藏身邊。要不然，他早就被幹掉了，神不知鬼不覺。」

三枝輕快地點頭。

「所以，說什麼你把阿孝藏在這裡，根本是天大謊言。」

「沒錯。」猛藏低吼。

「如果是這樣，那今晚把阿孝帶來這裡的又是誰？是誰把他帶來故意讓我們殺死？」

三枝緩緩說：「即使不用消去法，也知道除了我沒別人。」

雖說是無心，但這是祐司目前爲止被傷得最深的一次。

「原來你也是一夥的。」

五十四

「仔細想想，不對勁的事情太多了。」

他這麼一開口，三枝的眉毛動了一下。

「一切未免進展得太順利了。從影本追查出傳眞號碼，一路找到榊診所的過程，乃至立刻追溯到幸山莊命案的經過。」

「那是我的調查本領好。」

「即使如此，在這種返鄉人潮擁擠的時期，也不可能輕易弄到新幹線車票。」祐司斷然表示。

「仙台之行，倒不如說是一開始就計畫好的行動還比較自然。」

三枝像個小丑般搖頭。

「你一開始就跟村下猛藏是同夥。」祐司說。他極爲沮喪，但還是努力不讓情緒流露在臉上。

「你不是受我們僱用，而是被猛藏……被他給僱用，對吧？然後，你把我們一路誘導到這裡。」

「誘導」這個字眼在安靜的屋內迴響，他感到胸口不聽控制地緊縮。

「你說我誘導你們？」

「沒錯。到今天爲止，你不斷告訴我們兩人合情合理的假說。從我們並非自願躺在新開橋皇宮七〇七號室的床上，乃至留下手槍、現金和沾血毛巾的用意，聰明得不得了。可是，那並不是當場才想到的吧。打從老早之前，你就已經準備好這套台詞，打算等時機來臨再說出來吧。」

三枝默然，挑起嘴角一端微笑。

「最奇怪的，就是今天在友愛醫院發生的事。你和這位院長說話時，我一直覺得怪怪的。可是那時候，我還不明白到底是哪裡不對勁。」

「那你現在明白了？」

祐司點點頭，看著猛藏。

「院長大人，你一邊說話，一邊窺伺三枝先生的臉色。那時候，我本來以爲你是在擔心他開槍，可是我錯了。你一邊說話，一邊提心吊膽。你忍不住想窺伺三枝先生的臉色問：『這樣可以嗎？我表演得成功嗎？』」

猛藏歪著臉，搓著鼻子下方。祐司笑了出來，聲音卻毫無笑意。

「最了不起的傑作，就是三枝先生說你用了堆積如山的鎮靜劑芳必坦時。村下醫生，當時你怎麼說？你說：『何必連這個也抖出來——』那時我們居然沒立刻察覺，我們也眞是笨得可以了。」

「正因爲每一件事情都很細微，」三枝說：「如果不湊在一起，根本看不出來。」

「對，你房間的自來水有金屬味很難喝，也是其中之一。你說你搬到那裡大約有一個月了，可是你家的自來水也未免太難喝了點。其實你根本沒住滿一個月吧？」

三枝仰望天花板。「傷腦筋，眞是敗給你了。」

視線回到祐司身上後，他說：「沒錯，你猜對了。我是在你們被送去那裡的兩、三天前，才搬進那間屋子的。就連家具，也只準備了最低限度的必需品。」

「起先你在停車場洗車，也是算準我要出門，好乘機跟我搭訕？」

三枝點頭。

「晚上闖入我們房間也是？」

他再次點頭，「不過，我可沒料想到她會失明，我本來另外還準備了各種藉口。」

「好讓你隨機應變是吧。」

「是爲了隨機應變沒錯。」

猛藏像吐口水般吐出一句：「無聊透頂，浪費時間。」

「白花了那麼多時間和金錢，一下就被看穿還有什麼好說的。」

祐司感到暈眩。直到現在這一刻，他一邊說著話，心底某處還在祈求這一切都只是他的誤解。

「你的目的是什麼？」明惠代替祐司問。

「爲什麼要這麼大費周章的演戲？」

「一切正如你們所想的。」三枝的下顎朝床鋪那頭，裹著車罩的男人躺臥的方向點了一下。

「爲了借你們之手殺掉阿孝。」

他若無其事地轉身回顧陽臺上的猛藏，對他說：「大醫生，你回來這邊吧，好好向這兩個人解釋一下。與其讓人家二話不說就一槍打死，你一定也覺得這樣比較好吧？」

「我解釋就是了嘛。」猛藏說。他緩緩回到屋內，同時再次浮現得意的笑容。可是，眼神卻很銳利，凝視著祐司握著的槍。

「說起來，事情的開端是在四月中旬，三枝跑來找我。這傢伙說：『你兒子宮前孝目前正由我保護，你看該怎麼辦？』」

三枝又挑起嘴角一笑，用平板的口吻說：

「我本來住在瀉戶旁邊的三崎那個地方。幸山莊命案翌日，應該是半夜吧……有個磯釣的好地方只有我知道，我在那裡發現了臉上和身上都傷痕累累、奄奄一息的阿孝被海水打上岸來。」

明惠朝著牆壁，發出難以成聲的聲音。

「我在地下社會，人面很廣。算我好心，把他抬到沒有健保、但是只要有錢誰都肯治療的醫生那裡，替他療傷。」

「你爲什麼沒有立刻報警？」

三枝故意吊胃口似地停頓了一下才說：「我救他上來時，恢復意識的阿孝是這麼說的：『可惡，被我老爸陷害。』」

祐司感到腦中變成一片空白。

「我直覺上認定，應該有機會撈錢。所以，等阿孝康復後，我就跟這位大醫生聯絡。結果，他立刻上鉤了。」

「因爲我作夢也沒想到，阿孝竟然還活著。」猛藏嫌惡地瞪著三枝。

「從那個崖上墜落居然還能活命，我到現在都不敢相信。」

「可是，你還是相信了。」

「沒錯，因爲指紋完全一致。」

祐司眼睛瞥向裹著車罩的身體躺臥的方向。

「我也不是笨蛋。」三枝說。「要跟這個狡猾的大醫生做買賣，我當然得愼重，非常愼重。」

猛藏嗤之以鼻。

「我當然也不傻。村下猛藏可是個靠腦袋闖出今天這番局面的男人。起先，對於阿孝還活著的說辭，我根本不相信。不管有什麼奇蹟，被我親手丟落懸崖的阿孝，都不可能還活著。」

是的，他不可能還活著。

「你眞的把他丟下崖？」

「這種事我幹麼騙人。」

「看到阿孝倒臥崖下的證人說辭，還有他們帶警官來的時候，屍體漂走的事也都是……」

「全都是眞的。如果連這種事都扯謊，豈不是太危險了。」

祐司突然覺得可笑。太荒謬了，我在仙台和東京，完全猜錯了方向，還一心認定阿孝尙在人間。

「那，警方……」

「對於阿孝是凶手這點，他們早有定論。這讓我很高興，我的計畫成功了。所以，站在我的立場，其實很希望阿孝的屍體早點被發現。沒想到居然會被海浪沖走，這是我最大的誤算。不過，他既已被打上三崎海岸，得到這傢伙救助，當然找不到屍體。害我提心吊膽白擔心一場。」

三枝依然舉著雙手，似乎覺得很有趣地挑動眉毛。

「結果，這傢伙帶著那星期的週刊雜誌來找我。他說：『這個封面上印有我收留的那個自稱宮前孝的男人的指紋。你可以跟醫院保存的樣本比對看看。』」

結果一致，完全符合。

「是我自己做的比對，不可能有錯，雜誌的發行日期也不可能作假。」

猛藏似乎即使如此仍不敢置信地搖搖頭。

「阿孝還活著，我認了，他還活著。到這個地步，已經沒辦法了。我跟三枝說，我答應這筆交易。於是，事情就開始朝那個方向進展，那是五月初的事。」

他哼地笑了：「唯一值得慶幸的是這傢伙嗜錢如命，一心只想出賣他救上來的阿孝。」

明惠也以泫然欲泣的眼神凝視三枝。三枝苦笑：「人不為己，天誅地滅嘛。」

「可是，被你救起來的阿孝很信賴你吧？所以才會像今晚這樣，毫不懷疑地睡在這裡。」

「可以這麼說吧。」

「太過分了。」

「這個世上，過分的事本來就比比皆是，小姐。」

祐司以眼神告訴明惠：妳跟他說什麼都沒用啦。

「阿孝對那個案子還記得多少？」

「幾乎什麼都不記得了。他一直被人下藥昏睡，等他清醒時已經被丟下斷崖了。而且，還被當成與他無關的命案凶嫌。也因為如此，他知道是誰下藥讓他昏睡，也明白能夠栽贓給自己的，只有他父親一個人。因此，他才會說：『我被老爸給陷害了。』」

三枝窺探了猛藏一眼，得意一笑。

「於是，我就抱著姑且一試的心情跟這位大醫生接觸，他一聽之下驚慌異常，還主動表示只要我肯把阿孝交給他，要多少錢都沒問題。這就是所謂的言多必失吧。我確定這場賭博大有勝算，於是我送去印有指紋的雜誌讓他確認。因為我也不想冒險。最起碼我考慮過，眼看到了交易的時刻，如果不先確保自己的生命安全，絕不能讓大醫生和阿孝見面。」

猛藏猛烈咳嗽，搶回話題。

「跟三枝的交易看起來進行得很順利。沒想到就在這時候，我發現你們兩人在我身邊四處打聽，還宣稱阿孝尙在人間，甚至企圖潛入醫院。」

祐司迅速和明惠交換視線。

「我嚇了一跳，你們完全搞錯狀況。不過，阿孝還活著這點倒猜對了。我雖然也被嚇到，但那是事實。這麼一來，我就不能不管你們了，誰也不知道你們會不會在哪兒發現阿孝的存在。」

「所以，你就把我們關在友愛醫院？」

「沒那回事！那時我可是好言拜託你們安靜離開，因爲我不知道有誰看到你們跑來瀉戶。萬一你們在瀉戶失蹤的謠言傳開來，那我不就完了。」

「那是什麼時候的事？」

猛藏想了一下。「應該是八月初吧。嗯，沒錯。」

祐司點點頭，後來的發展可想而知。這樣就能解釋寄到郵局的那份資料，爲什麼沒提到潛入友愛醫院後的經過，因爲還沒寄回手邊。

猛藏繼續說：「老實說，我很困擾。總之，我決定監視你們，盯著你們行動。潛入友愛醫院的計畫失敗後，你們兩個看起來都很沮喪。也許是因爲我表現得很紳士，讓你們覺得撲了個空吧。」

「可是，問題還在，你們依然懷疑阿孝也還活著。」三枝說。

猛藏點頭。「沒錯，這是大問題，我告訴三枝這下麻煩了。在解決你們兩人前，交易必須延期。」

「解決？」

「沒錯，我是這麼打算的。」

明惠的雙臂抱肘。

「可是，三枝反對這樣做。他說這樣太引人注目。不管是在東京或瀉戶下手，一旦你們失蹤，一定會有人起疑。尤其是新聞媒體，把殺人命案當成什麼節日一樣，過個一、兩年，說不定還會搞個什麼『那件案子的相關者後續發展』的專題報導，跑去採訪你們。到那時候，如果別人發現你們兩個失蹤，我豈不等於又自找麻煩。」

關於這點，祐司也能理解，他覺得三枝的確很冷靜。

「接下來，由你來說。這是你擬的計畫。」猛藏用命令的口吻對三枝說。

三枝誰也不看，以平板的語氣開始說明：「我多方考慮了一陣子，最後想到一個計畫。乾脆把兩組人馬一起收拾掉。」

「收拾……」

「我好像用錯字眼了，我可不打算殺死你們喔，我只希望阿孝死。所以，只要好好誘導你們，讓你們殺死阿孝就行了。」

所以才會有今天，祐司開始理解了。

「你們認爲阿孝還活著，是猛藏在窩藏他。而大醫生，也想把意外逃生的阿孝幹掉。既然這樣，借你們之手殺掉阿孝，不是一舉兩得嗎？這樣的話，不僅你們滿意，猛藏得救，我也不會錯失撈錢的機會。等你們殺死阿孝，再說服你們不必爲了這種男人讓警方逮捕，封住你們的嘴就行了。眞相從黑暗埋進另一個黑暗，反正阿孝本來就已經死過一次了。」

從不敢置信的念頭底層，湧起一種幾近安心的接受感。

「今晚，你是用什麼花言巧語把阿孝帶來這裡的？」

「我告訴他，丈八燈台照遠不照近。其實那小子也很想跟他老爸對決。他還激動地說，警察根本靠不住，他要自己報仇。可是，要想報仇，就得先接近這位大醫生，所以我就告訴他，如果要躲在瀉戶伺機行動，待在這個幸山莊最好。那小子很信賴我這個救命恩人，完全沒起疑心，乖得很呢。」

明惠轉身背對三枝。

「你們兩人，八月十日晚上在高田馬場的公寓附近被逮，帶至村下一樹經營的黑豹。在那裡，費了兩晚時間封鎖你們的記憶，再把你們帶去新開橋皇宮。」

三枝佩服地看著祐司。

「去你公寓搜索，偷走你手邊紀錄的也是我。當起你們的誘導者後，特地帶你們去那裡，只是爲了讓事情看起來更合理，我以爲那邊已經毫無線索了。所以，發現那張掛號領取通知單時，我眞的嚇了一跳，沒想到你還挺小心的。」

「如果我眞的夠小心，就不會被你騙得這麼慘了。」

「是嗎？」

祐司吸了一口氣，整理腦中思緒，才說：「先抹消我們的記憶，你再出現，把我們唬得服服貼貼的——一切等於都在你計畫之中。」

「是啊。」三枝得意一笑。「要不是你在最後關頭想起菜刀的事，計畫早就成功了。」

「你的酬勞和生命安全呢？」

「兩樣都預先做好防範了。我把錄有事情經過的錄音帶，和印有阿孝指紋的雜誌，保管在某個地方，就連大醫生也拿不到。如果我死了，那些證據將會公諸於世。至於酬勞，我已經先領了一半。剩下那一半，把你們平安從這送走後應該就能領到。」

「原來如此。」

三枝略微挑起眉毛。「現在呢？你打算怎麼辦？」

「我還有話要問。」祐司看著猛藏，「你爲什麼要殺我爸他們？」

三枝點頭。

「是啊，我也很想知道箇中原因。事實上，就連我也是直到剛才才親耳聽見大醫生明白表示他就是眞凶。之前，他只是堅持叫我交出阿孝。」

猛藏抬起臉。

祐司一驚，他覺得，自己終於看到了村下猛藏這個男人的眞面目。

猛藏整張臉都變了。嘴巴扭曲，雙眼充血。

「誰教他們跑來我的地盤跟我作對。誰教他們妄想從我手中奪走瀉戸町！」

赤裸裸、幾近純粹的憎惡，令他渾身顫抖。

「他們居然盲目附和那群想反抗我的地主，想把我當白癡耍。這是我的地盤，是我讓這裡發展出今天的規模，怎麼能讓別人搶走？」

祐司感到暈眩。

「就只因爲這點小事？」

「這點小事？你說這叫小事！」

猛藏甚至連祐司手上有槍都忘了，橫切過房間走近他。

「站住。」

祐司這麼一說，他才回過神，用手背抹去下顎汗水，退後了半步。

「對我來說，這個鎭等於我的財產，我的事業全在這裡了，這是我的根基。以前在故鄉他們就一直看不起我，現在又跑來我辛苦打造的地盤，想奪走一切。他們又想把我當白癡耍。我清楚得很。」

「我聽說，你從小就是個優等生，誰也沒把你當成白癡。」

「不過，卻很不受歡迎。」三枝輕蔑地吐出一句。「對吧？」

猛藏沒回答。

祐司思索著。小孩是狡猾的。無論是誰，小時候都有這樣的一面。可是，光靠從父親那裡聽來的零星材料拼湊起來，也能夠感到，猛藏從小表現出的「狡猾」，和這種一般性的狡猾似乎不一樣。

就像雞和蛋的問題，他想。是先有哪個？小時候的猛藏，一開始只是爲了當個好孩子，才會把惡作劇的罪名推卸到某個同學身上嗎？又或者，一切都是肇因於周遭的人看到猛藏頭腦聰明，是個「好學生」，在嫉妒之下排擠他？

不管是怎樣，那都已是遙遠往事。翻出過去的陳年舊帳，也無法勾消現實中的犯罪。即使猛藏眞的曾經「被當成白癡耍」，這世上以某種方式在「被人看不起」的屈辱下長大的人多得是，不知爲什麼特別惹人嫌的也大有人在，而且還多得很。以抽籤來看，沒抽中好籤的人往往占壓倒性多數。

可是，難道說這樣的人全都會「因爲被瞧不起」就犯下殺人命案？

不可能，到頭來一切都是藉口，只是在倒因爲果。

驅使猛藏逞凶殺人——從醫院榨取資源、虐待病人、將整個鎭私有化的原因，只有一個。

——徹底的自私，就只有這個。

「我饒不了篡奪小鎭的人，」猛藏說：「不管是誰，都不可原諒。」

「誰也不會從你手中奪走小鎭。」

因爲這個鎭，本來就不是你的——祐司把這句話吞回肚裡。

「他們明明就想！」猛藏尖叫。「等那些像家家酒一樣的別墅蓋好了，觀光客陸續出現之後你等著瞧！我的醫院一定會被趕走！用什麼美化環境啦、提升社區階層之類自以爲是的理由當藉口。這些年來，我擴大友愛醫院對鎭上的貢獻有多大，到那時候大家一定會忘得一乾二淨！他們一定會說，鎭上有個專門偷偷收留酒精中毒者的精神病院太丟臉了。而這一切，都是因爲他們有了別的謀生事業，都是因爲蓋了那片漂漂亮亮的別墅！」

他用力跺腳彷彿要阻止什麼。

「全都是些忘恩負義的傢伙！」猛藏的叫聲，令祐司感到一股作嘔的悲哀。

三枝緩緩說：「的確，這並不純粹是你的被害妄想，這點我同意。」

他面帶哀傷。

「可是，大醫生，你未免也太不擇手段了。」

祐司陷入思索。殘虐的殺人命案不挑別處，偏偏就在這幸山莊發生。如此一來子幾可確定，起碼有好一陣子，將會延緩這項開發計畫，使觀光客裹足不前。

實際上，也的確如此。

這麼一來，猛藏就有時間重整態勢。弄得好的話，說不定還可以直接買下別墅住。這裡的地主不可能是基於消遣，拿多餘的錢來蓋別墅。眞的走投無路時，恐怕也不得不拱手讓人吧。

到時潟戶町將再次成爲猛藏的天下。

「你是怎麼……怎麼殺死他們的？」祐司鼓起勇氣開口問。

「我不相信是你親手開槍殺死我爸他們，因爲手法太俐落了。」

猛藏乾脆地回答：「我僱了職業殺手。」

「是本地的黑道幫派？」

「對他們來說，這裡一旦變成度假村，在各方面也會造成困擾。如果是聲色場所還好，還可以照現在這樣的方式繁榮下去。可是，成了度假村就不太妙了。到時候鎭上的人一定會連成一氣，就像要掃除髒東西似地把他們通通趕走。」

猛藏第一次露出自嘲的語氣。

「就跟我的醫院一樣。所以，他們很樂意協助我。」

「以那些人的德性，想必很樂意跟著你吧。因爲你是大金主嘛，對吧？」三枝說。

「鎭上的東西統統都是我的。」

「也包括黑道幫派吧。」

祐司問：「那你爲什麼選中阿孝來背負殺人罪名？因爲他正巧返鄉？」

「我老早就在盤算了。」

據說阿孝對於母親俊江的死，一直懷疑猛藏。

「那小子很煩，要是他聽話點本來很可愛，可是他偏偏……」

「別傻了。你忘了嗎？阿孝曾在你的醫院接受過洗禮，他怎麼可能聽你的。」

三枝對他吐槽。猛藏仍一逕在生氣。

「那小子瘋了。」

「瘋的應該是你吧。」

「三枝先生，請你閉嘴。」

祐司打斷他們的對話，看著猛藏。

「聽說阿孝的母親俊江，婚後很快就跟你感情失和，這也是因爲阿孝的關係嗎？」

猛藏雖然沒說話，但這就等於是答案了。

「所以，你開始嫌煩，乾脆連她也殺了？」

「那是意外！」

「眞的嗎？」

結了婚，安定下來，看清了猛藏這個人——不是替小孩治病的「村下醫生」，而是作爲一個男人的猛藏——俊江說不定也開始有餘裕冷靜思考了。

「阿孝精神異常是眞的嗎？」

猛藏再次保持沉默。

「只是爲了說服我們瞎掰的嗎？」

應該是吧，他想。如果眞的有什麼腦部障礙，就不會輕率地把阿孝的身體拋下斷崖了，應該會想別的方法才對。

「爲什麼要讓阿孝頂罪？」他再問一次，猛藏立刻滔滔不絕。

「我老早就擬好了計畫。十二月二十三日是俊江的忌日，我知道那小子一定會回來。我打算在墓地攔住他，好挖著坑等他。再加上，彷彿是天意助我，那小子發現三好和緒方在我們家，居然還故意想接近他們。」

明惠立刻打岔：「是因爲雪惠吧？」

「沒錯。她是個美女嘛，當然妳也很漂亮啦。」

猛藏估價似地上下打量明惠。

「我很中意那個女孩，這點好像被阿孝看穿了。那小子居然特意接近那個女孩，跟她嚼舌根，說什麼村下猛藏是個可怕的男人，還勸她提醒她父親多注意。」

這件事，後來被曲解成阿孝在案發前一天「企圖侵犯」雪惠。

「那時，阿孝那小子看起來太激誰教他們跑來了，所以雪惠那ㄚ頭嚇到了。不過，三好和緒方似乎對那小子說的話產生興趣。我就想，這下危險了。」

「我爸他們去你家做什麼？」

這點他一直覺得很不可思議，這等於是闖入虎穴送死。更何況，還把雪惠也帶去了。

「他們相當於是來向我宣戰的。先來打個招呼，說什麼今後要在這片土地扎根，請我多多指教。三好那傢伙，甚至還說『至於我女兒就不勞你費心了』。」

「那是因爲你專程跑到仙台，企圖染指雪惠，做父親的理當如此。」

明惠忍不住說，這是她第一次露出怒氣。

對，是去警告他。祐司一方面恍然大悟，同時心底也感到懊惱。原來是去宣戰啊，這豈不是最正常不過的作法嗎。

阿孝不只企圖接觸祐司的父親他們，同一天晚上，還去了幸山莊。

「我一直監視他，發現他出門去了。我也料到八成是去商量怎麼打擊我，不過這樣對我來說正是求之不得。」

老爸他們想必對阿孝的話產生興趣，所以才會想知道更多詳情吧。而阿孝，或許也覺得終於找到了戰友，又或者是打算警告他們，突然與猛藏為敵太危險了。

阿孝在幸山莊留下的證據，並非案發當晚，而是在前一天，二十三日留下的。如果只是普通打掃的程度，前一天印下的指紋和掉落的毛髮應該還留著。後來警方鉅細靡遺地搜查現場，最後判斷那是二十四日留下的。

就算沒有那些佐證，也已有足夠的材料令人懷疑阿孝。

「你故意採取槍殺的方式，也是因爲你知道阿孝可能有槍，射擊技術又很好吧？」

「那當然，我又不是傻瓜。」

二十三日晚上，阿孝從幸山莊回來就被他抓住，關進友愛醫院的特別保護室。翌日，也就是二十四日晚上，他帶著被綑綁的阿孝，坐上福斯車，前往幸山莊。當然，說什麼阿孝借走了福斯車，只是說給警方聽的鬼扯淡。

「僱來做案的殺手慢條斯理地走到別墅區附近，這樣做最安全。所以，你是在半路接他上車。」

猛藏他們抵達幸山莊時，狙殺的目標全都不在。

「我們一直在等他們回來。結果，你們兩個就出現了。」

所以，才會看到水果籃掉落、逃生梯鬆開。

「你們前腳剛走，他們後腳就跟著回來了。我和我僱來的男人找上門，屋裡的人以爲只有我一個人，毫不懷疑地就替我打開門。」

猛藏笑了。

「簡單得很，不愧是職業殺手。我一直在現場，從頭到尾都看在眼裡。」

明惠抱著頭。

「殺完之後，由於太乾淨俐落了，還得故意把屋內稍微弄亂一點。這項工作必須要小心，所以還花了不少時間呢。」

切斷電話線，把菜刀戳在沙發靠背上也是在這時候。

「爲什麼要撿起菜刀戳進那裡？」

「這樣看起來才像是阿孝發神經呀。」

就這麼單純嗎？祐司想。猛藏剛剛才做出同樣的動作，那應該是猛藏的癖好吧。

「沒想到我們還在忙呢，你們就回來了。我叫僱來的殺手開槍把你們也斃了。」

明惠反彈似地抬起臉。

「可是，那傢伙說這樣太危險了。爲了栽贓給阿孝，必須盡量搞得好像他是因爲迷戀雪惠那丫頭，才在激動之下憤而逞凶。如果現在把你們也殺了，他說這樣就會破壞原有的均衡布局。」

「這是什麼意思？」

「人家是專家嘛。槍聲這玩意啊，據說有時候因爲風向，連很遠的地方都聽得見。萬一被誰聽到了，告訴警方殺害四人的槍聲和殺害後來兩人的槍聲，在時間上隔了一段距離，那不是很奇怪嗎？這樣就不像是抓狂之下憤而殺人了。這表示阿孝殺死四人後沒有立刻逃走，還在命案現場磨蹭。」

所以我們才撿回一條命……想到這裡，他的心情很複雜。

「在你們去警局報警前，我和僱來的男人一直躲在這個屋裡。等你們走了之後，我們才逃走。」

阿孝一直被關在福斯車中。而且由於打算把他丟落懸崖，讓警方發現，所以不能使用藥物。

「我帶著阿孝來到那個崖邊，先把他打到不留傷痕的地步，讓他昏過去，再把槍塞到他手裡，對著海面射擊一發。」

祐司想起，在自己記錄的資料中，命案當晚，曾有證詞表示聽見爆炸聲從懸崖那邊傳來。

「這麼一來，他的手和衣服都會留下硝煙反應。然後，我們把他扔進海裡，就悄悄回家了。什麼不在場證明我根本不在意。那是平安夜的半夜，我舒舒服服地待在自家書房裡，除此之外還能怎樣？

如果小動作做得太明顯，反而不自然。」

猛藏說完了，祐司一時之間無話可說。

有人在拍手，是三枝。「了不起，了不起。」

他看似無聊地笑著。「眞精采。」

接著仰望祐司，問：「怎麼辦？」

「叫警察呀。」

猛藏嗤之以鼻。「你也是殺人凶手，就算說是受我們哄騙也不管用。要是沒有殺意，不會扣扳機。把無辜的阿孝殺死的人是你。」

這句話，刺穿了祐司全身。「我已經有心理準備了……」

「那倒是了不起。」三枝說。

「你少說風涼話。」明惠大聲說。

「我是什麼也不會承認的。」猛藏拔高音量。「我什麼也不會說。我會聘請律師，堅持我什麼也不知道。反正沒有任何證據，阿孝也已經死了，是你替我幹掉他的。」

他用施恩的眼神看著祐司。

「怎樣？就當什麼也沒發生過吧？這樣比較好嘛。今晚的事，除了我們四人，誰也不知道。」

「還有榊醫生。」

猛藏嗤鼻一笑。「他是個飯桶，小角色，他什麼都聽我的。」

「我也可以當場在這槍殺你喔。」

祐司這麼一恐嚇，猛藏笑得更誇張了。

「你有那個膽量嗎？」

「更何況，在物理條件上也辦不到。」三枝安靜地插話。

勒著她的脖子。

「為什麼……」

說到一半，祐司不禁屏息。

三枝從口袋取出子彈，隨手往桌上一扔，一顆、兩顆、三顆。

幾乎毫無表情的臉，望向祐司。

「喂，你以為我會笨到沒把子彈卸下，就把槍隨便往旁邊一扔嗎？」

腦中就像斷電般變成一片漆黑。明惠的尖叫令他回過神來，這才發現手拿菜刀的猛藏正挾持她，

「大醫生，你反應還眞快。」三枝說。

「笨蛋。既然子彈早就卸下了，那你應該早點告訴我！」

面對怒吼的猛藏，三枝擺出笑臉。「我對你的故事也很有興趣嘛。」

祐司還不死心，頻頻扣手槍的扳機，只聽見喀的一聲，可笑的聲音。

射向虛空的空心武器。

「對不起，」三枝說著伸出手。「交給我吧。」

祐司嘆息著把槍扔到床上。三枝撿起來後，也沒看猛藏便說：「大醫生，你說怎麼辦？」

「還能怎麼辦。當然只有殺了他們。」

「是嗎？」

「是啊。所以我一開始不就說過了嗎？殺人滅口是最好的方法，省得後患無窮。」

他口沫橫飛。明惠被菜刀抵著的臉，因為恐懼和嫌惡而扭曲。

「都是你囉哩囉嗦地阻止我，害我們兜一個大圈子，到頭來沒半點好處，完全浪費時間。」

「不會吧。」

「明明就是。」

「殺了這兩個人，就能全部解決？」
「那當然。」
「非殺他們不可？」
「喂，你腦袋有毛病嗎？我都已經全抖出來了耶。」
「大醫生，換句話說，你剛才說的全都是眞的囉。對吧？」
猛藏瞪大了眼睛。「喂，你到底是怎麼了？」
「謝啦，」三枝說：「很完美。」
「的確太完美了。」
一個從來沒聽過的陌生聲音如此說。

五十五

這次，祐司眞的驚愕到停止呼吸。
床的那一頭，應該已被祐司槍殺的年輕男人居然站起來了。他的胸前一片血紅，破裂的睡衣也依然保持原狀，他擺出模範射擊手的姿勢，滑落腳邊。
「這是射擊用的空氣槍。」年輕男人說，槍口穩穩對著猛藏，發出可說是愉快的開朗聲音。「雖然是用來打靶的，不過距離這麼近，說不定還是會把腦袋轟掉喔，沒試試看我也不知道。」
在祐司眼中，年輕男人的模樣，彷彿西部片的登場人物。舉至與肩同高的槍，像是散彈槍。
「不可能……」
猛藏的下巴抖個不停。
「我們也不是傻瓜，大醫生。」

三枝也用緊繃的聲音說：「剛才說的話，全部都用錄影機拍下來了。你現在不只是後悔莫及，也無處可逃了。」

「把那個人放開吧，大醫生。」年輕男人說。「是明惠小姐是吧？人家嚇得都瞪圓了眼睛。這樣太可憐了，快點放人家自由吧。」

猛藏似乎認爲挾持明惠是唯一的指望，緊緊挨著她，也不肯拿開菜刀。

「啐，啐，」年輕男人咋舌。「告訴你，我啊，從小就開始打靶了。因爲我爺爺是選手，我也遺傳了他的天分。所以，我可是彈無虛發喔。我這是爲你好，你還是乖乖聽我的吧。」

猛藏彷彿失去了支撐，手腕猝然垂落。重獲自由的明惠，連忙奔向祐司。

「耶，耶，太好了。」年輕男人很高興。

「好了。那，三枝先生，就請大醫生束手就擒吧。」

三枝的手往床下一伸，取出一捆繩子。年輕男人的槍口仍瞄準著猛藏，所以猛藏雖然一直盯著看，卻不敢動彈。

「抱歉了。」就在三枝說著站起時，突然間，猛藏的表情崩潰。

門邊站著祐司和明惠。猛藏衝向窗子，跨過門檻，跳出陽臺。才剛想著他是否打算跳樓潛逃，下一瞬間，已經留下難以成聲的尖叫，消失無蹤。

遲了一拍呼吸的時間，傳來喀噹一聲。

屋內的四人紛紛衝往陽臺，年輕男人的槍還抵在肩上。

緊急逃生梯的蓋子開啓，梯子墜落地上。梯子尾端觸及地面。猛藏就俯臥在梯子旁邊。

「他還活著嗎？」年輕男人總算放下槍，把槍口避開剩下三人的方向。

「不可能吧。」三枝回答。

「三枝先生，有句話難以啓齒……」

「嗯？」

「你是故意讓他逃走的吧？」

三枝苦笑，卻未回答。

祐司和明惠在目瞪口呆下只能凝視著兩人的臉。三枝轉過臉來，用和緩的表情說：「對不起，你們嚇到了吧？」

他們連話都說不出。

「這下子全部結束了，眞的結束了。」

祐司總算擠出聲音：「你……」

「嗯。」

「你到底是誰？」

「他叫三枝隆男，以前是新聞記者。」年輕男人開朗地說。即使在燈光下，臉上仍看得出無數傷痕和縫合的痕跡。這不是僞裝，是眞的。

可是……再仔細一看，與其說是受傷的痕跡，倒不如說更像是燒傷的疤痕。

「新聞記者？」

「已經是將近二十年前的往事了。」

祐司不知如何是好，只能盯著三枝頻頻眨眼。

「你是阿孝吧？」明惠質問的聲音插入。

年輕男人搖搖頭。「不，我叫做相馬修二，請多指教。」

他鞠了個躬，往地上一坐，以熟練的手法撐著槍，拉開彈匣，取出子彈把槍淨空。

「這樣就不用再緊張了，毫無危險。」

他咧嘴一笑，露出討人喜愛的表情。他的年紀也很輕，顯然比祐司和明惠還要年輕。

「電話呢？」三枝一問，修二仰望他。

「我帶來了。」

「這年頭有了手機還眞方便……」他一邊如此嘀咕著一邊走出走廊。過了一會兒，拎著一個小型旅行袋回來。

「可是，三枝先生。」

「幹麼？」

「剛才我從走廊的窗子看到，」修二笑嘻嘻。「那位榊醫生，正朝這邊跑過來。我看不用通知他了吧？」

三枝稍微考慮了一下，走出陽臺，立刻又回來。

「眞的，說不定來得正好。」

「他一定擔心得坐立不安吧。」修二說著笑了。

抓著祐司手臂的明惠，突然拔尖了音調說：「你不是死了嗎？」

修二俯視著自己染成血紅的睡衣。「這個啊，是假的。」

他掀起睡衣，露出細細的電線和破裂的小塑膠袋。

「這裡面裝了染料，槍聲一響就會跟著破裂，只是很單純的特殊攝影技術。」

「是假的……」

「電影裡不是常有嗎？」

「那……那把槍……」祐司指著床上的手槍，修二一臉同情地點點頭。

「很抱歉，那也是假的，是電視常用的玩意。子彈也是，裡面空的。只有一發，只裝空包彈。」

那，我射擊的是空包彈？

樓下，傳來榊醫生的聲音。三枝探頭到走廊上，招呼他：「在這邊。」

「該把攝影機關掉了。」修二說著走出房間，對著呆立的祐司和明惠，指著窗框旁邊開的透氣孔。「鏡頭就裝在那裡，電池放在隔壁房間。」

這一切令人一頭霧水。祐司幾乎快跌坐在地，好不容易才說：「請解釋一下。」

三枝點頭。「那當然，當然要解釋。」

五十六

按照榊的指示，悅子他們一直耐心等待。

國產車後座的女人往別墅區消失後，他們仍藏在樹叢。榊不時看著表，又把視線移回黑暗彼端。

「還沒到時候嗎？」

悅子連在等什麼都毫無所知地問道。醫生點點頭，回答：「還不行。」

終於……

遠遠傳來彷彿人類尖叫的聲音，榊立刻站起。

「請你們留在這裡。」

榊醫生說著小跑步往剛才年輕女人走去的方向消失，悅子和義夫面面相覷。

過了一會兒，榊又跑回來了。

「快過來！」他招著兩手。悅子連忙跑去。義夫回到車上，載著小操她們，緩緩以慢速跟上去。

悅子看到的是一棟燈火通明的大型別墅——正如榊所說，信箱上面寫著「幸山莊」。至於倒臥在建築物旁邊地上的，是村下猛藏。

榊跪在猛藏身旁。悅子一走近，他便仰起臉搖搖頭。

悅子仰望幸山莊。

「進去吧，」榊催促她。「在警方來臨前，還有說話的時間。」
「眞行寺小姐。」
小操在背後喊她。悅子扭頭看了她一眼，說：「妳最好別看。」
義夫摟著小操和由佳里的肩膀朝正面的階梯走去，中途稍微停下腳，喊著榊：「醫生。」
「是。」
「躺在那邊的人，已經死了嗎？」
榊點點頭。於是，義夫說：「那，拿個東西給他蓋上好嗎？」
榊的表情霎時退縮了一下。
「就這麼辦吧。」
悅子在那等他回來。然後，一起步入幸山莊。

五十七

「該從哪裡說起呢？」三枝先開口。
首先，先把齊聚一堂的眾人做個基本介紹。祐司看到這次的事件牽涉到這麼多人，大爲驚訝。
然而，事實似乎並非如此。協助三枝和修二的只有榊醫生，剩下四人——更何況，其中一人還是個小學女童——只是不愼受到牽連。
榊醫生是「戰友」，這個事實令祐司有點困惑。
「幸好你們沒事，眞是對不起。」被醫生這麼一說，他還是一頭霧水。
離開猛藏在友愛醫院的辦公室時，三枝假裝把榊醫生關進廁所，其實是放他自由。如此，醫生才能去救那個受到牽連、名叫「小操」的年輕女孩，帶她逃到這裡——三枝說。

「首先，先說說我怎麼認識宮前孝可能比較好吧。」

祐司對他點頭，其他人也都沒發言。

「因爲某種機緣——」三枝這樣起頭後，瞄了眞行寺父女一眼。

「我一直盯著村下猛藏這個男人，已經有十八年了。」

「這麼久？」明惠問。

三枝點點頭，「四十一人的慘死，和猛藏有關——不，他應該負責。」

他稍微垂落視線，又繼續說。

「所以，這個瀉戶町，我也來過好幾次。實際上，還在隔壁鎭的三崎定居過。因爲我認爲要揪出村下猛藏的狐狸尾巴，從友愛醫院下手或許最有效。不過，待在瀉戶反而不便行動。因此我才選擇三崎——那已經是距今五年前的事了。」

五年前——

「正好是阿孝的母親俊江車禍身亡的時候。」

三枝對著祐司點點頭。

「我也聽到別人懷疑她是被謀殺的傳言。雖然沒有證據，但我也覺得一定是這樣。於是，我就設法混入負責修理村下家車子的服部汽車修理廠，開始在那上班。雖然我不擅修車，但那裡也出售中古車，所以我是去當業務員。我想，這樣的話就算在瀉戶町四處打轉，也不會惹人起疑。」

他嘆了一口氣——

「我跟阿孝是在那認識的。他直接找上服部汽車的老闆，質問對方是不是在他母親車上動手腳。」

「我能理解他的心情。」眞行寺家的父親說。

「可是，這樣很危險，」三枝說：「危險極了。我接近他後，老實說出自己的目的。阿孝知道我爲何緊追猛藏不放後也開始信任我，於是，我首先就把他帶離鎭上。」

所以，阿孝才會離開村下家。

「可是，留在服部汽車廠的我，卻遲遲無法找到謀殺的關鍵證據。雖然不甘心，但在這裡，猛藏就等於是上帝。」

祐司眼前，浮現猛藏誇稱「鎮上所有東西都是我的」時的表情。

「對不起，我想請教一下。」明惠仰起臉。

「什麼？」

「阿孝過去也曾犯下其他暴力案件吧？所以，幸山莊出事時，才會最先被盯上。就算撇開學校、家庭這些導致他進入友愛醫院住院的因素不談，另外那兩起案件又是怎麼回事？」

三枝遺憾地皺起臉。

「對於那個，我也很失望。兩件都是在我認識阿孝之前發生的。」

也就是毆打猛藏投保的保險公司業務員，和「襲擊」名義上的哥哥一樹的女友的事件。

「前者，是阿孝發現猛藏企圖給俊江投保巨額壽險，想要阻止才會引起的。至於第二件……」

三枝有點吞吞吐吐。

「那是因爲一樹的女朋友，不但對猛藏也賣弄風騷，還對俊江態度非常惡劣。不過，二話不說就動手，絕非值得敬佩的事。」

「也許是因爲他不知道別的方法……」明惠低語。

「也許是那樣吧。阿孝曾經告訴我，他接二連三地惹出問題，是巴不得他媽因此被趕出村下家。他還說：『這樣的話，老媽也不會被害死了。』」

祐司想起照片中阿孝的表情和姿勢，那個似乎總是提高警覺的少年。

三枝繼續說：「俊江意外身亡兩年後，有段時間我也死心了，我離開服部汽車，回到了東京。阿孝也變得自暴自棄，和東京的黑道幫派掛勾，牽扯上私造手槍的案子。他自己也迷上射擊。他說既然這樣乾脆去殺了猛藏。我費了很大的工夫安撫他。」

阿孝的確有一陣子，如朋友形容的「簡直像瘋了一樣」地熱中射擊。

「猛藏在東京也擁有一些房地產，那些交易也大有問題。我就想，能不能主動採取什麼方法呢？由於毫無進展，我很焦躁，隨便怎樣都好。我切身感到，必須要有個能夠向當局控訴他的決定性證據，就算是逃漏稅也好。」

三枝聳聳瘦削的肩膀。

「我甚至還想，要是我是個有錢人就好了。」

「爲什麼？」眞行寺家的女兒問。她說她叫悅子，年紀三十出頭，祐司想，是個好看的女子。

「這樣我就不用工作。可以專心調查。一邊賺錢糊口一邊追查猛藏，有時候總是有點窩囊。」

「你做什麼工作？」

「什麼都做。」三枝說著微笑，悅子也回他一個微笑。

「就在這樣的過程中，發生了幸山莊命案。」

三枝仰望天花板。

「我覺得，我輸了，又是猛藏。這次是四個人，不，五個人。當我聽說大家認定阿孝是凶手，我就已經對他不抱指望了。我知道，他一定會頭一個被殺掉。」

祐司緩緩點頭。

宮前孝死了，他是被謀殺的。

「隨著命案的詳細報導，我愈來愈有把握。阿孝已經死了，一定是被推落懸崖害死的。而且，屍體沒被找到，對猛藏來說一定是個失誤。猛藏既然刻意讓大家以爲阿孝是凶手，不可能選擇那種危險的方式，讓他逃逸無蹤下落不明。他是個槍殺四條人命的殺人犯，全國警察都會追捕他。這是顯而易見的事實。如果這樣還找不到人，大家一定會覺得奇怪。所以，既然把阿孝設計成凶手，那麼把他也殺了，讓警方發現遺體絕對比較自然，不會顯得牽強。」

「沒想到，遺體卻沒被找到。」祐司這麼一說，三枝點點頭。

「好狗運第一次拋棄了猛藏。」這句話，滲進屋內每一個人的腦中。

「雖是孤注一擲的賭注，但我認爲値得一試。」三枝繼續說。「我已經不能再等了。沒時間再慢慢蒐集告發他所需要的證據，否則說不定下次又有什麼人會遇害。我已經看不下去了，已經夠了。所以，我拜託修二，跟我一起擬定計畫。」

「所以你就讓修二僞裝成阿孝當誘餌，故意告訴猛藏：『阿孝還活著喔，阿孝還說他是被老爸陷害的喲。怎樣，要不要談個交易……』」

「沒錯。然後，再看他的反應，看猛藏會採取什麼動作。我認爲光是這樣就能掌握證據，證明他才是幸山莊命案的眞凶。」

修二插話：「我跟三枝先生也是老交情了，是因爲某個機緣，至於那個『某個機緣』，以後再告訴你們。」

他咧嘴一笑。「而且，我臉上有這些疤痕，也很有利。」

這些疤痕可以宣稱是墜崖時受傷導致臉部受重創，所以去做了整型手術。至於體格，修二雖然比阿孝更結實，但十七、八歲到二十歲出頭這個階段的男孩，往往幾天不見個子就竄得老高，或是變得健壯魁梧。更何況，猛藏並不了解阿孝的成長過程。他們一起生活已是五年前的事，而且僅有短短一年。後來，就只有幸山莊命案發生之際企圖利用他時見過面。

此外，在計畫中，扮演阿孝的修二只跟猛藏見過一次面——而且是變成「屍體」後短短一瞬。問題反而在別的方面，也就是要怎麼讓猛藏相信「阿孝還活著」。

祐司傾身向前。「指紋要怎麼辦？」

「這是個難題。」三枝抬眼看著站在旁邊的榊醫生。

「到最後，只好把這位醫生拖下水。我記得阿孝以前曾說過，在村下一家人中唯一有骨氣背叛猛藏的，大概也只有榊醫生了。」

祐司赫然想起。

他想起在自己留下的紀錄中，有份證詞指稱榊醫生曾經偷偷翻過阿孝的病歷檔案。

「榊醫生加入我們後，就把醫院檔案中保存的阿孝指紋，和修二的指紋掉包。這麼一來，猛藏比對二者指紋時，就會完全符合了。」

榊醫生垂著臉。

「我……其實我，也一直想設法改變友愛醫院的現狀。我自認努力過，可是沒有一次成功。」

「醫生，其實你自己逃走不就好了。」

被稱爲「小操」的年輕女孩說，她的臉蛋就像洋娃娃一樣漂亮。

「醫生，在你跟大醫生的女兒結婚前，一定以爲友愛醫院是間好醫院吧？你等於是被騙了。」

「我不能那麼做。」醫生軟弱地笑了。「我還有小孩，不能把他們留在村下家。就算向哪個單位投訴，以實力強弱來說，我絕無勝算。所以，三枝先生委託我幫忙時，我認爲這是絕無僅有的機會，立刻就答應了。」

「不只是這樣吧。」眞行寺家的父親說。「你也察覺幸山莊命案的眞凶，其實是你岳父猛藏吧？」

醫生點點頭。「只是我的直覺。」

「家人的直覺通常都是正確的。」

榊醫生在東京也有診所，就這點來說行動比較自由。表面上裝成對猛藏唯命是從，其實是過著雙重生活。

「不過，即便如此，榊醫生，虧你能下定這個決心。」

眞行寺父親的聲音，令祐司抬起眼看著榊醫生。

「參加這次的計畫是很危險的，萬一事情曝光，你說不定會被剝奪醫師執照。」

榊用力抿緊嘴唇。「這點我已有心理準備。關於這點，我和三枝先生也討論了很久。」

「可是……」

「沒關係。反正事情不管怎麼演變都一樣。對於友愛醫院內部的行爲，我一直視若無睹。由於畏懼大醫生的淫威，甚至還幫過他。帕基辛頓的合成和實驗，或許也都是因爲在那裡才能做到。」

榊搖頭。

「大醫生也很清楚這一點，所以才估量我不會背叛他。他說我們都是一丘之貉。」

「太過分了。」

「我也是個過分的醫生。膽小不能當作藉口，我一直很害怕友愛醫院做的事遲早會曝光。早晚一定會有這一天吧。與其一輩子都活在恐懼中，還不如自己先採取行動。」

眞行寺點點頭。

「而且，就算我一個人起而反抗，能做的畢竟有限。大醫生可能會把責任推給別的醫生，自己不用擔什麼重罪就能脫身。他幹起這種事，高明得令人害怕。與其這樣，還不如加入三枝先生他們的計畫。這是僅有一次、最大的機會。」

他含蓄地將拳頭在身體兩側握緊。

「至於我的未來，等我把過去徹底做個了結後再做考慮。」說著醫生微微一笑。

祐司看著三枝，催促他說下去。他咳一聲，繼續說。「於是，計畫開始啓動。沒想到這時候……」

「我們出現了。」祐司的插話，令他點點頭。

「我和修二都很慌張。猛藏不當回事地提議把你們兩人收拾掉就行了，我們一心只顧著引猛藏上鉤，說不定會害你們兩人被殺。」

「如果你們不管，我們肯定會被他幹掉。」祐司說著握緊明惠的手。

「後來，我們只好修改計畫，說服猛藏別殺掉你們。接下來的發展，就如同剛才猛藏所說。」

三枝向不了解這中間經過的人簡單說明。

「我必須道歉的是，最後終究無法改變猛藏提議抹消你們記憶的決定。我本來勸他，即使讓你們處在正常狀態，也能順利誘導你們殺死阿孝——」

「這點倒是眞的。」榊點點頭。「不過，如果我們太過堅持，反而會引他起疑。所以，我們只好打消念頭。對不起。」

三枝依舊一臉抱歉。

「榊醫生假裝在猛藏面前抬不起頭，所以猛藏完全失去戒心。因此，關於這個計畫，才會請他幫忙。醫生在你們注射帕基辛頓時，一直在旁小心注意，盡量不讓你們發生危險。」

明惠仰望醫生，輕輕點頭。

「已經沒關係了。」祐司也說。

「今晚就是大功告成的日子。我事先告訴猛藏，我會哄騙阿孝，讓他在約定時間待在幸山莊。接下來，就照著安排好的劇本演。猛藏也一樣，他是故意逃到幸山莊，宣稱他把阿孝藏在這裡。」

「他有時好像會忘記自己該說的台詞。」

聽祐司這麼一說，三枝苦笑了。「其實連我也一直冒冷汗。」

「不過話說回來，猛藏砸下的成本還眞不小。」眞行寺家的父親說。

然而做女兒的立刻反駁：「怎麼會？皮箱的五千萬可以原封不動地收回來。而且他應該早有心理準備，就算不演這齣戲，他和三枝先生交易的錢也非付不可。」

「可是，自動灑水器把建築物都泡水了耶。」

「只有特別保護室而已。更何況，那也是逼不得已。如果不那樣做，我光說讓猛藏給逃了，祐司他們一定會覺得不對勁。」

祐司點頭。

叫做「由佳里」的小女孩，這時也開口說：「而且外公，建築物還有產險理賠咧。」

三枝和榊笑了出來。

「一點也沒錯。小妹妹，妳眞聰明，猛藏絕對不會做眞的讓自己吃虧的事。」

「不過，也眞虧猛藏耐得住性子。」祐司說。「說得極端點，其實他也可以演到一半就罷手，直接再找個幫派分子，把我們兩人殺掉。就連今晚，三枝先生，在你誘導我們的過程中，他不也可以派人來幸山莊，把阿孝——猛藏以爲是阿孝的修二——給殺掉嗎？」

這個問題，是榊回答的。

「爲了避免這種情形，三枝先生事先警告過他，如果他不照著劇本演，他會把印有阿孝指紋的最新雜誌，和猛藏說不論付多少錢都要領回阿孝——那是他跟我們談判交易時錄下的錄音帶，送交給當局。」

「榊醫生在猛藏身邊不停強調殺死你們兩人太危險、太危險，也發揮了很大的效果。」三枝補充說明。

祐司和明惠四目相對，接著望向三枝。「那，果然是你們救了我們。」

「謝謝……」他這麼一說，三枝搖搖頭。

「該道謝的是我，多虧你想起命案當晚的情形，猛藏才會那樣滔滔不絕地招認。」

「三枝先生對結果太悲觀了，」修二揶揄他。「他之前還說，今晚爲了不讓你們被殺，說不定頂多只能演好那場『慫恿你殺死阿孝』的戲。可是，我不這麼想，所以我不但事先裝設了攝影機，連槍都帶來了。」

接下來，祐司和明惠問起那個叫小操的女孩捲入這起事件的原因，小操差點又哭出來。

「都是我……都是因爲我做了那種事，才會害這麼多人身陷險境。」

對不起，她說。

是三枝主張在一切計畫結束前，先把小操扣留在身邊。這是當然的，因爲如果不這麼做，誰也不知道計畫會不會從小操嘴裡洩漏出去。

「對不起。」他向小操道歉。

小操搖搖頭。「沒關係。而且，要不是你替我說情，也許我早已經被殺了。」

「幸好我們都平安無事。」祐司對小操一笑。

「我還是搞不太懂。」叫做由佳里的女孩嘟起嘴巴。「不過，那個叫一樹的人，被媽媽踢也是他活該吧？」

「妳閉嘴。」悅子連忙摀住由佳里嘴巴。

「一樹呢？」三枝問。

「還沒醒過來。」榊醫生笑著回答。「我們就是跟蹤他，才來到這裡的。」

醫生解釋一樹意外出現的經過。

「制伏他的時候，他有點難纏。所以，悅子小姐就把他擺平了。」

三枝聽了用奇妙的表情看著悅子，悅子露出潔白整齊的牙齒報以一笑。

「最後還有個問題。」祐司說著面向三枝。「你說是因爲『某個機緣』，才開始追蹤猛藏，那又是怎麼回事？」

三枝遲疑了一下。

「十八年前，『新日本飯店』那場大火你還記得嗎？你們兩人，那時應該都還小吧。」

三枝淡淡地說明火災的情形。

「我也被捲入那次火災。」他輕拍右腳。「這也是那次的後遺症。」

明惠發出細細的嘆息。「居然死了四十一個人……」

「我的父母也是那時候被燒死的。」

修二的聲音，令祐司仰起臉。

「我的燒傷疤痕也是那次留下的。那時我才一歲。我爸我媽把我交給雲梯車上的消防隊員，自己卻來不及逃生。」

他露出一絲寂寥的表情。

「我跟三枝先生，是在我進大學那年，透過維繫至今的受難者遺族團體才認識的。」

祐司緩緩點頭。「那個事件，跟猛藏……」

三枝回答：「猛藏是『新日本飯店』的幕後老闆，他才是眞正的負責人。」

「可是村下猛藏卻沒有接受過任何制裁。」眞行寺家的父親說。

眾人陷入沉默。

打破沉默的是小操的聲音：「修二先生，你十九歲了啊。我還以爲你更年輕呢。」

修二綻放笑容：「妳該不會是喜歡像我這一型的男生吧？」

大家都笑了。

「特殊攝影是修二你的拿手項目嗎？」

三枝代替笑嘻嘻的修二回答：「眞行寺小姐，他啊，是某所著名的私立大學學生。」

「噢。」

「他成天迷戀飛靶射擊和電影製作，難得去教室上課。」

修二對由佳里說：「學校表演需要什麼道具時，儘管來找我。從我打工的電影製作公司，什麼都可以借得到。」

大家笑了出來，接著好一陣子，眾人各自陷入沉思。最後，三枝說：「十八年來我一直想說的台詞，終於可以說了。」

「什麼台詞？」

三枝望向修二開朗的臉，恢復正經。「修二。」

「是。」

「去報警。」

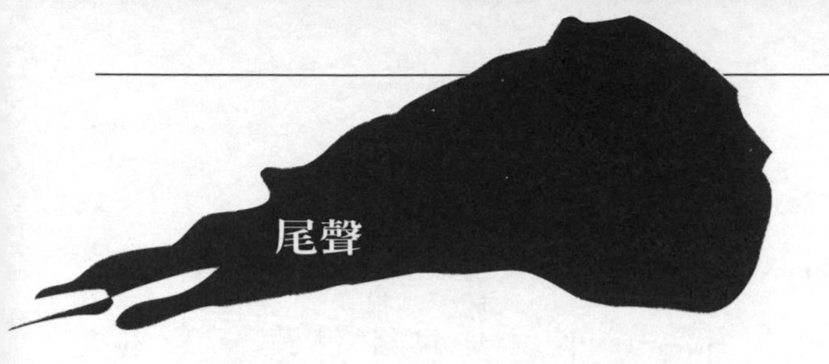

尾聲

事件過後有好一陣子，直接涉案的相關人員，全都陷入甚至無法互相聯絡的混亂狀態。三枝和修二也接受了警方的偵訊，祐司他們被新聞媒體追著跑。就這點來說，小操和眞行寺一家人也一樣。

直到秋意深濃，這一切才總算塵埃落定。到了那個時候，就連幸山莊命案也已變成遙遠往事。悅子和小操只要抽得出時間，總是常常聊天。小操彷彿要將塵封已久的記憶一吐爲快，向她傾訴了很多事情。

悅子總是默默傾聽。小操說的事，一方面固然是在向她坦白，同時，也是爲了整理自己的心情，等於是一種自我淨化作用。她總算開始整理心中的倉庫，把不要的廢物扔除。

悅子想問她的，其實只有一件事。「小操，妳喜歡重新發現的自己嗎？」

小操考慮了一下，歪著腦袋。「好像根本沒重新發現。」

「噢？」

「嗯。其實，我從一開始就一直在這裡了。」

「那，怎樣？喜歡自己嗎？」

小操笑著用力點頭。「喜歡。因爲我眞的好努力喔。雖然很傻，可是很努力。所以，眞行寺小姐，妳才會來救我，對吧？」

對呀，悅子回答。

「眞行寺小姐。」

「嗯。」

「我想拜託妳一件事。」

「什麼事？」

「我啊，有樣東西必須還給三枝先生。可是，我覺得還是由妳出面還給他比較好……」

十二月初的星期天，悅子跟三枝見了那唯一一次面。

地點是悅子指定的。她選擇上野公園。因爲她覺得關在室內——即使是咖啡店都覺得很尷尬。

審判——包括猛藏的「意外身亡」、小操遭人注射危險藥物、祐司和明惠也遇到同樣危險——從各個方面進行當中。悅子他們，今後想必也會頻頻站在證人臺上吧。

關於幸山莊命案，猛藏僱用的男人遭到逮捕，以殺人現行犯的罪名遭到起訴。悅子不滿的是，由於猛藏和阿孝都已死亡，所以不能對他們怎樣。不論是判刑或是恢復名譽——就法律上來說——都已不可能了。

「居然說嫌疑犯已死不予起訴。」悅子氣呼呼地抱怨，義夫回答：「我倒覺得這樣也好。」

至於相馬修二，在法律上尚未成年，所以報導中沒提到他的眞實姓名。他持槍要脅猛藏雖是事實，但當時，是因爲猛藏拿著菜刀挾持三好明惠，基於這點，法官應該會酌情開恩吧。

値得欣喜的是，瀉戶友愛醫院的恐怖眞相終於曝光。但榊醫生今後的去向，目前還難有定論。

「你呢？現在是保釋中嗎？」悅子走在枯葉落盡的行道樹下，隨口問道。

三枝手摸著頭。「算是吧。」

他穿著厚重的灰色外套，深色長褲。頭髮似乎也剪過了——令人同情的是，他看來似乎比夏天時蒼老了一些。

新聞媒體和大眾輿論似乎都傾向支持三枝這邊。然而，這點完全靠不住，部分批判者認爲「那種作法等於是動用私刑」，也是不爭的事實。

把三枝找出來，並不是爲了談那起事件。悅子轉換心情：「小操有東西託我交給你。」

悅子從皮包取出東西，把它遞給三枝。是領帶夾。

「她說是跟蹤你時，在百貨公司樓頂撿到的。」

三枝收下後，露出笑容。「還讓妳特地……」

「她撿到時本來想立刻追上去交給你，可是你已經不見了，她說這等於是紀念品……」

三枝把領帶夾交給悅子。「妳看看背面。」

悅子照著做了。上面刻著「服部汽車銷售　創業紀念」。

「這是服部汽車廠的中古車銷售部門創業紀念贈品，那裡的業務員有段時期都夾著這個。」

悅子抬起眼，和三枝對看著笑了出來。

「你到現在還在用，顯然對穿著不太講究喔？」

被悅子這麼一問，三枝微微聳肩。「反正我本來就很邋遢。」

「我倒不覺得。」

兩人默默走著。

「有個問題，我想請教你。」悅子好不容易才鼓起勇氣開口。

「什麼事？」

「我媽……」說到一半，還是打住。

「跟你說喔。」

「是。」

「是小操發現你跟蹤……跟在我後面時的事。」

「是。」

「我父親說，你是透過我重訪我母親的回憶。因爲你那時候打算做非常危險的事，所以在冒險之前，來見最後一面。」

三枝兩手插在外套口袋裡，看著遠遠的彼方。悅子猛瞧著腳邊落葉。

「他說對了嗎？」這個答案，讓她等了老長一段時間。他們行行復行行，踏遍無數落葉。

然後，三枝一邊緩緩走著，一邊俯視悅子。「我好幾次都想喊妳。」

織江去世、義夫退休、悅子在永無島上班——這些事，他說都是透過以前的同事得知的。

然後，便陷入沉默。

「算了。」悅子說。

「對，沒錯。」

「待會兒，我要和小操、由佳里一起去動物園。三枝先生你要去律師事務所嗎？」

「那，就在這分手了。」悅子對他一笑。

不知不覺中，他們已經來到連接上野車站的階梯。

「那就這樣了，看來我們不會再見面了。」

在法庭碰面，不算是見面。

「應該是吧。」

沉默了一下。風吹過來，輕觸悅子的臉頰。「保重。」

「謝謝。」

悅子一個轉身大步邁出。走了五、六步，又被叫住。

「眞行寺小姐。」

轉身一看，三枝只下了一階樓梯，半扭著身子朝向她。

「什麼事？」

悅子駐足回問。她並不打算走回去，但她無論如何都得聽聽三枝要說什麼。

三枝的嘴角微微下扯，露出微笑，然後說：「妳跟妳母親長得一模一樣。」

悅子搜尋著話語。「常有人這麼說。」

三枝略微點頭，笑得比剛才更開了。

「再見。」他主動說。

「再見。」悅子回答。

她跨步邁出，漸漸愈走愈快，冷風掃過臉頰，最後開始快跑起來。

小操和由佳里正在丟爆米花餵鴿子。悅子邊喊著兩人邊跑過去，鴿子們霎時一起展翼飛起。

那年年底，回到仙台生活的祐司和明惠收到一封信，是榊醫生寄來的。

打開一看，內容很短，只有草草數筆。信中探詢兩人近況，說自己過得很好，心情豁然開朗。

「本來應該早點還給你們的，可是一直找不到，又被一些俗務纏身，所以耽擱至今。」

信封底部，出現一枚戒指。

是雕成花瓣模樣的祖母綠戒指。

那是明惠的。

祐司拿起來，套上明惠纖細的手指，戒指恰到好處地貼合在她手上。

這時，祐司覺得他清晰聽見，被封鎖的時間著著實實地捲回去，直到最後一秒。

解說

我所知道的宮部美幸

既晴

（作者按：本文第三段涉及本書故事情節。）

I

一九五四年十月，日本推理小說之父江戶川亂步於六十歲祝壽宴會，爲表彰對本國推理文學貢獻卓越者，捐出一百萬日幣，成立了「江戶川亂步賞」。首屆由編纂《偵探小說辭典》的評論家中島河太郎獲得，第二屆則由出版《早川口袋推理》叢書的早川書房獲得。

然而，由於授獎定義模糊，經中島河太郎提議，自第三屆起，將江戶川亂步賞改爲長篇推理新人賞，當屆的得獎作品是仁木悅子的《黑貓知情》，清新明朗、細膩優雅的文筆，一推出即大爲暢銷，日本女性推理作家的書寫時代正式來臨。

在此之前，日本推理強調鬥智情節、妖異氣氛及解謎程序，主要讀者群爲知識分子，創作者也絕大多數都是男性，少數雖有曾與外交官結褵並旅居國外的大倉燁子、以《鯉沼家的悲劇》獲得第三屆日本偵探作家俱樂部賞候補的宮野叢子，但她們的寫作風格、取材方向也都與當代的男性作家相似，和仁木悅子予人爽颯的親切感大相逕庭，因此並未獲得廣泛注目。

自從仁木悅子以後，女性作家大受激勵，陸續從江戶川亂步賞脫穎而出，如首獎作家如《危險關係》的新章文子、《幻影之城》的戶川昌子、《歲月之潮》的藤本泉、《我們的無可救藥》的栗本薰，水準極高，比起男性作家實在毫不遜色。

尤其是江賞的兩位候補作家《天使已消失》的夏樹靜子，及以《愛之海峽殺人事件》、《黑色環狀線》及《消失於麻六甲海峽》三度入圍的山村美紗，雖然少了首獎光環，但前者善描人心、後者工於詭計，創作力旺盛、健筆如飛，題材廣泛、寫作生涯又長，深受讀者喜愛，成就了女性暢銷推理作家的經典範例。

後來，日本推理有所謂的「3F」一詞——女性作家、女性偵探及女性讀者，象徵了推理文學的女性勢力。在九〇年代前，日本推理已經百川兼納、男女平等平權，若說男性還有什麼寡占領域，恐怕只剩下推理評論了。

一九八七年，綾辻行人以《殺人十角館》出道，掀起新本格浪潮，日本推理開始大地震——而宮部美幸就是在這樣的時代出現。

Ⅱ

宮部美幸，一九六〇年十二月二十三日生於東京，本姓矢部。高中畢業之後，曾經在法律事務所工作過，吸收了許多法律相關知識。公餘閒暇，宮部美幸到講談社主辦的「Famous Schools 小說作法講座」學習小說創作。

這個研習班由日本推理作家協會的理事長山村正夫負責，旨在培育新進作家。和宮部美幸同期的同學如新津清美、篠田節子及關口芙沙惠，後來也都陸續嶄露頭角。

新本格浪潮開始後，傳統形式的解謎作品在爭端中逐漸受到認同，推理文壇吹起一股舊酒新瓶的復古風。超乎想像的詭計、前所未見的動機、膽大妄爲的實驗，都在這股浪潮中紛紛燃起絢爛的火花。

相反的，松本清張一手建立、矗立三十年的「社會派之城」，則變成庸俗、無趣的代名詞。許多作家揚棄寫實技法，強調浪漫性、幻想性，語不驚人死不休，非嚇傻讀者不可。

新進的女性作家，亦對這股浪潮趨之若鶩。參加「鮎川哲也與十三個謎」徵文比賽，以《卍之殺人》出道的今邑彩，題材不是建築物殺人就是童謠殺人；以《琥珀之城的殺人》登場的篠田眞由美，筆下偵探櫻井京介外號叫「建築偵探」。

相較之下，宮部美幸以短篇〈鄰人的犯罪〉獲得第二十六屆「ALL讀物推理小說新人賞」，題材屬於風格清新的日常推理，似乎並不特別亮眼。但是，此篇作品令人不由得想起仁木悅子——這是推理文學席捲大眾的前哨。

隨後，宮部美幸的《魔術的耳語》獲第二屆推理懸疑小說大賞、《龍眠》獲第四十五屆日本推理作家協會賞、《本所深川不可思議草紙》獲第十三屆吉川英治新人賞、《火車》則獲得第六屆山本周五郎賞……

短短五年間，宮部美幸屢屢獲獎，成爲文壇上並未盲從新本格浪潮、卻又受到極高矚目的新銳作家。宮部美幸的作品雖然經常出現科幻元素，與一般根植於現實基礎的推理小說有一些差異，但她的筆觸纖緻動人，角色深刻立體，充滿寫實的說服力，讓讀者深深著迷於她精心建構的鏡中世界——這是一面寫照社會、反映人性的鏡子。

在仁木、夏樹和山村之後，女性作家的筆法大多以懸疑氣氛、殺人詭計、情愛關係的處理見長。如台灣較熟悉的小池眞理子和山崎洋子皆是箇中高手。然而，老實說，眞正見微知著、廣泛關心社會問題的標準「社會派」作品也不多見。

但宮部美幸的表現，卻令文壇驚爲天人。《火車》探討信用卡金融問題、《理由》處理了冒名不動產買賣問題、《模仿犯》描寫大眾傳播媒體問題——如此姿態，一如關心「日本黑霧」的松本清張，一如關心「七三一部隊」的森村誠一，一如關心環境污染的水上勉——時序進入九〇年代，宮部美幸開啓了現代社會派的全新視野。

Ⅲ

發表於一九九〇年的《Level 7》，是宮部美幸的第四部長篇，曾獲得當年「這本推理小說了不起！」第十四名，以及「週刊文春推理小說 Best 10」第十名。

故事的起因是一對喪失記憶的男女，在一間陌生的公寓裡同時醒來，兩人手臂上分別刻著「Level 7 M—175—a」和「Level 7F—112—a」的神祕文字。現場還遺留著鉅款五千萬日幣，以及一把手槍。

喪失記憶的情節，經常在本格作品中見到，如島田莊司《異邦騎士》或綾辻行人《殺人人形館》或〈四〇九號室的患者〉（收於短篇集《怪胎》），依照一般狀況，主角通常都是某件刑案的關係人，甚至是嫌疑犯。因此，如何爲喪失記憶的主角安排命案中的獨特處境，就成了故事中最令讀者好奇的焦點。

不過，宮部美幸沒有特意專注於這個焦點，而鋪展出另外一條看似毫不相涉的少女失蹤案。然而，少女的筆記本卻記下「明日　打算到 Level 7　會回不來嗎？」的謎樣詞句。與少女僅有數面之緣的家庭主婦因爲擔心少女安危，決定親自追查她的行蹤。

短短數章，宮部美幸的魅力已經生動浮現。在她的小說裡，沒有密室、沒有孤島謀殺、沒有天縱英明的神探，但有悲有喜、平凡親切的尋常人，卻猶然牢牢吸引讀者的目光。有時候這些人主動涉入案情，有時候更有點不由自主，但他們從不爲錢財、不爲名聲，也不爲工作，而是爲了胸口一絲隱隱發燙的正義感。

高度發展的日本都會，人際關係早就疏離扭曲，敏銳觀察到的女　作家並不止一位。但比起桐野夏生犀利冷徹、黑暗無光的解剖式筆法，宮部美幸試圖捕捉的人情世故，卻給人分外溫暖。至善與至惡的對決，仍是她一貫的基調，當我讀到《Level 7》中某個角色良心發現、倒戈爲善之際，縱然知道這是小說家的戲劇手法，依然爲之大感痛快！

宮部美幸有「松本清張的女兒」之稱。這不單只是在讚許她的洞察之眼及庶民情懷，更是爲她樹立起社會派的新典範，擊節喝采。她的文字，毫不賣弄造作，娓娓描述勇敢、凝練、包容、達觀的人性價值，足以振奮人心，這就是讀者渴望的共鳴。

（本文作者爲推理小說作家）

LEVEL 7

國家圖書館出版品預行編目資料

LEVEL 7／宮部美幸著；劉子倩譯. -- 三版.-- 臺北市：獨步文化，城邦文化事業股份有限公司出版：英屬蓋曼群島商家庭傳媒股份有限公司城邦分公司發行, 民 110.12
面；　公分. --（宮部美幸作品集：5）
譯自：LEVEL 7
ISBN 9786267073087（平裝）
9786267073063（EPUB）
861.57　　110018065

LEVEL 7
by MIYABE Miyuki

Originally published in Japan by SHINCHOSHA Publishing Co., Ltd., Tokyo
Chinese (in complex character only) translations rights arranged with RACCOON AGENCY INC., Japan through THE SAKAI AGENCY.

原著書名／LEVEL 7．作者／宮部美幸．翻譯／劉子倩．責任編輯／詹凱婷．行銷業務部／徐慧芬、陳紫晴．編輯總監／劉麗眞．總經理／陳逸瑛．榮譽社長／詹宏志．發行人／涂玉雲．出版／獨步文化 城邦文化事業股份有限公司 台北市中山區104民生東路二段141號5樓 電話／(02) 2500-7696 傳眞／(02) 2500-1966; 2500-1967．發行／英屬蓋曼群島商家庭傳媒股份有限公司城邦分公司 台北市中山區民生東路二段141號11樓．讀者服務專線／(02)2500-7718; 2500-7719．服務時間／週一至週五：09：30-12：00、13：30-17：00．24小時傳眞服務／(02)2500-1990; 2500-1991．讀者服務信箱 e-mail／service@readingclub.com.tw．劃撥帳號／19863813 書虫股份有限公司．香港發行所／城邦（香港）出版集團有限公司 香港灣仔駱克道193號東超商業中心1樓／(852) 25086231 傳眞／(852) 25789337 E-mail／hkcite@biznetvigator.com 馬新發行所／城邦（馬新）出版集團 Cite (M) Sdn. Bhd. 41, Jalan Radin Anum, Bandar Baru Sri Petaling,57000 Kuala Lumpur, Malaysia. 電話／(603) 90578822 傳眞／(603) 90576622．封面設計／高偉哲．排版／游淑萍．印刷／中原造像股份有限公司．2021年（民110）12月三版．定價／499元
Printed in Taiwan　ISBN 9786267073087（平裝）9786267073063（EPUB）

城邦讀書花園
www.cite.com.tw

宮部みゆき